Studien zum Wirtschaftsstrafrecht

herausgegeben von
Klaus Tiedemann / Bernd Schünemann

Band 11

Dietmar Penzlin

Strafrechtliche Auswirkungen der Insolvenzordnung

Centaurus Verlag & Media UG 2000

Der Verfasser, Dietmar Penzlin, studierte mit einem Stipendium der Friedrich-Naumann-Stiftung Rechtswissenschaften mit wirtschaftswissenschaftlicher und fachfremdsprachlicher Zusatzausbildung an der Universität Bayreuth sowie den Universitäten Würzburg und Freiburg im Breisgau. 1998 »Master of Laws« (LL.M.) im Bank- und Finanzrecht am University College London. 1999 Promotion an der Universität Bayreuth. Zur Zeit ist er Rechtsreferendar bei der Kanzlei Lovells Boesebeck Droste in Hamburg.

Die Deutsche Bibliothek - CIP-Einheitsaufnahme

Penzlin, Dietmar:
Strafrechtliche Auswirkungen der Insolvenzordnung /
Dietmar Penzlin .- Herbolzheim : Centaurus-Verl.-Ges., 2000
(Studien zum Wirtschaftsstrafrecht ; Bd. 1)
Zugl.: Bayreuth, Univ., Diss., 1999
ISBN 978-3-8255-0292-8 ISBN 978-3-86226-471-1 (eBook)
DOI 10.1007/978-3-86226-471-1

ISSN 0938-9512

Satz: Vorlage des Autors
Umschlaggestaltung: DTP-Studio, A. Walter, Lenzkirch

Meinen Eltern

Vorwort

Die vorliegende Arbeit wurde im Sommersemester 1999 von der Rechts- und Wirtschaftswissenschaftlichen Fakultät der Universität Bayreuth als Dissertation angenommen.

Umfassender Dank gebührt meinem Lehrer, Herrn Professor Dr. Dr. h.c. Harro Otto. Er hat schon während meiner Zeit als studentischer Mitarbeiter ein besonderes Interesse für das Strafrecht in mir geweckt. Die vorliegende Untersuchung geht auf seine Anregung zu einer kritischen Auseinandersetzung mit der Thematik zurück. Die freundliche Atmosphäre an seinem Lehrstuhl wird mir stets in guter Erinnerung bleiben.

Mein Dank gilt ferner Herrn Professor Dr. Gerhard Dannecker für die Erstellung des Zweitgutachtens sowie Herrn Professor Dr. Dr. h.c. mult. Klaus Tiedemann und Herrn Professor Dr. Bernd Schünemann für die Aufnahme des Werkes in die Reihe "Studien zum Wirtschaftsstrafrecht".

Bereichernde Diskussionen führte ich vor allem mit Herrn wiss. Ass. Michael Grüner, der darüber hinaus das Manuskript Korrektur las. Wertvolle Anregungen erhielt ich zudem von Herrn wiss. Ass. Harald Petersen. Beiden möchte ich an dieser Stelle meinen herzlichen Dank aussprechen.

Besonders danke ich meiner Freundin Romana Ritter für ihr Verständnis und die vielfache Ermutigung während der Promotionszeit.

Ich widme die Arbeit meinen Eltern, die meine gesamte Ausbildung gefördert haben. Ihre Unterstützung wird mir Vorbild sein.

Hamburg, im Herbst 1999 Dietmar Penzlin

Inhaltsübersicht

Inhaltsverzeichnis

Einleitung

2. Kapitel: Täterkreis der §§ 283-283c StGB

3. Kapitel: Krisensituationen des § 283 StGB und Tatbestandsmerkmale der Insolvenzverschleppungsdelikte

4. Kapitel: Objektive Strafbarkeitsbedingungen der §§ 283-283d StGB

5. Kapitel: Verbraucherinsolvenz und § 283 StGB

EINLEITUNG

Einführung in das Thema

Seit dem 1.1.1999 gilt die Insolvenzordnung[1]. Sie hat die Konkurs-[2], Vergleichs-[3] und Gesamtvollstreckungsordnung[4] durch ein einheitliches Insolvenzrecht ersetzt. Damit ist ein Gesetzgebungsvorhaben abgeschlossen, das schon mit der Einsetzung der Kommission für Insolvenzrecht im Jahre 1978 begann. In der Geschichte der Bundesrepublik Deutschland gibt es wohl kaum eine andere Rechtsreform, die derart umfassend vorbereitet und so lange diskutiert worden ist.

Um so mehr muß es erstaunen, daß der Gesetzgeber einen wichtigen Regelungskomplex praktisch unbeachtet gelassen hat. Die Auswirkungen der Insolvenzordnung auf das Insolvenzstrafrecht, unter dem hier die §§ 283-283d StGB sowie die im Gesellschaftsrecht geregelten Insolvenzverschleppungsdelikte[5] verstanden werden, hat er geradezu "stiefmütterlich"[6] behandelt.

Dabei sind die Insolvenzstraftatbestände derart an das Insolvenzrecht gekoppelt, daß sich Veränderungen der zivilrechtlichen Vorgaben nahezu zwangsläufig auch auf das Strafrecht auswirken. Das gilt für die §§ 283ff. StGB zumindest für zwei ihrer objektiven Bedingungen der Strafbarkeit. So knüpfen die "Eröffnung des Insolvenzverfahrens" und die "Abweisung des Eröffnungsantrags mangels Masse" unmittelbar an den insolvenzrechtlichen Verfahrensablauf an[7]. Zudem stimmt § 283 StGB auch mit seinen sogenannten Krisensituationen der Zahlungsunfähigkeit, Überschuldung und drohenden Zahlungsunfähigkeit jedenfalls dem Wortlaut nach mit den Eröffnungsgründen des neuen Insolvenzrechts überein. Gleiches gilt für die Insolvenzverschleppungsdelikte, die mit den Tatbestandsmerkmalen der Zahlungsunfähigkeit und Überschuldung ebenfalls eindeutige Parallelen zu zivilrechtlich vorgeprägten Rechtsbegriffen aufweisen.

Da die Insolvenzordnung mit einer Verschärfung der Eröffnungsgründe eine Vorverlegung der Verfahrenseinleitung auf einen früheren Zeitpunkt bewirken soll, liegt es

---

1 Insolvenzordnung (InsO) und Einführungsgesetz (EGInsO) vom 5.10.1994 (BGBl. I 2866, 2911).

2 Konkursordnung (KO) vom 10.2.1877 (RGBl. 351).

3 Vergleichsordnung (VerglO) vom 26.2.1935 (RGBl. I 321).

4 Gesamtvollstreckungsordnung (GesO) i.d.F. vom 23.5.1991 (BGBl. I 1185).

5 Sie stellen die Unterlassung der rechtzeitigen Stellung eines Insolvenzantrags unter Strafe, vgl. §§ 401 Abs. 1 Nr. 2, Abs. 2, 408 AktG; 84 Abs. 1 Nr. 2, Abs. 2 GmbHG; 148 Abs. 1 Nr. 2, Abs. 2 GenG; 130b, 177a S. 1 HGB.

6 *Uhlenbruck*, wistra 1996, S. 2.

7 Weitere Bedingung ist die Zahlungseinstellung; vgl. §§ 283 Abs. 6; 283b Abs. 3; 283c Abs. 3; 283d Abs. 4 StGB.

geradezu auf der Hand, daß sich daraus auch strafrechtliche Folgen im Sinne einer *Vorverlagerung der Strafbarkeit* ergeben können.

Der Gesetzgeber hat diese praktischen Konsequenzen offenbar nicht gesehen und sich auf redaktionelle Neufassungen der §§ 283ff. StGB beschränkt. Diese bestehen darin, daß durch Art. 60 EGInsO die Begriffe "Konkursstraftaten", "Konkurseröffnung", "Konkursverfahren" und "Konkursmasse" durch die Begriffe "Insolvenzstraftaten", "Eröffnung des Insolvenzverfahrens", "Insolvenzverfahren" und "Insolvenzmasse" ersetzt werden. Bei der Schuldnerbegünstigung (§ 283d StGB) erstrecken sich die Änderungen zudem darauf, daß in diesem Tatbestand bisher auch auf das gerichtliche Vergleichsverfahren abgestellt wurde, das künftig im einheitlichen Insolvenzverfahren aufgeht.

Bei den Insolvenzverschleppungsdelikten finden sich in den jeweiligen Normen des EGInsO[8] außer ähnlichen sprachlichen Anpassungen überhaupt keine näheren Ausführungen zu etwaigen strafrechtlichen Konsequenzen[9]. Aber auch die Auswirkungen der Insolvenzordnung auf die §§ 283-283d StGB hat der Gesetzgeber äußerst knapp abgehandelt. Die Begründung zu Art. 58 des Regierungsentwurfs, die für den späteren Art. 60 EGInsO wörtlich übernommen worden ist, umfaßt nur die vier folgenden Sätze[10]:

"Die Vorschriften des Strafgesetzbuchs über die Konkursstraftaten werden daran angepaßt, daß an die Stelle von Konkurs- und Vergleichsverfahren das einheitliche Insolvenzverfahren tritt. Weiter ist zu beachten, daß der Begriff der drohenden Zahlungsunfähigkeit, den das Konkursstrafrecht schon bisher verwendet, in Zukunft durch die neue Definition dieses Begriffs in § 18 Abs. 2 InsO konkretisiert wird. Im übrigen erscheinen Änderungen des Strafgesetzbuchs von den Zielen der Insolvenzrechtsreform her nicht erforderlich.
In der Praxis wird sich die Reform dahin auswirken, daß die Erleichterung der Eröffnung der Insolvenzverfahren auch zu einer Erleichterung der Aufklärung von Insolvenzstraftaten führen wird; die Zahl der Fälle, in denen ein Insolvenzantrag mangels Masse abgelehnt wird und die näheren Umstände des Insolvenzeintritts im Dunkeln bleiben, wird sich erheblich vermindern."

---

8 Art. 47 Nr. 22 (zu § 401 Abs. 1 Nr. 2 AktG), Art. 48 Nr. 10 (zu § 84 Abs. 1 Nr. 2 GmbHG), Art. 49 Nr. 22 (zu § 148 Abs. 1 Nr. 2 GenG), Art. 40 Nr. 5 (zu § 130b HGB).

9 Lediglich in der Begründung zum Überschuldungstatbestand, § 23 Abs. 2 EInsO (= § 19 Abs. 2 InsO), BT-Dr 12/2443, S. 115, wird kurz auf die Antragspflichten verwiesen.

10 BT-Dr 12/3803, S. 100. - In dem vom Bundesministerium der Justiz 1985 herausgegebenen Ersten Bericht der Kommission für Insolvenzrecht hieß es in der Begründung zu Leitsatz 1.2.5 (Zahlungsunfähigkeit als Eröffnungsgrund), S. 113, sogar noch: "Offen bleibt, wie sich die Änderungen im [...] Strafrecht auswirken". Zu Recht sehr kritisch dazu *Meyer-Cording*, BB 1985, S. 1927.

Dem Gesetzgeber dürften die strafrechtlichen Zusammenhänge nicht zuletzt deshalb verschlossen geblieben sein, weil schon sein gedanklicher Ausgangspunkt einseitig gewählt ist: Daß ihm "von den Zielen der Insolvenzrechtsreform her" Änderungen des Strafgesetzbuchs "nicht erforderlich" erscheinen, offenbart eine rein zivilrechtliche Perspektive, die der Problemstellung nicht angemessen ist.

Entscheidend ist vielmehr, ob auch aus *strafrechtlicher* Sicht diese Konsequenzen wünschenswert oder überhaupt nur tragbar sind. Gerade das Insolvenzstrafrecht operiert, wie *Schlüchter* gezeigt hat[11], oftmals in einem Grenzbereich zwischen strafbaren Handlungen und bloßen unternehmerischen Fehlentscheidungen. Wenn die Insolvenzordnung diese Grenze in den bisher straflosen Raum verschiebt, so wirft das Fragen nach der Strafwürdigkeit künftig pönalisierter Verhaltensweisen auf.

Nicht nur im Gesetzgebungsverfahren, sondern auch in der Strafrechtswissenschaft ist diese Thematik lange unerkannt geblieben. Erst *Tiedemann* hat mögliche Konsequenzen für das Strafrecht angedeutet[12]. Eine erste Bearbeitung bietet die von ihm betreute Dissertation von *Moosmayer*[13]. Jüngst sind auch zu Einzelaspekten einige Aufsätze erschienen, mit denen sich die vorliegende Untersuchung ebenfalls auseinandersetzen wird[14].

---

11 "Der Grenzbereich zwischen Bankrottdelikten und unternehmerischen Fehlleistungen" (1977).

12 In der Kommentierung der §§ 283-283d StGB in der 11. Auflage des Leipziger Kommentars zum Strafgesetzbuch (1996); erschienen auch als Sonderausgabe in 2. Auflage mit dem (neuen) Titel "Insolvenz-Strafrecht" (1996).

13 "Einfluß der Insolvenzordnung 1999 auf das Insolvenzstrafrecht" (1997); vgl. dazu die Buchbesprechungen von *Otto*, NJW 1999, S. 554f.; *Penzlin*, WM 1999, S. 983f.; *Uhlenbruck*, NZI 1998, S. 33.

14 *Bieneck*, StV 1999, S. 43ff.; *Bittmann*, wistra 1998, S. 321ff. und 1999, S. 10ff.; *Höffner*, BB 1999, S. 198ff., 252ff.; *Reck*, Betrieb und Wirtschaft 1997, S. 743ff.; *ders.*, ZInsO 1999, S. 195ff.; *Uhlenbruck*, wistra 1996, S. 1ff.; *ders.*, ZInsO 1998, S. 250ff.; vgl. zudem in 4. Auflage *Weyand*, "Insolvenzdelikte" (1998).

Gang der Untersuchung

Im ersten Kapitel wird der Einfluß der Insolvenzordnung auf die Rechtsgüter des Insolvenzstrafrechts untersucht. Von den §§ 283-283d StGB geschütztes *Individualrechtsgut* sind nach allgemeiner Ansicht die Vermögensinteressen der Gläubiger. Auf dieses Rechtsgut könnte sich die Insolvenzordnung in doppelter Weise ausgewirkt haben. Einerseits könnte sie die Vermögensinteressen um selbständige *Gestaltungsinteressen* erweitern, da den Gläubigern künftig weitergehend als bisher Wahlrechte hinsichtlich der Art der Vermögensverwertung (in ihrer Grundform: Liquidation, Sanierung oder übertragende Sanierung) und deren rechtlicher Grundlage (gesetzliche Vorgaben oder privatautonomer Insolvenzplan) eröffnet werden. Andererseits könnte die Reform mit ihrem Bestreben, die Insolvenzmassen spürbar zu erhöhen, den *Zweifeln* an der *Schutzwürdigkeit* dieses Rechtsguts begegnen, die aufgrund der geringen Befriedigungsquoten ungesicherter Gläubiger bisweilen aufgekommen sind.

Neben diesen neuen, individualrechtsgutsbezogenen Fragestellungen soll auch zu der schon nach alter Rechtslage bestehenden Kontroverse Position bezogen werden, ob die §§ 283ff. StGB zusätzlich dem Schutz eines *überindividuellen Rechtsguts*, etwa der "Kreditwirtschaft" oder der "Gesamtwirtschaft" dienen.

In Kapitel zwei geht es um die Konsequenzen der Insolvenzordnung für den Kreis *tauglicher Täter* bei *Unternehmensinsolvenzen*. Die Täterschaft der §§ 283-283c StGB setzt die Gemeinschuldnereigenschaft voraus. Liegt diese allein beim Unternehmen, so muß sie dem Täter über § 14 StGB zugerechnet werden. Die Insolvenzordnung erklärt in § 11 Abs. 2 Nr. 1 InsO erstmals das Insolvenzverfahren über sämtliche sogenannten Gesellschaften ohne Rechtspersönlichkeit für zulässig. Die Zurechnungsnorm des § 14 Abs. 1 Nr. 2 StGB erfaßt aber nur Personen*handels*gesellschaften. Daraus ergibt sich die Frage, ob das Insolvenzstrafrecht auch bei Insolvenzen von BGB-Gesellschaften anwendbar ist.

Das dritte Kapitel bildet den Schwerpunkt der Arbeit. Es wird untersucht, ob die Neudefinitionen der Eröffnungsgründe der *Zahlungsunfähigkeit*, *Überschuldung* und *drohenden Zahlungsunfähigkeit* (§§ 17-19 InsO) auch für die wortgleichen Begriffe im Bankrottstrafrecht und im Insolvenzverschleppungsdeliktsrecht übernommen werden müssen. Ausgehend von einer ausführlichen Darstellung der Rechtslage im Konkurs- und Konkursstrafrecht werden die Neuregelungen der Insolvenzordnung kritisch erörtert und die Konsequenzen für das Insolvenzstrafrecht diskutiert. Es wird geprüft, ob eine von den Vorgaben der Insolvenzordnung abweichende, eigenständig strafrechtliche Auslegung erforderlich und möglich ist.

In Kapitel vier werden die Auswirkungen der Insolvenzordnung auf die *objektiven Bedingungen der Strafbarkeit* der §§ 283ff. StGB untersucht. Veränderungen sind vor allem bei der Strafbarkeitsbedingung der Verfahrenseröffnung zu erwarten, die unmittelbar an das Insolvenzrecht gekoppelt ist. Die Reform strebt insbesondere mit der Neufassung der Insolvenzgründe einen schnelleren Beginn des Verfahrens an. Das dadurch bewirkte frühere Eingreifen des Strafrechts führt zu der Frage, ob dem Täter zusätzliche Möglichkeiten einer *strafbefreienden Krisenüberwindung* eröffnet werden sollen.
Schon nach alter Rechtslage ist umstritten, ob und wann eine solche Krisenüberwindung *vor* Eröffnung des Verfahrens angenommen werden kann. Für die Rechtslage seit dem 1.1.1999 ist nun zusätzlich zu fragen, ob auch eine Bewältigung der Krise, die erst im Rahmen des neuen Insolvenzverfahrens, also *nach* Eintritt der Strafbarkeitsbedingung gelingt, zur Straflosigkeit führen kann. Der avisierte vorverlegte Verfahrensbeginn und die beabsichtigte sanierungsfreundlichere Ausrichtung der Insolvenzordnung haben im Schrifttum zu entsprechenden Überlegungen geführt.

Während sich die vorliegende Arbeit schwerpunktmäßig auf den Zusammenhang von Unternehmensinsolvenz und Strafrecht konzentriert, soll im fünften Kapitel noch auf den Problemkreis der *Verbraucherinsolvenz* eingegangen werden. Die Darstellung folgt insofern dem Vorbild des neuen Insolvenzrechts, das erstmals den Bereich der Unternehmensinsolvenz von der Insolvenz von Privatpersonen unterscheidet. Im Gesetzgebungsverfahren ist bei dieser Neuregelung jedoch übersehen worden, daß die Strafbarkeitsbedingung des § 283 Abs. 6 StGB auch mit der Eröffnung des vereinfachten Verbraucherinsolvenzverfahrens eintritt. Damit kann es seit der Geltung der Insolvenzordnung zu einer verstärkten Anwendung des Bankrottstrafrechts auf den Verbraucher kommen. Die Eignung der §§ 283ff. StGB zur Erfassung der Verbraucherstrafbarkeit ist aber erheblichen Zweifeln ausgesetzt. Schon *Moosmayer* hat in seiner Dissertation eingehend auf diese Problematik aufmerksam gemacht und zugleich wegweisende Reformvorschläge unterbreitet.

1. Kapitel: Rechtsgut der §§ 283 - 283d StGB

Das gemeinsame Ziel von Insolvenz- und Insolvenzstrafrecht besteht im Gläubigerschutz[15]. Die Insolvenzordnung will diesen Schutz verbessern, indem sie die Gestaltungsrechte der Gläubiger erweitert und eine Erhöhung der Insolvenzmassen anstrebt. Es liegt nahe, daß sich daraus auch Konsequenzen für das insolvenzstrafrechtliche Rechtsgut der gläubigerschaftlichen Vermögensinteressen ergeben können.

A) Einführung

I) Rechtsgutsbegriff

1) Rechtsgüterschutz als Aufgabe des Strafrechts

Zunächst ist festzustellen, daß das Strafrecht dem Schutz von Rechtsgütern dient[16]. Bestimmte elementare "Gegebenheiten oder Zwecksetzungen"[17], die der an die Verfassung gebundene Strafgesetzgeber zu Rechtsgütern erhebt[18], sollen gegen bestimmte Angriffe gesichert werden. Dadurch wird versucht, die Entwicklung des Einzelnen (vorrangig bei Individualrechtsgütern) oder der Gesellschaft als Zusammenfassung aller Personen (insbesondere bei Sozialrechtsgütern) zu gewährleisten[19]. Mittel der Rechtsgütersicherung ist die in den jeweiligen Straftatbeständen angedrohte Strafe. Durch die Strafandrohung wird dem Einzelnen ein bestimmtes, die Rechtsgüter respektierendes Verhalten auferlegt. Das Strafrecht versucht mithin, Rechtsgüterschutz zu erreichen, indem es eine Pflichtenordnung aufstellt[20].

2) Rechtsgut als Beziehung zwischen Person und Wert

Geht es dem Strafrecht also darum, die Entwicklung von Personen zu schützen, so würde diese Zielsetzung von einem Rechtsgutsbegriff, der auf die Elementarwerte selbst - wie etwa Leben, Freiheit oder Vermögen - beschränkt wird, nur unvollständig erfaßt. Das Strafrecht als Schutzrecht personaler Entfaltung schützt vielmehr die Möglichkeiten, die solche von der Rechtsgemeinschaft anerkannten Werte einer Person als

---

15 Für das Insolvenzrecht bestimmt das schon § 1 S. 1 InsO. - Für das Insolvenzstrafrecht statt vieler *Tiedemann*, Vor § 283 StGB, Rn. 2.

16 *Baumann/Weber/Mitsch*, § 3, Rn. 10ff.; *Jescheck/Weigend*, § 1 III 1; *Lackner/Kühl*, Vor § 13 StGB, Rn. 4; *Maurach/Zipf*, AT 1, § 19, Rn. 4; *Otto*, AT, § 1, Rn. 22ff.; *Roxin*, AT, § 2, Rn. 2ff.; *Rudolphi*, Honig-FS, S. 154ff.; *Sch/Sch/Lenckner*, Vorbem. §§ 13ff. StGB, Rn. 9; weitergehend *Jakobs*, 2. Abschn., Rn. 16ff.; vgl. auch *Welzel*, S. 2.

17 *Roxin*, AT, § 2, Rn. 9; vgl. auch *Jakobs*, 2. Abschn., Rn. 14, Fn. 24.

18 Diesen verfassungsrechtlichen Bezug betonen *Baumann/Weber/Mitsch*, § 3, Rn. 12; *Roxin*, AT, § 2, Rn. 9; *Rudolphi*, Honig-FS, S. 158ff. - Ohne Begründung gegen die Bestimmung eines Rechtsguts durch den Gesetzgeber sind *Maurach/Schroeder/Maiwald*, BT 1, § 41, Rn. 21.

19 Zu den verschiedenen Ansichten hinsichtlich Existenz und Relation von Individual- und Sozialrechtsgütern ausführlich *Hassemer*, S. 68ff.; ferner *Jakobs*, 2. Abschn., Rn. 8.

20 *Otto*, AT, § 1, Rn. 22; vgl. auch *Jescheck/Weigend*, § 1 III 2 ("Gleichwertige, sich gegenseitig ergänzende, bedingende und beschränkende Aufgaben des Strafrechts").

Handlungsgrundlage zu ihrer Selbstverwirklichung bieten. Von diesem Ausgangspunkt wird das Rechtsgut daher treffender als eine Beziehung zwischen Person und Wert definiert, in der sich personale Entfaltung vollzieht[21].

3) Rechtsgut und Angriffsobjekt

Von dem so definierten Rechtsgut zu unterscheiden ist das Angriffsobjekt, gegen das sich das tatbestandliche Angriffsverhalten richtet. In dem Angriff auf dieses Objekt wird die Beeinträchtigung des abstrakt zu verstehenden Rechtsguts konkret verwirklicht[22]. Die Angriffshandlung vermittelt deshalb die Rechtsgutsbeeinträchtigung. Das Rechtsgut selbst als ideelle Realität bleibt dabei unversehrt[23].

4) Funktionen des Rechtsguts

a) Richtschnur der Auslegung

Das Rechtsgut hat zwei Funktionen[24]. Zum einen dient es als Richtschnur für die Auslegung des Unrechtstatbestandes[25]. So ist beispielsweise für den Rechtfertigungsgrund der Einwilligung die Verfügungsbefugnis über ein Rechtsgut erforderlich, die nach allgemeiner Ansicht aber nur bei Individualrechtsgütern gegeben ist[26]. Bei Sozialrechtsgütern ist dem Einzelnen dagegen die Disposition verwehrt, weil das Allgemeininteresse an der Erhaltung des Rechtsguts Vorrang hat[27]. Schützt ein Tatbestand sowohl Individual- als auch Sozialrechtsgüter, wie das ein Teil der Lehre für die §§ 283-283d StGB annimmt, so ist streitig, ob der Einzelne verfügungsbefugt ist. Praktische Bedeutung erlangt dieser Streit, wenn über die Wirksamkeit der Einwilligung in eine Sanierungsmaßnahme zu entscheiden ist, die tatbestandlich als Beiseiteschaffen von Vermögensbestandteilen im Sinne des § 283 Abs. 1 Nr. 1 StGB zu qualifizieren ist[28].

---

21 *Marx*, S. 67; *Otto*, Rechtsgutsbegriff, S. 8; *Sina*, S. 59ff., 96ff.; *Tiedemann*, Tatbestandsfunktionen, S. 115f. - Anders *Schmidhäuser*, AT, S. 36f. ("Achtungsansprüche"). - Übersicht über weitere Auffassungen bei *Suhr*, JA 1990, S. 303ff.

22 *Baumann/Weber/Mitsch*, § 3, Rn. 18; *Roxin*, AT, § 2, Rn. 34.

23 *Otto*, AT, § 1, Rn. 31; *Roxin*, AT, § 2, Rn. 34; vgl. auch *Jescheck/Weigend*, § 26 I 2; *Sch/Sch/Lenckner*, Vorbem. §§ 13ff. StGB, Rn. 9. - Kritisch *Graul*, S. 41ff., mit ausführlicher Darstellung des Streitstandes.

24 *Hassemer*, S. 19f., 41ff., bezeichnet die beiden Funktionen des Rechtsguts als "systemimmanent" und "systemtranszendent".

25 *Jescheck/Weigend*, § 26 I 3a; *Otto*, AT, § 1, Rn. 41; *Sch/Sch/Eser*, § 1 StGB, Rn. 48.

26 Statt vieler *Jescheck/Weigend*, § 34 III 5. - Auch hier greifen allerdings Beschränkungen, etwa soweit es um die Höchstwerte des Lebens und der körperlichen Integrität geht, vgl. §§ 216, 226a StGB.

27 *Roxin*, AT, § 13, Rn. 31. - Gleiches gilt für die Antragsbefugnis; vgl. *Jescheck/Weigend*, § 26 I 3.

28 Das Ergebnis hängt davon ab, ob man einem kumulativen oder einem alternativen Ansatz folgt, *Roxin*, AT, § 13, Rn. 32ff. m.w.N.; vgl. auch unten C V.

b) Rechtspolitisch-kritische Funktion

Die zweite Funktion des Rechtsguts ist rechtspolitisch-kritischer Natur. Der Gesetzgeber soll beim Erlaß von Strafnormen daraufhin überprüft werden, ob er tatsächlich einem sozial wichtigen, d.h. einem für die personale Entfaltung bedeutsamen und von der Rechtsgemeinschaft deshalb anerkannten Gut mit nachvollziehbaren Argumenten Strafrechtsschutz gewährt. Einschränkend ist dabei allerdings festzustellen, daß sich mit dem bloßen Verweis auf ein Rechtsgut die Berechtigung einer Strafrechtsnorm noch nicht nachweisen läßt[29]. Zudem verfügt der Gesetzgeber über einen weiten Ermessensspielraum[30], dem wohl nur der Verfassungsbezug des hier vertretenen Rechtsgutsbegriffs eine Grenze setzt.

II) Rechtsgut "Vermögen"

Eine sachgerechte dogmatische Erfassung der durch die Insolvenzdelikte geschützten gläubigerschaftlichen Vermögensinteressen[31] setzt voraus, daß Klarheit über die strafrechtliche Bedeutung des Rechtsguts "Vermögen" besteht. Geht man von dem soeben dargelegten personalen Rechtsgutsbegriff aus, so bietet sich auch ein *personal* ausgerichteter Vermögensbegriff an.

Danach ist Vermögen eine auf der Herrschaftsgewalt einer Person über bestimmte Objekte des Wirtschaftsverkehrs beruhende wirtschaftliche Potenz, mit der der Einzelne die Verwirklichung seiner Vorstellungen im gegenständlichen Bereich realisiert[32]. Als Maßstab einer Vermögensbeeinträchtigung wird dabei die der eigenen Entscheidung zuwiderlaufende wirtschaftliche Zweckverfehlung in den Vordergrund gerückt. Ein etwaiger geldlicher Minderwert ist demgegenüber nicht erforderlich[33].

Diese Definition des Vermögens als personal strukturierte Einheit erscheint für die in Entziehungs- und Perpetuierungstatbestände unterscheidbaren herkömmlichen Vermögensdelikte[34] jedenfalls gegenüber den anderen bisher entwickelten Vermögenslehren

---

29 *Jakobs*, 2. Abschn., Rn. 13ff.; kritisch zur Leistungsfähigkeit des Rechtsgutsbegriffs ferner *Amelung*, S. 302ff.; *Appel*, S. 336ff., insbesondere S. 356, 381ff.

30 *BVerfGE* 77, S. 214f.; 88, S. 262f.; 90, S. 173 (vgl. aber auch die Sondervoten von *Graßhof*, S. 199ff. und *Sommer*, S. 212ff.); *Bockelmann/Volk*, S. 11; *Sch/Sch/Lenckner*, Vorbem. §§ 13ff. StGB, Rn. 10.

31 Vgl. zunächst nur *Tiedemann*, Vor § 283 StGB, Rn. 45; näher unter B I.

32 *Otto*, Vermögensschutz, S. 34; *ders.*, BT, § 38, Rn. 1ff., § 51, Rn. 59ff. sowie die in der folgenden Fußnote Genannten. - Kritisch *Lackner*, LK, § 263 StGB, Rn. 124.

33 Zum personalen Vermögensbegriff ferner *Bockelmann*, Kohlrausch-FS, S. 247ff.; *D. Geerds*, S. 125ff.; *Hardwig*, GA 1956, S. 17ff.

34 Erstere setzen, wie etwa die §§ 242, 253, 263, 303 StGB, einen realen Vermögensschaden voraus. Die zweitgenannte Gruppe, der bspw. die §§ 257, 259 StGB zuzuordnen sind, zeichnet sich dagegen durch die Aufrechterhaltung einer tatbestandsmäßig und rechtswidrig geschaffenen Vermögenslage aus. Dazu *Otto*, BT, § 38, Rn. 12f.; vertiefend *ders.*, Vermögensschutz, S. 85ff. -

vorzugswürdig. Während die wirtschaftliche und die wirtschaftlich-juristische Theorie das entscheidende Kriterium des Vermögens im objektiven Geldwert erblicken[35], ermöglicht die personale Vermögenslehre durch die Anknüpfung an den Affektionswert nicht nur einen umfassenderen Schutz individueller Entfaltung, sondern bietet dank ihrer theoretischen Geschlossenheit auch ein höheres Maß an Rechtssicherheit[36].

Im insolvenzstrafrechtlichen Kontext ist der personale Vermögensbegriff aufgrund seiner Hervorhebung der Dispositionsfreiheit auch für die Erfassung der durch die Insolvenzordnung erweiterten Gestaltungsbefugnisse der Gläubiger besonders geeignet; er führt hier aber inhaltlich zu keinen anderen Ergebnissen als die herrschenden Vermögenslehren[37].

III) Strafwürdigkeit und Strafbedürftigkeit

Mit der Festlegung auf einen Rechtsgutsbegriff ist indes noch nichts darüber ausgesagt, ob eine Beeinträchtigung eines Rechtsguts, etwa der gläubigerschaftlichen Vermögensinteressen im Rahmen der Insolvenzdelikte, auch strafbar ist. Denn das Strafrecht hat nicht die Aufgabe, den Bestand der Rechtsgüter gegen jede Beeinträchtigung zu garantieren. Es besteht vielmehr Einigkeit, daß die Strafe allein bei bestimmten, besonders gravierenden Rechtsgutsbeeinträchtigungen verhängt werden darf[38]. Erlaubt ist die Strafe wegen ihres sozialethischen Unwerturteils und des schweren Eingriffs in die Rechte des Einzelnen zudem nur, wenn das zur Sicherung des Rechtsfriedens auch unabdingbar ist[39].

Diese Kriterien zur Abgrenzung strafbarer von nicht strafbaren Rechtsgutsbeeinträchtigungen kann man mit den Begriffen der Strafwürdigkeit und Strafbedürftigkeit erfassen[40]. Die Strafwürdigkeit nimmt auf die eine gravierende Rechtsgutsbeeinträchtigung kennzeichnende Sozialgefährlichkeit bzw. Sozialschädlichkeit der Tat und damit auf ein gesetzgeberisches Wertungsmoment innerhalb des Unrechtstatbestandes bezug[41].

Andere Einteilungen etwa bei *Arzt/Weber*, LH 3, Rn. 11ff.; *Maurach/Schroeder/Maiwald*, BT 2, § 31, Rn. 3ff.

35 Eingehende Darstellung dieser und weiterer Vermögenslehren bei *Lackner*, LK, § 263 StGB, Rn.120ff.; *Sch/Sch/Cramer*, § 263 StGB, Rn. 78b ff.

36 Dazu im einzelnen *Otto*, Vermögensschutz, S. 26ff.; *ders.*, BT, § 38, Rn. 1ff., § 51, Rn. 59ff.

37 Eingehend dazu unten B II 2 a aa.

38 *BVerfGE* 27, S. 29f.; 90, S. 200ff. (Sondervotum *Graßhof*); vgl. auch *Maiwald*, Maurach-FS, S. 11 ("wirklich schwerwiegender Unwert"); *Otto*, Schröder-GS, S. 55 ("gravierend").

39 *BVerfGE*, 39, S. 47; 88, S. 257f.; 90, S. 213f. (Sondervotum *Sommer*); *Baumann/Weber/Mitsch*, § 3, Rn. 19; *Jescheck/Weigend*, § 4 II 2.

40 *Jescheck/Weigend*, § 7 I 1; *Otto*, Schröder-GS, S. 53ff. - Auf eine (umfassendere) Strafwürdigkeit stellt ab *Günther*, S. 236ff. - Übersicht über die verschiedenen Ansichten bei *Altpeter*, S. 49ff. - Kritisch jüngst *Appel*, S. 391ff.

41 Die Strafwürdigkeitsentscheidung läßt sich mithin, wie auch *Mennicke*, S. 482f., treffend hervorhebt, nicht auf "Wahrheitsbeweise" gründen. Vielmehr kann es nur darum gehen, den

Die Strafbedürftigkeit läßt sich dagegen als strafrechtliche Ausprägung des Verhältnismäßigkeitsgrundsatzes begreifen, nach dem Strafe nur als ultima ratio eingesetzt werden darf.

Beide Grundsätze spielen nicht nur für die Auslegung von Straftatbeständen eine wichtige Rolle. Sie dienen auch der kritischen Prüfung der Legitimation von Bestehen und Reichweite dieser Normen. In dieser Doppelfunktion sind sie dem oben dargestellten Rechtsgutsbegriff durchaus vergleichbar. Zugleich aber gehen sie über ihn hinaus, da sich ihr Inhalt gerade nicht in der Beschreibung des Rechtsguts und seiner Beeinträchtigung erschöpft.

1) Strafwürdigkeit

Als strafwürdig kann mit *Otto* ein Verhalten bezeichnet werden, das nicht nur bloß lästig oder unerwünscht, sondern vielmehr geeignet ist, das Sozialgefüge der Rechtsgesellschaft in besonders gravierendem Maße zu gefährden oder zu schädigen. Die Schwere der Rechtsverletzung kann sich dabei sowohl aus der besonderen Gefährlichkeit des Angriffs als auch aus der Bedeutung des beeinträchtigten Rechtsguts ergeben[42].

So verstanden läßt sich Strafwürdigkeit daher als das in einer derart gravierenden Rechtsgutsbeeinträchtigung liegende materielle Unrecht einer Tat begreifen, das sich nach herrschender Dogmatik, jedenfalls bei den Erfolgsdelikten, aus der Kombination von Handlungs- und Erfolgsunwert zusammensetzt[43]. Der Handlungsunwert wird im Unwert des Verhaltens gesehen, mit dem der Täter seinen Angriff durchführt. Der Erfolgsunwert liegt demgegenüber in der Beeinträchtigung des im Angriffsobjekt konkret verwirklichten Rechtsguts, die aufgrund des Verhaltens eintritt.

Im Rahmen des Insolvenzstrafrechts kommt der Wahrung des Strafwürdigkeitserfordernisses gleich in mehrfacher Hinsicht eine überragende Rolle zu. So wird schon die Strafwürdigkeit der einzelnen Bankrotthandlungen in § 283 Abs. 1 StGB im einzelnen sehr unterschiedlich bewertet. Ebenso wirft die Massearmut des bisherigen Konkursrechts Fragen bezüglich der Sozialschädlichkeit strafbewehrter Verhaltensweisen auf.

Gesetzgeber dahingehend zu überprüfen, ob sachgerechte Kriterien für die Strafwürdigkeitsprüfung existieren und von ihm auch herangezogen wurden.

42 *Otto*, AT, § 1, Rn. 49; *ders.*, Schröder-GS, S. 54f.; *ders.*, ZStW 96 (1984), S. 346ff.; *ders.*, Jura 1989, S. 27.

43 So mit unterschiedlicher Akzentuierung *Jescheck/Weigend*, § 24 III; *Maurach/Zipf*, AT 1, § 17, Rn. 1ff.; *Lackner/Kühl*, Vorbem. § 13 StGB, Rn. 20; *Roxin*, AT, § 10, Rn. 93; *Sch/Sch/Lenckner*, Vorbem. §§ 13ff. StGB, Rn. 54ff. - *A.A.* die monistisch-subjektive Theorie, die allein auf den Handlungsunwert abstellt, dazu insbesondere *Zielinski*, "Handlungs- und Erfolgsunwert im Unrechtsbegriff" (1973). - Dagegen aber zutreffend *Roxin*, AT, § 10, Rn. 96.

Und nicht zuletzt müssen sich mögliche gesetzesbegriffliche Auswirkungen der neuen Insolvenzordnung auf das Strafrecht an diesem Maßstab messen lassen.

2) Strafbedürftigkeit

Nimmt die Strafwürdigkeit demnach mehr auf ein Wertungsmoment bezug, so steht bei der Strafbedürftigkeit der Zweckgedanke staatlichen Strafens im Vordergrund[44]. Ein strafwürdiges Verhalten ist vor allem dann auch strafbedürftig, wenn keine anderen, weniger einschneidenden Mittel zum Schutz von Rechtsgütern und zur Bewährung der Rechtsordnung zur Verfügung stehen. Im insolvenzstrafrechtlichen Kontext wird das vor allem bei den Insolvenzverschleppungsdelikten interessant, an deren Strafbedürftigkeit bisweilen Zweifel geäußert werden, weil die Pflicht zur Stellung eines Insolvenzantrags bereits über zivilrechtliche Haftung abgesichert ist.

Dieser Ultima-ratio-Grundsatz ist allerdings nicht dahin mißzuverstehen, daß zivil- und öffentlichrechtlichen Maßnahmen stets Vorrang zukommt. Vielmehr kann der mißbrauchsorientierte und daher punktuelle Einsatz des Strafrechts großflächigen Freiheitsbeschränkungen durch das Zivilrecht und das öffentliche Recht durchaus vorzuziehen sein[45].

---

44 *Otto*, Schröder-GS, S. 56f., der zugleich den funktionalen Zusammenhang beider Elemente hervorhebt (S. 57, Fn. 15).

45 *Otto*, Tiedemann-Symposium, S. 453, Fn. 34.

B) Individualrechtsgut der §§ 283-283d StGB

Auf Grundlage der soeben gesetzten Prämissen soll zunächst das Vermögensrechtsgut der §§ 283ff. StGB untersucht werden. Der Schutz dieses Rechtsguts durch das Insolvenzstrafrecht ist zwar unbestritten[46]. Es scheint aber Klarstellungsbedarf zu bestehen, welche Gläubigerforderungen ihm im einzelnen zuzuordnen sind. In einem zweiten Schritt wird dann geprüft, ob auch die seit dem 1.1.1999 erweiterten Gestaltungsrechte der Gläubiger dem Vermögensrechtsgut zugewiesen werden können.

I) Vermögensinteressen

1) Insolvenzrechtliche Vorgaben

a) Leitfunktion des Insolvenzrechts

Für die Darstellung der strafrechtlich geschützten Vermögensinteressen muß dabei zunächst auf das Insolvenzrecht zurückgegriffen werden, dem insofern eine Leitfunktion zukommt. Das Insolvenzstrafrecht schützt die Gläubigerinteressen in ihrem speziell insolvenzrechtlichen Kontext. Das wird beispielsweise an dem in der Praxis überaus bedeutsamen[47] § 283 Abs. 1 Nr. 1 StGB (Beiseiteschaffen von Vermögensbestandteilen) deutlich, der ein Verhalten sanktioniert, das gegen die spätere Insolvenzmasse gerichtet sein muß. Der insolvenz*straf*rechtliche Schutz umfaßt deshalb Rechtspositionen, die auch insolvenzrechtlich als schutzwürdig anerkannt sind[48].

b) Gläubigergruppen im Insolvenzverfahren

Zur dogmatischen Erfassung des strafrechtlichen Rechtsguts der Vermögensinteressen muß man sich daher zuerst die insolvenzrechtlich geschützten Rechte vergegenwärtigen. Ein Blick in die Insolvenzordnung zeigt, daß als Gläubiger im Insolvenzverfahren gemäß den §§ 38ff. InsO die Inhaber sehr unterschiedlicher Ansprüche erfaßt werden. Hier finden sich neben den Insolvenz- und nachrangigen Insolvenzgläubigern (§§ 38f. InsO) etwa auch die verschiedenen Ab- und Aussonderungsberechtigten (§§ 47ff. InsO) sowie die Massegläubiger (§§ 54f. InsO).

---

46 *BGHSt* 28, S. 373; 34, S. 311; *Bieneck* in: Müller-Gugenberger (Hrsg.), § 62, Rn. 33; *Hiltenkamp-Wisgalle*, S. 48; *Höfner*, S. 21f., 38; *Hörl*, S. 46f., 51ff., 73f.; *Lackner/Kühl*, § 283 StGB, Rn. 1; *Mohr*, S. 32; *Moosmayer*, S. 121; *Kindhäuser*, NK, Vor §§ 283-283d StGB, Rn. 20; *Otto*, Bruns-GS, S. 266; *Samson*, SK, Vor § 283 StGB, Rn. 3; *Sch/Sch/Stree*, Vor § 283 StGB, Rn. 2; *Tiedemann*, Vor § 283 StGB, Rn. 2, 45ff.; *Uhlenbruck*, ZInsO 1998, S. 250; *Weyand*, S. 25f.; ähnlich *Krause*, S. 155f., 186; *Regner*, S. 16f.; *Tröndle/Fischer*, Vor § 283 StGB, Rn. 3. - *A.A.* für § 283b StGB: *Maurach/Schroeder/Maiwald*, BT 1, § 48, Rn. 8 ("Treu und Glauben").

47 *Bieneck* in: Müller-Gugenberger (Hrsg.), § 65, Rn. 1 ("neben den Buchführungs- und Bilanzdelikten die häufigsten Konkursstraftaten"); *Tiedemann*, § 283 StGB, Rn. 14 (" 'klassische' Bankrotthandlung").

48 *Krause*, S. 158; *Moosmayer*, S. 122.

c) Insolvenzmasse und Vermögensansprüche

Das Insolvenzstrafrecht konzentriert sich dabei insbesondere, wie § 283 Abs. 1 Nr. 1 StGB zeigt, auf die gegen die spätere Insolvenzmasse gerichteten Ansprüche. Die Insolvenzmasse ist in § 35 InsO als das gesamte Vermögen definiert, das dem Schuldner entweder bereits zur Zeit der Eröffnung des Insolvenzverfahrens gehört oder das er in Abweichung von der bisherigen Rechtslage in § 1 Abs. 1 KO auch während des Verfahrens erlangt. Sie dient zur Befriedigung der persönlichen Gläubiger, die zur Zeit der Verfahrenseröffnung einen begründeten Vermögensanspruch gegen den Schuldner haben (vgl. § 38 InsO). Nicht zur Masse in diesem Sinne gehörig[49], und daher auch für § 283 Abs. 1 Nr. 1 StGB irrelevant, sind damit jedenfalls die mit Aussonderungsrechten belasteten Vermögensgegenstände (§§ 47f. InsO)[50].

d) Einzelne Vermögensansprüche

Geht es demnach im Insolvenzstrafrecht vor allem um die Inhaber persönlicher Vermögensansprüche, die zur quotalen Befriedigung im Verteilungsverfahren berechtigen, so sind damit insbesondere die Insolvenzgläubiger gemäß § 38 InsO gemeint[51]. Ihre Forderungen können auf den unterschiedlichsten Rechtsverhältnissen beruhen. Betragsmäßig besonders bedeutsam sind dabei regelmäßig die aus Geldkreditvergabe oder Lieferantenbeziehungen resultierenden Ansprüche, Lohnforderungen der Arbeitnehmer, Steuerforderungen sowie Ansprüche der Sozialversicherungsträger.

e) Befriedigung durch Haftungsverwirklichung

Diese Forderungen durch Verwertung des Schuldnervermögens bestmöglich zu befriedigen, ist Zweck des bisherigen Konkurs- wie auch des neuen Insolvenzverfahrens. Die Gläubiger werden dazu bei Vorliegen eines Eröffnungsgrundes in einer Zwangsgemeinschaft zusammengefaßt. Altes wie neues Recht zielen demnach auf "Haftungsverwirklichung". Damit ist indes nicht allgemeine zivilrechtliche Anspruchserfüllung gemeint. Vielmehr handelt es sich um insolvenzrechtsspezifische Gläubigerbefriedigung. Es geht um die gemeinschaftliche und gleichmäßige Befriedigung aller Insolvenzforderungen[52].

---

49 *Kuhn/Uhlenbruck*, § 3 KO, Rn. 8.

50 Ausführlich zu den verschiedenen dem Vermögen und der Konkursmasse zugeordneten Rechtspositionen *Kuhn/Uhlenbruck*, § 3 KO, Rn. 26ff.; *Tiedemann*, § 283 StGB, Rn. 16ff. - Zur Insolvenzordnung *Eickmann*, HK, § 35 InsO, Rn. 3ff.

51 Insolvenzforderungen können auch Absonderungsberechtigte geltend machen, sofern sie mit ihrer abgesonderten Befriedigung ausfallen, § 52 InsO. Näher dazu für das Strafrecht *Tiedemann*, § 283 StGB, Rn. 21.

52 Zur Konkursordnung statt vieler *Kuhn/Uhlenbruck*, 10. A., Vorbem., Rn. 5b. - Zur Insolvenzordnung *Kirchhof*, HK, § 1 InsO, Rn. 4ff. sowie unten II 1 b aa.

f) Einschränkungen der par condicio creditorum

Dieser über die quotale Gleichberechtigung der Gläubiger definierte insolvenzrechtliche Schutzumfang bedurfte nach bisheriger Rechtslage indes erheblicher Einschränkungen. Denn der Grundsatz gleichmäßiger Befriedigung wurde von der Konkursordnung selbst, etwa durch die in § 61 KO geregelten Vorrechte, mehrfach durchbrochen. Es herrschte also keine unterschiedslose Gleichbehandlung der Gläubiger. Vielmehr gab es eine "gesetzlich geordnete Gruppengerechtigkeit"[53], deren konkrete Ausgestaltung freilich sehr umstritten war[54]. Aus den daraus resultierenden minimalen Befriedigungsquoten einfacher Konkursgläubiger hatten sich für das Strafrecht Zweifel im Hinblick auf die noch zu diskutierende Strafwürdigkeit der Konkursdelikte ergeben. Das Streben der Insolvenzordnung nach höheren Befriedigungsquoten für die (ungesicherten) Insolvenzgläubiger könnte diesen Zweifeln entgegenwirken[55].

2) Insolvenzstrafrechtlicher Schutz

a) Anknüpfung an das Insolvenzrecht

Ist die enge Anbindung des Insolvenzstrafrechts an das Insolvenzrecht bereits an der Bezugnahme auf die Insolvenzmasse in § 283 Abs. 1 Nr. 1 StGB deutlich geworden, so zeigt auch die übrige Gestaltung dieser Strafrechtsnormen die Ausrichtung auf insolvenzrechtlich vorgeprägte Vermögensinteressen. Die Gläubiger als Inhaber dieser Vermögensansprüche sind zwar im Tatbestand nicht genannt. Aber die Zusammenschau von Bankrotthandlungen, Krisensituationen und objektiven Strafbarkeitsbedingungen[56] zeigt, daß es um den Schutz ihrer Interessen gehen muß: Unter Strafe stehen Verhaltensweisen, die in einer für das Unternehmen ohnehin schon kritischen und damit für die Gläubiger gefährlichen Situation die Erfüllungsfähigkeit des Unternehmens weiter schwächen. Sie verringern entweder unmittelbar die potentielle Insolvenzmasse oder richten sich gegen die Rechnungslegung, die für eine effektive Gläubigerbefriedigung im Insolvenzverfahren wichtige Voraussetzung ist[57].

Verstärkt wird die Ausrichtung am Insolvenzrecht noch dadurch, daß die §§ 283-283d StGB auch in ihrem Wortlaut an die insolvenzrechtlichen Vorgaben anknüpfen. Das tritt außer bei der Insolvenzmasse auch bei den objektiven Strafbarkeitsbedingungen der Eröffnung oder Ablehnung eines Insolvenzverfahrens hervor. Vergleichbar ist die Orientierung an handelsrechtlichen Buchführungs- und Bilanzierungspflichten[58].

---

53 *K. Schmidt*, Gutachten, S. D 51.
54 *Häsemeyer*, KTS 1982, S. 507ff.; *Stürner*, ZZP 94 (1981), S. 263ff.
55 Dazu unten D II 2 a, b.
56 Allein § 283b StGB stellt ein Handeln unabhängig von einer Krisensituation unter Strafe.
57 *Krause*, S. 35ff. et passim, teilt § 283 StGB in 'bestands-' und 'informationsbezogene' Tatbestandsalternativen ein.
58 Eingehend dazu die Dissertation von *Regner*, "Fahrlässigkeit bei Konkursdelikten" (1998).

b) Präzisierung des Rechtsguts Vermögeninteressen

aa) Beziehung zwischen Gläubigergesamtheit und Befriedigungsinteressen

War bisher allgemein von den Vermögensinteressen der Gläubiger die Rede, so kann dieses Individualrechtsgut unter Rückgriff auf die obigen Prämissen weiter präzisiert werden. Unter den Vermögensinteressen ist die abstrakte Beziehung zwischen den Gläubigern und ihren vermögenswerten Befriedigungsansprüchen zu verstehen, die wie andere Rechtsgutsbeziehungen auch der personalen Entfaltung dienen. Daß es dabei zivil- wie strafrechtlich nicht auf einzelne, sondern auf die Gesamtheit der Gläubiger ankommt, wird deutlich, wenn man den Anfechtungstatbestand der inkongruenten Deckung (§ 131 InsO) und den Straftatbestand der Gläubigerbenachteiligung (§ 283c StGB) in den Blick nimmt[59].

bb) Beschränkung auf Befriedigungsinteressen im Insolvenzverfahren

Es geht auch nicht um die bereits vor dem Insolvenzverfahren bestehenden Forderungen[60]. Geschützt werden vielmehr erst die daraus entstehenden, auf das Insolvenzverfahren gerichteten Befriedigungsinteressen[61]. Das ergibt sich aus dem engen Zusammenhang von Insolvenz- und Insolvenzstrafrecht. Es ist bereits hervorgehoben worden, daß das Insolvenztrafrecht Rechtspositionen in ihrem besonderen insolvenzrechtlichen Kontext schützt. Zwar greift das Insolvenzrecht seinerseits etwa mit dem Anfechtungsrecht auch auf Verhaltensweisen aus, die bereits vor Einleitung des Insolvenzverfahrens erfolgten. Es bietet aber keine Handhabe, um schon die unmittelbare Beeinträchtigung von Forderungen haftungsrechtlich zu sanktionieren. Geschützt wird insofern erst das spätere Befriedigungsinteresse im Insolvenzverfahren. Da sich das Insolvenzstrafrecht an diesen besonderen insolvenzrechtlichen Vorgaben orientiert, ist seine Schutzrichtung in gleicher Weise ausgestaltet. Bedeutung kommt dem auch für die Frage zu, ob die §§ 283ff. StGB nur Gefährdungs- oder zumindest im Hinblick auf § 283 Abs. 2 StGB bereits Verletzungsdelikte darstellen[62].

cc) Beschränkung auf geldwerte Interessen

Der Schutzumfang der Befriedigungsinteressen ist schließlich noch dahingehend zu konkretisieren, daß er das Beiseiteschaffen von Vermögensbestandteilen mit bloßem Affektionswert nicht erfaßt[63]. Damit sind Gegenstände gemeint, durch deren Verwer-

---

59 Dazu bereits *von Brunegg*, GS 82 (1914), S. 240; ferner *Mohr*, S. 31; *Moosmayer*, S. 121; *Tiedemann*, Vor § 283 StGB, Rn. 45, § 283c StGB, Rn. 1. - Die Gesamtheit der Gläubiger kann aber auch schon aus einem einzelnen Gläubiger bestehen, *RGSt* 41, S. 309; *von Brunegg*, GS 82 (1914), S. 240f. und Fn. 30; *Tröndle/Fischer*, Vor § 283 StGB, Rn. 3.

60 So aber *von Brunegg*, GS 82 (1914), S. 235.

61 *H.M.*, *Tiedemann*, Vor § 283 StGB, Rn. 45 sowie die in Fn. 46 Genannten.

62 Dazu unten C IV 1 d.

63 *BGHSt* 3, S. 36; 5, S. 121; *Tiedemann*, § 283 StGB, Rn. 16f.; *Weyand*, S. 69. - Das Beiseiteschaffen von zur Aussonderung berechtigenden Vermögensgegenständen mit bloßem Gebrauchs-

tung weder bei Liquidation noch bei Sanierung oder übertragender Sanierung ein Geldwert erzielt werden kann. In dieser Einschränkung liegt jedoch keine Abkehr vom hier vertretenen personalen Vermögensbegriff, der solche Gegenstände in seine Definition mit einbezieht. Denn der Schuldner beeinträchtigt in einem solchen Fall allenfalls das eigene Vermögen. Dieses ist zwar Tatbestandsmerkmal in § 283 Abs. 1 Nr. 1 StGB. Entscheidend für die Tatbestandserfüllung und den (opferbezogenen) strafrechtlichen Vermögensbegriff ist aber die Gefährdung fremder, nämlich der Gläubigervermögen[64]. Zwar können wie beim Schuldner auch bei den Gläubigern grundsätzlich Gegenstände mit und ohne Geldwert dem Vermögen zugeordnet werden. Im insolvenzrechtlichen Verteilungsverfahren geht es aber nur um geldwerte Befriedigungsansprüche der Gläubiger. Nur gegen diese, und damit nur gegen einen Ausschnitt der Gläubigervermögen, richten sich deshalb die §§ 283ff. StGB. Diesen Ausschnitt erachten im Rahmen des Insolvenzstrafrechts alle Vermögenslehren für geschützt[65].

c) Rechtsgut und Angriffsobjekt

Die Beeinträchtigung des Rechtsguts verwirklicht sich im Angriff auf das Angriffsobjekt. Dieses Objekt ist im Anspruch der konkreten Gläubigerschaft auf adäquate, also den Vorgaben des Insolvenzrechts entsprechende Befriedigung zu erblicken[66]. Der Angriff auf das Objekt wird je nach Bankrotthandlung in unterschiedlicher Weise vorgenommen. Bei § 283 Abs. 1 Nr. 1 StGB etwa erfolgt er dadurch, daß der Schuldner einen Vermögensbestandteil dem späteren Insolvenzbeschlag entzieht.

d) Schutz sämtlicher Insolvenzforderungen

War oben bereits festgestellt worden, daß das Insolvenzstrafrecht nur solche Rechtspositionen schützt, die auch insolvenzrechtlich anerkannt sind, so gilt umgekehrt, daß mit der Anerkennung als potentielle Insolvenzforderung auch ein einheitlicher Schutz durch die Insolvenzstraftatbestände einhergehen muß. Denn anders als das Konkursrecht, etwa mit seiner Rangordnung in § 61 KO, ist den §§ 283-283d StGB, wie die tatbestandliche Fassung dieser Normen zeigt, eine irgendwie geartete Differenzierung gerade nicht zueigen[67].

---

wert wird von § 283 Abs. 1 Nr. 1 StGB mangels Zugehörigkeit zur Insolvenzmasse gerade nicht erfaßt. - Zu Bagatellrisiken *Krause*, S. 278ff.; *Tiedemann*, § 283 StGB, Rn. 12, 17.

64 *Krause*, S. 184, spricht in diesem Zusammenhang von "durch Selbstgefährdungen vermittelte[n] Fremdgefährdungen".

65 Einzelheiten zur Anwendung des wirtschaftlichen und wirtschaftlich-juristischen Vermögensbegriffs auf die §§ 283ff. StGB bei *Hörl*, S. 73ff.

66 *Otto*, BT, § 61, Rn. 82.

67 *Moosmayer*, S. 125; *Tiedemann*, Vor § 283 StGB, Rn. 45, 51.

e) Mißverständnisse in der insolvenzstrafrechtlichen Literatur

aa) Insolvenzgläubiger und Kreditgläubiger

Angesichts dieser geradezu selbstverständlich anmutenden Feststellung muß es überraschen, daß in der strafrechtlichen Rechtsgutsdiskussion ein nicht unerheblicher Teil der Insolvenzforderungen dennoch unberücksichtigt bleibt. So heben verschiedene Autoren, vielleicht nicht zuletzt um ihre These zu unterstützen, die Insolvenzdelikte schützten ein soziales Rechtsgut der "Kreditwirtschaft"[68], auf der Ebene des Individualrechtsguts allein die auf Kreditbeziehungen beruhenden Vermögensinteressen bzw. das notwendigerweise nur auf diese Beziehungen gerichtete "Vertrauen in den Kredit" hervor.

Das wird beispielsweise bei *Tiedemann* angedeutet, der in seiner ausführlichen Kommentierung der §§ 283-283d StGB im Leipziger Kommentar zwar zunächst treffend von der Gesamtheit der Gläubiger spricht, sodann auf der Individualebene aber nur den Schutz der Interessen der "Kreditgeber" näher erörtert[69]. Darunter will er über Geldkreditgeber hinaus nicht nur Warenlieferanten ("Lieferantenkredit"), sondern auch noch die Arbeitnehmer mit ihren Lohnforderungen verstehen (sogenannter "Dienstleistungskredit")[70]. Zweifelsfrei gleichgesetzt werden Gläubiger und Kreditgläubiger von *Moosmayer*, der die "Kreditwirtschaft" als "das notwendige Pendant zu *den* gläubigerschaftlichen Vermögensinteressen" sieht[71].

bb) "Kredit" und "Kreditwirtschaft"

Dazu ist zunächst anzumerken, daß ein derart weiter Kreditbegriff nicht nur über das allgemeine Sprachverständnis hinausgeht[72]. Ebensowenig stimmt er mit den engeren, aber in sich gleichfalls unterschiedlichen Definitionen der "Kreditwirtschaft" bzw. des "Kreditwesens" in anderen Delikten wie dem Kreditbetrug (§ 265b StGB)[73] und den Straftatbeständen des Kreditwesengesetzes (§§ 54ff. KWG)[74] überein. Aufgrund der

68 Eingehend dazu unten C III 2.

69 Vor § 283 StGB, Rn. 45ff., 58 (vgl. aber noch *dens.*, Wirtschaftsstrafrecht I, S. 60f.). *Tiedemann* sieht die Kreditwirtschaft als ein "von Barzahlung und Tauschgeschäft gelöstes System der Vorleistung von Diensten, Waren und Geld"; ihm folgend *Bottke*, wistra 1991, S. 8; *Hiltenkamp-Wisgalle*, S. 62.

70 *Tiedemann*, Vor § 283 StGB, Rn. 49.

71 *Moosmayer*, S. 210 [Hervorhebung des Verf.]; vgl. auch *dens.*, S. 133ff.; dazu auch C III 2 d aa.

72 Vgl. *Gabler*, Wirtschaftslexikon, zu den Stichworten "Kreditwirtschaft", "Geldwirtschaft", "Kreditgeld".

73 Der Kreditbetrug (§ 265b StGB) schützt ein Rechtsgut "Kreditwirtschaft", das allein auf *Geld- und Warenkredit* beruht, vgl. *Tiedemann*, LK, § 265b StGB, Rn. 9ff. - Gegen ein Sozialrechtsgut des § 265b StGB *Kindhäuser*, JR 1990, S. 522; *Schubarth*, ZStW 1980, S. 91.- Kritik gegenüber der Strafwürdigkeit und Strafbedürftigkeit dieser Norm bei *Otto*, Jura 1989, S. 30f.; kritisch auch die Abhandlung von *Lampe*, "Der Kreditbetrug (§§ 263, 265b StGB)" (1980).

74 Die Straftatbestände des Kreditwesengesetzes (§§ 54ff. KWG) beschränken sich auf den Schutz der Funktionsfähigkeit der in diesem Gesetz genannten *Kredit- und Finanzdienstleistungsinsti-*

unterschiedlich weiten Schutzbereiche muß deshalb festgestellt werden, daß es einen einheitlichen Begriff *der* "Kreditwirtschaft" und *der* darunter zu subsumierenden Individualinteressen überhaupt nicht gibt! Ob der berechtigten Forderung, als Rechtsgüter nur möglichst bestimmte "Funktionseinheiten" auszuweisen[75], mit dieser Bedeutungsvielfalt nachgekommen wird, erscheint auf individueller wie auf überindividueller Rechtsgutsebene sehr zweifelhaft[76].

cc) Forderungen ohne Bezug zum "Kredit" oder zur "Kreditwirtschaft"

Abgesehen von diesen schon terminologischen Unstimmigkeiten kommt es aber vor allem darauf an, daß selbst mit der sehr weiten Definition *Tiedemanns* die einzelnen Gläubigerpositionen nicht abschließend erfaßt werden. Vielmehr bleiben, und das ist in der insolvenzstrafrechtlichen Rechtsgutsdebatte erstaunlicherweise noch unbeachtet geblieben, betragsmäßig nicht unwesentliche Forderungen völlig unberücksichtigt. Vergessen wurden bisher stets die Steuerforderungen, die Sozialversicherungsansprüche, die Forderungen der Arbeitsämter, der Gemeinden, und der öffentlichen Anstalten. Nach der eingehenden Untersuchung von *Gessner*, *Rhode*, *Strate* und *Ziegert* kommt diesen Ansprüchen durchschnittlich ein Anteil von etwa 15% an der Gesamtsumme der anerkannten Forderungen zu[77]. Sie alle beruhen auf Rechtsverhältnissen, für die Kreditverhältnisse und damit die "Kreditwirtschaft" gar keine Rolle spielen[78].

So entstehen die staatlichen Steuerforderungen nicht etwa aufgrund einer durch ein besonderers Vertrauensverhältnis gekennzeichneten Kreditbeziehung, sondern weil ein Tatbestand verwirklicht wird, an den das Gesetz eine Leistungspflicht knüpft (§§ 38, 3 Abs.1 S.1 AO). Auch für die Verpflichtung eines Schuldnerunternehmens zur Abführung von Sozialversicherungsbeiträgen und die weiteren genannten Forderungen sind kreditwirtschaftliche Interessen oder ein "Vertrauen in den Kredit" unerheblich. Dennoch kann es nicht streitig sein, daß auch diese Vermögensinteressen sämtlich unter dem Schutz der Insolvenzstraftatbestände stehen.

Es ließe sich insofern allenfalls fragen, ob diese Steuer-, Sozialversicherungs- und weiteren Forderungen überhaupt einem Individualrechtsgutsträger zugeordnet werden können. So wäre es vielleicht nicht ganz fernliegend, allein soziale Rechtsgüter wie etwa die Funktionsfähigkeit des Steuersystems oder die Leistungsfähigkeit der Sozialversicherung als geschützt anzusehen. Damit würde man zwar diese Ansprüche nicht

tute und ihrer Gläubiger; zur Schutzrichtung des gesamten Kreditwesengesetzes vgl. *BGH* WM 1979, S. 482ff.; *Kümpel*, Bank- und Kapitalmarktrecht, S. 1329, Rn. 15.1ff.

75 *Tiedemann*, Tatbestandsfunktionen, S. 121ff.; *ders.*, Vor § 283 StGB, Rn. 55.

76 Zur Diskussion um ein überindividuelles Rechtsgut unten C III.

77 S. 160.

78 Ausführlich zu diesen Forderungen *Gessner/Rhode/Strate/Ziegert*, S. 296ff., 357ff., 365ff., 371ff., *Häsemeyer*, Rn. 23.35ff.

gänzlich unberücksichtigt lassen. Aber immerhin käme es zu einer dogmatisch erheblichen Akzentverschiebung von der Individual- auf die Sozialrechtsgutsebene. Für eine solche Überlegung könnte angeführt werden, daß etwa in § 266a Abs. 1, 3 StGB (Vorenthalten von Arbeitsentgelt) das Interesse der Solidargemeinschaft der Versicherten an der Sicherstellung des Sozialversicherungsaufkommens als soziales Rechtsgut weitgehend anerkannt ist[79] und auch für die Steuerstraftaten bisweilen ein überindividuelles Rechtsgut genannt wird[80].

Eine solche Sichtweise würde allerdings den besonderen insolvenzrechtlichen Zusammenhang nicht beachten. So würde eine Herausnahme der Steuer- oder Sozialversicherungsansprüche aus dem Individualrechtsgutsbereich mit der insolvenzrechtlichen Gleichstellung dieser Forderungen mit den übrigen Insolvenzforderungen nicht harmonieren. Darüberhinaus ist aber gerade auch aus strafrechtlicher Perspektive diese Schlußfolgerung nicht überzeugend, lassen sich beide Anspruchsgruppen doch problemlos einem individuellen Rechtsgut zuordnen. Denn auch das Vermögensinteresse des Staates oder eines Versicherungsträgers dient der personalen Entfaltung eines Einzelnen. Als Einzelner ist insofern nur die entsprechende juristische Person zu verstehen, eine Konsequenz, die auch in anderen, unstreitig nur Individualrechtsgüter schützenden Vermögensdelikten allgemein anerkannt ist[81].

Entsprechend wird daher auch im Steuerstrafrecht das Vermögensinteresse des Staates auf den vollen und rechtzeitigen Steuerertrag von der ganz herrschenden Meinung zutreffend als das geschützte Rechtsgut angesehen[82]. Auch eines nur zusätzlich geschützten Sozialrechtsguts wie etwa der Funktionsfähigkeit des Steuersystems bedarf es nach dieser Auffassung nicht. Denn die durch die Steuerstraftatbestände geschützten Interessen können bereits auf der Individualrechtsgutsebene vollständig erfaßt werden. Und an der Strafwürdigkeit der Beeinträchtigung "bloßer" Individualinteressen kann auch kein Zweifel bestehen.

---

79 Begr. RegE BT-Dr 10/5058, S. 31; *OLG Celle* NJW 1992, S. 190; *Bottke*, wistra 1991, S. 8; *Tröndle/Fischer*, § 266a StGB, Rn. 2; *Otto*, BT, § 61, Rn. 68; *Sch/Sch/Lenckner*, § 266a StGB, Rn. 2; *Weyand*, ZInsO 1998, S. 195.

80 *Dannecker*, Steuerhinterziehung, S. 174ff., der allerdings das Besteuerungssystem nur *neben* dem Individualrechtsgut des Staatsvermögens als geschützt ansieht.

81 Zutreffend für das Steuerstrafrecht *Franzen*, § 370 AO, Rn. 14. - Für § 263 StGB etwa *Sch/Sch/Cramer*, § 263 StGB, Rn. 78a.

82 *H.M.*: Entweder unter Bezug auf das Aufkommen der einzelnen Steuerart: *BGH* 36, S. 102; *BGH* wistra 1996, S. 260; *Göggerle*, BB 1982, S. 1851ff.; *Suhr*, Rechtsgut, S. 12ff. oder auf das Steueraufkommen im ganzen: *Gast-de Haan*, § 370 AO, Rn. 17; *Hardtke*, S. 66.

f) Ergebnis

Nach altem und neuen Recht sind nicht nur die Gläubiger "kreditwirtschaftlicher" Forderungen, sondern *sämtliche* Gläubiger Träger des strafrechtlichen Individualrechtsguts der Vermögensinteressen.

II) Gestaltungsinteressen

Während die soeben aufgezeigten Rechtsgutsaspekte auch schon nach geltender Rechtslage von Bedeutung waren, jedoch Klarstellungen angesichts der einzelnen Vermögensinteressen erforderlich schienen, werden die Gestaltungsbefugnisse der Gläubiger weithin als Kennzeichen des neuen Insolvenzrechts angesehen. In der strafrechtlichen Literatur ist deshalb die Frage aufgeworfen worden, ob die Stärkung der Gläubigerautonomie im Insolvenzverfahren auch zu einer Neubewertung des vermögensbezogenen Individualrechtsguts der §§ 283ff. StGB, etwa durch eine Ergänzung um selbständige Gestaltungsinteressen führen muß[83].

1) Insolvenzrechtliche Vorgaben

a) Alte Rechtslage

Im strafrechtlichen Schrifttum wird vielfach die Auffassung vertreten, die Konkursordnung habe allein auf die Unternehmenszerschlagung abgezielt und erst die Insolvenzordnung ermögliche den Erhalt von Unternehmen, eröffne den Gläubigern insofern auch strafrechtlich zu schützende Gestaltungsspielräume[84].

aa) Konkursverfahren

Das Verständnis des Konkurses als Zerschlagungsverfahren ist von den Vorstellungen des historischen Gesetzgebers in der Tat nicht allzuweit entfernt. So wurde der Konkurs in den Motiven als ein Verfahren mit exekutorischen Zügen gesehen[85]. Das Ziel war die Liquidation des Unternehmensträgers. Die Verwertung sollte regelmäßig durch Zerschlagung des Unternehmens erfolgen[86]. Allerdings wurde mit § 134 Nr. 1 KO auch die Veräußerung "im Ganzen" ermöglicht und der Liquidation konnte zumindest über einen kurzen Zeitraum die Fortführung des Unternehmens vorausgehen (vgl. §§ 129 Abs. 2, 132 Abs. 1 KO)[87].

---

83 Dafür: *Kindhäuser*, NK, Vor §§ 283-283d StGB, Rn. 18f., 26, der allerdings auch anerkennt, daß diese Befugnisse eine weitergehende Gläubigerbefriedigung ermöglichen sollen. - Dagegen: *Krause*, S. 156ff.; *Moosmayer*, S. 122ff.; *Tiedemann*, Vor § 283 StGB, Rn. 48.

84 *Hörl*, S. 16, 58; *Kindhäuser*, NK, Vor §§ 283-283d StGB, Rn. 18f., 26; *Krause*, S. 160; *Moosmayer*, S. 123, 140; *Tiedemann*, Vor § 283 StGB, Rn. 4.

85 *Hahn*, S. 41, vgl. aber auch S. 305.

86 *K. Schmidt*, Gutachten, S. D 40; vgl. auch *Hahn*, S. 40, 305. - Zur Differenzierung zwischen Unternehmen und Unternehmensträgern ausführlich *Balz*, Sanierung, passim; *K. Schmidt*, Insolvenzrecht, S. 23ff.

87 *Hahn*, S. 320: Der Gesetzgeber betrachtete die Gesamtveräußerung als Ausnahme, als Fall "außerordentlicher Veräußerung"; S. 306, 316: Die Fortführung wird zwar "häufig wünschens-

bb) Zwangsvergleichsverfahren

Der Vorschlag, den Unternehmenserhalt durch ein konkursabwendendes Vergleichsverfahren zu ermöglichen, fand in den Gesetzesberatungen keine Mehrheit. Ein Zwangsvergleichsverfahren in der Konkursordnung wurde für ausreichend gehalten (§§ 173ff. KO)[88]. Zwar wurde damit durchaus eine Erhaltung von Unternehmen angestrebt. Durchsetzen konnte sich dieses Ziel aber nicht. Das ist insbesondere darauf zurückzuführen, daß schon die Eröffnung des Konkursverfahrens zu erheblichen wirtschaftlichen Schäden führte, die einen Vergleichsabschluß behinderten[89]. Weiterhin dürfte auch das Bestreben der Rechtsprechung nach "beschleunigter Liquidation"[90] im Konkursverfahren ursächlich gewesen sein[91].

cc) Vergleichsverfahren

Die später erlassene Vergleichsordnung brachte keine Verbesserungen für die Erhaltung überlebensfähiger Unternehmen. Das wird darauf zurückgeführt, daß das Gesetz eine Unternehmenserhaltung nur durch Schuldenerlaß, nicht aber durch eine Veränderung der Kapital- und Finanzstruktur zu lösen versuchte[92]. Weiter werden die verfehlten Ablehnungsgründe in den §§ 17f. VerglO und die unter deutschen Eigenkapitalverhältnissen unrealistischen Quotenerfordernisse als Ursachen genannt[93]. Auch waren die Verfahrensfristen nach allgemeiner Auffassung zu kurz und die Stellung von Verwalter und Gläubigern gegenüber dem Schuldner zu schwach[94]. Schließlich fehlte ein Anfechtungsrecht vollständig.

dd) Übertragende Sanierung

Nach den obigen Ausführungen könnte man der Ausgangsvermutung zustimmen, daß nach alter Rechtslage die einzig gangbare Konkursabwicklung in der Zerschlagung des Unternehmens lag. Daraus müßte man schlußfolgern, daß die Gestaltungsbefugnisse der Gläubiger faktisch weitgehend reduziert und mithin auch für das Strafrecht irrelevant waren. Indes griffe eine solche Betrachtungsweise zu kurz. Denn um den Mängeln des bisherigen Gesamtvollstreckungsrechts abzuhelfen, hat die Praxis aus der Konkursordnung als Alternative zur Zerschlagung das Konzept der "übertragenden Sa-

---

wert" genannt. Andererseits aber wird das "Recht [scil. der Gläubiger] auf möglichst rasche Befriedigung" betont. - Eine rasche Befriedigung leistet aber oftmals nur die Zerschlagung.

88 *Hahn*, S. 348ff., 381ff.; *K. Schmidt*, Gutachten, S. D 41.

89 *Baumann*, S. 175, näher dazu unten B I 1 a dd.

90 *BGH* KTS 1980, S. 123: Jede Fortführung ist eine besonders zu rechtfertigende Ausnahme; *Kuhn/Uhlenbruck*, § 117 KO, Rn. 14b.

91 *K. Schmidt*, Gutachten, S. D 41; vgl. auch *Gerhardt*, ZIP 1987, S. 762; *Riering*, S. 43.

92 *Meyer-Cording*, NJW 1981, S. 1244.

93 Allg. Begr. RegE zur InsO, BT-Dr 12/2443, S. 73; *K. Schmidt*, Gutachten, S. D 44.

94 *Berges*, KTS 1955, S. 2f.; *Künne*, KTS 1975, S. 188.

nierung" entwickelt[95]. Diese Vorgehensweise ermöglicht - bei Zustimmung der Gläubiger[96] - den Erhalt sanierungswürdiger Unternehmen (oder Unternehmensteile) durch Trennung von Unternehmen und Unternehmensträger. Der alte Unternehmensträger, etwa eine GmbH, wird liquidiert und das Unternehmen wird dann, unbelastet von seinen Altschulden, auf einen neuen Träger zur Fortführung übertragen[97]. Mit dem erzielten Kaufpreis werden die Gläubiger befriedigt. Ein Übernahmeinteresse besteht dabei oft nur dann, wenn der Konkursverwalter das Unternehmen zuvor schon saniert hat. Die übertragende Sanierung setzt deshalb meist eine längere Betriebsfortführung und Restrukturierung voraus[98]. Diese hat in Abkehr von seiner bisherigen Rechtsprechung[99] schließlich auch der BGH im Jahre 1986 gebilligt[100].

Diese Entwicklung zeigt, daß sich das Verständnis des Konkurszwecks schon nach bisheriger Rechtslage gewandelt hat[101]. Das Ziel der Haftungsverwirklichung ist zwar gleich geblieben. Der Weg dorthin führt aber nicht mehr nur über die Unternehmenszerschlagung, der ein rein statisches Vermögensverständnis zugrundeliegt. Gleichrangig bietet sich die übertragende Sanierung an.

ee) Werbende Betriebsfortführung

Darüber hinaus sind in der Konkurspraxis auch bereits langfristig werbende Betriebsfortführungen durchgeführt worden, bei denen die Gläubiger aus den laufenden Gewinnen befriedigt wurden[102]. Diese weitere Alternative zur sofortigen Zerschlagung weist bereits auf eine neue, dynamische Interpretation des Vermögens hin, die sich nicht allein an dessen Verkaufswert, sondern insbesondere an seinem Einsatz zur Erfolgserzielung im Produktionsprozeß orientiert[103]. Welcher dieser Wege, Zerschlagung, übertragende Sanierung, werbende Fortführung bzw. eine Kombination dieser Mög-

---

95 Begriff und Kritik von *K. Schmidt*, ZIP 1980, S. 336f.; *ders.*, Gutachten, S. D 83f. - Aus Praktikersicht: *Wellensiek* und *Schaaf* in: IDW (Hrsg.), Beiträge zur Reform des Insolvenzrechts, S. 185ff.; ferner *Stüdemann*, FS 100 Jahre KO, S. 431f., 439; *Stürner*, ZZP 94 (1981), S. 285. - Zum Problem des "richtigen" Kaufpreises *K. Schmidt* in: Leipold (Hrsg.), S. 75f.

96 Vgl. §§ 133 Nr. 1, 134 Nr. 1 KO.

97 Eingehend *Groß* "Sanierung durch Fortführungsgesellschaften" (1988); ferner *K. Schmidt* in: Leipold (Hrsg.), S. 67ff.

98 *Riering*, S. 67f.

99 *BGH* KTS 1980, S. 123.

100 *BGH* ZIP 1987, S. 117; zustimmend *K. Schmidt*, NJW 1987, S. 814.

101 *Stürner* in: Kübler (Hrsg.), S. 42f., 59f. - *Gerhardt*, ZIP 1987, S. 763, sieht hierin schon einen Vorgriff auf die Insolvenzrechtsreform; vgl. auch *Uhlenbruck*, Insolvenzrecht, S. 19, Fn. 11 sowie bereits *dens.*, NJW 1975, S. 900.

102 *Riering*, S. 31ff.; 81f., 143; *K. Schmidt*, Insolvenzrecht, S. 159; *Stüdemann*, FS 100 Jahre KO, S. 436ff.; vgl. auch bereits *Hahn*, S. 316f. - Gleichwohl diente auch diese Verwertungsform letztendlich der Liquidation des Unternehmens*trägers*, *Kuhn/Uhlenbruck*, § 117 KO, Rn. 14ff.; *Riering*, S. 143.

103 *Stüdemann*, FS 100 Jahre KO, S. 431; *Riering*, S. 33ff.

lichkeiten, dann im Einzelfall zu beschreiten ist, hängt von dem Erlös ab, den die Gläubiger bei ihrer Entscheidung für eine Verwertungsart erwarten.

ff) Ergebnis

Bereits die Konkursordnung ermöglichte den Erhalt von Unternehmen. Die Gläubiger konnten jedenfalls zwischen den oben genannten Alternativen entscheiden. Das Verständnis als reines Zerschlagungsrecht geht daher an der Realität der Konkurspraxis vorbei. Für das Strafrecht ist daraus zu folgern, daß diese gläubigerschaftlichen Gestaltungsmöglichkeiten schon *vor* Inkrafttreten der Insolvenzordnung in die Rechtsgutsfrage einzubeziehen waren.

b) Neue Rechtslage

aa) Drei Verwertungsarten

Mit diesen Feststellungen soll aber nicht außer acht gelassen werden, daß die Insolvenzordnung die Gläubigerbefugnisse in mehrfacher Hinsicht *erweitert* hat. So wird mit der Sanierung von Unternehmen *und* Unternehmensträgern den Gläubigern jetzt - neben Liquidation und übertragender Sanierung - eine dritte Verwertungsoption eingeräumt, die ihnen aufgrund der dargestellten Mängel des Vergleichs- und Zwangsvergleichsrechts zuvor praktisch verschlossen war.

Dabei bedarf aber auch aus strafrechtlicher Sicht der Hervorhebung, daß die Insolvenzordnung den Erhalt von Unternehmen aufgrund einer (übertragenden) Sanierung nicht zum Selbstzweck erklärt[104]. Zwar hat der Rechtsausschuß in § 1 S. 1 InsO dieses Ziel besonders herausgehoben und ihm im korrigierten Ausschußbericht sogar Eigenständigkeit zugesprochen[105]. Aber der eindeutige Wortlaut der Norm ergibt doch, daß auch der Unternehmenserhalt nur ein Mittel zur Gläubigerbefriedigung durch die erzielten Unternehmenserträge ist[106]. Mag auch die Rechtswirklichkeit in den kommenden Jahren zu Lasten der Gläubiger bisweilen zu einer Sanierungspräferenz gelangen, um Arbeitsplätze (vermeintlich) zu sichern. Text, Systematik, Zielsetzung und Entstehungsgeschichte der Insolvenzordnung stellen jedoch allein auf die bestmögliche

104 So aber *Pick*, NJW 1995, S. 994; *Bork*, Rn. 355f. ("gleichrangiges Verfahrensziel"), anders allerdings *ders*., Rn. 3ff.

105 Zu § 1 InsO, BT-Dr 12/8506, S. 2; anders noch der erste Ausschußbericht zu § 1 InsO, BT-Dr 12/7302, S. 155 ("ein Weg zur Gläubigerbefriedigung").

106 § 1 S. 1 InsO: "Das Insolvenzverfahren dient dazu, die Gläubiger [...] zu befriedigen, *indem* [scil.: *entweder*] das Vermögen des Schuldners verwertet [...] *oder* in einem Insolvenzplan eine abweichende Regelung insbesondere zum Erhalt des Unternehmens getroffen wird." [Hervorhebungen des Verf.].

Haftungsverwirklichung im Gläubigerinteresse ab und gewähren den Gestaltungsbefugnissen der Gläubiger daher keine Eigenständigkeit[107].

bb) Insolvenzplan

(1) Gesetzliche Regelung

Mit dem Insolvenzplan stellt der Gesestzgeber den Gläubigern insbesondere für die Durchführung einer Sanierung ein Instrument zur Verfügung, das eine weitgehend privatautonome Insolvenzabwicklung gestattet. Ein Abweichen von den gesetzlichen Vorgaben wird erlaubt. In der Insolvenzordnung sind daher lediglich Verfahrensregelungen für den Insolvenzplan enthalten (§§ 217ff. InsO). Die Sanierungshemmnisse des geltenden Vergleichsrechts wie Mindestquoten und "Vergleichswürdigkeit" entfallen, Mehrheitserfordernisse sind herabgesetzt und auch die dinglichen Gläubiger können voll in das Planverfahren integriert, ihre Absonderungsrechte gehemmt werden. Schließlich sind neben einer Sanierung auch eine übertragende Sanierung und sogar eine Liquidation auf Basis eines Insolvenzplans möglich[108].

Inhaltlich gliedert sich der Plan in einen darstellenden und einen gestaltenden Teil[109]. Im darstellenden Teil wird das Konzept des Insolvenzplans in seinen Einzelheiten beschrieben. Dort können etwa Betriebsänderungen und Kapitalaufnahmen erörtert werden. Die zur Umsetzung dieses Konzepts erforderlichen Eingriffe in die Rechte der Beteiligten werden dann im gestaltenden Teil vorgestellt[110].

Das Planverfahren läuft in groben Zügen folgendermaßen ab[111]: Die Vorlage des Plans kann durch den Schuldner oder den Insolvenzverwalter erfolgen[112]. Die Gläubiger haben zwar kein Vorlagerecht, können den Verwalter aber über die Gläubigerversammlung zur Vorlage eines Plans verpflichten und ihm ein Ziel für die Plangestaltung vorgeben[113]. Ist der Plan erstellt, so sind für seine Rechtskraft und Vollstreckbarkeit drei Voraussetzungen zu erfüllen. Erstens haben die Gläubiger, die vor allem ihrer Rechts-

---

107 Begr. RegE zu § 1 InsO, BT-Dr 12/2443, S. 109; *Balz* in: Kölner Schrift, S. 8, Rn. 18, S. 14, Rn. 40; *ders.* in: Balz/Landfermann (Hrsg.), S. XLV, Fn. 123; *Haarmeyer/Wutzke/Förster* 1/Rn. 6; *Jauernig*, S. 275f.; *Kirchhof*, HK, § 1 InsO, Rn. 4; *Uhlenbruck*, GmbHR 1995, S. 83; *Wittig*, NZI 1998, S. 49. - Im strafrechtlichen Schrifttum stimmen dem *Tiedemann,* Vor § 283 StGB, Rn. 3 und *Moosmayer*, S. 23f., 123f., mit zutreffendem Hinweis auf das Obstruktionsverbot in § 245 InsO zu.

108 *Bork*, Rn. 6; einschränkend *Warrikoff*, KTS 1996, S. 500.

109 § 219ff. InsO

110 Zur Änderung gesellschaftsrechtlicher Verhältnisse vgl. *K. Schmidt* in: Kölner Schrift, S. 921f., Rn. 25ff.

111 Ausführlich *Schiessler*, "Der Insolvenzplan" (1997); ferner *Häsemeyer*, Rn. 28.01ff.; *Jauernig*, S. 275ff.; *Maus* in: Kölner Schrift, S. 707ff.

112 § 218 Abs. 1 InsO.

113 §§ 218 Abs. 2, 157 InsO.

stellung nach in verschiedene Abstimmungsgruppen eingeteilt werden[114], mit den erforderlichen Mehrheiten zuzustimmen[115]. Ebenso hat sich, zweitens, auch der Schuldner für den Plan auszusprechen[116]. Seine Zustimmung kann allerdings wie die der Gläubiger in bestimmtem Umfang fingiert werden. Erforderlich dafür ist jedoch, daß die überstimmten Beteiligten durch den Plan keinen Nachteil gegenüber einem gesetzlichen Verfahren erleiden[117]. Schließlich bedarf es drittens der Bestätigung durch das Insolvenzgericht, das die oben genannten und teilweise nur schwer zu beurteilenden Voraussetzungen zu überprüfen und dabei insbesondere den Schutz von Gläubigerminderheiten zu beachten hat[118]. Nach dieser Bestätigung wird das Insolvenzverfahren aufgehoben und die Planerfüllung wahlweise für bis zu drei Jahre überwacht[119].

(2) Kritik

Ob der als "Kernstück" der Reform gefeierte Insolvenzplan[120] aber in der Praxis auch tatsächlich für eine flexible und wirtschaftlich effektive Abwicklung sorgt[121], erscheint keineswegs gesichert. Denn die vielfältigen Verfahrensverzögerungen und erheblichen finanziellen Aufwendungen, etwa im Zusammenhang mit Planerstellung, Gruppenbildung und gerichtlicher Bestätigung dürften zu einer nicht unerheblichen Belastung der Masse und damit zu einer geringeren Befriedigung der Gläubiger führen[122]. Demgegenüber steht mit der bereits dargestellten übertragenden Sanierung schon nach bisheriger Rechtslage ein Instrument zur Unternehmenserhaltung zur Verfügung, dessen Funktionsfähigkeit die Insolvenzpraxis seit Jahren unter Beweis gestellt hat[123]. Ein erfolgversprechender Einsatzbereich des Insolvenzplans wird daher aus Praktikersicht nur für ganz wenige Insolvenzen gesehen[124].

---

114 § 222 InsO.

115 §§ 235ff. InsO.

116 § 247 InsO.

117 §§ 245, 247 Abs. 2 InsO.

118 §§ 248ff. InsO.

119 §§ 258ff. InsO.

120 Ausschußbericht vor § 253 EInsO (= § 217 InsO), BT-Dr 12/7302, S. 181; ebenso *Maus* in: Kölner Schrift, S. 707; *Moosmayer*, S. 40.

121 *Braun* in: Baetge (Hrsg.), Diskussion, S. 132f., 138f., 152.

122 Skeptisch auch *Gravenbrucher Kreis*, ZIP 1994, S. 586; 1993, S. 626f.; 1992, S. 658; 1990, S. 477f.; *Grub*, AnwBl. 1993, S. 458f.; *ders.*, ZIP 1993, S. 393; *Pape*, NJW 1999, S. 30f.; *Smid*, BB 1999, S. 3f., 6; *Wittig*, NZI 1998, S. 50. - Kritik kommt auch aus gewerkschaftlicher Sicht, vgl. etwa *Engberding*, DZWir 1998, S. 94ff.

123 Wohl nicht zuletzt deshalb hat der Rechtsausschuß daher davon abgesehen, die Betriebsveräußerung im Rahmen einer übertragenden Sanierung an "besonders Interessierte" (§ 162 InsO) oder "unter Wert" (§ 163 InsO) allein auf Grundlage eines Insolvenzplans zuzulassen, vgl. Ausschußbericht zu § 181 EInsO (= § 162 InsO), BT-Dr 12/7302, S. 175f. - Kritisch dazu aber *Balz* in: Kölner Schrift, S. 17, Rn. 48.

124 *Pape*, NJW 1999, S. 30f.; ferner *Heynck* in: Baetge (Hrsg.), Diskussion,S. 137f.; *Landfermann* in: Baetge (Hrsg.), S.16 ("Stellenwert vielleicht doch zu hoch angesetzt"); vgl. auch *Maus* in: Kölner Schrift, S. 711.

cc) Ergebnis

Die praktische Anwendbarkeit des Insolvenzplans ist zwar nicht unproblematisch, aber er bietet den Gläubigern doch weitreichende Gestaltungsmöglichkeiten, die über das bisherige Recht in Konkurs-, Vergleichs- und Gesamtvollstreckungsordnung erheblich hinausgehen. Es ist daher zu fragen, ob diese Erweiterung der Gestaltungsrechte auch eine veränderte strafrechtliche Zuordnung erfordert.

2) Insolvenzstrafrechtlicher Schutz

a) Vermögenslehren

aa) Personale Vermögenslehre

Folgt man dem hier vertretenen personalen Vermögensbegriff, so ist eine veränderte Zuordnung nicht erforderlich. Vielmehr ist eine Erfassung auch der Gestaltungskompetenzen als Vermögensbestandteil problemlos möglich[125]. Denn einem Vermögen, das als wirtschaftliche Potenz zur Umsetzung eigener Vorstellungen im gegenständlichen Bereich definiert ist, sind selbstverständlich auch konkurs- wie insolvenzrechtliche Wahlrechte zuzuweisen, die zur Verwirklichung dieser Vorstellungen eingesetzt werden. Dabei ist bereits hervorgehoben worden, daß auch nach der Insolvenzordnung die Gestaltungsmöglichkeiten der Gläubiger immer haftungs- und damit vermögensbezogen gesehen werden müssen. Gläubigerschaftliche Gestaltungsfreiheit bleibt daher auch nach dem 1.1.1999 lediglich ein Mittel zum Zweck der Befriedigung von Vermögensinteressen[126]. Aufgrund der Ausrichtung der Gestaltungsrechte am Befriedigungsinteresse der Gläubiger kann daher auch im Rahmen der §§ 283ff. StGB der Vorwurf gegen den personalen Vermögensbegriff, er greife über den Vermögensschutz hinaus in Bereiche "bloßen" Freiheitsschutzes aus[127], nicht überzeugen[128].

bb) Wirtschaftliche und wirtschaftlich-juristische Vermögenslehren

Weniger geeignet für die Erfassung der Wahlrechte mit dem Vermögensbegriff sind dagegen die wirtschaftlichen und wirtschaftlich-juristischen Theorien. Sie sehen das entscheidende Kriterium des Vermögens im objektiven Geldwert[129]. Daher können sie die Gestaltungsbefugnisse nur dann dem Vermögen zuordnen, sofern diesen Rechten ein solcher Geldwert beigemessen werden kann. Da die Wahl der Gläubiger zwischen Liquidation, Sanierung und übertragender Sanierung davon abhängt, welche Verwertungsalternative den voraussichtlich höheren Erlös oder einen sonstwie gearteten

[125] "Zumindest" für die §§ 283ff. StGB folgt der personalen Vermögenslehre auch *Moosmayer*, S. 126ff.

[126] So auch *Moosmayer*, S. 124 ("akzessorisch"); *Tiedemann*, Vor § 283 StGB, Rn. 48 ("unselbständiger Bestandteil").

[127] *Lackner*, LK, § 263 StGB, Rn. 124; kritisch auch *Tiedemann*, Wirtschaftsstrafrecht 2, S. 99ff.

[128] Ebenso *Moosmayer*, S. 128.

[129] Vgl. die Nachweise in Fn. 35; für das Insolvenzstrafrecht *Tiedemann*, Vor § 283 StGB, Rn. 48; § 283 StGB, Rn. 16.

geldwerten Vorteil einbringt, erscheint eine solche Zuordnung zu "geldwerten Rechten" zwar möglich. Aber mit einem ganz konkreten Geldbetrag wird man die Gestaltungsoptionen aufgrund ihrer Vielfältigkeit kaum je bewerten können. Nur unter Verzicht auf die Zumessung eines solch konkreten Geldwertes können die Gestaltungsbefugnisse daher als Bestandteil eines wirtschaftlich oder wirtschaftlich-juristisch definierten Vermögens bezeichnet werden[130]. Der personale Vermögensbegriff führt daher auch im Insolvenzstrafrecht zu überzeugenderen Ergebnissen.

b) Rechtsgüter und Wertewandel

Die Erweiterung der Gläubigerwahlrechte durch die Insolvenzordnung führt zu einer Erweiterung auch auf der insolvenzstrafrechtlichen Individualrechtsgutsebene (aber noch innerhalb des Vermögensschutzes!). Dieser Wandel ist auch mit allgemeinen rechtsgutsdogmatischen Grundsätzen vereinbar. Denn Rechtsgüter sind nicht als vorgegebene, statische Einheiten zu verstehen. Vielmehr handelt es sich um Gegebenheiten oder Zwecksetzungen, die den Wandel gesellschaftlicher oder gesetzgeberischer Zielvorstellungen durchaus nachvollziehen können. Rechtsgüter sind demnach als dynamische Wertbeziehungen zu begreifen[131]. Daher können auch die um Sanierungsoption und Planverfahren modifizierten Zielvorstellungen insolvenzrechtlichen Gläubigerschutzes dem Rechtsgut der Vermögensinteressen ohne weiteres zugeordnet werden.

c) Ergebnis

Die schon bisher bestehenden, durch die Insolvenzordnung erweiterten Gestaltungsrechte der Gläubiger sind nach alter wie neuer Rechtslage unter den personalen Vermögensbegriff zu subsumieren. Eines eigenständigen Rechtsguts, wie *Kindhäuser* es fordert[132], bedarf es daher nicht.

130 Kritsch gegenüber diesen Vermögenslehren auch *Moosmayer*, S. 127.

131 Grundlegend *Hassemer*, "Theorie und Soziologie des Verbrechens" (1973); ferner *Roxin*, AT, § 2, Rn. 15; *Tiedemann*, Tatbestandsfunktionen, S. 115f.; vgl. auch *Appel*, S. 366f.

132 Vgl. nochmals *dens.*, NK, Vor §§ 283-283d StGB, Rn. 18f., 26.

C) Sozialrechtsgut der §§ 283-283d StGB ?

Sind die Vermögensinteressen der Gläubiger, wenn auch bisweilen unter unzutreffender Gleichsetzung mit den Interessen der Kreditgläubiger[133], als Individualrechtsgut der §§ 283ff. StGB allgemein anerkannt, so besteht dagegen seit langem Streit, ob diese Normen zusätzlich ein überindividuelles Rechtsgut schützen. Die Auseinandersetzung ist aus mehreren Gründen relevant:

Dogmatisch ist die Existenz eines Sozialrechtsguts für die Frage erheblich, ob die §§ 283ff. StGB als Normen eines Wirtschaftsstrafrechts oder als reine Vermögensdelikte einzustufen sind. Ein Teil der Lehre hält überindividuelle Rechtsgüter wie die "Gesamtwirtschaft" oder die "Kreditwirtschaft" für geschützt und ordnet die Insolvenzdelikte dem Wirtschaftsstrafrecht zu, das sie durch den Schutz eben solcher Sozialrechtsgüter gekennzeichnet sieht. Die Gegenmeinung lehnt ein Sozialrechtsgut ab und klassifiziert die Bankrottstraftatbestände konsequenterweise als Normen des Vermögensstrafrechts.

Rechtspolitisch hat die Kenntnis der Rechtsgüter die bereits erläuterte Funktion[134], den Gesetzgeber zu überprüfen, ob er tatsächlich einem für die personale Entfaltung bedeutsamen Gut Strafrechtsschutz gewährt. Gemeinsam mit den Kriterien der Strafwürdigkeit und Strafbedürftigkeit soll so einer unangemessenen Ausweitung des Strafrechts entgegengewirkt werden. Zu einer solchen Ausweitung, so argumentieren die Befürworter eines überindividuellen Rechtsguts, würden die §§ 283ff. StGB führen, wenn sie allein dem Vermögensschutz dienten. Dann nämlich sei die Ausgestaltung der Bankrottnormen als abstrakte Gefährdungsdelikte mit der Bestrafung auch fahrlässigen Verhaltens im Vergleich zu den nur vorsätzliches Handeln pönalisierenden klassischen Vermögensverletzungsdelikten nicht mehr zu rechtfertigen[135]. Allerdings räumen auch die Vertreter eines Sozialrechtsguts ein, daß sich aufgrund der durch die Massearmut schon zivilrechtlich entwerteten Gläubigerforderungen Zweifel an der Legitimation dieser Straftatbestände ergeben. Auf beide Aspekte wird im folgenden näher einzugehen sein[136].

Praxisrelevant ist der Streit für die Wirksamkeit einer Einwilligung in außergerichtliche Sanierungsmaßnahmen, die den Tatbestand des § 283 Abs. 1 Nr. 1 StGB erfüllen. Bei Annahme eines neben den Vermögensinteressen geschützten Sozialrechtsguts ist nämlich fraglich, ob eine Einwilligung, die sich nur auf das Individualrechtsgut bezie-

---

133 Vgl. nochmals *Moosmayer*, S. 133ff., 210 sowie oben B I 2 e.

134 Oben A I 4 b.

135 *Moosmayer*, S. 135; *Tiedemann*, Vor § 283 StGB, Rn. 54; näher dazu unter IV.

136 Zum zweiten Aspekt eingehend unter D.

hen kann[137], gleichwohl zur Straffreiheit führen kann. Seit dem 1.1.1999 ist das von besonderem Interesse. Denn die Insolvenzrechtsreform mißt nicht nur der verfahrensmäßigen, sondern auch der außergerichtlichen Sanierung einen hohen Stellenwert bei. Das soll unter C V näher untersucht werden.

I) Individual- und Sozialrechtsgüter

Bevor auf die dogmatische Einordnung der Bankrottdelikte im einzelnen eingegangen wird, ist im Anschluß an Abschnitt (A) dieses Kapitels nochmals hervorzuheben, daß strafrechtliche Normen nach ganz herrschender Ansicht sowohl den Schutz individueller als auch sozialer Rechtsgüter bezwecken können[138]. Mit der Anerkennung von Sozialrechtsgütern wie etwa dem Vertrauen in die Sicherheit und Zuverlässigkeit des Beweisverkehrs (Urkundendelikte) oder dem Vertrauen in die Ordnungsgemäßheit der Rechtspflege (Rechtspflegedelikte) kann die grundsätzliche Möglichkeit eines Sozialrechtsgutsschutzes durch die §§ 283ff. StGB nicht bestritten werden[139].

Ebenso anerkannt ist, daß Strafrechtsnormen *zugleich* dem Schutz individueller und sozialer Rechtsgüter dienen können. Das zeigt etwa § 164 StGB (Falsche Verdächtigung), der neben dem Schutz des Einzelnen gegen unberechtigte behördliche Verfolgung auch den der Rechtspflege bezweckt[140]. Vergleichbar wird bei § 315c StGB (Straßenverkehrsgefährdung) außer Leib und Leben des betroffenen Verkehrsteilnehmers auch die Sicherung des Straßenverkehrs geschützt[141].

II) Sozialrechtsgüter im Wirtschaftsstrafrecht

Aus diesen Gründen kann die Existenz von Sozialrechtsgütern auch bei den sogenannten Wirtschaftsstraftatbeständen, zu denen nach bestrittener Auffassung die §§ 283ff. StGB zählen sollen, nicht von vornherein verneint werden[142]. Die Wirtschaftsdelikte des Strafgesetzbuchs sollen sich dadurch auszeichnen, daß sie neben sozialen auch individuelle Rechtsgüter, nämlich nicht nur das Funktionieren einzelner Institutionen der Wirtschaftsordnung, sondern auch das Vermögen schützen. Dem Institutionen-

---

137 Vgl. oben A I 4 a.

138 *Maurach/Zipf*, AT, § 19, Rn. 10f.; *Otto*, AT, § 1, Rn. 33; *Tiedemann*, Tatbestandsfunktionen, S. 113ff. - Übersicht zum Streitstand bei *Hassemer*, S. 68ff.; ferner *Jakobs*, 2. Abschn., Rn. 8ff.

139 Ebenso *Moosmayer*, S. 130f.

140 *BGHSt* 9, S. 242; *Herdegen*, LK, § 164 StGB, Rn. 1ff.; *Lackner/Kühl*, § 164 StGB, Rn. 1; *Sch/Sch/Lenckner*, § 164 StGB, Rn. 1. - *A.A. Rudolphi*, SK, § 164 StGB, Rn. 1f. (nur Sozialrechtsgut); *Hirsch*, Schröder-GS, S. 321 (nur Individualrechtsgut).

141 *H.M.*, mit unterschiedlicher Schwerpunktsetzung *BGH* NJW 1989, S. 2550; *Lackner/Kühl*, § 315c StGB, Rn. 1; *Sch/Sch/Cramer*, § 315c StGB, Rn. 2; § 315 StGB, Rn. 1.

142 Zu den §§ 283ff. StGB *Otto*, BT, § 61, Rn. 80; *Tiedemann*, Vor § 283 StGB, Rn. 53ff. - Weiterhin werden § 265 StGB (Versicherungsbetrug), § 264 StGB (Subventionsbetrug), § 265b StGB (Kreditbetrug), § 264a StGB (Kapitalanlagebetrug), § 266a Abs. 1, 3 StGB (Vorenthalten von Arbeitsentgelt), § 302a StGB (Wucher) und der neue § 298 StGB (Wettbewerbsbeschränkende Absprachen bei Ausschreibungen) genannt, vgl. *Otto*, BT, § 61.

schutz wird allerdings der *Vorrang* eingeräumt. Der Vermögensgefährdung soll nur die Rolle eines Strafwürdigkeitselements zukommen[143].

Wie die Strafbarkeit des Insiderhandels (§ 38 WpHG) zeigt, hat der Gesetzgeber Institutionen der Wirtschaft auch tatsächlich und wohl unstreitig unter den Schutz des Strafrechts gestellt[144]. Nach zutreffender Ansicht schützt § 38 WpHG mit der Funktionsfähigkeit des Kapitalmarktes im Gegensatz zu den als Wirtschaftsstraftatbeständen eingestuften Normen des Strafgesetzbuchs allerdings nur ein überindividuelles Rechtsgut[145].

III) §§ 283-283d StGB als Teil des Wirtschaftsstrafrechts ?

Nun ist es nicht Gegenstand der vorliegenden Arbeit, die genannten Normen insgesamt auf ihren Wirtschaftsbezug zu untersuchen[146]. Vielmehr kann es nur um die Prüfung gehen, ob gerade die §§ 283-283d StGB aufgrund des Schutzes eines Sozialrechtsguts wie der "Gesamtwirtschaft" oder der "Kreditwirtschaft" als Wirtschaftsstraftatbestände eingestuft werden können. Kennzeichnend für solche Tatbestände soll ihre Deliktsstruktur sein. Dabei werden vor allem die Ausgestaltung als *abstraktes Gefährdungsdelikt* und die weitreichende Pönalisierung auch *fahrlässigen* Verhaltens hervorgehoben[147]. Zieht man diese Kriterien heran, so scheinen die §§ 283ff. StGB auf den ersten Blick durchaus in das Bild des Wirtschaftsstrafrechts zu passen. Indes reicht eine derart allgemeine Einordnung nicht aus. Vielmehr muß im einzelnen gezeigt werden, daß die Tatbestände auch wirklich auf den Schutz eines faßbaren Sozialrechtsguts ausgerichtet sind[148]. Der Gesetzgeber, der mit dem Ersten Gesetz zur Bekämpfung der Wirtschaftskriminalität aus dem Jahre 1976 die Bankrottdelikte wieder in das Strafgesetzbuch eingegliedert hat[149], bietet bei dieser Suche keine Orientierung. Er hat sich trotz Kennntnis des Theorienstreits einer Stellungnahme schlicht enthalten.

---

143 *Otto*, ZStW 96 (1984), S. 349, 358; vgl. auch *Petersen* in: Gropp (Hrsg.), S. 116ff.; grundlegend zum Begriff des Wirtschaftsstrafrechts *Tiedemann*, Wirtschaftsstrafrecht 1, S. 42ff.; *ders.*, GA 1969, S. 71ff.

144 Kritisch zu wirtschaftsstrafrechtlichen Sozialrechsgütern *Lampe*, HdWW, S. 311.; gegen ihn *Otto*, ZStW 96 (1984), S. 345ff.

145 Begr. RegE Zweites Finanzmarktförderungsgesetz, BT-Dr 12/6679, S. 57; *Caspari*, ZGR 1994, S. 532; *Kümpel*, Wertpapierhandelsgesetz, S. 48ff.; *Mennicke*, S. 483ff.; *Otto*, Tiedemann-Symposium, S. 454ff. - *A.A.* (auch Individualschutz) *Assmann*, AG 1994, S. 204; *Tippach*, WM 1993,
S. 1272.

146 Aus Sicht des Wirtschaftsstrafrechts ausführlich *D. Geerds*, S. 195ff.; *Otto*, Jura 1989, S. 28ff., jeweils m.w.N. auch zu den Gegenauffassungen.

147 *Otto*, ZStW 96 (1984), S. 362ff.; *Tiedemann*, Wirtschaftsstrafrecht 1, S. 81ff.

148 So auch *Krause*, S. 174f.

149 Dazu Begr. RegE zu §§ 283 bis 283d StGB, BT-Dr 7/3441, S. 14ff., 19ff., 33ff.

1) Rechtsgut "Gesamtwirtschaft" ?

Eine erste Auffassung sieht aufgrund der weitreichenden wirtschaftlichen Auswirkungen von Insolvenzen den "Schutz allgemeiner Belange"[150], die "Gesamtwirtschaft"[151] als geschütztes Sozialrechtsgut an. Ein derart umfassender Begriff bringt allerdings erhebliche Probleme mit sich.

Einerseits ergeben sich Widersprüche im Verhältnis zwischen *Individual- und Sozialrechtsgutsebene*, wie das Beispiel des Arbeitsplatzes zeigt. Während der Arbeitsplatz als Individualrechtsgut ausscheidet und der Gefährdung vieler Arbeitsplätze allein strafschärfende Wirkung zukommen kann (vgl. § 283a Nr. 2 StGB)[152], schließt ein Rechtsgut der Gesamtwirtschaft auch die Zielvorstellung möglichst weitgehender Beschäftigung mit ein[153].

Andererseits führt das Ziel der Vollbeschäftigung auch zu Wertungsdivergenzen im Verhältnis zum *Insolvenzrecht*. Die Insolvenzordnung sieht in den §§ 125ff. InsO erleichterte Kündigungsmöglichkeiten vor[154], um zu verhindern, daß die Insolvenzmasse durch die Lohnansprüche nicht mehr sinnvoll einsetzbarer Arbeitnehmer übermäßig belastet wird. Diese Normen verfolgen - im Einklang mit der bereits dargestellten grundsätzlichen Ausrichtung der Insolvenzordnung[155] - den Zweck besserer Haftungsverwirklichung. Auf die Förderung gesamtwirtschaftlicher Belange zielen sie dagegen nicht. Ein Rechtsgut "Gesamtwirtschaft" ist auch aus diesem Grunde abzulehnen[156].

2) Rechtsgut "Kreditwirtschaft"

a) "Kreditwirtschaft" und "Kredit"

Eine weitere Ansicht will die "Funktionsfähigkeit der Kreditwirtschaft" als überindividuelles Rechtsgut geschützt wissen[157]. Dazu wird regelmäßig auf die volkswirtschaftliche Bedeutung der "Kreditwirtschaft" und die Funktion des Kredits als Instrument des

---

150 *Sch/Sch/Stree*, Vorbem. § 283 StGB, Rn. 2.

151 *Lackner/Kühl*, § 283 StGB, Rn. 1; *Schlüchter*, JR 1979, S. 515.

152 *Hiltenkamp-Wisgalle*, S. 61f.; *Mohr*, S. 156f.; *Tiedemann*, § 283a StGB, Rn. 11 m.w.N.

153 *Tiedemann*, Vor § 283 StGB, Rn. 51f.

154 Eingehend *Caspers*, "Personalabbau und Betriebsänderung im Insolvenzverfahren" (1998); ferner *Heinze*, in: Kübler (Hrsg.), S. 97ff.

155 Vgl. oben B II 1 b aa.

156 Ebenso *Krause*, S. 175 (" 'wundersame' Ausweitung des Normgegenstandes"); *Moosmayer*, S. 131 ("einen der Konkretisierung kaum zugänglichen und inhaltlich offenen Sammelbegriff"); ferner *Hammerl*, S. 116f.; *Samson*, SK, Vor § 283 StGB, Rn. 3; *Tiedemann*, Vor § 283 StGB, Rn. 51f., 56.

157 *Bieneck* in: Müller-Gugenberger (Hrsg.), § 62, Rn. 33; *Bottke*, wistra 1991, S. 8; *Hammerl*, S. 116ff.; *Hiltenkamp-Wisgalle*, S. 50ff.; *Maul*, DB 1979, S. 1758f.; *Moosmayer*, S. 133ff.; *Otto*, Bruns-GS, S. 266; *Regner*, S. 17; *Tiedemann*, Vor § 283 StGB, Rn. 55ff.; *Tröndle/Fischer*, Vor § 283 StGB, Rn. 3; *Wessels/Hillenkamp*, BT 2, Rn. 458; *Weyand*, S. 26f.; vgl. auch *BVerfGE* 48, S. 61 (zu § 240 Abs. 1 Nr. 4 KO a.F.).

modernen Wirtschaftsverkehrs, insbesondere das in ihn gesetzte öffentliche Vertrauen verwiesen.

b) Kritik von *Krause*

Gegen die Begründungen dieser Theorie hat zuletzt *Krause* mehrere Einwendungen erhoben, die wie folgt zusammengefaßt werden können[158]: Erstens sei der Schluß von der Tatsache hoher gesamtwirtschaftlicher Schäden der Insolvenzen auf die Wertung, als Rechtsgut sei die "Kreditwirtschaft" geschützt (sogenannte Schadensthese), methodisch unzulässig[159]. Weiter sei die Kettenreaktionsthese, die die Auswirkungen einer Insolvenz auf andere Unternehmen hervorhebt[160], ebenfalls unzureichend, da auch sie nur von einer Addition von Einzelschäden ausgehe, die keine andere Beurteilung zulasse. Drittens könne auch der von den Insolvenzdelikten ausgehende Anreiz zur Tatnachahmung, den die Spiralthese betont[161], nicht zur Begründung herhalten, da damit nur die Generalprävention zum Schutzzweck umformuliert würde. Und viertens sei auch der Schutz der "Funktionsfähigkeit der Kreditwirtschaft als Institution"[162] abzulehnen, da ein solcher Schutz bereits über die geschützten Vermögensinteressen umfassend erreicht werde[163].

c) Replik von *Moosmayer*

Moosmayer hat insbesondere dem letztgenannten Gesichtspunkt entgegnet, man könne "mit gleicher Berechtigung auch umgekehrt argumentieren" und dem Kreditwesen eine "Primärfunktion" gegenüber den individuellen Vermögensinteressen zuweisen[164]. Ferner weise die Normstruktur der §§ 283ff. StGB (abstrakte Gefährdungsdelikte, Fahrlässigkeitsstrafbarkeit) auf ein überindividuelles Rechtsgut hin, jedenfalls aber sei eine Begründung für diese Normen als bloße Vermögensdelikte bisher nicht erfolgt. Schließlich übersehe *Krause*, daß der Maßstab des ordnungsgemäßen Wirtschaftens durch "übergeordnete Verhaltensanforderungen" geprägt und mithin nichts anderes als das Vertrauen in die ein Kreditwesen so erst ermöglichenden Grundregeln sei.

---

158 *Krause*, S. 175ff.; ferner *Hörl*, S. 54ff.; *Kindhäuser*, NK, Vor §§ 283-283d StGB, Rn. 34. - Gegen ein Sozialrechtsgut auch *Höfner*, S. 38; *Maurach/Schroeder/Maiwald*, BT 1, § 48, Rn. 8; *Mohr*, S. 147ff.; *Samson*, SK, Vor § 283 StGB, Rn. 3.

159 So bereits *Höfner*, S. 28ff.

160 *Hammerl*, S. 110.

161 *Tiedemann*, Wirtschaftsstrafrecht 1, S. 26.

162 Dazu insbesondere *Tiedemann*, Vor § 283 StGB, Rn. 54ff.

163 Daher sei es unerheblich, daß dieses vierte Argument mit der Anknüpfung an die "Kreditwirtschaft" als abstraktes Institut der Wirtschaftsordnung einen im übrigen methodisch korrekten und sachlich angemessenen Weg darstelle. - Zu dieser Methodik ausführlich *Otto*, ZStW 96 (1984), S. 345ff.

164 S. 135f.

d) Auseinandersetzung

aa) "Kreditwirtschaft" als Kern der §§ 283-283d StGB ?

Wie bereits dargelegt worden ist, geht *Moosmayer* offenbar davon aus, sämtliche Gläubigerbeziehungen seien kreditwirtschaftlicher Natur bzw. durch ein "Vertrauen in den Kredit" gekennzeichnet[165]. Auf der Grundlage dieser Prämisse erscheint seine Schlußfolgerung, die "Kreditwirtschaft" reflektiere auf überindividueller Ebene spiegelbildlich die Individualinteressen, durchaus folgerichtig.

Mit Blick auf die geschützten Individualrechtsgüter ist allerdings gezeigt worden, daß der Begriff der "kreditwirtschaftlichen Beziehungen" nicht nur mit unterschiedlichen Inhalten belegt werden kann, sondern daß das Insolvenzrecht auch keinesfalls nur solche - enger oder weiter gefaßten - Interessen unter seinen Schutz stellt[166]. Selbst wenn man einem (hier abgelehnten) extrem weiten Kreditverständnis im Sinne *Tiedemanns* folgte, wäre eine Beschränkung auf ein allein derartige Vermögensinteressen "mediatisierendes"[167] überindividuelles Rechtsgut unzutreffend. Nicht unerhebliche Insolvenzforderungen wie die des Fiskus und der Sozialversicherungsträger blieben sonst auf der Sozialrechtsgutsebene unberücksichtigt.

Es sollte daher auch nicht argumentiert werden, der Gesetzgeber hätte der "Kreditwirtschaft" sogar eine "Primärfunktion" zuweisen und die Vermögensinteressen als "nurmehr mitgeschützt" ansehen können[168]. Denn die genannten Steuer- und Sozialversicherungsansprüche würden damit ohne vernünftigen Grund ganz in die zweite Reihe gedrängt. Das kann nicht ernsthaft gefordert werden. Aus demselben Grund ist es übrigens auch unzutreffend, den Maßstab ordnungsgemäßen Wirtschaftens allein auf die Funktionsfähigkeit des Kreditwesens zuzuschneiden[169].

Spielen aber die auch aus gesamtgesellschaftlicher Sicht bedeutsamen Steuer- und Sozialversicherungsansprüche eine nicht unwesentliche Rolle, so muß vielmehr gerade umgekehrt gefragt werden, warum denn nur die Kreditinteressen auch auf überindividueller Ebene durch ein "relativ verselbständigtes"[170] Rechtsgut geschützt werden sollen, während die Forderungen des Fiskus und der Versicherer, wie bereits dargelegt worden ist[171], umfassenden Schutz bereits auf der Individualrechtsgutsebene erhalten.

---

165 Oben B I 2 e.

166 Oben B I 2 e.

167 *Tiedemann*, Vor § 283 StGB, Rn. 57.

168 *Moosmayer*, S. 135; den Vorrang wollen der Kreditwirtschaft auch *D. Geerds*, S. 359 und *Otto*, Jura 1989, S. 28; *ders.*, ZStW 96 (1984), S. 349, 358 einräumen.

169 So aber *Moosmayer*, S. 136.

170 *Tiedemann*, Vor § 283 StGB, Rn. 57.

171 Oben B I 2 e cc.

Es sind sogar Fallkonstellationen denkbar, in denen überhaupt kein Kreditgläubiger vorhanden ist, sondern allein das Finanzamt, die Sozialversicherungsträger oder sonstige "Nicht-Kreditgläubiger"[172] Forderungen haben. In solchen Situationen ergäbe sich die wenig überzeugende Konsequenz, daß trotz Verwirklichung eines Bankrottdelikts das geschützte Rechtsgut der "Kreditwirtschaft" überhaupt nicht beeinträchtigt werden könnte! Das gilt jedenfalls dann, wenn man auch in einem solchen Fall konsequent von der Prämisse ausgeht, daß die Beeinträchtigung des Sozialrechtsguts durch den Angriff auf das konkrete Angriffsobjekt, das man in dem jeweiligen Befriedigungsanspruch des Kreditgläubigers oder in seinem *konkreten* "Vertrauen in den Kredit" erblicken mag, vermittelt werden muß[173]. Aber selbst wenn man das Sozialrechtsgut der "Kreditwirtschaft" oder des allgemeinen "Vertrauens in den Kredit" noch nicht durch einen einzigen Angriff, sondern erst durch die Summe mehrerer Angriffe gefährdet sieht, ergibt sich nichts anderes. Denn das in Rede stehende Verhalten wäre nicht dazu geeignet, zu dieser Summierung beizutragen[174]. Das "Vertrauen in den Kredit" kann schließlich nicht beeinträchtigt werden, wenn überhaupt keine kreditwirtschaftlichen Interessen beeinträchtigt sind. - Demgegenüber ist das Individualrechtsgut der gläubigerschaftlichen Vermögensinteressen, genügend Insolvenzmasse vorausgesetzt[175], auch in solchen Situationen immer betroffen.

bb) Besondere Schutzbedürftigkeit der "Kreditwirtschaft" ?

Der besonderen Schutzbedürftigkeit der "Kreditwirtschaft", die in einer solchen "Privilegierung" durch den Sozialrechtsgutsschutz zum Ausdruck käme, muß zudem auch noch entgegengehalten werden, daß gerade die kreditgebenden Banken als jedenfalls unbestrittener Bestandteil der "Kreditwirtschaft" im Konkurs regelmäßig "mit einem blauen Auge"[176] davonkommen[177]. Denn während ungesicherte Gläubiger in den eröffneten Verfahren der letzten Jahre Befriedigungsquoten von 4 bis 6% erzielten und Fiskus und Sozialversicherungsträger trotz ihrer Privilegierung in § 61 KO auch nur

[172] Dazu können bspw. auch Delikts- oder Unterhaltsgläubiger zählen, die ebenfalls in keiner Beziehung zum "Kredit" oder zur "Kreditwirtschaft" stehen.

[173] Zu dieser Prämisse *Tiedemann*, Tatbestandsfunktionen, S. 121ff., 383. - Zum Zusammenhang von Angriffsobjekt und Rechtsgut bereits oben A I 3. - Auch der von *Tiedemann*, Wirtschaftsstrafrecht 1, S. 85f. in den Vordergrund gestellte "Aktunwert" ist in solchen Fällen jedenfalls nicht auf ein kreditwirtschaftliches Rechtsgut gerichtet.

[174] In *BVerfGE* 90, S. 204 (Sondervotum *Graßhof*) wird für die Kumulierung durch Massenverstöße bei abstrakten Gefährdungsdelikten treffend hervorgehoben, daß "jede einzelne Handlung einen *eigenen* Beitrag zu der Rechtsgüterbedrohung" darstellen müsse.

[175] Näher dazu unter D.

[176] *Petersen*, WM 1997, S. 896.

[177] Das gilt ebenso für die von *Tiedemann*, Vor § 283 StGB, Rn. 49 in den Kreditbegriff einbezogenen Arbeitnehmer, die nach alter wie neuer Rechtslage für die letzten drei Monate vor Verfahrenseröffnung Konkursausfall- bzw. Insolvenzgeld erhalten und deren Sozialplanansprüchen zudem vorrangige Befriedigung zukommt, vgl. dazu *Schwerdtner* in: Kölner Schrift, S. 1127ff.

etwa 18% ihrer Ansprüche realisieren konnten[178], erzielten die Kreditinstitute erheblich höhere Quoten. Durchschnittlich waren 80% des schuldnerischen Vermögens mit Sicherungsrechten belastet, die zu einem Großteil, nämlich zu 67%, den Banken zustanden[179]. Die Befriedigungsquote der Banken lag sogar noch darüber: Sie erzielten bei Kundeninsolvenzen eine Deckung, die zwischen 83% und 86% betrug[180]! Eine besondere Schutzbedürftigkeit der "Kreditwirtschaft" oder des "Vertrauens in den Kredit" vor Bankrottdelikten ist auch angesichts dieser sehr weitreichenden zivilrechtlichen Absicherung nicht erkennbar[181].

Dagegen ließe sich allenfalls noch mit *Hammerl* vorbringen, die Banken forderten eine so weitreichende Sicherung nur, weil sie eine Kreditgefährdung gerade durch Insolvenzdelikte befürchteten[182]. Indes gibt es für diese These nicht nur empirisch keine Belege. Sie erscheint auch nicht besonders naheliegend. Viel eher dürfte nämlich zutreffen, daß die Banken auch unabhängig von Bankrottstraftaten stets versuchen, sich gegen das allgemeine Insolvenzrisiko bestmöglich abzusichern.

cc) Auswirkungen der Insolvenzordnung

An der Vorzugsstellung der Kreditgeber wird auch die Insolvenzordnung nichts Grundsätzliches ändern. Zwar werden die Banken als dinglich gesicherte und daher absonderungsberechtigte Gläubiger stärker als bisher in das Insolvenzverfahren eingebunden[183]. Insbesondere werden die Verwertungsrechte des Verwalters zulasten der Absonderungsgläubiger erheblich erweitert, um eine Herauslösung besicherter, für die Fortführung unentbehrlicher Betriebsmittel aus dem Unternehmensverbund zu verhindern (vgl. §§ 165ff. InsO). Auch müssen diese Gläubiger gemäß den §§ 170f. InsO gewisse Kostenbeiträge zur Feststellung und Verwertung ihrer Sicherheiten leisten und für dabei entstehende Umsatzsteuerbeträge aufkommen[184]. Im großen und ganzen aber ist sicher vorauszusehen, daß sie auch nach dem 1.1.1999 die mit Abstand bestgesichertsten Gläubiger sein werden[185]. Darüberhinaus wird ihnen - anders als nach bisheriger Rechtslage - durch die Insolvenzordnung in voller Höhe ihrer Forderung Stimm-

---

178 *Pick*, NJW 1996, S. 993.

179 *Gessner/Rhode/Strate/Ziegert*, S. 173.

180 *Gessner/Rhode/Strate/Ziegert*, S. 244; vgl. auch *Geisler*, S. 468; *Götz/Hegerl*, DB 1997, S. 2367.

181 Zur Strafbedürftigkeit bereits oben A III 2. - *A.A. Moosmayer*, S. 134, der aufgrund der "Interdependenz" von Insolvenz- und Insolvenzstrafrecht das Kreditwesen als "conditio sine qua non" des Konkurses sieht und deshalb für Strafrechtsschutz plädiert.

182 S. 60 m.w.N.

183 *Gottwald/Adolphsen* in: Kölner Schrift, S. 827ff., Rn. 76ff.

184 Zu diesen und weiteren kreditwirtschaftlichen Aspekten der Insolvenzordnung eingehend *Ebbing*, KTS 1996, S. 327ff.; *Obermüller*, WM 1998, S. 483ff.; *Zimmermann*, NZI 1998, S. 57ff. sowie in der Kölner Schrift: *Gottwald/Adolphsen*, S. 805ff. und *Klasmeyer/Elsner*, S. 837ff.

185 *Pape*, NJW 1999, S. 31; vgl. auch *Jauernig*, S. 177f.; Gottwald/*Adolphsen* in: Kölner Schrift, S. 830ff., Rn. 89ff.

berechtigung im Verfahren zugestanden[186]. Und schließlich geht der Gesetzgeber auch noch von einer Erhöhung der zulässigen Übersicherungsgrenze durch die Rechtsprechung aus[187]. So hat denn auch der *Große Senat für Zivilsachen* jüngst entschieden, daß zwar die genannten Kostenbeiträge der Absonderungsgläubiger in der von ihm vorgesehenen Deckungsgrenze bei Globalsicherheiten von 110% bereits enthalten sind, hinsichtlich der Mehrwertsteuerbelastung aber künftig eine höhere Besicherung zulässig ist[188].

e) Ergebnis

Es sind keine überzeugenden Gründe ersichtlich, warum die §§ 283ff. StGB auf den Schutz eines Rechtsguts der "Kreditwirtschaft" ausgerichtet sein sollen. Allein mit dem Hinweis auf die kaum zu bestreitende bedeutsame gesellschaftliche Funktion des Kreditwesens[189] läßt sich, soviel dürfte klar geworden sein, der konkrete Beweis dafür, daß gerade die Bankrottdelikte diesen Schutz bezwecken, nicht führen.

3) Rechtsgut "Vertrauen in ordnungsgemäße Buchführung und Bilanzierung"

Ist ein Rechtsgut der "Kreditwirtschaft" zurückzuweisen, so erschiene es letztlich noch möglich, zumindest den rechnungslegungsbezogenen Tatbestandsalternativen der Insolvenzdelikte (§§ 283 Abs. 1, Nr. 5-7; 283b StGB) ein Sozialrechtsgut zuzuordnen.

a) §§ 331 HGB, 400 AktG

Außerhalb des Insolvenzstrafrechts wird für Einwirkungen auf die Rechnungslegung etwa in § 331 HGB oder § 400 AktG (Unrichtige Darstellung) vielfach das Vertrauen in die ordnungsgemäße Buchführung und Bilanzierung als Rechtsgut angesehen[190]. Zwar erfolgt dabei zumeist keine ausdrückliche Qualifizierung als Sozialrechtsgut. Der Vergleich etwa mit den Delikten zum Schutz des *öffentlichen* Vertrauens in die Sicherheit des Urkunden- oder Geldverkehrs zeigt jedoch, daß damit ein solches Rechtsgut gemeint sein könnte[191].

---

186 *Lwowski/Heyn*, WM 1998, S. 473; *Zimmermann*, NZI 1998, S. 57. - *Uhlenbruck*, NZI 1998, S. 4, sieht deshalb die Gefahr, daß die Banken künftig "das Insolvenzplanverfahren beherrschen"

187 Allg. Begr. RegE zur InsO, BT-Dr 12/2443, S. 89. - Dazu auch unten D II 2 b.

188 *BGH* NJW 1998, S. 675, dazu *Bork*, Rn. 257; *Zimmermann*, NZI 1998, S. 63f.

189 Mit dem Kreditwesen sind dabei die vom Kreditwesengesetz erfaßten Kredit- und Finanzdienstleistungsinstitute gemeint, vgl. Fn. 74. - Kritisch auch insofern aber *Kindhäuser*, Tiedemann-Symposium, S. 129ff.

190 *H.M.*, *Arnhold*, S. 8; *Cobet*, S. 19; *Dannecker*, Bilanzstrafrecht, Rn. 637; *Gramich*, wistra 1987, S. 158; *Heymann/Otto*, § 331 HGB, Rn. 2; *Otto*, Aktienstrafrecht, § 400 AktG, Rn. 3; *Schüppen*, Bilanzstrafrecht, S. 110ff.

191 So für §§ 331 HGB, 400 AktG: *Schüppen*, Bilanzstrafrecht, S. 113. - Für § 283b StGB verweisen auf die Münz- und Urkundsdelikte: *Maurach/Schroeder/Maiwald*, BT 1, § 48, Rn. 9. - Zu den unterschiedlichen Auffassungen zur Weite des Schutzbereichs vgl. die umfangreichen Nachweise bei *Otto*, Aktienstrafrecht, § 400 AktG, Rn. 2, Fn. 4.

b) Insolvenzdelikte

Für die Insolvenzdelikte erscheint der Schutz eines Sozialrechtsguts jedoch nicht geboten. Zwar mag bei § 331 HGB die Vermögensgefährdung, die beispielsweise von einer unrichtigen Darstellung der Verhältnisse in der Rechnungslegung für darauf vertrauende Dritte ausgehen kann, noch derart abstrakt sein, daß der alleinige Schutz des Individualvermögens zur Begründung der Strafwürdigkeit nicht ausreicht[192] und aufgrund des weiten Kreises der Schutzempfänger besser ein überindividuelles Rechtsgut angenommen werden sollte.

Die Rechnungslegungsdelikte innerhalb der §§ 283ff. StGB sind demgegenüber aber durch die Krisensituationen und die objektiven Strafbarkeitsbedingungen erheblich klarer auf den Vermögensschutz *bestimmter* Gläubiger ausgerichtet. So wird die Bedeutung von Buchführung und Bilanzierung in diesen Normen mit im einzelnen unterschiedlicher Akzentuierung für die Selbstinformation des Unternehmens und für die Dokumentation im späteren Insolvenzverfahren stets hervorgehoben[193]. Dabei konkretisieren sowohl die Selbstinformationsfunktion, die auf die Abwendung der mit einer Krisensituation verbundenen Gläubigergefährdung zielt, als auch die Dokumentationsfunktion, mit der eine bestmögliche Befriedigung der Insolvenzgläubiger im Insolvenzverfahren bezweckt wird, den Kreis der Geschützten erheblich. Die Dokumentation dient sogar nur noch den Interessen eines durch die Eröffnung des Insolvenzverfahrens vorbehaltlich der Neugläubiger feststehenden, also abgeschlossenen Gläubigerkreises.

c) Ergebnis

Angesichts dieser tatbestandlichen und funktionalen Eingrenzungen läßt sich für das Insolvenzstrafrecht ein überindividuelles (allgemeines) Vertrauen in die Richtigkeit der Rechnungslegung nicht überzeugend begründen. Vielmehr zeichnen sich auch diese Tatbestandsalternativen allein durch das Rechtsgut der gläubigerschaftlichen Vermögensinteressen aus. Der fehlende Krisenbezug des § 283b StGB läßt sich dabei mit der gegenüber den §§ 283, 283a StGB deutlich abgestuften Strafdrohung von Freiheitsstrafe nur bis zu zwei Jahren problemlos erklären.

192 Für § 334 HGB sieht *de Weerth*, S. 113f., die Vermögensinteressen als zumindest gleichberechtigtes Rechtsgut.

193 Ausführlich *Tiedemann*, § 283 StGB, Rn. 90, § 283b StGB, Rn. 1, der zutreffend die Bedeutung beider Komponenten herausarbeitet. - Den Informationswert betonen etwa Begr. RegE zu §§ 283 bis 283d StGB, BT-Dr 7/3441, S. 38; *BGH* bei Holtz MDR 1981, S. 454; *OLG Hamburg* NJW 1987, S. 1343; *Dannecker*, Bilanzstrafrecht, Rn. 715; *Regner*, S. 34, 86ff. - Die Dokumentationsfunktion heben dagegen hervor *Hauck*, S. 80ff., 90; *Schüppen*, S. 115f., 121.

IV) Legitimation der §§ 283-283d StGB als Vermögensdelikte

Den bisherigen Ausführungen könnte schließlich noch entgegengehalten werden, die von den übrigen Vermögensverletzungsdelikten abweichende Ausgestaltung als abstrakte Gefährdungstatbestände mit einem den Verletzungsdelikten entsprechenden Strafrahmen von bis zu fünf Jahren für Vorsatztaten sowie weitreichender Pönalisierung auch fahrlässiger Verhaltensweisen erfordere den Schutz eines Sozialrechtsguts[194]. Dazu ist zunächst zu bemerken, daß der pauschale Schluß von der bloßen Tatbestandsstruktur auf ein überindividuelles Rechtsgut methodisch zweifelhaft wäre. Die Existenz eines Sozialrechtsguts kann nicht allein aus solch einzelnen Strukturmerkmalen abgeleitet werden. Vielmehr müssen die Merkmale in ihrer Zusammenschau auch die Ausrichtung auf ein *bestimmtes* Gut erkennen lassen[195].

1) Keine typischen Wirtschaftsstraftatbestände

a) Abstrakte Gefährdungsdelikte?

Es erscheint fraglich, ob die als charakteristisch empfundene Ausgestaltung der Wirtschaftsstrafnormen als abstrakte Gefährdungsdelikte für die §§ 283ff. StGB überhaupt zutreffend ist. Durch die Krisensituationen und die objektiven Strafbarkeitsbedingungen dieser Tatbestände wird nämlich eine Annäherung an die Vermögensverletzungsdelikte erreicht.

aa) Typischerweise gefährliches Verhalten

Als Kennzeichen abstrakter Gefährdungsdelikte wird gemeinhin gesehen, daß sie ein typischerweise gefährliches Verhalten beschreiben, ohne daß im Einzelfall ein konkreter Gefährdungserfolg eingetreten zu sein braucht[196]. Wann ihrerseits eine solche konkrete Gefährdung vorliegt, ist in Rechtsprechung und Literatur noch wenig geklärt. Vielfach wird aber darauf abgestellt, daß der Schadenseintritt nur noch vom Zufall abhänge[197] oder auf sein Ausbleiben nicht vertraut werden könne[198].

---

194 *Bottke*, wistra 1991, S. 8; *Moosmayer*, S. 133; *Tiedemann*, Vor § 283 StGB, Rn. 51.

195 Im übrigen sind die Strafrahmen der Normen auch nicht derart konsequent ausgestaltet, wie das *Moosmayers* These vermuten lassen könnte. So ist für § 38 WpHG (Insiderhandel), der als abstraktes Gefährdungsdelikt allein ein überindividuelles und nicht einmal zusätzlich ein Vermögensrechtsgut schützt (vgl. dazu bereits oben II), gleichwohl ein Strafrahmen von bis zu fünf Jahren vorgesehen. - Kritisch dazu *Mennicke*, S. 613ff., 616, die dies allein bei schweren Fällen für angemessen hält.

196 *Gallas*, Heinitz-FS, S. 180; *Otto*, AT, § 4, Rn. 14; *Roxin*, AT, § 11, Rn. 127; *Tröndle/Fischer*, Vor § 13 StGB, Rn. 13a.

197 *BGH* NJW 1985, S. 1036; *Otto*, AT, § 4, Rn. 13; *Sch/Sch/Cramer*, Vorbem. §§ 306ff. StGB, Rn. 5 mit Nachweisen zu weiteren Theorien.

198 *Schünemann*, JA 1975, S. 793ff.; zustimmend *Roxin*, AT, § 11, Rn. 125; vgl. auch *BGHSt* 18, S. 273.

bb) Fallgruppen

Im Schrifttum hat sich nun weitgehend die Auffassung durchgesetzt, daß die abstrakten Gefährdungsdelikte in verschiedene Fallgruppen eingeteilt werden können[199]. Eine grundsätzlich angemessene Differenzierung nach Schutzbereichen bietet dabei die folgende Einteilung, nach der zwischen zwei Gruppen von Normen zu unterscheiden ist[200]: Zum einen gibt es Straftatbestände, die einen gewissen *Vorfeldschutz* bieten. Der Gesetzgeber will mit ihnen typischerweise gefährliche Verhaltensweisen pönalisieren, bevor sich daraus unbeherrschbare Rechtsgutsbeeinträchtigungen ergeben können. Dieser "Rechtsgüterschutz durch Zufallsbeherrschung"[201] trifft etwa auf den Bereich der Brandstiftungs-, Explosions- und Straßenverkehrsdelikte zu. Davon zu unterscheiden sind diejenigen Delikte, in denen es nicht um Vorfeldschutz, sondern um den *Schutz sozialer Institutionen und Ordnungen* geht. Hier kann, wie etwa bei den Beweisverkehr- oder Rechtspflegedelikten, aber auch bei den Insiderstraftaten, der "Normverstoß selbst als geistiger Sachverhalt"[202] nur durch die Form des abstrakten Gefährdungsdelikts erfaßt werden.

cc) Überschneidungen der Fallgruppen

Würde man nun die §§ 283ff. StGB als Wirtschaftsstraftatbestände einordnen, so ergäbe sich aufgrund der gleichfalls geschützten Vermögensinteressen allerdings eine Überschneidung der beiden Fallgruppen. Hinsichtlich des *Vermögensrechtsguts* erschiene es nämlich durchaus vertretbar, von einem Vorfeldschutz zu sprechen, da die Bankrottdelikte jedenfalls nicht wie die klassischen Vermögensverletzungsdelikte ausgestaltet sind, sondern gläubigergefährdende Verhaltensweisen bereits zu einem früheren Zeitpunkt pönalisieren[203]. In bezug auf ein *Sozialrechtsgut* der "Gesamt-" oder "Kreditwirtschaft" aber würde man von Institutionenschutz sprechen dürfen, den ein konkretes Gefährdungs- oder ein Verletzungsdelikt schon gar nicht leisten könnte. Der gleichzeitige und *gleichwertige* Schutz von Individual- und Sozialrechtsgut durch die §§ 283ff. StGB würde daher eine Synthese der beiden vorgenannten Deliktskategorien erfordern, die aufgrund der Unterschiedlichkeit ihrer Schutzbereiche und Schutzrichtungen einer klaren dogmatischen Zuordnung entgegenstünde[204].

199 Vgl. etwa *Otto*, AT, § 4 Rn. 14; *Roxin*, AT, § 11, Rn. 127 - *A.A. Bohnert*, JuS 1984, S. 187.

200 *Tiedemann*, Wirtschaftsstrafrecht 1, S. 83ff.; ebenso *Otto*, ZStW 96 (1984), S. 362ff; *ders.*, Tiedemann-Symposium, S. 455.

201 *Kratzsch*, S. 119.

202 *Otto*, Tiedemann-Symposium, S. 455.

203 Vgl. *Otto*, ZStW 96 (1984), S. 363.

204 Das mag bei Tatbeständen, die *primär* den Institutionenschutz bezwecken und der Vermögensgefährdung allein die Funktion eines Strafwürdigkeitselements zumessen, anders sein; dazu *Otto*, ZStW 96 (1984), S. 362ff. - Bei den §§ 283ff. StGB ist aber der Schutz gläubigerschaftlicher Vermögensinteressen nicht zuletzt aufgrund der sogleich im einzelnen darzustellenden, besonderen Tatbestandskonstruktion derart zentral, daß ihm *selbst bei Anerkennung eines Sozialrechtsguts* zumindest eine gleichgewichtige Bedeutung zukommen muß.

dd) Vermögensdelikte

Mit der Ansicht, daß die Bankrottstraftatbestände allein dem Vermögensschutz dienen, ist dagegen im Hinblick auf das vorverlagerte Eingreifen des Strafrechts eine Einordnung in die erste Kategorie möglich. Die Bankrottstraftatbestände können demnach als Normen eingestuft werden, die Vorfeldschutz im Vermögensbereich gewährleisten sollen. Allerdings darf dabei nicht übersehen werden, daß die für einen solchen Vorfeldschutz typischerweise weite Entfernung zwischen Tathandlung und Konkretisierung der Gefährdung bei den §§ 283ff. StGB nicht unerheblich verkürzt wird, so daß selbst die Einordnung als abstrakte Vermögensgefährdungsdelikte nicht ohne weiteres gelingt. Das zeigt ein erster Blick auf die besonderen Elemente dieser Tatbestände[205]:

b) Krisensituationen

Zum ersten ergibt sich für § 283 Abs. 1 StGB eine Annäherung an die konkreten Gefährdungsdelikte, weil nur die in einer Krise, also einer für die Erfüllung der Gläubigeransprüche gefährlichen Situation vorgenommenen Bankrotthandlungen strafbar sind. Wenn man die Krise als konkrete Gefahr für die Gläubiger in den Blick nimmt, so erscheint für den Kerntatbestand des § 283 Abs. 1 StGB eine Einordnung als ein in einer konkreten Gefahrensituation vorgenommenes abstraktes Gefährdungsdelikt durchaus sachgerecht[206]. Der Gesetzgeber wollte § 283 Abs. 1 StGB ursprünglich sogar als ein rein konkretes Gefährdungsdelikt ausgestalten und hat davon nur aus dem kriminalpolitischen Grund schwieriger Nachweisbarkeit Abstand genommen[207]. Eine rechtsgutsbezogene Motivation für diesen Verzicht, etwa derart, daß die abstrakte Gefährdung als Kennzeichen eines Sozialrechtsgutsschutzes angesehen wurde, spielte bei dieser Entscheidung dagegen keine Rolle. Aber selbst wenn man die Krise noch nicht als konkrete Gefahr, sondern lediglich als eine labile Vermögenssituation des Schuldners einstuft, die sich dadurch auszeichnet, daß im Liquidationsfall nicht mehr sämtliche Verbindlichkeiten beglichen werden können[208], ist die Abstraktheit der Gefährdung bereits erheblich abgemildert.

---

205 Eingehend zu den Krisensituationen im 3. Kapitel; zu den objektiven Strafbarkeitsbedingungen im 4. Kapitel. - Zur Deliktsstruktur *Krause*, S. 203ff.; *Otto*, Bruns-GS, S. 265ff.

206 Zur Einordnung des § 283 StGB als "abstrakt-konkretes Gefährdungsdelikt" *Tiedemann*, Wirtschaftsstrafrecht 1, S. 240; *ders.*, NJW 1977, S. 780f.; ebenso *Harneit*, S. 102; *Otto*, Bruns-GS, S. 268; *Schlüchter*, Grenzbereich, S. 137; ähnlich *Geisler*, S. 474, Fn. 20; *Kribs-Drees*, S. 126f.; ferner *Tröndle/Fischer*, Vor § 283 StGB, Rn. 4 ("potentielle Gefährdungsdelikte"). - Grundsätzlich zur umstrittenen Gruppe der abstrakt-konkreten Gefährdungsdelikte *Schröder*, JZ 1967, S. 522ff. - Für ein rein abstraktes Gefährdungsdelikt dagegen bspw. *Dannecker*, Bilanzstrafrecht, Rn. 710; *Lackner/Kühl*, § 283 StGB, Rn. 1; *Krause*, S. 247f.; *Moosmayer*, S. 135; *Sch/Sch/Stree*, § 283 StGB, Rn. 1; *Tiedemann*, § 283 StGB, Rn. 7.

207 Vgl. EGStGB, BR-Dr 2/72, S. 67f.; Begr. RegE zu §§ 283 bis 283d StGB, BT-Dr 7/3441, S. 19f.

208 *Kindhäuser*, NK, Vor §§ 283-283d StGB, Rn. 92ff.; vgl. auch *Krause*, S. 217ff.

c) Objektive Strafbarkeitsbedingungen

Die Entfernung zwischen Tatverhalten und Intensivierung der Vermögensgefährdung wird sogar noch weiter verkürzt, wenn man über den Gesetzestatbestand hinaus auch die für alle Insolvenzdelikte des Strafgesetzbuchs geltenden objektiven Strafbarkeitsbedingungen in die Betrachtung einbezieht, die nach Rechtsprechung und herrschender Lehre in einem Zusammenhang mit der Krisensituation stehen müssen[209]. Selbst wenn man diesen Strafbarkeitsbedingungen noch nicht einen "bereits genuin angelegten Erfolgsunwert"[210] beimessen will, erreicht man doch im Ergebnis sogar eine Annäherung an die Verletzungsdelikte[211]. Denn mit Eröffnung oder Ablehnung des Insolvenzverfahrens werden auch nach neuer Rechtslage regelmäßig Forderungsverluste, also Vermögens*schädigungen* einhergehen[212].

d) Vermögensverletzungsdelikte?

Bei unbefangener Betrachtung könnte sich zunächst sogar die weitergehende Frage aufdrängen, ob nicht zumindest § 283 Abs. 2 StGB als Vermögens*verletzungs*delikt klassifiziert werden muß. Denn soweit der Schuldner sich selbst in eine wirtschaftlich kritische Situation bringt, kann bereits daraus eine Schädigung der gegen ihn gerichteten Forderungen eintreten. Zu dem Ergebnis eines Vermögensschadens würde die herrschende Meinung schon dann gelangen, wenn sie die herbeigeführte Krise bereits als konkrete Gefahr für die Gläubigeransprüche ansähe. Denn die konkrete Vermögensgefährdung wird nach verbreiteter Diktion und oft ohne nähere Differenzierung als Vermögensschaden eingestuft[213]. Aber auch wenn man aus dogmatisch überzeugenden Gründen diese Gleichsetzung von Gefahr und Verletzung ablehnt und einen tatsächlichen Vermögensschaden fordert[214], ergibt sich zunächst nichts anderes. Denn die Verursachung der Krisensituation führt dazu, daß die gegen den nun krisenbefangenen Schuldner bestehenden Forderungen der Wertberichtigung bedürfen und bei wirtschaftlicher Betrachtungsweise damit geschädigt werden[215]. Diesen Gedanken der Forderungsabschreibung und daraus resultierenden Vermögensverletzung hat für das Konkursstrafrecht bereits *von Brunegg* in einem frühen Beitrag aufgezeigt[216].

---

209 Statt vieler *BGH* JZ 1979, S. 77; *Tiedemann*, Vor § 283 StGB, Rn. 86ff.; eingehend im 4. Kapitel D II 1 a.

210 *Otto*, Bruns-GS, S. 281; vgl. auch *Tiedemann*, Vor § 283 StGB, Rn. 94.

211 Vgl. *Krause*, S. 224f.; *Tiedemann*, § 283 StGB, Rn. 4, 90.

212 Näher dazu unter D.

213 *BGH* wistra 1993, S. 340f.; *BGH* wistra 1991, S. 307f.; Übersicht bei *Sch/Sch/Cramer*, § 263 StGB, Rn. 143ff.

214 *Otto*, BT, § 51, Rn. 70.

215 *Jutz/Zündorf* in: Beck'sches Handbuch der Rechnungslegung, B 215, Rn. 19; *Karrenbauer* in: Küting/Weber (Hrsg.), § 253 HGB, Rn. 59. - Für die genaue Höhe der Abschreibung gibt das Gesetz keinen Hinweis. Entscheidend ist, wie hoch der Kaufmann die zu erwartenden Ausfälle einstuft.

216 GS 82 (1914), S. 249ff. m.w.N.

Tiedemann bringt gegen diesen Ansatz vor, daß es "nicht auf Forderungsrechte (Befriedigungsreche) der Gläubiger [...], sondern auf die Befriedigung und das Befriedigungsinteresse derselben ankomm[e][217]." Allerdings hebt *von Brunegg* in seinen Ausführungen gerade nicht auf die Forderungs*rechte* ab, deren unverletztes Fortbestehen er auch für den Konkurs nicht leugnet. Vielmehr geht es ihm um die Forderungen "im wirtschaftlichen Sinne" und den unbestreitbaren wirtschaftlichen Verlust, den diese durch die Wertberichtigung erleiden[218]. Auch *Tiedemann* scheinen insofern an anderer Stelle Bedenken zu kommen, wenn er § 283 Abs. 2 StGB als "Verletzung oder doch [...] intensivere Gefährdung" ansieht[219].

Die Einstufung als Gefährdungsdelikt ist dennoch auch für § 283 Abs. 2 StGB beizubehalten. Es ist bereits herausgearbeitet worden, daß die §§ 283ff. StGB nicht das Vermögen schlechthin schützen. Die Schutzrichtung ist vielmehr entsprechend der engen Anbindung an das Insolvenzrecht erst auf das Befriedigungsinteresse im Rahmen des Insolvenzverfahrens gerichtet[220]. Dieses Interesse aber wird selbst durch die Herbeiführung des Wertberichtigungsbedarfs einer Forderung noch nicht verletzt, sondern nur gefährdet, da eine tatsächlich geringere Insolvenzquote der aktuellen Gläubiger mit der Vornahme der Bankrotthandlung nicht zwingend verbunden ist. Von der später eintretenden Strafbarkeitsbedingung können vielmehr auch erst nachfolgende Gläubiger betroffen sein. Daher ist auch § 283 Abs. 2 StGB nicht als Verletzungsdelikt einzustufen[221].

e) Zwischenergebnis

Wenn auch die §§ 283ff. StGB keine Vermögensverletzungsdelikte sind, so stellen sie auf der anderen Seite doch ebensowenig "typische" abstrakte Gefährdungsdelikte dar. Im einzelnen hängt zwar vieles davon ab, wie man Krisensituationen und objektive Strafbarkeitsbedingungen dogmatisch einordnet und definiert[222]. Davon unabhängig ergibt sich aber wohl nach jeder Auffassung, daß die "Länge des Weges zwischen Verletzungshandlung und Rechtsgut"[223] bei diesen Delikten erheblich verkürzt ist. Aufgrund dieser "Verletzungsnähe" kann die Legitimation eines "bloßen" Vermögensschutzes durch die §§ 283ff. StGB nicht bestritten werden. Eines sozialen Rechtsguts bedarf es daher nicht. Auch die zugegeben weite und daher auch zurecht kritisierte[224]

217 Vor § 283 StGB, Rn. 45.
218 GS 82 (1914), S. 235ff.
219 § 283 StGB, Rn. 8.
220 Oben B I 2 b bb.
221 *A.A. von Brunegg*, GS 82 (1914), S. 250f. m.w.N.
222 Näher dazu im 3. und 4. Kapitel.
223 *Baumann* GA 1965, S. 220; vgl. auch *Krause*, S. 178.
224 *Dreher*, MDR 1978, S. 724; *Kindhäuser*, NK, § 283 StGB, Rn. 102; *Tiedemann*, Vor § 283 StGB, Rn. 42; § 283 StGB, Rn. 205; *ders.*, Schröder-GS, S. 292; *ders.*, ZIP 1982, S. 655.

Fahrlässigkeitshaftung vermag gegenüber diesen Argumenten keine anderen Schlüsse zu rechtfertigen.

2) Sozialgefährlichkeit

Für einen den Vermögensverletzungsdelikten entsprechenden Strafrahmen der §§ 283ff. StGB von bis zu fünf Jahren lassen sich auch die inkriminierten Tathandlungen selbst anführen. So ist die besondere Sozialgefährlichkeit von Bankrotthandlungen ja nicht erst seit dem klassischem Ausspruch von *Zirpins/Terstegen* anerkannt, daß "ein einziger Durchschnittsbankrotteur" oft mehr Schaden anrichte als "hundert Diebe"[225]. Gerade die leichte und oftmals weitreichende Zugriffsmöglichkeit des Bankrotteurs auf das spätere Haftungsvermögen verleiht den Insolvenzdelikten ihr gegenüber den klassischen Vermögensverletzungsdelikten besonderes Gefährdungspotential.

3) Ergebnis

Die §§ 283ff. StGB sind Vermögensdelikte. Folgt man der hier vertretenen Einteilung dieser Normen in Entziehungs- und Perpetuierungsdelikte[226], so sind sie der ersten Gruppe zuzuordnen. Dabei gilt allerdings die Besonderheit, daß als (Vorstufe der) Entziehung auch schon eine Gefährdung ausreicht.

V) Sonderproblem: Einwilligung und Sozialrechtsgutsschutz

Abschließend soll noch auf ein Sonderproblem hingewiesen werden, das sich im Hinblick auf die Wirksamkeit einer Einwilligung ergibt, wenn man durch die §§ 283ff. StGB ein Sozialrechtsgut geschützt sieht. Eine solche Einwilligung kann sich, wie die ausführliche Untersuchung von *Mohr* gezeigt hat[227], insbesondere im Rahmen einer *freien Sanierung* anbieten. Der Schuldner kann hier durch die vorherige Zustimmung seiner Gläubiger absichern, daß er mit einer Sanierungsmaßnahme nicht ein Beiseiteschaffen von Vermögensbestandteilen im Sinne des § 283 Abs. 1 Nr. 1 StGB verwirklicht. Für den mit erheblichen strafrechtlichen Risiken behafteten Bereich der freien Sanierung[228] wird damit eine sichere Vorgehensweise geboten, die den Interessen von Schuldnern und Gläubigern gleichermaßen Rechnung trägt.

---

225 *Zirpins/Terstegen*, S. 955. Die besondere Gefährlichkeit betonen auch *Däubler*, S. 2; *Geisler*, S. 477; vgl. auch *Tiedemann*, Wirtschaftsstrafrecht 2, S. 75f. und *Teufel*, S. 65ff., die allerdings die allgemeinen Insolvenzschäden mit den durch Insolvenz*straftaten* verursachten Schäden unzutreffenderweise gleichzusetzen scheinen. - Wie hier sieht auch *Kindhäuser* keine Legitimationsprobleme hinsichtlich eines reinen Vermögensschutzes, vgl. *dens.*, Tiedemann-Symposium, S. 134.

226 Oben Fn. 34.

227 "Bankrottdelikte und übertragende Sanierung" (1993), S. 142ff.

228 Ausführlich *Mohr*, S. 95ff.; ferner *Bieneck* in: Müller-Gugenberger (Hrsg.), § 75, Rn. 1ff.; *Liebl*, S. 65ff.; *Moosmayer*, S. 198ff. (auch mit Ausführungen zur Rechtslage seit dem 1.1.1999); *Tiedemann*, ZIP 1983, S. 516ff.

1) §§ 283ff. StGB als Vermögensdelikte

Mit der hier vertretenen Auffassung, daß die Bankrottstraftatbestände allein auf den Vermögensschutz ausgerichtet sind, ergeben sich im Hinblick auf eine solche Einwilligung keine Probleme. Willigen alle Gläubiger in voller Kenntnis des Risikos einer sonst als Bankrotthandlung strafbaren Sanierungsmaßnahme ein, so ergibt sich daraus Straffreiheit für den, der die Sanierung versucht.

2) §§ 283ff. StGB als Wirtschaftsdelikte

Ganz anders stellt sich die Situation für diejenigen dar, die auch ein Sozialrechtsgut im Rahmen der Insolvenzdelikte als geschützt ansehen. Während nach allgemeiner Ansicht bei Normen, die allein dem Schutz eines solchen Rechtsguts dienen, die Einwilligung ausgeschlossen ist, ist sie bei Tatbeständen, die individuelle *und* überindividuelle Rechtsgüter schützen, sehr umstritten[229]. Es bedürfte mithin einer eingehenden Begründung der Verfechter eines gesamt- oder kreditwirtschaftlichen Schutzes, warum bei den §§ 283ff. StGB, beispielsweise aufgrund der sogenannten Kumulationstheorie, nach der zur Verwirklichung des Tatbestandes beide Rechtsgüter beeinträchtigt sein müssen[230], eine aus praktischen Gesichtspunkten nur zu begrüßende Einwilligung möglich sein soll. Eine solche Begründung sind die Vertreter dieses Ansatzes bisher schuldig geblieben. Der von *Tiedemann* gegebene schlichte Hinweis, das überindividuelle Rechtsgut beseitige nicht die Disponibilität[231], reicht jedenfalls nicht aus[232].

229 Siehe den Nachweis in Fn. 28.

230 Siehe den Nachweis in Fn. 28.

231 Vor § 283 StGB, Rn. 57.

232 Unzutreffend auch die Kritik von *Moosmayer*, S. 204f. an dem Einwilligungsmodell von *Mohr*, S. 142ff. Während letzterer nämlich sein Konzept anhand der freien Sanierung außerhalb des Insolvenzverfahrens entwickelt hat, erweckt *Moosmayer* den unrichtigen Eindruck, *Mohr* habe sich mit der Einwilligung *innerhalb* des Insolvenzverfahrens auseinandergesetzt, für das - wie *Moosmayer* insofern richtig feststellt - aufgrund der dort gestatteten Mehrheitsentscheidungen auch strafrechtlich keine Einstimmigkeit erforderlich sein kann.

D) Strafwürdigkeit und Strafbedürftigkeit

Hat die bisherige Untersuchung ergeben, daß allein die gläubigerschaftlichen Vermögensinteressen als geschütztes Rechtsgut anzuerkennen sind, so ist schließlich noch der Frage nachzugehen, ob die Bankrotthandlungen dieses Rechtsgut auch in strafbarer, d.h. in strafwürdiger und strafbedürftiger Weise beeinträchtigen[233]. Die besondere Sozialgefährlichkeit der §§ 283ff. StGB ist zwar bereits hervorgehoben worden[234]. Die Einstufung als strafbare Verhaltensweisen wird im Schrifttum bisweilen aber dennoch kritisch betrachtet, wenngleich sie auch im Ergebnis noch bejaht wird. Ob diese Zweifel aufgrund der bisherigen Rechtslage berechtigt sind und ob die Insolvenzordnung ihnen künftig abhelfen wird, soll im folgenden geprüft werden.

I) Zweifel an der Strafwürdigkeit und Strafbedürftigkeit

1) Strafwürdigkeit

Zunächst werden wegen der geringen Befriedigungsquoten ungesicherter Gläubiger Bedenken an der Strafwürdigkeit der §§ 283ff. StGB geltend gemacht. Die Ansprüche dieser Gläubiger seien schon durch zivilrechtliche Vorgaben, insbesondere durch die Auszehrung der Verteilungsmassen mit konkursfesten Sicherungsrechten derart entwertet, daß auch ihre strafrechtliche Schutzwürdigkeit zu bezweifeln sei[235].

2) Strafbedürftigkeit

Eng damit verbunden sind die Zweifel an der Strafbedürftigkeit dieser Tatbestände. Die ungesicherten Gläubiger, so wird argumentiert, würden durch die §§ 283ff. StGB nur noch in so geringer Weise beeinträchtigt, die gesicherten Gläubiger seien hingegen bereits durch die klassischen Vermögens- und Eigentumsdelikte der §§ 242ff., 266, 303 StGB jedenfalls gegen vorsätzliche Verhaltensweisen in solchem Maße geschützt, daß unsicher sei, ob die Bankrotthandlungen noch der Strafe bedürfen. Sei das zu verneinen, käme nur die Einstufung als Ordnungswidrigkeiten in Betracht[236].

3) Erwartungen an die Insolvenzordnung

Diesen Zweifeln an der Berechtigung der Bankrottdelikte könnte die Insolvenzordnung vor allem durch die angestrebte Erhöhung der Verteilungsmassen künftig entgegentreten. Die Insolvenzrechtsreform wird daher als zweckmäßig und erforderlich betrachtet, um diese Tatbestände "deutlich über die Stufe bloßen Ordnungsunrechts hinauszuhe-

---

233 Grundsätzlich zur Strafwürdigkeit und Strafbedürftigkeit oben A III.

234 Oben C IV 2.

235 *Hörl*, S. 47f.; *Klug*, Konkurs-Strafrecht, Vor § 239 KO, Rn. 6; *Mohr*, S. 29f.; *Moosmayer*, S. 20, 140f.; *Tiedemann*, Vor § 283 StGB, Rn. 6f.; vgl. auch *Kindhäuser*, Vor §§ 283 bis 283d StGB, Rn. 3; *Krause*, S. 158f., 247, Fn. 58.

236 *Klug*, Konkurs-Strafrecht, Vor § 239 KO, Rn. 6.

ben"[237]. Stärkere Legitimation sollen die §§ 283ff. StGB zudem durch den Schutz der künftig erweiterten gläubigerschaftlichen Gestaltungsinteressen erhalten[238].

II) Auseinandersetzung

1) Alte Rechtslage

a) Quotenhöhe

Die Überlegung, die geringen Befriedigungsquoten in den Konkursverfahren ließen an der Berechtigung der Bankrottstraftatbestände nach bisheriger Rechtslage zweifeln, begegnet zunächst Bedenken. Denn das Beiseiteschaffen von Vermögensgegenständen entzieht den ungesicherten Gläubigern immer in gleicher Weise Haftungsmasse. Insofern spielt es keine Rolle, ob ihre Befriedigungsquote bei 5% oder bei 50% liegt. Aus der bloßen Höhe der Quote kann, die Durchführung des Konkursverfahrens vorausgesetzt, daher noch kein Argument für oder gegen die Strafbarkeit gewonnen werden[239]. Bedeutung kann der Befriedigungshöhe dagegen bei der Strafzumessung zukommen. Hier spielt die Höhe des angerichteten Schadens eine wichtige Rolle (vgl. § 46 Abs. 2 StGB)[240].

b) Steuer- und Sozialversicherungsansprüche

Die auf die Gegenüberstellung der Befriedigungsquoten einfacher und dinglich gesicherter Gläubiger beschränkte Sichtweise zeigt wie in der gesamten Rechtsgutsdiskussion außerdem, daß die nach § 61 KO privilegierten Ansprüche des Fiskus und der Sozialversicherungsträger unbeachtet bleiben. Diese Gläubiger gehen aber bei einer durchschnittlichen Befriedigung von 18% [241] nicht regelmäßig nahezu leer aus, sondern werden durch die Bankrotthandlungen vielmehr auch dann betroffen, wenn für die einfachen Gläubiger nichts übrig bleibt. Das müßte, wenn man entgegen hier vertretener Auffassung die Quotenhöhe für maßgeblich hielte, zugunsten der Strafbarkeit berücksichtigt werden.

c) Ausfallforderungen

Hinsichtlich der Sicherungsgläubiger ist schließlich noch anzumerken, daß sie zwar jedenfalls gegen vorsätzliches Beiseiteschaffen besicherter Vermögensgegenstände durch die klassischen Vermögensdelikte weitgehend geschützt sind. Dabei darf jedoch nicht außer Betracht gelassen werden, daß sich solche Tathandlungen auch auf die

---

237 *Tiedemann*, Vor § 283 StGB, Rn. 7; ähnlich *Krause*, S. 247, Fn. 58.

238 *Krause*, S. 247, Fn. 58; *Moosmayer*, S. 140f.; vgl. auch *Kindhäuser*, Vor §§ 283 bis 283d StGB, Rn. 19.

239 So wohl auch *Moosmayer*, S. 140f.; vgl. ferner *Tiedemann*, Vor § 283 StGB, Rn. 7. - Von den informationsbezogenen Bankrotthandlungen geht dabei jedenfalls mittelbar die Gefahr der Masseverkürzung aus; dazu bereits oben C III 3 b.

240 Dazu *Sch/Sch/Stree*, § 46 StGB, Rn. 19 m.w.N.

241 *Pick*, NJW 1996, S. 993.

ungesicherten Gläubiger auswirken können. Denn soweit die gesicherten Gläubiger mit ihren Absonderungsrechten ausfallen, können sie zulasten der übrigen Gläubigerschaft an der gemeinsamen Erlösverteilung als einfache Gläubiger teilhaben[242]. Den dadurch bewirkten Schaden erfassen die Vermögensdelikte jedoch nicht, so daß es insofern doch der §§ 283ff. StGB bedarf.

d) Antragsabweisung oder Verfahrenseinstellung

Gewichtige Zweifel an der Strafwürdigkeit ergeben sich allerdings dann, und insofern ist den Bedenken der herrschenden Meinung zuzustimmen, wenn die Eröffnung des Konkursverfahrens mangels Masse abgewiesen wird oder mit der späteren Einstellung vorzeitig endet. Das war in den letzten Jahren in mehr als drei Viertel aller Verfahren der Fall[243]. In einer solchen Situation kommt es nicht mehr zu einer geordneten Befriedigung im Rahmen eines Gesamtvollstreckungsverfahrens. Die Konkursforderungen bleiben daher zunächst vollständig unbefriedigt. Ist also die potentielle Haftungsmasse eines schuldnerischen Unternehmens bereits derart weitgehend aufgebraucht und ist dieser Zustand nicht selbst durch eine Bankrotthandlung herbeigeführt worden (§ 283 Abs. 2 StGB!), so scheint auch eine (weiter) massevermindernde Bankrotthandlung zwar den Tatbestand eines Bankrottdelikts dem Wortlaut nach verwirklichen, aber keine zusätzliche Gefährdung für die geschützten Gläubigerinteressen begründen zu können.

Das gilt jedenfalls insofern, als die Betrachtung bei der Abweisung oder Einstellung des Verfahrens stehenbleibt. Blickt man indes über den Verfahrensabschluß hinaus, so kann sich durchaus noch eine Vermögensgefährdung für die Gläubiger ergeben. Denn mit der Masseverkürzung kann der Schuldner auch die Erfüllungschancen der nach Ende des Verfahrens gemäß § 164 Abs. 1 KO wieder auflebenden Einzelforderungen gefährden. Allerdings fällt eine solche Sichtweise aus dem Schutzbereich der §§ 283ff. StGB heraus und leitet bereits in die Strafbarkeit gemäß § 288 StGB ("Vereiteln der Zwangsvollstreckung") über. Die Bankrottdelikte schützen schließlich das von den Gläubigern beanspruchte Schuldnervermögen nicht schlechthin, sondern nur im Hinblick auf das in der Konkursordnung geregelte Verteilungsverfahren.

e) Ergebnis

Unter Berücksichtigung dieser konkursrechtlichen Zusammenhänge werfen die geringen Befriedigungsquoten *innerhalb* durchgeführter Konkursverfahren zwar keine Zweifel an Strafwürdigkeit und Strafbedürftigkeit der §§ 283ff. StGB auf. Fraglich

---

242 § 64 KO sowie § 52 InsO.

243 *Pick*, NJW 1995, S. 993.

erscheint die Berechtigung des Konkursstrafrechts aber aufgrund der Mehrzahl der Fälle, in denen es gar nicht erst zu einer geordneten Vermögensverwertung kommt.
Zur Legitimation der Bankrottdelikte kann nach hier vertretener Ansicht auch nicht auf ein Sozialrechtsgut zurückgegriffen werden, da die §§ 283ff. StGB allein auf den Vermögensschutz ausgerichtet sind. Allerdings wäre selbst nach Auffassung der Befürworter eines solchen Rechtsguts dieses nicht geeignet, die Strafwürdigkeit trotz Masselosigkeit überzeugend zu begründen[244]. Ebensowenig kann mit der Berufung auf "bestimmte Mindestanforderungen an ein ordnungsgemäßes Wirtschaften"[245] argumentiert werden. Denn sofern der Vermögensschutz als das Ziel solcher Anforderungen überhaupt nicht mehr verwirklicht werden kann, bliebe letztlich ein reines Ordnungsprinzip ohne tatsächliches Schutzobjekt übrig.

2) Neue Rechtslage

Insgesamt ist es daher zutreffend, die zweifelsfreie Berechtigung der Insolvenzdelikte davon abhängig zu machen, daß durch die Insolvenzordnung künftig höhere Verteilungsmassen erreicht werden. Allerdings ist insofern sogleich einschränkend festzustellen, daß eine tatsächliche Masseanreicherung der Insolvenzverfahren keineswegs gesichert erscheint.

a) Maßnahmen zur Masseanreicherung

Um die Insolvenzmassen zu erhöhen, ist zwar eine Vielzahl an Änderungen gegenüber der alten Rechtslage vorgenommen worden[246]. Zu nennen sind hier etwa die Verschärfung des Anfechtungsrechts[247], die Einbeziehung des Neuerwerbs in die Insolvenzmasse[248] und die Verfahrenskostenbeteiligung dinglich gesicherter Gläubiger[249]. Ebenso gehören Maßnahmen dazu, mit denen eine frühere Eröffnung des Verfahrens erreicht werden soll, bevor der Vermögensbestand weitgehend verbraucht ist. Das sind beispielsweise die erstrebte Vorverlagerung des Verfahrens durch den neuen Insolvenzgrund der drohenden Zahlungsunfähigkeit[250], die Verfahrenseröffnung schon bei Deckung der Verfahrenskosten[251] sowie verschiedene Anreize zur rechtzeitigen Antragstellung. Zu letzteren zählen unter anderem die subsidiäre Verfahrenskostenhaftung von Vorständen und Geschäftsführern[252], die Möglichkeit einer Restschuldbe-

244 So räumt auch *Tiedemann*, Vor § 283 StGB, Rn. 6, der für ein Sozialrechtsgut der "Kreditwirtschaft" plädiert, gleichwohl erhebliche Bedenken hinsichtlich der Strafwürdigkeit ein; vgl. auch *Moosmayer*, S. 140f.

245 So aber *Tiedemann*, Vor § 283 StGB, Rn. 7, 97; § 283 StGB, Rn. 7.

246 Zusammenfassend *Bork*, Rn. 12.

247 §§ 129ff. InsO.

248 § 35 InsO.

249 §§ 170f. InsO.

250 § 18 InsO.

251 § 26 Abs.1 S. 1 InsO.

252 § 26 Abs. 3 InsO.

freiung[253] und die Chance des Schuldners auf Eigenverwaltung[254]. Die Streichung der Vorrechte in § 61 KO wird zudem zu einer gewissen Umverteilung von den bisher privilegierten auf die einfachen Insolvenzgläubiger führen.

b) Tatsächliche Masseanreicherung ?

Trotz dieser Maßnahmen ist es unwahrscheinlich, daß die Insolvenzordnung für erheblich höhere Verteilungsmassen sorgen wird. Denn an den wirtschaftlichen Grundvoraussetzungen der Massearmut ändert das neue Recht nichts. Hauptgrund ist und wird auch künftig die weitgehende und sogar noch zunehmende Belastung des Schuldnervermögens mit Sicherungsrechten sein[255]. Die Kosten- und Mehrwertsteuerbeiträge, die von den Inhabern dieser Rechte gemäß §§ 170f. InsO aufgebracht werden müssen, sind demgegenüber nicht nur relativ gering[256]. Die Mehrwertsteuer kann sogar der Masse rückbelastet werden, da der *BGH* der vom Gesetzgeber vorausgesetzten[257] Erhöhung der Übersicherungsgrenze insofern jüngst zugestimmt hat[258]. Insgesamt muß daher festgestellt werden, daß die Chance, die Masse durch eine angemessene Reduzierung der Sicherheiten anzureichern, von der Insolvenzrechtsreform verpaßt worden ist[259].

c) Gestaltungsrechte

Da die Masseanreicherung als künftige Legitimationsgrundlage des Insolvenzstrafrechts mithin zweifelhaft erscheint, vermag auch die Gefährdung der gläubigerschaftichen Gestaltungsmöglichkeiten nur ein allenfalls zusätzliches Begründungsmoment zu liefern. Insofern sei nochmals erwähnt, daß diese Rechte keineswegs durch die Insolvenzordnung neu erfunden, sondern lediglich erweitert worden sind. Ferner sind sie auch nur haftungs- und damit massebezogen zu verstehen. Eine geringere Verwertungsmasse schließt daher geringere Gestaltungsrechte stets mit ein - und bei Nichtdurchführung des Verfahrens mangels Masse entfallen diese Wahlrechte ganz.

253 §§ 286ff. InsO.

254 §§ 270ff. InsO.

255 *Pape*, NJW 1999, S. 31, nennt die Ausweitung des Leasinggeschäfts und die weitgehende Anerkennung von Globalsicherheiten mit schuldrechtlichen Freigabeklauseln, vgl. dazu *BGH* NJW 1998, S. 671. - Kritisch zur Masseanreicherung auch *Baudrexl*, JuS 1996, S. 700; *Gravenbrucher Kreis*, ZIP 1990, S. 476f.; *Hess/Kranemann/Pink*, S. 2, Rn. 4; *Wellensiek*, BB 1999, S. I; *Windel*, Jura 1999, S. 10; vgl. auch *Bork*, Rn. 99.

256 Ebenso *Wellensiek*, BB 1999, S. I ("unzureichend").

257 Allg. Begr. RegE zur InsO, BT-Dr 12/2443, S. 89; dazu *Bork*, Rn. 257; *Gottwald/Adolphsen* in: Kölner Schrift, S. 833, Rn. 99.

258 *BGH* NJW 1998, S. 675; dazu *Zimmermann*, NZI 1998, S. 63f.; vgl. zur Absicherung der Kreditinsitute bereits oben C III 2 bb.

259 Prägnant *Baudrexl*, JuS 1996, S. 700 ("Selbst das schönste Insolvenzrecht kann keine Masse herbeizaubern, wenn wegen der [...] Kreditsicherungspraxis keine Masse da ist"); vgl. auch *Windel*, Jura 1999, S. 10.

d) Anstieg der Verfahrenseröffnungen

Hinsichtlich der hohen Zahl an Verfahren, deren Eröffnung unter der Konkursordnung mangels Masse abgewiesen wurde, ist allerdings anzumerken, daß die Insolvenzordnung durch erleichterte Eröffnungsvoraussetzungen hier zu einer gewissen Veränderung führen könnte. Forderten die Gerichte bisher für die Eröffnung aufgrund von § 60 KO oft überhöhte Massekostenvorschüsse, so müssen künftig gemäß § 26 Abs. 1 S. 1 InsO nur noch die Verfahrenskosten gedeckt sein[260]. Einen Anreiz für einen entsprechenden Vorschuß eines Gläubigers soll zudem § 26 Abs. 3 S. 1 InsO geben, nach dem der Gläubiger diesen Betrag von demjenigen zurückverlangen kann, der pflichtwidrig und schuldhaft entgegen den Vorschriften des Gesellschaftsrechts keinen Eröffnungsantrag gestellt hat. Die Beweislast bürdet S. 2 der Norm dem Antragspflichtigen auf[261].

Aufgrund der auch künftig häufigen Massearmut wird es damit zwar wohl nur eine Verschiebung von den Abweisungen der Verfahrenseröffnung zu späteren Einstellungen des Verfahrens mangels Masse erreicht werden. Aber aus strafrechtlicher Sicht ist auch das nicht ganz unbedeutend. Ist nämlich das Insolvenzverfahren erst einmal eröffnet, so wird die Auswirkung einer massegefährdenden Bankrotthandlung deutlicher erkennbar, da (erst) jetzt ein gemäß § 283 Abs. 1 Nr. 1 StGB beiseitegeschaffter Vermögensbestandteil im Rahmen des begonnenen Verfahrens nicht mehr zur Gläubigerbefriedigung eingesetzt werden kann.

e) Verfassungswidrigkeit der §§ 283ff. StGB ?

Die Legitimation des Insolvenzstrafrechts wird insgesamt also weder durch eine spürbare Erhöhung der Insolvenzmassen noch durch die Erweiterung der Gestaltungsoptionen entscheidend gestärkt werden können. Vielmehr dürften auch nach dem 1.1.1999 für die Fälle der Verfahrensabweisung mangels Masse jedenfalls Zweifel an der Berechtigung dieser Delikte bestehen bleiben.

Aus diesen Zweifeln aber die Verfassungswidrigkeit der §§ 283ff. StGB zu schlußfolgern, dürfte einen Schritt zu weit gehen. Zwar sind insofern die mahnenden Worte von *Graßhof* zu bedenken, die in ihrem beachtenswerten Sondervotum zur Cannabis-Entscheidung des *Bundesverfassungsgerichts* hervorgehoben hat, daß Straftatbestände "nur soweit zum Schutz eines Rechtsguts geeignet sind, als die von ihm jeweils umschriebenen tatbestandsmäßigen Handlungen dieses Rechtsgut überhaupt bedro-

---

260 Das sind die Gerichtskosten, die Auslagen und Vergütung des vorläufigen Insolvenzverwalters und des Insolvenzverwalters sowie der Mitglieder des Gläubigerausschusses (§ 54 InsO).

261 Berechtigte Zweifel an der Effektivität des Abs. 3 äußert allerdings *K. Schmidt*, ZGR 1996, S. 221 ("welcher hierzu befähigte Gläubiger wird schon [...] in der Erwartung eines in den Prozeßaussichten fragwürdigen Regresses gegen das Management für teures Geld ein allen Gläubigern dienendes Verfahren in Gang setzen?"); Bedenken auch bei *Uhlenbruck*, NZI 1998, S. 5; *ders.*, ZIP 1996, S. 1651.

hen."[262] Wenn daher ein Straftatbestand Verhaltensweisen untersage, die dem Rechtsgut nicht schaden, so könne das Rechtsgut mit dem Verbot dieser Verhaltensweisen auch gar nicht geschützt werden. Eine solche Strafnorm sei unverhältnismäßig und daher verfassungswidrig[263]. Übertragen auf das Insolvenzstrafrecht könnte man daraus für die Fälle der Massearmut ableiten: Wenn unabhängig von der Bankrotthandlung nur noch so wenig Masse vorhanden ist, daß die ungesicherten Gläubiger aufgrund der Ablehnung des Eröffnungsantrags ohnehin vollständig unbefriedigt bleiben, dann kann auch durch eine weiter massevermindernde Bankrotthandlung das Rechtsgut der Befriedigungsinteressen nicht mehr beeinträchtigt werden. Daraus ergäbe sich die Konsequenz, daß die Bankrottdelikte in diesen Fällen den Schutz des Rechtsguts der Befriedigungsinteressen nicht mehr erreichen.
Andererseits räumt auch *Graßhof* ein, daß "nicht immer eine eindeutige Grenzlinie zwischen gefährlichen und eher harmlosen Handlungsweisen" zu ziehen sei[264]. Im Bereich des Insolvenzstrafrechts wird eine solche Abgrenzung aufgrund der Komplexität der wirtschaftlichen Sachverhalte kaum je eindeutig vorgenommen werden können. Ob sich nämlich eine Bankrotthandlung tatsächlich in einer später geringeren Insolvenzquote niederschlagen wird, ist im Zeitpunkt ihrer Vornahme oft nicht voraussehbar. Auch dürfte durch die künftig wohl höhere Zahl an Verfahrenseröffnungen die Gefährdung der auf dieses Verfahren gerichteten Befriedigungsinteressen wieder klarer erkennbar werden. Dieses Ergebnis wird schließlich auch durch pragmatische Überlegungen unterstützt. Wollte man diejenigen Gefährdungen aus der Strafbarkeit der §§ 283ff. StGB herausnehmen, bei denen die Masse bereits erheblich vermindert ist, so würde man geradezu einen Anreiz schaffen, das Haftungspotential so weit wie möglich abzusenken, um potentieller Strafbarkeit zu entgehen. Dem Ziel des Gläubigerschutzes wäre damit sicher nicht gedient.

f) Ergebnis

Das Insolvenzstrafrecht bewegt sich bisweilen durchaus im Grenzbereich zwischen Straf- und Ordnungswidrigkeitenrecht. Ein zwingendes Argument für die Verfassungswidrigkeit als Strafnormen und die Herabstufung zu Ordnungswidrigkeiten sollte darin aber nicht gesehen werden. Sachgerechter erscheint es, diese Zuordnungsprobleme im Einklang mit der gefestigten Rechtsprechung des *Bundesverfassungsgerichts* durch verbindliche Entscheidungen des Gesetzgebers zu lösen[265] - und jedenfalls insofern ist die Strafbarkeit der Bankrotthandlungen eindeutig[266].

262 *BVerfGE* 90, S. 201.
263 *BVerfGE* 90, S. 201.
264 *BVerfGE* 90, S. 201.
265 *BVerfGE*, 27, S. 30; 32, S. 48; 37, S. 212; vgl. auch *Maurach/Zipf*, AT 1, § 1, Rn. 32.
266 Zu den unterschiedlichen Theorien zur Abgrenzung von Straf- und Ordnungswidrigkeitenrecht ("quantitativ-qualitativer", "rein quantitativer" oder "aliud-" Ansatz) vgl. *Jescheck/Weigend*, § 7 V; *Göhler*, Vor § 1 OWiG, Rn. 2ff.; *Rebmann/Roth/Herrmann*, Vor § 1 OWiG, Rn. 4ff.

2. Kapitel: Täterkreis der §§ 283-283c StGB

A) Einführung

Die Insolvenzordnung könnte sich durch die Regelung des § 11 InsO (Zulässigkeit eines Insolvenzverfahrens) auch auf den Täterkreis der §§ 283ff. StGB bei Unternehmensinsolvenzen[267] ausgewirkt haben. § 11 Abs. 2 Nr. 1 InsO erklärt ein Insolvenzverfahren über das Vermögen von Personenhandelsgesellschaften und erstmals auch über das von BGB-Gesellschaften für zulässig[268]. Daraus könnten sich Konsequenzen für die *Anwendbarkeit* des Bankrottstrafrechts ergeben.

Die §§ 283ff. StGB sind mit Ausnahme des § 283d StGB Sonderdelikte. Das geht zwar nicht unmittelbar aus dem Wortlaut hervor ("wer"). Dieser scheint keinen Einschränkungen zu unterliegen[269]. Die Auslegung ergibt jedoch, daß als Täter nur *Schuldner* bzw. *Gemeinschuldner* in Betracht kommen. Die objektiven Strafbarkeitsbedingungen fordern nämlich, daß der Täter seine Zahlungen eingestellt hat oder über sein Vermögen das Insolvenzverfahren eröffnet bzw. mangels Masse die Eröffnung abgelehnt worden ist. Daher ist nach herrschender Auffassung für die Zahlungseinstellung die Schuldnereigenschaft und für die weiteren Strafbarkeitsbedingungen die Gemeinschuldnereigenschaft Voraussetzung[270].

Aufgrund dieser Voraussetzung ist anerkannt, daß es sich bei der Verwendung des Begriffs "Täter" in § 283 Abs. 6 StGB[271] um einen Mißgriff des Gesetzgebers handelt, der in berichtigender Auslegung zu korrigieren ist[272]. Richtigerweise ist darunter "Schuldner" bzw. "Gemeinschuldner" zu verstehen[273]. Andernfalls würden die Krisen-

---

267 Näher zur Täterschaft bei der Verbraucherinsolvenz im 5. Kapitel.

268 Weiter genannt werden die Partnerschaftsgesellschaft, die Partenreederei und die Europäische wirtschaftliche Interessenvereinigung.

269 Eine Ausnahme gilt für diejenigen Bankrotthandlungen, die an kaufmännische Buchführungs- und Bilanzierungspflichten anknüpfen, vgl. §§ 283 Abs.1 Nr.5, 7 und 283b StGB.

270 So, ohne stets zwischen Schuldner- und Gemeinschuldnerrolle zu unterscheiden, *Bieneck* in: Müller-Gugenberger (Hrsg.), § 64, A I; *M. Grub*, S. 4ff.; *Lackner/Kühl*, § 283 StGB, Rn. 2; *Moosmayer*, S. 57f.; *Otto*, BT, § 61, Rn. 89; *Sch/Sch/Stree*, § 283 StGB, Rn. 65; *Tiedemann*, Vor § 283 StGB, Rn. 59; *Tröndle/Fischer*, Vor § 283 StGB, Rn. 18; *Weyand*, S. 30f. - Die Schuldnerstellung kann allerdings keine Garantenposition begründen, vgl. *Kindhäuser*, Vor § 283 StGB, Rn. 59; *Moosmayer*, S. 57f.; *Tiedemann*, § 283 StGB, Rn. 37; differenzierend *Sch/Sch/Stree*, § 13 StGB, Rn. 31.

271 Auf § 283 Abs. 6 StGB verweisen auch § 283b Abs. 3 und § 283c Abs. 3 StGB (sowie § 283d Abs. 4 StGB).

272 Zur Zulässigkeit einer solchen systematischen Auslegung im Hinblick auf Art. 103 Abs. 2 GG ausführlich *Tiedemann*, Vor § 283 StGB, Rn. 59ff. - Eindeutig war der Wortlaut bei den Konkursdelikten noch in ihrer früheren Fassung (§§ 239 KO a.F.), die expressis verbis auf den Schuldner abstellten. Eine Änderung durch die Neufassung war nicht beabsichtigt.

273 *Arloth*, NStZ 1990, S. 574; *M. Grub*, S. 11ff.; *Kindhäuser*, NK, Vor §§ 283-283d StGB, Rn. 38ff.; *Lackner/Kühl*, § 283 StGB, Rn. 2; *Otto*, BT, § 61, Rn. 102; *Richter*, GmbHR 1984,

situationen und Strafbarkeitsbedingungen, und damit die Bankrottdelikte insgesamt, jedenfalls bei Insolvenzen rechtsfähiger Unternehmen unanwendbar[274]. Denn "Täter" im Sinne des Strafrechts können nach ganz herrschender Ansicht nur natürliche Personen sein[275]. Soweit diese Schuldner- bzw. Gemeinschuldnereigenschaft nur beim Unternehmen selbst, nicht aber beim Täter vorliegt, muß sie dem Täter zugerechnet werden. Diese Zurechnung erfolgt über § 14 StGB[276].

Die Insolvenzordnung könnte durch die erwähnte Regelung in § 11 Abs. 2 Nr. 1 InsO auf die *Gemeinschuldner*eigenschaft Einfluß genommen haben, da ein Insolvenzverfahren über das Vermögen von Personenhandels- und nun auch von BGB-Gesellschaften eröffnet werden kann[277]. Mit dieser Vorschrift könnte beiden Gesellschaftsformen auch die alleinige Gemeinschuldnerrolle zugewiesen worden sein. Dann würde es für eine Überwälzung dieses Merkmals auf die Gesellschafter der Zurechnungsnorm des § 14 StGB bedürfen. Deren Anwendbarkeit für die Personen*handels*gesellschaft war im Konkursstrafrecht jedoch heftig umstritten. Ob eine solche Zurechnung nach neuem Recht erforderlich ist, soll im folgenden untersucht werden.

Nicht geprüft wird dagegen die *Schuldner*eigenschaft dieser Gesellschaften. In Text und Begründung des § 11 Abs. 2 Nr. 1 InsO wird zu ihr nämlich keine Aussage gemacht[278], obwohl begrifflich (nicht aber in der Sache!) auf die – hier zur Verdeutlichung beibehaltene - Unterscheidung von Schuldner und Gemeinschuldner verzichtet wird. Die Schuldnereigenschaft ist mithin nach wie vor nach allgemeinen zivilrechtlichen Grundsätzen zu beurteilen.

S. 142; *Sch/Sch/Stree*, § 283 StGB, Rn. 59a; *Schünemann*, LK, § 14 StGB, Rn. 14; *Tiedemann*, Vor § 283 StGB, Rn. 63; zweifelnd noch *ders.* NJW 1977, S. 780; *Tröndle/Fischer*, Vor § 283 StGB, Rn. 12f. - Kritisch *Wehleit*, S. 13ff; ihm folgend *Samson*, SK, § 283 StGB, Rn. 28. - *A.A. Labsch*, wistra 1985, S. 4; *Matzen*, S. 20, die einen Verstoß gegen Art. 103 Abs. 2 GG sehen und für eine Gesetzesänderung plädieren .

274 Eine solche Auslegung "würde zu einer Differenzierung im Strafbarkeitsbereich führen, für die es im Gesetz keinen Anhaltspunkt gibt und die schlicht willkürlich wäre." (*Otto*, Aktienstrafrecht, Vor § 399 AktG, Rn. 66).

275 Vgl. nur *BVerfGE* 20, S. 323. - Zu den Gegenansichten, auch in rechtsvergleichender Hinsicht, *Moosmayer*, S. 84ff. Er gelangt nach eingehender Prüfung zu dem Ergebnis, daß selbst bei einer künftigen Ermöglichung direkter strafrechtlicher Sanktionen gegen Unternehmen im deutschen Strafrecht jedenfalls für den Bereich der Insolvenzdelikte kein Bedarf an solchen Unternehmensstraftatbeständen besteht (S. 120).

276 Statt vieler *Schünemann*, LK, § 14 StGB, Rn. 41; *Tiedemann*, Vor § 283 StGB, Rn. 61ff. - Zur Frage, ob die Schuldnereigenschaft auch ein besonderes persönliches Merkmal i.S.d. § 28 Abs.1 StGB ist, vgl. - auch zu dem insofern vergleichbaren § 288 StGB - *Blauth*, S. 73f.; *Roxin*, LK, § 28 StGB, Rn. 44, 56, 68; *Sch/Sch/Cramer*, § 28 StGB, Rn. 18.

277 Anzumerken ist, daß die Begr. RegE zu § 13 EInsO (= § 11 InsO), BT-Dr 12/2443, S. 113, die Insolvenzfähigkeit der BGB-Gesellschaften auf *Außen*gesellschaften beschränkt.

278 Begr. RegE zu § 13 EInsO (= § 11 InsO), BT-Dr 12/2443, S. 113: "[...] ohne daß deren Rechtsnatur dadurch präjudiziert wird."

B) Juristische Personen

Vorab ist zu bemerken, daß die Insolvenzrechtsreform keine Änderungen für die strafrechtliche Verantwortlichkeit der Vertreter juristischer Personen wie etwa der AG oder der GmbH mit sich bringt. Auch nach dem 1.1.1999 ist die Gemeinschuldnereigenschaft dieser Gesellschaften selbstverständlich gegeben (vgl. auch § 11 Abs. 1 Nr. 1 InsO), und über § 14 Abs. 1 Nr. 1 StGB problemlos den dort genannten Vertretern zurechenbar[279].

C) Personenhandelsgesellschaften

Weniger eindeutig scheint dagegen die Situation bei den Personen*handels*gesellschaften zu sein. Für sie ist unter der Geltung der Konkursordnung streitig gewesen, ob auf § 14 Abs. 1 Nr. 2 StGB rekurriert werden kann, der eine Zurechnung allein an die vertretungsberechtigten Gesellschafter ermöglicht.
Seinem Wortlaut nach kann § 14 Abs. 1 Nr. 2 StGB nur Anwendung finden, wenn die Gemeinschuldnereigenschaft nur bei der Gesellschaft, nicht aber bei den Gesellschaftern vorliegt[280]. Weisen indes auch oder allein die Gesellschafter dieses persönliche Merkmal auf, so ergibt sich dem Gesetzestext nach die insolvenzstrafrechtliche Verantwortlichkeit unmittelbar aus den §§ 283ff. StGB.

I) Meinungsstand

1) Gesellschafter als Gesamtschuldner

Eine erste Ansicht hält die *Gesellschafter* für die "wahren" Schuldner bzw. Gemeinschuldner und gelangt so zur direkten Anwendung der Bankrottdelikte. Die Beschränkung des § 14 Abs. 1 Nr. 2 StGB auf vertretungsberechtigte Gesellschafter kommt mithin nicht zur Geltung, strafbar sollen sich also auch die nichtvertretungsberechtigten Gesellschafter machen können[281].
Zur Begründung wird insbesondere auf eine verbreitete konkursrechtliche Auffassung zu § 209 KO verwiesen, die das Konkursverfahren über das Vermögen einer Personenhandelsgesellschaft erlaubt. Danach soll es sich bei diesem Verfahren lediglich um

---

279 Ebenso wird der Streit über die Interessentheorie der Rechtsprechung, nach der bei ausschließlich eigennützigem Verhalten des Täters nur die klassischen Vermögensdelikte (§§ 242, 246, 266 StGB), nicht aber die §§ 283ff. StGB anwendbar sein sollen, auch nach dem 1.1.1999 fortbestehen. Vgl. dazu einerseits: *BGHSt* 28, S. 373f.; 30, S. 128ff.; *BGH* wistra 1987, S. 218 (offengelassen aber in *BGH* wistra 1990, S. 99) sowie andererseits und zutreffend die *h.L.*, *Tiedemann*, Vor § 283 StGB, Rn. 81ff. m.w.N.

280 "[...] wenn diese Merkmale zwar *nicht bei ihm* [scil. dem Gesellschafter], aber bei dem Vertretenen [scil. der Gesellschaft] vorliegen." [Hervorhebung des Verf.].

281 *M. Grub*, S. 34ff., 47ff.; *Richter*, GmbHR 1984, S. 143; *Roxin*, LK (10. A.), § 14 StGB, Rn. 26; *Sch/Sch/Lenckner*, § 14 StGB, Rn. 21; *Winkelbauer*, wistra 1986, S. 18f.

einen Sonderkonkurs des gesellschaftlich gebundenen Vermögens der Gesellschafter handeln, die deshalb allein die Gemeinschuldnerrolle innehaben[282].
Auch durch die Insolvenzordnung, insbesondere durch den bereits erwähnten § 11 Abs. 2 Nr. 1 InsO, soll sich an dieser Rechtslage nichts geändert haben. Maßgeblich sei, daß die Personenhandelsgesellschaft trotz § 124 HGB keine der juristischen Person vergleichbare volle Rechtsfähigkeit innehabe[283].

2) Gesellschaft als Gemeinschuldnerin

Eine andere Ansicht wendet demgegenüber § 14 Abs. 1 Nr. 2 StGB an, weil sie die *Gesellschaft* selbst als Gemeinschuldnerin ansieht und damit eine Überwälzungsnorm zur Begründung der Strafbarkeit für notwendig hält oder jedenfalls von der bloßen Existenz dieser Vorschrift auf ihre Anwendbarkeit schließt. Konsequenterweise werden nichtvertretungsberechtigte Gesellschafter damit von der Strafbarkeit ausgenommen[284].
Unterstützung findet diese Auffassung bei einer im insolvenzrechtlichen Schrifttum im Vordringen befindlichen Meinung, die aus der materiellrechtlichen Fähigkeit der Personenhandelsgesellschaft, selbst parteifähig und Träger von Rechten und Pflichten zu sein (§ 124 Abs. 1 HGB), deren Gemeinschuldnerfähigkeit ableitet[285].
Durch die Insolvenzordnung sieht sich diese Meinung bestätigt, da in § 11 Abs. 2 Nr. 1 InsO und insbesondere in der Begründung des Regierungsentwurfs die Insolvenzfähigkeit der Personenhandelsgesellschaften ausdrücklich hervorgehoben sei[286].

II) Auseinandersetzung

1) Alte Rechtslage

Die letztgenannte Ansicht verdient den Vorzug. Die Gesellschafter, nicht aber die Gesellschaft als Gemeinschuldnerin einzuordnen, war bereits nach alter Rechtslage mit der rechtlichen Eigenständigkeit der Personenhandelsgesellschaft unvereinbar. Schon bisher war nicht einzusehen, daß diese Gesellschaftsform gemäß § 124 Abs. 1 HGB Parteifähigkeit besaß und Trägerin von Rechten und Pflichten sein konnte, nicht aber Gemeinschuldnerin sein durfte. Die *allgemeine* Rechtsfähigkeit der Personenhandelsgesellschaft, die auch die Gemeinschuldnerfähigkeit einschließen muß, wurde darüber

---

282 *BGHZ* 34, S. 297; *Kilger* (15. A.), § 209 KO, Anm. 4; *Kuhn/Uhlenbruck*, § 209 KO, Rn. 16, 19; weitere Nachweise bei *M. Grub*, S. 31ff., 46f.

283 *M. Grub*, S. 32, 36f., 39, 46ff., 164; vgl. auch *Braun/Uhlenbruck*, S. 194.

284 *Kindhäuser*, NK, Vor §§ 283-283d StGB, Rn. 47; *Bieneck* in: Müller-Gugenberger (Hrsg.), § 64, Rn. 8; *Preisendanz/Bieneck*, § 283 StGB, Anm. 4d; *Schünemann*, LK, § 14 StGB, Rn. 46; *Tiedemann*, Vor § 283 StGB, Rn. 65.

285 *Baumann*, S. 75; *Bork*, Rn. 33; *Noack*, S. 19, Rn. 37, Fn. 13; *Kilger/K. Schmidt*, § 209 KO, Anm. 2c bb; *K. Schmidt*, FS 100 Jahre KO, S. 253; *ders.*, Insolvenzrecht, S. 31f..

286 So für das Insolvenzrecht *Bork*, Rn. 33; *Noack*, S. 19, Rn. 35ff.; *K. Schmidt* in: Kölner Schrift, S. 914, Rn. 6; *Seibert*, JZ 1996, S. 785; ebenso Begr. RegE zu § 13 EInsO (= § 11 InsO), BT-Dr 12/2443, S. 113. - Für das Insolvenzstrafrecht *Moosmayer*, S. 68f.

hinaus jüngst auch im Bürgerlichen Gesetzbuch verankert. So wird in dem 1996 eingefügten § 1059a Abs. 2 BGB ausdrücklich von der "rechtsfähigen Personengesellschaft" gesprochen[287]. Es kann daher keinem ernsthaften Zweifel mehr unterliegen, daß die Gemeinschuldnerrolle der Personenhandelsgesellschaft selbst, nicht aber den einzelnen Gesellschaftern zukommt. Damit war die Zurechnungsnorm des § 14 Abs. 1 Nr. 2 StGB schon unter der Geltung der Konkursordnung eine zur Begründung der Strafbarkeit zwingend erforderliche Vorschrift.

2) Neue Rechtslage

An dieser Rechtslage hat auch die Insolvenzordnung nichts verändert. Es bedarf daher - anders als für die sogleich zu erörternde BGB-Gesellschaft - hinsichtlich der Personenhandelsgesellschaft auch keiner näheren Erörterung des Wortlauts des § 11 Abs. 2 Nr. 1 InsO, der wie schon § 209 KO ein Insolvenzverfahren über das Gesellschaftsvermögen für zulässig erklärt, oder der Gesetzesbegründung, die sogar ausdrücklich die Gemeinschuldnerfähigkeit hervorhebt[288]. Soweit im übrigen § 11 Abs. 2 Nr. 1 InsO die Personenhandelsgesellschaft unter die "Gesellschaften ohne Rechtspersönlichkeit" einordnet, kann das nur als zutreffende Abgrenzung zur Rechtspersönlichkeit der juristischen Person verstanden werden[289]. Die nach wie vor gegebene Rechtsfähigkeit und die davon umfaßte Gemeinschuldnerfähigkeit dieser Gesellschaftsform wird davon (selbstverständlich) nicht berührt[290].

III) Ergebnis

Nach alter wie neuer Rechtslage liegt die Gemeinschuldnerrolle allein bei der Personenhandelsgesellschaft und kann daher über § 14 Abs. 1 Nr. 2 StGB nur den vertretungsberechtigten Gesellschaftern zugerechnet werden.

---

287 § 1059a Abs. 2 BGB lautet: "Einer juristischen Person steht eine Personengesellschaft gleich, die mit der Fähigkeit ausgestattet ist, Rechte zu erwerben und Verbindlichkeiten einzugehen (rechtsfähige Personengesellschaft)". - Die Norm wurde eingefügt durch das Gesetz zur Änderung des Rechts der beschränkt persönlichen Dienstbarkeiten vom 17.7.1996, vgl. BGBl. I S. 990. Auch in die §§ 1059e, 1061 S. 2 und 1098 Abs. 3 ist der Begriff der "rechtsfähigen Personengesellschaft" aufgenommen worden. - Aus der Anlehnung der Formulierung an § 124 HGB ergibt sich allerdings, daß nur Personen*handels*gesellschaften, nicht hingegen auch BGB-Gesellschaften gemeint sind, wie es der weite Begriff der "Personengesellschaft" zunächst vermuten lassen könnte, vgl. dazu *Seibert*, JZ 1996, S. 785; ferner *Cordes*, JZ 1998, S. 549f.; *Noack*, S. 18, Rn. 35; *Prütting*, ZIP 1997, S. 1727.

288 Begr. RegE zu § 13 EInsO (= § 11 InsO), BT-Dr 12/2443, S. 112. - Unlauter daher die Vorgehensweise von *M. Grub*, S. 32, der in seinen Ausführungen diejenigen Passagen der Regierungsbegründung ausblendet, die die Gemeinschuldnereigenschaft der in § 11 Abs. 2 Nr. 1 InsO genannten Gesellschaften ausdrücklich betonen. - Zurecht kritisch dazu auch *Moosmayer*, S. 68.

289 *Seibert*, JZ 1996, S. 785. - Kritisch zu dieser Formulierung aber *Bork*, Rn. 33; *K. Schmidt* in: Kölner Schrift, S. 915, Rn. 5.

290 *A.A.* selbst für die Insolvenzordnung, aber ohne überzeugende Begründung *Armbruster*, S. 22.

D) BGB-Gesellschaften

I) Alte Rechtslage

Während die Personen*handels*gesellschaft demnach schon unter der Konkursordnung als Gemeinschuldnerin einzustufen war, kann dies von der BGB-Gesellschaft als "bloßer" Personengesellschaft nicht behauptet werden. Denn ein selbständiges Konkursverfahren konnte über das Vermögen einer BGB-Gesellschaft bisher nicht eröffnet werden. Mangels einer § 209 KO vergleichbaren Norm war nur der Konkurs über die einzelnen Gesellschaftervermögen möglich[291]. Damit stellte sich auch nicht die Frage der Überwälzung der Gemeinschuldnerposition von der Gesellschaft auf die Gesellschafter. Vielmehr kamen als Adressaten der §§ 283ff. StGB nur die Gesellschafter selbst und unmittelbar in Betracht[292].

II) Neue Rechtslage

1) Problemstellung

Diese Rechtslage könnte sich nun durch die Insolvenzordnung geändert haben. § 11 Abs. 1 Nr. 2 InsO erklärt nicht nur das Insolvenzverfahren über das Vermögen einer Personen*handels*gesellschaft für möglich, was nach dem oben Gesagten nur eine Bestätigung der bisher schon geltenden Rechtslage darstellt. Erstmals wird auch das Verfahren über das Vermögen einer BGB-Gesellschaft gestattet. Diese "außerordentlich tiefgreifende"[293] Rechtsänderung ist im insolvenzstrafrechtlichen Schrifttum bisher unbeachtet geblieben[294]. Dabei könnte die Gemeinschuldnerfähigkeit der BGB-Gesellschaft erhebliche Auswirkungen haben. In § 14 Abs. 1 Nr. 2 StGB ist diese Gesellschaftsform nämlich überhaupt nicht erwähnt. Daher könnten *Strafbarkeitslücken* drohen, wenn die BGB-Gesellschaft tatsächlich als Gemeinschuldnerin anzusehen wäre.

2) Wortlaut des § 11 Abs. 2 Nr. 1 InsO

In § 11 Abs. 2 Nr. 1 InsO wird nur das Verfahren über die Vermögensmasse der BGB-Gesellschaft für zulässig erklärt. Mit dieser *objekt*bezogenen Betrachtung ist, wie *Noack* treffend dargelegt hat[295], aber noch keine Aussage darüber getroffen, ob die

---

291 *Ganz h.M.*, *BGHZ* 113, S. 217f.; 23, S. 313; *Bork*, Rn. 34; *Noack*, S. 21, Rn. 42; *Kuhn/Uhlenbruck*, Vorbem. B zu § 207 KO, Rn. 1 m.w.N. - *A.A. Göckeler*, S. 208ff.; *Neumann*, S. 92f., 103f.; *Kilger/K.Schmidt*, § 209 KO, Anm. 2 c bb; *ders.*, Insolvenzrecht, S. 29ff. sowie *Timm*, ZGR 1996, S. 252. - Gegen diese Auffassungen aber treffend *Prütting*, ZIP 1997, S. 1729f.

292 *Tiedemann*, Vor § 283 StGB, Rn. 62.

293 *Prütting*, ZIP 1997, S. 1731.

294 *Moosmayer*, S. 68, und *M. Grub*, S. 8, 32, 36, 39ff., 48f., 164 erwähnen sogar ausdrücklich diese Norm, ohne jedoch Erörterungsbedarf zu erkennen. - Bei *M. Grub* würde das allerdings im Ergebnis nicht zu Änderungen führen, da er schon für die Personenhandelsgesellschaften § 14 Abs. 1 Nr. 2 StGB nicht anwenden will.

295 S. 17ff., Rn. 32ff.

Gesellschaft auch als *Subjekt* des Verfahrens, als insolvenzfähiger Vermögensträger und damit als Gemeinschuldnerin einzustufen ist. Zwar geht die Regierungsbegründung davon aus, daß es sich bei sämtlichen in dieser Norm genannten Gesellschaftsformen um "Schuldner im Sinne der Insolvenzordnung"[296], also um Gemeinschuldner handle. Der Wortlaut der Norm selbst zwingt aber nicht zu dieser Schlußfolgerung.

3) Systematische Auslegung

Die strafrechtliche Bewertung droht an dieser Stelle deshalb mit der zivilrechtlich seit langem höchst kontrovers diskutierten Frage befrachtet zu werden, ob die BGB-Gesellschaft als rechtsfähige oder zumindest teilrechtsfähige Gesellschaft anzuerkennen und daraus die Gemeinschuldnerposition abzuleiten ist, wie das eine von *Flume* begründete, im Vordringen befindliche Ansicht[297] behauptet. Allerdings zeigt eine Gesamtschau der Normen der Insolvenzordnung, daß dieser Streit hier dahinstehen kann.

So ergibt die *systematische* Auslegung des Gesetzes, daß auch die BGB-Gesellschaft unabhängig von ihrem zivilrechtlichen Status als Gemeinschuldnerin angesehen werden muß. In den §§ 101 Abs. 1 und 227 Abs. 2 InsO wird nämlich ausdrücklich zwischen dem Schuldner (im Sinne der Insolvenzordnung) und dessen persönlich haftenden Gesellschaftern unterschieden. Für diese Unterscheidung gäbe es keinen Grund, wenn bereits die Gesellschafter als Gemeinschuldner anzusehen wären[298]. Die im Wortlaut des § 11 Abs. 1 Nr. 2 InsO nicht zum Ausdruck gekommene Intention des Gesetzgebers zeigt sich damit bei einer Zusammenschau der Normen auch im Gesetzestext der Insolvenzordnung verankert. Einer Entscheidung des Streits um die Rechtsfähigkeit der BGB-Gesellschaft bedarf es also jedenfalls für die Frage der Gemeinschuldnerfähigkeit nicht.

4) Ergebnis

Damit ist festzuhalten, daß nach neuer Rechtslage allein die BGB-Gesellschaft als Gemeinschuldnerin anzusehen ist[299].

---

296 Begr. RegE zu § 13 EInsO (= § 11 InsO), BT-Dr 12/2443, S. 112.

297 *Flume*, ZHR 136 (1972), S. 184ff.; *K. Schmidt*, Gesellschaftsrecht, §§ 8 III, 58 IV. - *A.A.* die wohl *h.M.*, zuletzt *Berndt/Boin*, NJW 1998, S. 2834ff.; *Zöllner*, FS Gernhuber, S. 563ff.

298 *Noack*, S. 20, Rn. 38.

299 *A.A. Rohrbeck*, NZG 1999, S. 106.

III) Strafbarkeitslücken?

1) § 11 Abs. 1 Nr. 2 InsO und § 14 Abs. 1 Nr. 2 StGB

Dieses Ergebnis hat zur Folge, daß auch bei der Insolvenz einer BGB-Gesellschaft für die Zurechnung der Strafbarkeitsbedingungen der Verfahrenseröffnung bzw. Ablehnung mangels Masse die Überwälzung der Gemeinschuldnerrolle an die einzelnen Gesellschafter notwendig ist. Von § 14 Abs. 1 Nr. 2 StGB wird die BGB-Gesellschaft jedoch nicht erfaßt. Ohne Zurechnungsnorm könnten damit Strafbarkeitslücken drohen. Diese Bedenken treffen übrigens auch die ansonsten begrüßenswerte Konzeption von *Moosmayer*, der § 283 StGB durch Änderung bzw. Ergänzung der Abs. 6 und 7 allein auf Schuldner beziehen und als solche nur Betriebe und Unternehmen anerkennen will, dabei aber offenläßt, wie dann bei der Insolvenz einer BGB-Gesellschaft insolvenzstrafrechtliche Verantwortlichkeit zugewiesen werden können soll[300].

2) "Doppelinsolvenz"

Einschränkend ist zunächst allerdings anzumerken, daß mit der Insolvenz der BGB-Gesellschaft auch künftig oft die Insolvenz der einzelnen Gesellschafter einhergehen wird[301]. In dieser Situation bedarf es keiner Überwälzung der Gemeinschuldnerrolle mehr, da nun auch die Gesellschafter selbst Gemeinschuldner sind. Allerdings können sich in einem solchen Fall andere Probleme ergeben, die einer Bestrafung entgegenstehen. So mag der einzelne Gesellschafter eine Bankrotthandlung zu einem Zeitpunkt vorgenommen haben, in dem sich zwar die Gesellschaft, nicht aber er selbst sich bereits in einer Krisensituation befand. In welchem Umfang sich die Vermögensverhältnisse von Gesellschaft und Gesellschaftern bei der jeweiligen Ermittlung der Krisensituationen gegenseitig beeinflussen, ist im Schrifttum noch nicht analysiert worden. Unstreitig und für die hier vorzunehmende Bewertung ausreichend dürfte aber sein, daß die Berechnungen für beide unterschiedlich ausfallen können[302]. Zudem ist die "Doppelinsolvenz" auch nur als Regelfall anzusehen, der aber durchaus Ausnahmen zuläßt. Das Strafrecht sollte dagegen auch für diese selteneren Fälle einer alleinigen Gesellschaftsinsolvenz eine adäquate Sanktionierung von Bankrotthandlungen ermöglichen.

---

300 *Moosmayer*, S. 113. - Zu seinem Vorschlag einer in § 288 StGB n.F. gesondert zu regelnden Strafbarkeit für Verbraucher im 5. Kapitel D III.

301 *Noack*, S. 192, Rn. 479.

302 *Armbruster*, S. 22; *Noack*, S. 191f., Rn. 478.

3) HGB-Reform 1998

Eine weitere Einschränkung ergibt sich daraus, daß seit Inkrafttreten der HGB-Reform 1998[303] die Bedeutung der BGB-Gesellschaft nicht unerheblich reduziert worden ist. Zum einen ist unabhängig vom Gegenstand des Gewerbes gemäß § 105 Abs. 1 i.V.m. § 1 Abs. 2 HGB n.F. jedes kaufmännische Gewerbe mehrerer Personen kraft Rechtsformzwang nunmehr als OHG einzustufen. Zum anderen ist nach § 105 i.V.m. § 2 HGB n.F. über die Handelsregistereintragung auch Kleingewerbetreibenden die Errichtung einer Personenhandelsgesellschaft möglich. Unternehmenstragende BGB-Gesellschaften wird es daher künftig nur noch in geringerem Umfang geben. Gleichwohl aber bleibt diese Rechtsform für viele Gesellschaftsformen von Bedeutung. Beispielhaft seien hier nur die Zusammenschlüsse von Freiberuflern genannt. Soweit diese als BGB-Gesellschaften (oder als Partnerschaftsgesellschaften) organisiert sind, kann ihnen seit dem 1.1.1999 erstmals die Gemeinschuldnerrolle zukommen, ohne daß das Strafrecht eine entsprechende Zurechnungsnorm bereitstellt.

4) Rückgriff auf § 14 Abs. 2 StGB ?

Um Strafbarkeitslücken zu vermeiden, könnte man allerdings an einen Rückgriff auf § 14 Abs. 2 Nr. 1 oder 2 StGB denken. Der Gesetzgeber hat zwar auch mit dem Abs. 2 keine allgemeine Zurechnungsnorm für die Gesellschafter einer BGB-Gesellschaft schaffen wollen, da er noch von der Vorstellung ausging, dieser Gesellschaftsform komme ohnehin keine rechtliche Eigenständigkeit zu[304]. Auf diese mittlerweile veralteten gesetzgeberischen Vorstellungen kommt es aber nicht an, solange der Wortlaut der Norm eine eindeutige Zurechnung ermöglicht. Insofern könnte Abs. 2 durchaus als "Auffangtatbestand" fungieren. Denn vertretungsberechtigte Gesellschafter könnten auch als Beauftragte der Gesellschaft im Sinne des Abs. 2 Nr. 1 oder Nr. 2 eingestuft werden[305]. Nr. 1 setzt die Beauftragung zur zumindest teilweisen Leitung des Betriebs voraus. Diese Beauftragung könnte man zumindest für die geschäftsführungsbefugten Gesellschafter annehmen, denen über die Erteilung der Geschäftsführungsbefugnis gemäß § 714 BGB im Zweifel auch die Vertretungsmacht zugewiesen wird. Auch die Subsumtion unter Nr. 2 könnte sich im Einzelfall anbieten, soweit ein Gesellschafter als ausführlich beauftragt angesehen werden kann, in eigener Verantwortung die genannten Aufgaben zu erledigen. Allerdings sind beide Konstruktionen in der Literatur offenbar noch nicht angedacht und auch in der Rechtsprechung - soweit ersichtlich

---

303 Gesetz zur Neuregelung des Kaufmanns- und Firmenrechts und zur Änderung anderer handels- und gesellschaftsrechtlicher Vorschriftem vom 22.6.1998, BGBl I, 1474; dazu *Rohrbeck*, NZG 1999, S. 104ff.

304 Begr. RegE zum EEGOWiG, BT-Dr 5/1319, S. 63; dazu *Göhler*, § 9 OWiG, Rn. 12; *Schünemann*, LK, § 14 StGB, Rn. 48.

305 Vgl. *M. Grub*, S. 78ff., dessen Argumente für eine Anwendung des § 14 Abs. 2 Nr. 1, 2 StGB auf den Kommanditisten mit Geschäftsführungs- oder Vertretungsbefugnis sich insofern auch auf den vertretungsberechtigten BGB-Gesellschafter übertragen lassen.

- noch unerprobt. Das wirft die Frage auf, warum die BGB-Gesellschaft *de lege ferenda* dann nicht gleich in § 14 Abs. 1 Nr. 2 StGB einbezogen werden sollte. Damit wäre nicht nur Übereinstimmung mit der insolvenzrechtlichen Stellung dieser Gesellschaftsform in § 11 Abs. 2 Nr. 1 InsO erreicht. Auch stünde eine solche strafrechtliche Verselbständigung mit der allgemeinen zivilrechtlichen Entwicklung in Einklang, die in Richtung einer zunehmend größeren Eigenständigkeit der BGB-Gesellschaft verläuft[306]. Vor allem aber wären Strafbarkeitslücken, die bei Anwendung des § 14 Abs. 2 StGB noch möglich scheinen, mit einer solchen Regelung ausgeschlossen, gesetzliche Klarheit erreicht und eine Gleichbehandlung mit der Personenhandelsgesellschaft sicher gewährleistet.

IV) Überlegungen zur Gesetzesreform

Haben die bisherigen Ausführungen gezeigt, daß eine gesetzgeberische Klarstellung wünschenswert ist, so sollte sich diese insbesondere mit drei Fragestellungen auseinandersetzen:

1) Strafbarkeit nichtvertretungsberechtigter Gesellschafter einer Personenhandelsgesellschaft ?

Zuerst wäre die Frage zu klären, ob die nach hier vertretener Auffassung erforderliche Anwendung des § 14 Abs. 1 Nr. 2 StGB und die damit einhergehende Beschränkung auf die vertretungsberechtigten Gesellschafter für das Insolvenzstrafrecht überhaupt sachgerecht ist.

Gegen eine insolvenzstrafrechtliche Gleichbehandlung sämtlicher Gesellschafter könnte angeführt werden, daß nichtvertretungsberechtigte Gesellschafter die Personenhandelsgesellschaft rechtsgeschäftlich nicht verpflichten können und ihnen auch keine Verfügungsbefugnis über die Firmenkonten zusteht. Das sich daraus ergebende geringere Schädigungspotential gegenüber den Gläubigern könnte für die Freistellung dieser Gläubigergruppe sprechen[307].

Demgegenüber ist aber zu berücksichtigen, daß sich auch den nichtvertretungsberechtigten Gesellschaftern noch vielfältige Möglichkeiten bieten, das Gesellschaftsvermögen durch Verhaltensweisen nicht rechtsgeschäftlicher Art erheblich zu beeinträchtigen. *M. Grub* verweist in diesem Zusammenhang beispielhaft auf die Entwendung von Bargeld aus der Firmenkasse und die Entfernung von Kraftfahrzeugen aus dem Geschäftsbetrieb der Gesellschaft[308]. Der Schutz durch die klassischen Vermögensdelikte, insbesondere die Untreue (§ 266 StGB), reicht hier nicht aus, da er dann überhaupt nicht greift, wenn die übrigen Gesellschafter mit diesen Handlungen einverstanden

306 Vgl. zuletzt *BGH* ZIP 1997, S. 1496, in dem die Scheckfähigkeit der BGB-Gesellschaft bejaht wurde.

307 *Reiß*, wistra 1989, S. 86.

308 *M. Grub*, S. 50ff.

sind[309]. Ein einverständliches, manipulatives Zusammenwirken sämtlicher Gesellschafter zulasten der Gläubiger böte sich im übrigen geradezu an, wenn die nichtvertretungsberechtigten Gesellschafter Vermögenswerte beiseite schaffen könnten, ohne einer Strafdrohung ausgesetzt zu sein. Auch stimmt die Ausrichtung dieser Delikte auf den Schutz des Gesellschaftsvermögens mit den auf das Gläubigervermögen zielenden Insolvenzdelikten nicht überein[310]. Daher läßt sich jedenfalls für das Insolvenzstrafrecht fordern, daß vertretungs- und nichtvertretungsberechtigte Gesellschafter derselben Strafdrohung unterliegen sollten. Damit bedarf die jetzige Rechtslage der Reform.

2) Entsprechende Strafbarkeit der BGB-Gesellschafter?

Sodann wäre zu entscheiden, ob auch für die BGB-Gesellschaft eine entsprechende Zurechnungsnorm geschaffen werden und ob sich diese gleichfalls auf sämtliche Gesellschafter erstrecken sollte. Beides dürfte nach den obigen Ausführungen zu bejahen sein. Denn überzeugende Gründe für eine strafrechtliche Differenzierung gegenüber der Personenhandelsgesellschaft sind nicht ersichtlich[311]. Der Gläubigerschutz gebietet vielmehr mit denselben Argumenten auch hier eine umfassende Strafbarkeit aller Gesellschafter.

3) Neuregelung in § 14 oder §§ 283ff. StGB ?

Ist damit eine strafrechtliche Haftung sämtlicher Gesellschafter von Personenhandels- und BGB-Gesellschaften erforderlich, so ist schließlich noch zu fragen, ob eine entsprechende Neuregelung durch eine Änderung in § 14 StGB oder in den Bankrottstraftatbeständen selbst vorzunehmen wäre.

Eine Änderung in § 14 Abs. 1 Nr. 2 StGB könnte etwa folgenden Wortlaut haben: "[...] 2. als Gesellschafter einer Personenhandelsgesellschaft oder einer Personengesellschaft [...]"[312]

Diese Neufassung würde allerdings voraussetzen, daß eine solche, das bisherige Recht erweiternde Haftungsüberwälzung auch für die anderen Delikte des Strafgesetzbuchs sachgerecht wäre. Das zu untersuchen, würde über den Gegenstand der vorliegenden Arbeit hinausgreifen. Sollte der Gesetzgeber aber zu dem Ergebnis kommen, daß etwa die Beschränkung auf vertretungsberechtigte Gesellschafter oder auf Personenhandelsgesellschafter bei anderen Straftatbeständen sinnvoll ist, so müßte eine Erweiterung mit entsprechendem Wortlaut innerhalb der §§ 283ff. StGB selbst geregelt werden.

---

309 *M. Grub*, S. 140ff., mit Abgrenzung zur GmbH, bei der ein Einverständnis bei Verstoß gegen das Auszahlungsverbot des § 30 Abs. 1 GmbHG unwirksam sein kann; dazu auch *Brammsen*, DB 1989, S. 1609ff. - Grundsätzlich zum Einverständnis *Otto*, Geerds-FS, S. 604ff. m.w.N.

310 *Arloth*, NStZ 1990, S. 573; *M. Grub*, S. 51f; *Weber*, StV 1988, S. 18.

311 *Sch/Sch/Lenckner*, § 14 StGB, Rn. 21.

312 Mit dem Begriff der "Personengesellschaft" würden neben der BGB-Gesellschaft bspw. auch Partnerschaftsgesellschaften erfaßt.

4) Ergebnis

De lege lata ist allein die insolvenzstrafrechtliche Verantwortlichkeit der vertretungsberechtigten Gesellschafter einer Personenhandelsgesellschaft eindeutig. Für vertretungsberechtigte Gesellschafter einer BGB-Gesellschaft muß dagegen auf § 14 Abs. 2 Nr. 1 und 2 StGB zurückgegriffen werden. Es erscheint nicht gesichert, daß sich daraus in sämtlichen Fallkonstellationen eine der Personenhandelsgesellschaft vergleichbare Haftungsregelung ergibt. Dagegen sind vorbehaltlich ihrer Erfassung in § 14 Abs. 2 StGB nichtvertretungsberechtigte Gesellschafter beider Gesellschaftsformen von der Täterschaft der §§ 283ff. StGB ausgenommen, weil keine Überwälzungsnorm besteht, um ihnen die in § 11 Abs. 2 Nr. 1 InsO verankerte Insolvenzfähigkeit ihrer Gesellschaften zuzurechnen. Eine solche Norm ist nach hier vertretener Ansicht aber notwendig.

De lege ferenda sollten sämtliche Gesellschafter von Personenhandelsgesellschaften wie auch bloßen Personengesellschaften den §§ 283ff. StGB unterworfen werden. Der Gesetzgeber sollte daher prüfen, ob eine Ergänzung des § 14 StGB mit den übrigen Delikten des Strafgesetzbuchs vereinbar ist. Andernfalls muß die Zurechnung durch entsprechende Änderungen innerhalb der Bankrottdelikte erfolgen.

3. Kapitel: Krisensituationen des § 283 StGB und Tatbestandsmerkmale der Insolvenzverschleppungsdelikte

A) Einführung

I) Zahlungsunfähigkeit, Überschuldung und drohende Zahlungsunfähigkeit in verschiedenen Normen des Zivil- und Strafrechts[313]

Im *Insolvenzrecht* dienen die Zahlungsunfähigkeit, die Überschuldung und die drohende Zahlungsunfähigkeit seit dem 1.1.1999 als Eröffnungsgründe (§§ 17-19 InsO). Zahlungsunfähigkeit und Überschuldung lösen zudem für die Vertreter juristischer Personen sowie solche von Personengesellschaften ohne natürliche Person als persönlich haftenden Gesellschafter die Pflicht zur Stellung eines Insolvenzantrags aus, dessen Unterlassung mit zivilrechtlicher Haftung sanktioniert ist[314]. Schließlich ist die Zahlungsunfähigkeit auch Tatbestandsmerkmal im Anfechtungsrecht der Insolvenzordnung (§§ 129-147 InsO).

Insolvenzstrafrechtlich sind diese Begriffe vor allem aus dem Bankrottstrafrecht als sogenannte Krisensituationen bekannt, bei deren Vorliegen die in § 283 Abs. 1 StGB genannten Verhaltensweisen strafbar sein können bzw. deren Herbeiführung selbst (§ 283 Abs. 2 StGB für den Fall der Zahlungsunfähigkeit und Überschuldung) pönalisiert wird[315]. Außerdem führt die Insolvenzverschleppung bei Zahlungsunfähigkeit und Überschuldung nicht nur zu zivil-, sondern auch zu strafrechtlicher Haftung[316].

II) Neuregelungen der Insolvenzordnung

Die Konkursordnung enthielt zwar einige Vorgaben für diese Begriffe. Im wesentlichen wurden sie aber durch Rechtsprechung und Literatur ausgeformt. Dabei hat sich im Konkursrecht - trotz einiger mitunter stark abweichender Gegenauffassungen - eine herrschende Ansicht herausgebildet. Das Konkursstrafrecht ist dieser Auffassung jedenfalls für die Zahlungsunfähigkeit gefolgt.

Die Insolvenzordnung nimmt nicht nur erstmals eine Definition aller drei Merkmale vor. Sie weicht dabei auch, im Falle der Zahlungsunfähigkeit sogar erheblich, von der bisher überwiegenden konkursrechtlichen Meinung ab. Damit wird das Ziel verfolgt,

---

313 Zu den Besonderheiten dieser Begriffe im Zusammenhang mit der Verbraucherinsolvenz vgl. das 5. Kapitel.

314 §§ 92 Abs. 2 AktG; 64 Abs. 1 GmbHG; 99 Abs. 1 GenG; 130a, 177a S. 1 HGB; 42 Abs. 2 BGB.

315 Zudem sind die Zahlungsunfähigkeit bzw. die drohende Zahlungsunfähigkeit Tatbestandsmerkmale der §§ 283c und 283d StGB.

316 §§ 401 Abs. 1 Nr. 2, Abs. 2; 408 AktG; 84 Abs. 1 Nr. 2, Abs. 2 GmbHG; 148 Abs. 1 Nr. 2, Abs. 2 GenG; 130b; 177a S. 1 HGB.

die Eröffnung von Insolvenzverfahren auf einen früheren Zeitpunkt vorzuverlagern, zu dem die Haftungsmasse noch nicht so weit aufgezehrt sein soll wie zum Eröffnungszeitpunkt des bisherigen Rechts[317].

III) Bindung des Strafrechts an die zivilrechtlichen Vorgaben?

Wie für das bisherige Konkursstrafrecht ist damit auch für das neue Insolvenzstrafrecht zu fragen, ob die zivilrechtlichen Vorgaben zu übernehmen sind oder eine eigenständige strafrechtliche Auslegung möglich und geboten ist. Dazu werden zunächst die dieser Fragestellung zugrundeliegenden Auslegungsprinzipien geklärt, bevor dann in den Abschnitten B) und C) die Erörterung der zivilrechtlichen Regelungen und ihrer strafrechtlichen Konsequenzen im einzelnen erfolgt.

1) Andeutungen des Gesetzgebers

Die Gesetzesmaterialien zur Insolvenzordnung geben für eine Bindung des Strafrechts an die insolvenzrechtlichen Begriffe kaum Hinweise. Während sich der konkursstrafrechtliche Gesetzgeber mit der Einführung der Krisensituationen in die Bankrottdelikte im Jahre 1976 noch ausdrücklich auf "seit langem bekannt[e]" Merkmale berufen und damit stark an das Zivilrecht angelehnt hatte[318], findet sich in den Motiven der Insolvenzordnung keine vergleichbare Aussage über die allgemeine Geltung der Neubestimmungen für das Strafrecht[319]. Im Hinblick auf die §§ 283ff. StGB heißt es in der Begründung des Regierungsentwurfs lediglich beim Eröffnungsgrund der drohenden Zahlungsunfähigkeit lapidar, seine Definition sei "geeignet, auch für das Strafrecht größere Klarheit zu bringen"[320].

2) Anhaltspunkte für eine einheitliche Auslegung

Einer strafrechtlich eigenständigen Auslegung der Krisensituationen der Bankrottdelikte steht also kein ausdrücklicher Wille des Gesetzgebers entgegen[321]. Auf den ersten Blick verwundert diese Erwägung aber gleichwohl. Immerhin handelt es sich um ein und dieselben Gesetzesbegriffe, die in Normen verwendet werden, die unstreitig sämtlich auf den Gläubigerschutz zielen. Ebenso besteht Einigkeit, daß eine gleiche Auslegung identischer Begriffe der Einheit der Rechtsordnung dient[322] und damit die Verständlichkeit von Rechtsbefehlen für den Normadressaten erhöht. Berücksichtigt man auch noch den bereits dargestellten engen Zusammenhang zwischen Insolvenz- und

---

317 Allg. Begr. RegE zur InsO, BT-Dr 12/2443, S. 80f.; *BGHSt* 9, S. 86; *Klug*, JZ 1957, S. 463; *Tiedemann*, Vor § 283 StGB, Rn. 7.

318 Begr. RegE zu §§ 283 bis 283d StGB, BT-Dr 7/3441, S. 20.

319 Näher dazu unten C II 1 c.

320 Begr. RegE zu § 22 EInsO (= § 18 InsO), BT-Dr 12/2443, S. 114.

321 Näher dazu unten C II 1 c.

322 Grundlegend *Engisch*, Einheit der Rechtsordnung, S. 43f.; *ders.*, Einführung in das juristische Denken, S. 76, 113, 208, Fn. 73; ferner *BGHZ* 39, S. 335f.

Insolvenzstrafrecht[323], so ist zunächst kein Bedürfnis für eine strafrechtlich abweichende Deutung erkennbar. Man gelangt, im Gegenteil, zu einer Vermutung der "begrifflichen Akzessorietät"[324]. *Uhlenbruck* hat wegen der engen Verknüpfung der beiden Rechtsgebiete eine abweichende Auslegung sogar als "für die Rechtssicherheit unerträglich" bezeichnet[325].

3) Funktionale Auslegung der einzelnen Normen und Begriffe

a) Strukturelle Übereinstimmungen

Bei der Vermutung der Akzessorietät kann es das Strafrecht indes nicht belassen. Vielmehr bedarf es der Vergleichbarkeit nicht nur bezüglich des Schutzzwecks der betreffenden Rechtsgebiete, sondern auch im Hinblick auf die einzelnen Vorschriften selbst. Eine identische Begriffsdeutung kann dabei bereits durch den Normaufbau nahegelegt werden: Hat der Gesetzgeber in Zivil- und Strafrecht, wie bei den Tatbeständen der Insolvenzverschleppung, eine einheitliche Struktur geschaffen, so deutet das eine gleiche Auslegung bereits an[326].

b) Funktionale Übereinstimmungen

Sofern es sich, wie etwa bei Eröffnungstatbeständen und bankrottstrafrechtlichen Krisensituationen, dagegen um ganz unterschiedlich ausgestaltete Normen handelt, kann die Übereinstimmung allein aufgrund einer vergleichbar konkreten Funktion der Begriffe in ihrem jeweiligen Normkontext abgeleitet werden[327]. Bei der im folgenden vorzunehmenden Funktionsbestimmung ist dabei besonders zu berücksichtigen, daß sie auf strafrechtlicher Seite unter Berücksichtigung der Grundsätze der Strafwürdigkeit und Strafbedürftigkeit zu erfolgen hat. Die Auslegung muß darauf abzielen, daß nur erheblich sozialschädliche und daher strafwürdige Rechtsgutsbeeinträchtigungen, deren Bestrafung zur Sicherung des Rechtsfriedens unabdingbar ist, mit dem Unwerturteil der Strafe belegt werden[328]. Dabei müssen insbesondere die mit den Eröffnungsgründen begrifflich übereinstimmenden Krisensituationen ihrer Funktion als Strafwürdigkeitselemente auch nach dem 1.1.1999 noch gerecht werden.

---

323 Vgl. oben im 1. Kapitel B I.

324 Dieser Begriff wird insbesondere von *Tiedemann* als ein (allerdings nicht ausnahmsloser) Grundsatz wirtschaftsstrafrechtlicher Auslegung verstanden, um eine "Ablösung der Strafbarkeit von der Straftatbestandlichkeit" zu vermeiden, vgl. *dens.*, NJW 1977, S. 779; *dens.*, Tatbestandsfunktionen, S. 45ff. - Bezogen auf das Insolvenzstrafrecht *Moosmayer*, S. 145.

325 Schimmelpfeng-Review Nr. 25 (1980), S. 58, zitiert nach *Harneit*, S. 103, Fn. 117; in diese Richtung auch *Schäfer*, GmbHR 1993, S. 785.

326 *K. Schmidt*, Rebmann-FS, S. 437; ähnlich *Moosmayer*, S. 158f.

327 *Groth*, S. 98; *Harneit*, S. 99; *Moosmayer*, S. 145; ferner *Maurach/Zipf*, AT 1, § 9, Rn. 19ff.

328 Dazu bereits im 1. Kapitel A III.

Mit dieser funktionsorientierten, zweckgebundenen Begriffsbestimmung ist letztlich nichts anderes als die teleologische Methode der Auslegung gemeint[329]. Führt sie zu dem Ergebnis, daß die zivilrechtlichen Vorgaben mit den vom Strafrecht verfolgten Zwecksetzungen nicht vereinbar sind, so muß sich das Strafrecht ganz im Sinne der von *Engisch* betonten Formel der "Relativität der Rechtsbegriffe"[330] einer eigenständigen Interpretation bedienen[331]. Mit einer einheitlichen Auslegung wäre der Rechtsordnung in einem solchen Fall nicht mehr gedient. Eine "Normenspaltung"[332] wäre daher trotz des Verlusts an Rechtseinheitlichkeit nicht nur hinzunehmen, sondern aus strafrechtlicher Sicht als geradezu unabdingbar einzufordern.

4) Bestimmtheitsgrundsatz

Selbst wenn funktionale Übereinstimmungen mit dem Zivilrecht bestehen, muß sich das Strafrecht aber gleichwohl von zivilrechtlichen Vorgaben lösen, wenn andernfalls gegen das Bestimmtheitsgebot des Art. 103 Abs. 2 GG verstoßen würde[333]. Die Übernahme inhaltlich konturenloser Rechtsbegriffe des Zivilrechts in das Strafrecht ist ausgeschlossen. Zweifel an der Bestimmtheit wurden schon nach früherer Rechtslage an der Überschuldung, bisweilen auch an der drohenden Zahlungsunfähigkeit geäußert. Ob sie zutreffen und ob ihnen tatsächlich dadurch begegnet werden kann, daß das Vorliegen dieser Merkmale erst dann anzunehmen ist, wenn sie nach allen ernsthaft vertretbaren Ansichten zweifelsfrei gegeben sind[334] - auch das soll im folgenden kritisch geprüft werden.

5) Insolvenzordnung und "Altfälle"

Anzumerken ist schließlich, daß die frühere Rechtslage für die strafrechtliche Bewertung von "Altfällen" weiterhin maßgeblich bleibt[335]. Soweit es in den ersten Jahren nach Inkrafttreten der Insolvenzordnung um die Beurteilung von Straftaten geht, die noch vor dem 1.1.1999 vorgenommen wurden, ist das Konkursstrafrecht nach wie vor aktuell. Da der Insolvenzgesetzgeber keine Übergangsvorschriften für das Strafrecht geschaffen hat, muß auf die allgemeine Regelung in § 2 Abs. 1 StGB zurückgegriffen werden. Danach ist auf das zum Zeitpunkt der Tatbeendigung geltende Recht abzustellen. Gemeint ist damit der "gesamte Rechtszustand"[336] einschließlich außerstrafrecht-

---

329 Grundlegend *Larenz*, S. 333ff.

330 Einführung in das juristische Denken, S. 13, 58; *ders.*, Einheit der Rechtsordnung, S. 43ff., 45, Fn.1 m.w.N.; jüngst *Felix*, S. 188ff.

331 Vgl. zur eigenständigen Auslegung des Strafrechts *Bruns*, JR 1984, S. 133ff.; *Dreher*, GA 1969, S. 56ff.; *Jescheck/Weigend*, § 7 II 2; *Maurach/Zipf*, AT 1, § 9, Rn. 19ff.

332 *Tiedemann*, NJW 1979, S. 1851; *ders.*, Tatbestandsfunktionen, S. 186f., 197f., 204.

333 Zum Bestimmtheitsgebot *BVerfG* NJW 1986, S. 1671; *Sch/Sch/Eser*, § 1 StGB, Rn. 18ff.; näher unter B II 1 c sowie C II 2 b bb.

334 *Tiedemann*, Vor § 283 StGB, Rn. 159 m.w.N. auf die *h.L.* in Fn. 99.

335 Dazu bereits *Bieneck*, StV 1999, S. 43ff.

336 *Dannecker*, Das intertemporale Strafrecht, S. 461f. m.w.N.

licher Normen wie etwa der des Konkursrechts, der zu der Zeit galt, zu der die Tathandlung bzw. die Unterlassung vorgenommen worden ist (§ 8 StGB)[337]. Der Eintritt einer objektiven Strafbarkeitsbedingung, bspw. eines erst nach Inkrafttreten der Insolvenzordnung eröffneten Insolvenzverfahrens, ist für den Tatbegriff dagegen unerheblich[338].

Der Grundsatz des § 2 Abs. 3 StGB, nach dem im Falle einer Gesetzesänderung vor der Entscheidung das im Einzelfall mildere Gesetz anzuwenden ist[339], dürfte an der insofern fortgeltenden Anwendbarkeit des von der Konkursordnung geprägten Konkursstrafrechts nichts ändern. Denn selbst wenn man davon ausginge, daß das Strafrecht die neuen insolvenzrechtlichen Begriffsbestimmungen zu übernehmen habe[340], kann doch ohne nähere Auseinandersetzung schon hier grundsätzlich festgestellt werden, daß eine solche Anwendung der Neuregelungen, insbesondere der Neufassung der Zahlungsunfähigkeit durch § 17 InsO, zu einer Vorverlagerung der Strafbarkeit, und damit zu einer Verschärfung, nicht aber zu einer nach § 2 Abs. 3 StGB zu berücksichtigenden Milderung führen würde[341].

337 *Sch/Sch/Eser*, § 8 StGB, Rn. 1ff.; *Tröndle/Fischer*, § 8 StGB, Rn. 3.

338 Zur "Tätigkeitstheorie" vgl. *Maurach/Zipf*, AT 1, § 12, Rn. 9; *Samson*, SK, § 8 StGB, Rn. 2.

339 Eingehend *Dannecker*, Das intertemporale Strafrecht, S. 403ff., mit ausführlicher Darstellung des Meinungsstandes.

340 Zur Beachtlichkeit mittelbarer Rechtsänderungen grundlegend *Dannecker*, Das intertemporale Strafrecht, S. 461ff.; *Tiedemann*, NJW 1986, S. 2476; vgl. aber auch *Sch/Sch/Eser*, § 2 StGB, Rn. 26.

341 Ebenso *Bieneck*, StV 1999, S. 43.

B) Alte Rechtslage

Die Frage, ob das Insolvenzstrafrecht den neuen Begriffsbestimmungen der Insolvenzordnung folgen muß, kann nicht losgelöst von der bisherigen Rechtslage im Konkurs- und Konkursstrafrecht beurteilt werden. Die Begriffe der Zahlungsunfähigkeit, Überschuldung und drohenden Zahlungsunfähigkeit sind schließlich durch jahrzehntelange Auseinandersetzungen in Schrifttum und Rechtsprechung geprägt. Die Insolvenzordnung knüpft an diese frühere Rechtslage in Normwortlaut und Gesetzesbegründung in vielfältiger Weise an. Eine angemessene Erörterung der strafrechtlichen Konsequenzen der Insolvenzrechtsreform kann daher nur erfolgen, wenn zuvor Klarheit über die frühere Rechtslage besteht.

I) Konkursrechtliche Vorgaben[342]

1) Konkurseröffnungsgründe

a) Funktion

aa) Gesamtvollstreckung bei Konkursreife

Die Funktion der Konkurseröffnungsgründe besteht darin, den materiellen Konkurs des Schuldners, seine Konkursreife abzubilden[343]. Damit ist der Zustand gemeint, in dem deutlich hervortritt, daß das schuldnerische Unternehmen die Forderungen seiner Gläubiger nicht mehr aus eigener Kraft wird befriedigen können[344]. Das gibt die Rechtfertigung für die Einleitung eines Konkursverfahrens, das dem Schuldner die Verfügungsbefugnis über sein Vermögen entzieht und an die Stelle des Zugriffs einzelner die Gesamtvollstreckung mit dem Ziel der gleichmäßigen Befriedigung aller Gläubiger setzt[345].

bb) Rechtzeitigkeit und Rechtssicherheit

Um dieser Funktion gerecht zu werden, sollen die Eröffnungsgründe zwei Anforderungen entsprechen[346]. Zum einen wird von ihnen eine rechtzeitige Verfahrensauslösung verlangt. Der Konkurs soll zu einem Zeitpunkt eröffnet werden, in dem die Haftungsmasse für die Gläubiger noch möglichst groß ist. Zum anderen werden rechtssichere Tatbestände gefordert. Das Verfahren soll nur eingeleitet werden, wenn ein Eröffnungsgrund mit Bestimmtheit festgestellt werden kann. *K. Schmidt* hat zutreffend darauf hingewiesen, daß diese beiden Zielsetzungen kaum miteinander vereinbar sind[347]:

---

342 Eröffnungsgründe und Antragspflicht gelten auch für das Vergleichs- und das Gesamtvollstreckungsverfahren, auf die hier nicht näher eingegangen wird.

343 *Hahn*, S. 41 sowie *Kuhn/Uhlenbruck*, § 102 KO, Rn. 1.

344 *K. Schmidt*, Insolvenzrecht, S. 38.

345 Zur par condicio creditorum und ihren Einschränkungen bereits oben im 1. Kapitel B I 1 e, f.

346 *Burger/Schellberg*, KTS 1995, S. 567f.; ferner *Egner/Wolff*, AG 1978, S. 99ff.; *Meyer-Cording*, BB 1986, S. 415ff.; *Uhlenbruck*, NJW 1975, S. 898f.; *Vormbaum/Baumanns*, DB 1984, S. 1971.

347 Gutachten, S. D 60; *ders.*, Insolvenzrecht, S. 37f.

Eine rechtzeitige Eröffnung setzt dynamische, prognoseorientierte Auslösetatbestände voraus. Diese zeichnen sich aber naturgemäß durch eine gewisse Unsicherheit aus. Eine rechtssichere Eröffnung erfordert dagegen statischere Eröffnungsgründe. Diese greifen jedoch oftmals erst dann, wenn das haftende Vermögen bereits erheblich vermindert ist.

cc) Kompromiß

Der Versuch zur Lösung dieses Dilemmas ist nach bisheriger Rechtslage der folgende Kompromiß[348]. Als ein erster Eröffnungsgrund soll die Überschuldung fungieren. Sie wird so rechtzeitig wie möglich und so rechtssicher wie nötig ausgestaltet. Beim zweiten Eröffnungsgrund, der Zahlungsunfähigkeit, kehrt man diese Vorzeichen weitgehend um, stellt also höhere Anforderungen an die Rechtssicherheit als an die Rechtzeitigkeit. Insgesamt versucht man damit, das Verfahren nach Möglichkeit schon durch den prognostischeren Tatbestand der Überschuldung auszulösen. Das aber gelingt nicht zuletzt wegen der Unsicherheit von Prognosen nur selten. Daher bildet die Zahlungsunfähigkeit als ein vergleichsweise statischer Eröffnungsgrund den "Auffangtatbestand". Sie stellt vor allem in Form der Zahlungseinstellung den spätesten Eröffnungszeitpunkt dar, mit dem weiterer Verfahrensverschleppung vorgebeugt werden soll.

dd) Grenzen der Rechtzeitigkeit

(1) Grenzen beim Überschuldungsbegriff

Es bedarf besonderer Beachtung, daß dem gläubigerschützenden Streben nach einer "rechtzeitigen" Verfahrenseinleitung aus der Funktion der Eröffnungsgründe heraus Grenzen gesetzt sind. So ist der sogleich zu definierende Überschuldungstatbestand an der tatsächlichen Konkursreife des Unternehmens, d.h. seiner mangelnden Fähigkeit zur Gläubigerbefriedigung auszurichten. Erst mit dem Eintritt dieses Stadiums ist es gerechtfertigt, ein Unternehmen zwangsweise dem Konkursverfahren zu unterstellen. Ein früherer Beginn kann dagegen zu einer kaum vertretbaren Belastung oder gar Zerschlagung funktionsfähiger Wirtschaftseinheiten führen. Schon durch die Eröffnung eines Konkursverfahrens ergibt sich nämlich die Gefahr erheblicher wirtschaftlicher Schäden bis hin zum Zusammenbruch des Unternehmens[349]: Bankkredite werden gekündigt, Kundenbeziehungen werden abgebrochen, qualifizierte Arbeitskräfte wechseln zur Konkurrenz.

---

348 *K. Schmidt*, Insolvenzrecht, S. 43f.

349 Eindringlich zum "Schock des Insolvenzantrags" *V. Grub*, ZIP 1993, S. 393f.; *Wittig*, NZI 1998, S. 50.

(2) Grenzen beim Zahlungsunfähigkeitsbegriff

Aus demselben Grund muß auch bei der Zahlungsunfähigkeit das Bemühen um Rechtzeitigkeit mit Augenmaß betrieben werden. Denn mit dem Vorliegen bloßer Zahlungsstockungen ist noch nichts über die Wirtschaftlichkeit und Überlebensfähigkeit eines Unternehmens ausgesagt. Vorübergehende Liquiditätsschwierigkeiten können vielmehr auch bei fortführungswürdigen Unternehmen auftreten und sind deshalb als genereller Indikator der Konkursreife ungeeignet[350]. Eine Zahlungsunfähigkeit, die dem in der Betriebswirtschaftslehre oft vertretenen Illiquiditätsbegriff im Sinne eines eintägigen und einprozentigen Zahlungsungleichgewichts angenähert wäre[351], könnte im Konkurseröffnungsrecht angewandt zu einer regelrechten Unternehmensvernichtung führen[352].

(3) Grenzen im Gläubigerinteresse

Die Konsequenzen eines "sofortigen" Verfahrensbeginns würden auch keineswegs stets im Gläubigerinteresse liegen. Zwar wird im betriebswirtschaftlichen Schrifttum bisweilen die Auffassung vertreten, aus Gläubigersicht greife der "ideale" Auslösetatbestand bereits dann, wenn deren Ansprüche in einem auch nur sehr kleinen Ausmaß untergedeckt seien[353]. Davon aber würden *unterschiedslos* auch solche Unternehmen betroffen, die nach Überwindung kurzfristiger Schwierigkeiten ihre Gläubiger durch die aus der Fortführung erwirtschafteten Erträge wieder voll befriedigen könnten[354]. Werden auch solche Unternehmen in die Gesamtvollstreckung gezwungen, so sinkt die Wahrscheinlichkeit der Gläubigerbefriedigung indes schon aufgrund der mit der Verfahrenseröffnung verbundenen negativen Auswirkungen oft erheblich. Findet sich im Verfahren dann kein Fortführungsinteressent, bleibt sogar nur noch der Zerschlagungswert für die Gläubiger übrig.

ee) Ergebnis

Mit den gestaffelten Eröffnungsgründen der Überschuldung und Zahlungsunfähigkeit wird versucht, das Dilemma zwischen einer rechtzeitigen *und* rechtssicheren Konkurseröffnung zu lösen. Beim Streben nach einer rechtzeitigen Eröffnung muß beachtet werden, daß mit einer zu frühen Eröffnung unterschiedslos auch leistungsfähige Unternehmen erfaßt werden könnten. Unter Berücksichtigung dieser Prämissen sollen im folgenden nun die Eröffnungsgründe der Zahlungsunfähigkeit und Überschuldung erläutert werden, um zunächst Klarheit über die alte Rechtslage zu schaffen.

350 Ganz *h.M.*, *Hahn*, S. 574 sowie *BGH* WM 1957, S. 67ff.; *Kuhn/Uhlenbruck*, § 102 KO, Rn. 2e; *Papke*, DB 1969, S. 735f.; *Riering*, S. 33; *K. Schmidt*, AG 1978, S. 336.

351 *Borup*, BB 1986, S. 1884; *Walz/Gramlich*, S. 222; *Witte*, S. 24f.; *Wöhe/Bilstein*, S. 24. - Eher dem Konkursrecht entspricht dagegen die Definition von *Perridon/Steiner*, S. 6.

352 *K.-H. Jäger*, DB 1986, S. 1445.

353 *Burger/Schellberg*, BB 1995, S. 262; *dies.*, KTS 1995, S. 565f.

354 *Vormbaum/Baumanns*, DB 1984, S. 1972, Fn. 21.

b) Zahlungsunfähigkeit

aa) Bedeutung in der Praxis

Zuerst ist auf den für alle Unternehmen geltenden Eröffnungsgrund der Zahlungsunfähigkeit einzugehen. Ihm kommt in der Praxis *überragende* Bedeutung zu. Prägnant hat dazu der dem Gravenbrucher Kreis überregional tätiger Insolvenzverwalter zugehörige *V. Grub* bemerkt: "Insolvenzverfahren werden wegen Zahlungsunfähigkeit eröffnet"[355]. Die Überschuldung spielt demgegenüber aufgrund der erheblichen Bestimmungsprobleme als Auslösetatbestand fast keine Rolle und ist weitgehend von nur akademischem Interesse[356]. *V. Grub* war in seiner langjährigen Insolvenzverwaltungspraxis sogar nur mit einem einzigen (!) Eröffnungsantrag wegen Überschuldung befaßt, der zudem kurz darauf wieder zurückgenommen wurde[357].

bb) Definition

Mangels einer gesetzlichen Definition war es Rechtsprechung und Schrifttum vorbehalten, den Begriff der Zahlungsunfähigkeit auszulegen[358]. Die herrschende Meinung definiert Zahlungsunfähigkeit als das auf dem Mangel an Zahlungsmitteln beruhende, dauernde Unvermögen des Schuldners, seine sofort zu erfüllenden Geldschulden noch im wesentlichen zu begleichen[359]. Von zentraler Bedeutung sind dabei die Merkmale der Dauerhaftigkeit und Wesentlichkeit, auf die sich die vorliegende Arbeit auch konzentriert[360].

(1) Dauerhaftigkeit

Mit dem Merkmal der Dauerhaftigkeit soll gegen die erwähnten, lediglich kurzfristigen Zahlungsschwierigkeiten abgegrenzt werden, die als sogenannte *Zahlungsstockung* noch keinen materiellen Konkursgrund darstellen. Das Problem besteht darin, wie diese Abgrenzung im einzelnen vorgenommen werden soll. Einheitliche Kriterien sind in Rechtsprechung und Literatur nicht herausgearbeitet worden. Teilweise wird auf die Festlegung einer allgemeinen Frist verzichtet und nur auf die Umstände des Einzelfalls, die "gesamte wirtschaftliche Situation" des Schuldners abgestellt[361]. Soweit indes

355 ZIP 1993, S. 395.

356 Näher dazu unter c aa.

357 ZIP 1993, S. 395, Fn.9.

358 Vgl. *Hahn,* S. 294. - Zur Zahlungseinstellung unten 3 b.

359 *RGZ* 50, S. 41; *BGH* KTS 1957, S. 12; 1960, S. 38f.; *BGH* WM 1967, S. 68; *BGH* ZIP 197, S. 425; *OLG Dresden*, ZIP 1998, S. 1647; *OLG Düsseldorf,* WM 1997, S. 280; *Häsemeyer*, Rn. 7.17; *Hess*, § 102 KO, Rn. 5; *Jaeger/Weber*, § 102 KO, Rn. 2; *Kilger/K. Schmidt*, § 102 KO, Anm. 2a; *Kuhn/Uhlenbruck*, § 102 KO, Rn. 2ff.

360 Zu den weiteren Merkmalen wie der Einbeziehung "nicht notwendigen Betriebsvermögens" in den Zahlungsmittelbegriff oder der Notwendigkeit einer ernstlichen Einforderung ausführlich *Kuhn/Uhlenbruck*, § 102 KO, Rn. 1ff.; *Möhlmann*, S. 36ff.

361 *RG* JW 1906, S. 92; *BGH* WM 1959, S. 470, 891; *Hess*, § 102 KO, Rn. 7; *Kilger/K. Schmidt*, § 102 KO, Anm. 2a i.V.m. § 30 KO, Anm. 5.

eine allgemeine Frist benannt wird, schwanken die Zeiträume zwischen zehn Tagen und drei Monaten. Allerdings hat sich in neuerer Zeit die wohl überwiegende Ansicht im Konkursrecht bei einer Dauer von mindestens *drei Monaten* eingependelt[362].

(2) Wesentlichkeit

Bei der Definition des Wesentlichkeitsmerkmals, mit dem von unerheblichen Liquiditätslücken unterschieden werden soll, herrscht ebenfalls keine Einigkeit. Zumeist erfolgt eine quantitative Abgrenzung, für die vielfach eine Unterdeckung der fälligen Verbindlichkeiten durch verfügbare Zahlungsmittel in Höhe von *25%* genannt wird[363]. Teilweise wird aber auch nur darauf abgestellt, ob die Nichtzahlung "Regel oder Ausnahme" ist[364].

(3) Auseinandersetzung

Die gebotene Differenzierung zwischen tatsächlicher Zahlungsunfähigkeit und bloßen Zahlungsschwierigkeiten macht nach zutreffender herrschender Ansicht eine zeitliche und betragsmäßige Abgrenzung erforderlich. Exakte Maßstäbe lassen sich zwar schon aufgrund der Unterschiedlichkeit der jeweils betroffenen Branchen und Unternehmen sachlich nicht begründen[365]. Deshalb aber auf eine ausschließliche Einzelfallbetrachtung abzustellen, scheint wenig sachgerecht. Die *Rechtssicherheit* erfordert vielmehr einen Richtwert, an dem sich alle Beteiligten orientieren können[366]. Die von der herrschenden Ansicht geforderte dreimonatige Unterdeckung von 25% fällt dabei jedenfalls in den Bereich dessen, was aus Praktikersicht als geeigneter Abgrenzungsmaßstab

362 *Kilger/K. Schmidt*, § 102 KO, Anm. 2a i.V.m. § 30 KO, Anm. 5; *Kuhn/Uhlenbruck*, § 102 KO, Rn. 2e; *Wimmer*, NJW 1996, S. 2547; *BFH/NV* 1999, S. 150 (3-6 Monate); vgl. auch *BayObLG* BB 1988, S. 1840 (zu § 283c StGB, aber ohne erkennbare Beschränkung auf das Strafrecht); *OLG Düsseldorf*, GmbHR 1997, S. 700 (zur zivilrechtlichen Haftung wegen Konkursverschleppung), ähnlich *Jäger*, DB 1986, S. 1442, 1445: 2-3 Monate. - Anders dagegen *Obermüller*, DB 1973, S. 269 (zu § 30 Nr. 2 KO): 10 Tage; *Meyer-Cording*, DB 1986, S. 417: 3 Wochen; *Papke*, DB 1969, S. 736: 6 Wochen; *Veit*, ZIP 1982, S. 276: 2 Monate. - Mit Blick auf § 17 InsO bereits *BGH* ZIP 1995, S. 931: 1 Monat; ebenso *BGH* ZIP 1997, S. 1510; näher dazu C I 1 b aa.

363 *Hoffmann*, DB 1980, S. 1527; *Papke*, DB 1969, S. 735; ferner *Hess/Fechner/Freund/Körner*, S. 5 Rn. 22; *Jäger*, DB 1986, S. 1445, 1447. - In der Rechtsprechung ebenfalls für 25% das *BayObLG* BB 1988, S. 1840 (zu § 283c StGB, aber ohne erkennbare Beschränkung auf das Strafrecht); *OLG Düsseldorf*, GmbHR 1997, S. 700 (zur zivilrechtlichen Haftung wegen Konkursverschleppung) - Ausdrücklich gegen einen Prozentsatz *Hartung*, wistra 1997, S. 9f.; *Matzen*, S. 52f.

364 *BGH* NJW 1998, S. 608; ZIP 1985, S. 363; *Kilger/K. Schmidt*, § 102 KO, Anm. 2a i.V.m. § 30 KO, Anm. 5; vgl. *Kuhn/Uhlenbruck*, § 102 KO, Rn. 2a. - Aus dieser Regel-Ausnahme-Formulierung könnte man allerdings auch einen Grenzwert von über 50% schlußfolgern.

365 *Möhlmann*, S. 43; *Papke*, DB 1969, S. 735.

366 Ähnlich *Veit*, ZIP 1982, S. 276, 278; kritischer noch *ders.*, Rechnungslegung, S. 19.

für den *Regelfall*[367] gesehen wird. Inwieweit auch geringere Werte vertretbar sind, soll im Zusammenhang mit § 17 InsO erläutert werden[368].

(4) Ermittlung

Zur Feststellung der Zahlungsunfähigkeit bieten sich grundsätzlich zwei Wege an. Einerseits kann auf die betriebswirtschaftliche Methode der Finanzplanung zurückgegriffen werden. Andererseits kann auch eine externe Bestimmung anhand bestimmter Krisenindikatoren erfolgen. Beide Methoden bedürfen näherer Darstellung.

(a) Finanzplan

(aa) Stichtagsbezogener Liquiditätsstatus

Zur betriebswirtschaftlichen Ermittlung der Zahlungsunfähigkeit wird man zunächst einen stichtagsbezogenen Liquiditätsstatus errichten müssen, in dem die vorhandenen Zahlungsmittel (Bargeld, Buchgeld, freie Kreditlinien) den fälligen Verbindlichkeiten gegenübergestellt werden. Damit wird geprüft, ob die zum Antragszeitpunkt vorliegende Unterdeckung auch wesentlich ist.

(bb) Zukunftsorientierte Finanzübersicht

Für einen mindestens dreimonatigen Zeitraum ist sodann ein Finanzplan aufzustellen, in dem die zu erwartenden Ein- und Auszahlungen so genau wie möglich zu erfassen sind[369]. Wenn die im Antragszeitpunkt bestehende wesentliche Unterdeckung über diesen gesamten Zeitraum mit überwiegender Wahrscheinlichkeit bestehen bleibt[370], ist sie als dauerhaft zu bezeichnen. Dann liegt Zahlungsunfähigkeit im konkursrechtlichen Sinn vor.

(cc) Rückgriff auf Finanzplanung des Unternehmens

Für diese zukunftsorientierte Übersicht wäre idealerweise auf eine im Unternehmen bereits vorhandene, auf der Grundlage eines Unternehmenskonzepts erstellte Finanzplanung zurückzugreifen. Aus praktischer Sicht ergeben sich jedoch erhebliche Einschränkungen.

---

367 Eine Verringerung der Größen wäre bspw. denkbar, wenn die Liquiditätsprobleme des Unternehmens bis zum Antragszeitpunkt bereits über längere Zeit angedauert haben. Eine Vergrößerung wäre vertretbar, wenn sichere Zahlungen auch nach Ablauf dreier Monate zu erwarten wären.

368 Unten C I 1 b.

369 Grundlegend dazu *Witte* "Finanzplanung der Unternehmung" (1983). - Beispiele für den Aufbau einfacher Finanzpläne bei *Groth*, S. 120; *Matzen*, S. 96f.; *Papke*, KTS 1968, S. 139ff.; *Perridon/Steiner*, S. 596f.; *Temme*, S. 67ff. - Vgl. auch *Möhlmann*, S. 51ff., der nach ausführlicher Darstellung statistisch basierter Insolvenzprognosemodelle und verschiedener Rechnungen auf Basis von Planabschlüssen zu dem Ergebnis gelangt, daß allein die Finanzplanung das adäquate Instrument zur Ermittlung einer künftigen Zahlungsunfähigkeit sei.

370 Eingehend zur schwierigen Konkretisierung des Wahrscheinlichkeitsmaßstabs *Harneit*, S. 56ff. - Zu den Prognoseverfahren *Möhlmann*, S. 81; *Perridon/Steiner*, S. 574ff.; *Temme*, S. 75ff.

So ist zunächst einmal festzustellen, daß gerade bei kleinen und mittleren Unternehmen aus Kosten- und Praktikabilitätsgründen vielfach gar keine Finanzplanung stattfindet, an die angeknüpft werden könnte[371]. Hier wird man sich daher mit einer Planung behelfen müssen, die vor allem aus der Buchhaltung, den aus dokumentierten Verträgen zu erwartenden Ein- und Auszahlungen sowie Informationen zu Kreditlinien abgeleitet wird. Liegen indes auch insofern keine halbwegs verläßlichen Zahlen vor - bei konkursreifen Unternehmen ist das unter dem Stichwort der "Waschkorbbuchhaltung" durchaus keine Seltenheit[372] -, so wird man sich mit einer mehr oder weniger allgemeinen Prognose behelfen müssen, für die die voraussichtlichen Zahlungseingänge und -ausgänge so gut wie möglich zu schätzen sind.
Bei größeren Unternehmen kann mit einer auf dem betriebsinternen Rechnungswesen und den leistungswirtschaftlichen Vorplänen etwa im Beschaffungs-, Produktions- oder Absatzbereich basierenden Finanzplanung eine treffsicherere Feststellung versucht werden. Selbst dann können aber noch erhebliche Bewertungsspielräume verbleiben[373].

(dd) Schlußfolgerung

Es bedarf also insgesamt besonderer Hervorhebung, daß eine exakte Feststellung der Wesentlichkeit über einen Dreimonatszeitraum auch mithilfe eines Finanzplans nicht immer möglich ist. Um zu dem Urteil zu gelangen, daß zum Betrachtungszeitpunkt eine voraussichtlich drei Monate andauernde Unterdeckung von über 25% vorliegt, werden in der Realität wohl meist größere Deckungslücken erforderlich sein. Diese schon bei der Zahlungsunfähigkeit notwendigen wirtschaftlichen Unsicherheiten, die bei der drohenden Zahlungsunfähigkeit bzw. der Überschuldung aufgrund des längeren Betrachtungszeitraums in noch erheblich größerem Umfang auftreten, sind bei der Berufung auf "den" Finanzplan stets zu berücksichtigen. Darin liegt allerdings kein Argument gegen diese Ermittlungsmethode. Es handelt sich vielmehr um die naturgemäß mit jeder Prognose verbundenen Schwierigkeiten, die schlicht unvermeidbar sind.

(b) Indizienorientierte Prognose

Nicht zuletzt um diesen Unwägbarkeiten entgegenzutreten, die insbesondere bei fehlender Buchhaltung ein Urteil über einen Dreimonatszeitraum erschweren, wird alternativ oder auch ergänzend eine indizienorientierte Bewertung herangezogen. Sie schlußfolgert die Zahlungsunfähigkeit aus Anhaltspunkten wie etwa Kreditkündigun-

371 Näher dazu unter C I 1 b dd (2) (f).
372 *Bittmann*, wistra 1999, S. 15ff.; *Burger/Schellberg*, KTS 1995, S. 567.
373 Vgl. nur *Möhlmann*, S. 79.

gen, Wechselprotesten, Mahnbescheiden und erfolglosen Zwangsvollstreckungen, kommt dabei regelmäßig aber erst später zur Annahme der Zahlungsunfähigkeit[374].

(5) Zwischenergebnis

Zahlungsunfähigkeit im Sinne des § 102 KO ist das finanzplanerisch oder indiziell zu ermittelnde Unvermögen des Schuldners, mehr als *25%* seiner zum Betrachtungszeitpunkt fälligen[375] Geldschulden über *drei Monate* mit den ihm in diesem Zeitraum[376] zur Verfügung stehenden Zahlungsmitteln voraussichtlich nicht begleichen zu können.

c) Überschuldung

aa) Bedeutung in der Praxis

Als weiterer Eröffnungsgrund kommt die Überschuldung in Betracht. Die Definition dieses Auslösetatbestands ist wesentlicher umstrittener als die Bestimmung der Zahlungsunfähigkeit. Daher sollen im folgenden zunächst die verschiedenen Ansätze dargelegt werden, die zur bisherigen Rechtslage in Schrifttum und Rechtsprechung entwickelt worden sind. Damit wird die Voraussetzung geschaffen, um später im Abschnitt (C) die Einzelheiten der Neuregelung durch die Insolvenzordnung zu erörtern und ihre Auswirkungen auf das Insolvenzstrafrecht zu untersuchen.

Gleich zu Beginn muß allerdings nochmals besonders betont werden, daß die Bedeutung der Überschuldung in der *Praxis* der Konkurseröffnung äußerst gering ist[377]. Die nahezu uferlose Dimension, insbesondere die große Anzahl verschiedener Theorien, die die Auseinandersetzung in der *Wissenschaft* mit diesem Eröffnungsgrund hervorgebracht hat[378], erscheint vor diesem Hintergrund doch sehr erstaunlich. Der hohe Stellenwert, den Teile des Schrifttums diesem Auslösetatbestand beimessen, ist auch aus rechtsvergleichender Sicht zweifelhaft: In den meisten anderen Rechtsordnungen gibt es einen solchen Tatbestand überhaupt nicht. Mit ironischem Unterton hat denn auch

---

374 *Scholz/K. Schmidt*, § 63 GmbHG, Rn. 6; *Temme*, S. 79f. - Dieser Ansatz dürfte aus dem Konkursstrafrecht stammen, dazu *Tiedemann*, Vor § 283 StGB, Rn. 142.

375 *Kuhn/Uhlenbruck*, § 102 KO, Rn. 2c. - *A.A.* aber die bisher *h.M.*, *BGH* KTS 1960, S. 39; *Kilger/K. Schmidt*, § 102 KO, Anm. 2a i.V.m. § 30 KO, Anm. 5: ernsthaftes Drängen der Gläubiger erforderlich.

376 Das prognostische Element der Zahlungsunfähigkeit wird auf die Zahlungsmittel beschränkt. Für die Verbindlichkeiten wird nach *h.M.* dagegen auf den Antragszeitpunkt abgestellt, statt vieler *Kilger/K. Schmidt*, § 102 KO, Anm. 2a. - *A.A.* aber *Kilger* (15.A.), § 102 KO, Anm. 2a; *Kuhn/Uhlenbruck*, § 102 KO, Rn. 2.

377 Vgl. dazu oben B I 1 c aa.

378 Vgl. nur die Monographien von *Biermann*, *Fischer*, *Giebeler*, *Groth*, *Haack*, *Harneit*, *Höfner*, *Klar*, *Lütkemeyer* und *Vonnemann* (alle nach Literaturverzeichnis), ferner die Aufsätze von *Auler*, DB 1979, S. 2169ff.; *Bähner*, KTS 1988, S. 443ff.; *Haack*, BB 1981, S. 883ff.; *ders.*, NJW 1981, S. 1353ff.; *Höffner*, BB 1999, S. 198ff., 252ff.; *Klar*, DB 1990, S. 2077ff.; *Kupsch*, BB 1984, S. 159ff.; *K. Schmidt*, JZ 1982, S. 165ff; *Vonnemann*, BB 1991, S. 867ff.

Schlosser gefragt, "warum der Rest der Welt dieses deutsch-alpenländische Unikat für ganz und gar entbehrlich [halte]"[379].

Dem könnte nun etwa mit *K. Schmidt* entgegnet werden, daß es zumindest des Versuchs bedarf, präventiven Gläubigerschutz bereits mit einem vorgelagerten Eröffnungsgrund und den daran geknüpften Antragspflichten zu bewirken[380]. In der Tat kann nicht zuletzt angesichts der Masselosigkeit vieler Konkurse die Vernünftigkeit dieses theoretischen Anliegens nicht ernsthaft bestritten werden. Nur ist die praktisch weitgehende *Bedeutungslosigkeit* dieses Auslösetatbestandes dabei stets im Gedächtnis zu behalten.

bb) Definition

Die Defintion des Überschuldungsbegriffs ist sehr umstritten. Die Insolvenzordnung lehnt in § 19 Abs. 2 InsO den Ansatz der Rechtsprechung und der bisher herrschenden Meinung ab. Stattdessen nimmt sie auf die Lösung einer Mindermeinung bezug. Um diese gesetzgeberische Entscheidung bewerten zu können, sind zunächst die unterschiedlichen Ansätze darzustellen.

(1) Traditioneller Überschuldungsbegriff

Im Gegensatz zur Zahlungsunfähigkeit ist die Überschuldung legaldefiniert. Sie ist im Unternehmensbereich auf juristische Personen sowie Personengesellschaften ohne natürliche Person als persönlich haftenden Gesellschafter beschränkt. Sie soll vorliegen, wenn das Vermögen des Schuldners seine Verbindlichkeiten nicht mehr deckt[381]. Um das festzustellen, muß eine Überschuldungsbilanz errichtet werden.

Dieser rein statisch an einer Bilanz orientierte Ansatz darf jedoch als überholt gelten. Denn die zu prognostizierende (!) Fähigkeit eines Schuldners, seine Gläubiger *künftig* befriedigen zu können - und darauf kommt es beim konkursrechtlichen Überschuldungsbegriff schließlich an - kann mit einem derart statischen Vermögensverständnis gerade nicht festgestellt werden. Es bestünde vielmehr die Gefahr, daß auch gesunde Unternehmen in den Konkurs gezwungen würden, die ihre Verbindlichkeiten zweifelsfrei begleichen können. Das wäre mit der bereits dargestellten Funktion der Eröff-

379 *Schlosser* in: Leipold (Hrsg.), S. 14, unter Verweis auf *Pajardi*, "Il Fallimento nel mondo" (1988). - Für eine Abschaffung des Überschuldungstatbestandes *Egner/Wolff*, AG 1978, S. 106; *Fenske*, AG 1997, S. 554ff.; *Plate*, DB 1980, S. 221; kritisch auch *Ransiek*, S. 395ff. - Größere Bedeutung kommt der Überschuldung dagegen für die zivil- und strafrechtliche Haftung wegen Konkurs- bzw. Insolvenzverschleppung zu, vgl. *Kirchhof*, HK, § 19 InsO, Rn. 4; *Schmerbach*, FK, § 19 InsO, Rn. 7; *Smid/Smid*, § 19 InsO, Rn. 2 sowie *Altmeppen*, ZIP 1997, S. 1174, der die Zahlungs-unfähigkeit insofern als "kaum relevant" bezeichnet.

380 AG 1978, S. 339f.; *ders.*, JZ 1982, S. 165ff.; *ders.*, Insolvenzrecht, S. 37ff.

381 §§ 92 Abs. 2 S. 2 AktG; 64 Abs. 1 S. 2 GmbHG; 98 Abs. 1 Nr. 2 GenG.

nungsgründe als Indikatoren tatsächlicher Konkursreife unvereinbar. Deshalb herrscht heute weitgehend Einigkeit, daß der Überschuldungsbegriff auch *dynamische* Elemente enthalten muß[382]. Dabei haben sich im wesentlichen zwei Theorien herausgebildet[383].

(2) Herkömmlich zweistufiger Überschuldungsbegriff

Eine erste Theorie, der auch der neue Überschuldungsbegriff in § 19 Abs. 2 InsO folgt[384], will die entscheidende Überschuldungsbilanz *alternativ* mit Liquidations- oder mit Fortführungswerten aufstellen[385].

Als *Liquidationswerte* werden diejenigen, jedenfalls bei einer Einzelveräußerung meist sehr niedrigen Werte bezeichnet, die sich im Zuge einer Abwicklung des Unternehmens ergeben. Ihre genaue Höhe hängt von der Geschwindigkeit und der Intensität ab, mit der die Liquidation betrieben wird[386]. Sie liegt zwischen dem Schrottwert verringert um die Beseitigungskosten und dem Marktwert abzüglich der Veräußerungskosten[387].

Die *Fortführungswerte* werden dagegen in Konkursrecht und Betriebswirtschaftslehre meist unterschiedlich bestimmt. In der *konkursrechtlichen* Literatur werden hier vielfach die Substanzwerte (Wiederbeschaffungswerte) der einzelnen Vermögensgegenstände angesetzt[388]. Weitere wertbildende Faktoren wie der Goodwill des Unternehmens werden oft hinzugerechnet[389]. In der *Betriebswirtschaftslehre* wird der Fortführungswert dagegen nicht auf einzelne Vermögensgegenstände bezogen, sondern zumeist im Ertragswert des Unternehmens gesehen, der die Summe der zukünftig erwirtschafteten und entsprechend diskontierten Erträge umfaßt[390]. Danach liegt Über-

---

382 Wegweisend für die dynamische Interpretation des Vermögens- und Überschuldungsbegriffs war der Artikel von *Moxter*, "Finanzwirtschaftliche Risiken", in: Handwörterbuch Finanzwirtschaft 1976, Sp. 630ff.; vgl. auch oben im 1. Kapitel B II 1 a ee; vgl. ferner *Schaub*, DStR 1993, S. 1484.

383 Umfangreiche Nachweise zu weiteren Ansätzen bei *Groth*, S. 27ff.; *Höffner*, BB 1999, S. 201ff.; *Kuhn/Uhlenbruck*, § 102 KO, Rn. 2f.; *Schaub*, DStR 1993, S. 1484.

384 Dazu unten C I 1 c.

385 *Altmeppen* ZIP 1997, S. 1175; *Auler*, DB 1976, S. 2170; *Blumers*, BB 1976, S. 1442; *Deutler*, GmbHR 1977, S. 38f.; *Roth/Altmeppen*, § 64 GmbHG, Rn. 5; ähnlich *Biermann*, S. 62ff.; *Kuhn/Uhlenbruck*, § 102 KO, Rn. 3a, 5d ff.; vgl. auch *OLG Düsseldorf*, GmbHR 1997, S. 127.

386 *Henselmann*, S. 180; *IDW*, WPg 1997, S. 25.

387 Vgl. *Kuhn/Uhlenbruck*, § 102 KO, Rn. 6i ff. mit ausführlicher Darstellung der verschiedenen Bilanzpositionen, auf die hier nicht näher eingegangen wird; *Möhlmann*, S. 98ff., mit Nachweisen auf die im betriebswirtschaftlichen Schrifttum entwickelten Bewertungsansätze.

388 *Auler*, DB 1976, S. 2171; *Uhlenbruck*, GmbH & Co. KG, S. 284; so aber auch das WP-Handbuch, Band I, Abschn. T Rn. 26.

389 *Kallmeyer*, GmbHR 1999, S. 16ff.; zweifelnd *Uhlenbruck*, GmbH & Co. KG, S. 288.

390 *Dörner*, WPg 1983, S. 551; *Heni*, WPg 1990, S. 96; *IdW*, WPg 1983, S. 469ff.; ebenso *Kallmeyer*, GmbHR 1999, S. 17f.; vgl. auch *Bellinger/Vahl*, S. 145ff. - Eine Kombination beider

schuldung vor, wenn der so ermittelte Barwert des Vermögens den entsprechenden Schuldenwert unterschreitet.

Hinsichtlich beider Wertansätze bedarf angesichts regelmäßiger Vereinfachungen im juristischen Schrifttum allerdings der Hervorhebung, daß es weder *den* Substanzwert noch *den* Fortführungswert gibt. In der betriebswirtschaftlichen Theorie und Praxis findet sich vielmehr eine kaum überschaubare Vielzahl *unterschiedlicher* Verfahren für die Ermittlung dieser Werte[391]. Darauf wird insbesondere bei der insolvenz*straf*-rechtlichen Würdigung des § 19 Abs. 2 InsO noch zurückzukommen sein[392].

Die Entscheidung, ob in der Überschuldungsbilanz im konkreten Einzelfall nun Liquidations- oder Fortführungswerte anzusetzen sind, wird von einer *Fortbestehensprognose* abhängig gemacht, die nach der wahrscheinlichen Lebensfähigkeit des betroffenen Unternehmens fragt. Soweit überhaupt für diese Prognose ein konkreter Maßstab genannt und nicht auf eine allgemein gehaltene Aussage zur Unternehmenszukunft abgestellt wird[393], ist dies die künftige Ertrags- und Zahlungsfähigkeit des Unternehmens[394]. Für deren Ermittlung werden Rationalisierungsmöglichkeiten, Kreditaufnahmen und Sanierungschancen einbezogen. Der Prognosezeitraum wird dabei zumeist auf das laufende und das kommende Geschäftsjahr erstreckt[395].

(3) Modifiziert zweistufiger Überschuldungsbegriff

Eine weitere Auffassung vertritt den von *K. Schmidt* entwickelten, modifiziert zweistufigen Überschuldungsbegriff[396]. Diesem Begriff hat sich mittlerweile die herrschende Meinung im konkurs- und gesellschaftsrechtlichen Schrifttum angeschlossen[397]. Die Überschuldung ist danach bereits zu verneinen, wenn eine Fortbestehensprognose auf Grundlage der bis in das nächste Geschäftsjahr erstreckten *Finanzplanung* bejaht wird. Auf das Ergebnis einer Überschuldungsbilanz nach Fortführungswerten kommt es dann nicht mehr an. Fällt die Prognose dagegen negativ aus, so hängt die Überschul-

---

Wertansätze schlägt *Möhlmann*, DStR 1998, S. 1847f. vor. - Zu den verschiedenen Kombinationsmodellen *Henselmann*, S. 480ff.

391 Ausführlich dazu jüngst die Habilitationsschrift von *Henselmann* "Unternehmensrechnungen und Unternehmenswert: Ein situativer Ansatz" (1999); vgl. ferner *Bellinger/Vahl*, S. 145ff., 189ff.

392 Unten C II 2 b bb.

393 So aber *Burger/Schellberg*, BB 1995, S. 266; *dies.*, KTS 1995, S. 571.

394 *Kuhn/Uhlenbruck*, § 102 KO, Rn. 5h, 6e; *Lüderssen*, A. Kaufmann-GS, S. 682; *Möhlmann*, S. 96; *H. P. Müller* in: Kölner Schrift, S. 103, Rn. 16; *Nonnenmacher*, Moxter-FS, S. 1325.

395 Statt vieler *Kuhn/Uhlenbruck*, § 102 KO, Rn. 6e.

396 *K. Schmidt* AG 1978, S. 337ff.; *ders.*, JZ 1982, S. 170; *ders.* ZIP 1985, S. 719; *ders.*, in: K. Schmidt/Uhlenbruck (Hrsg.), Die GmbH in Krise, Sanierung und Insolvenz, S. 318ff., Rn. 578ff.

397 Vgl. etwa *Baumbach/Hueck/Schulze-Osterloh*, § 63 GmbHG, Rn. 8; *Hachenburg/Ulmer*, § 63 GmbHG, Rn. 35ff.; *Lutter/Hommelhoff*, § 63 GmbHG, Rn. 5; *Rowedder*, § 63 GmbHG, Rn. 11; *Ulmer*, KTS 1981, S. 478.

dung, insofern der herkömmlich zweistufigen Ansicht vergleichbar, vom Ausgang einer mit Liquidationswerten errichteten Bilanz ab. Erbringt diese Bilanz ein positives Ergebnis, so ist das Unternehmen trotz negativer Prognose noch nicht überschuldet, da die Ansprüche der Gläubiger voll durch das Unternehmensvermögen gesichert sein sollen.

Der *BGH* hat sich mit dem Urteil vom 13.7.1992[398] diesem Ansatz angeschlossen und ihn in der Folgezeit mehrfach bestätigt[399]. In der Grundsatzentscheidung heißt es, für eine positive Prognose müsse die Finanzkraft der Gesellschaft mittelfristig zur Fortführung des Unternehmens ausreichen[400]. Allerdings wird dazu keine konkrete Finanzplanung durchgeführt[401]. Indes machten die Umstände des Einzelfalls eine solche Berechnung auch nicht erforderlich. Infolge des bevorstehenden Verkaufs von Gesellschaftsanteilen und zugesagter öffentlicher Fördermittel war hier eine positive Fortführungsprognose zum Beurteilungszeitpunkt eindeutig[402].

(4) Auseinandersetzung mit den zweistufigen Überschuldungsbegriffen

(a) Herkömmlich zweistufiger Überschuldungsbegriff

Das herkömmlich zweistufige Prüfungsmodell begegnet erheblichen Bedenken. Denn mit Fortführungswerten kann über die Fähigkeit eines Schuldners zur zukünftigen Befriedigung seiner Gläubiger keine genaue Aussage getroffen werden. Das gilt unabhängig davon, ob man eine Substanz- oder Ertragsbewertung vornimmt. Beide Ansätze verfolgen nämlich, wie in der insolvenzrechtlichen Literatur oftmals übersehen wird, eine andere Zielrichtung:

Substanzbewertungen werden dazu eingesetzt, Wiederbeschaffungskosten einzelner Vermögensgegenstände bis hin zur Reproduktion eines ganzen Unternehmens zu ermitteln. Damit können etwa einem potentiellen Käufer Hinweise gegeben werden, mit welchen Kosten er selbst ein vergleichbares Unternehmen errichten könnte[403]. Ertragswertverfahren werden insbesondere beim Unternehmenskauf eingesetzt und sollen

---

398 *BGHZ* 119, S. 213f. (vgl. aber auch bereits *BGH* WM 1987, S. 557); ebenso *OGH Wien*, Recht der Wirtschaft 1987, S. 126; ablehnend insbesondere *Drukarczyk*, WM 1994, S. 1738ff.

399 *BGH* NJW 1998, S. 3201; *BGHZ* 129, S. 136; 126, S. 199; 125, S. 148; ebenso *HansOLG Bremen*, NZG 1999, S. 74f.; *OLG Celle*, NZG 1999, S. 78; GmbHR 1997, S. 128; *OLG Düsseldorf*, WiB 1997, S. 1088; WM 1995, S. 1026; *OLG Hamm* NJW-RR 1993, S. 1445; *OLG München*, GmbHR 1998, S. 282; *OLG Schleswig*, MDR 1997, S. 1062; *LG Waldshut-Tiengen*, WM 1996, S. 1415. - Anders in jüngerer Zeit offenbar nur *OLG Düsseldorf*, GmbHR 1997, S. 127, wo Fortführungswerte erwähnt werden, die aber nur das herkömmlich zweistufige Modell kennt.

400 *BGHZ* 199, S. 214. Dabei wird eine "mittelfristige" Betrachtung gefordert und fallbezogen auf einen fünfmonatigen Zeitraum abgestellt.

401 Kritisch deshalb *Höffner*, BB 1999, S. 204.

402 *Fenske*, AG 1997, S. 556; *Wolf*, S. 40.

403 *Bellinger/Vahl*, S. 158ff.; *Groth*, S. 103ff.; *Plate*, DB 1980, S. 221.

einem Kaufinteressenten Aufschluß über den Wert des Unternehmens geben sowie mit der Diskontierung der erwarteten Erträge die Vergleichbarkeit zu anderen Investititonen ermöglichen[404].

Auf die hier allein interessierende Frage, ob die Gläubiger ihr Geld erhalten, geben beide Varianten des herkömmlich zweistufigen Verfahrens aber keine konkrete Antwort. Für die Gläubigerbefriedigung ist nämlich nicht irgendeine fortführungsorientierte Bilanzierung maßgeblich. Entscheidend ist für sie vielmehr, ob das Unternehmen künftig in der Lage sein wird, entsprechende *Auszahlungen* vornehmen zu können. Im Vordergrund der Überschuldungsbetrachtung müssen daher die Innen- und Außenfinanzierung erfassende *Zahlungsströme* stehen. Deren Ermittlung muß mit Hilfe der *Finanzplanung* versucht werden[405].

(b) Modifiziert zweistufiger Überschuldungsbegriff

(aa) Künftige Zahlungsfähigkeit als entscheidendes Kriterium

Eine solche zahlungsstromorientierte Planung ist das zentrale Element des modifiziert zweistufigen Überschuldungsbegriffs. Mit diesem Überschuldungsbegriff wird, wie oben dargelegt worden ist, maßgeblich auf die anhand der Finanzplanung zu prüfende künftige Zahlungsfähigkeit des Unternehmens abgestellt[406]. Eine bilanzielle Bewertung ist nach diesem Ansatz allein dann durchzuführen, wenn die Prognose negativ ausfällt. Dann aber werden keine Fortführungswerte, sondern nur Liquidationswerte angesetzt. Da nun bei künftiger Zahlungsunfähigkeit oft auch eine liquidationsbezogene Bilanz negativ ausfallen wird, kommt der *Zahlungsfähigkeitsprognose* im Ergebnis die entscheidende Bedeutung zu. Genau auf diese künftige Zahlungsfähigkeit kommt es für die durch Auszahlungen zu befriedigenden Gläubiger an. Deshalb ist das modifizert zweistufige Verfahren der richtige Ansatz. Ihm ist der Vorzug vor dem herkömmlich zweistufigen Modell zu geben.

(bb) Finanzplanung und Ertragsplanung

Zur Erstellung eines Finanzplans im Rahmen des modifiziert zweistufigen Verfahrens ist anzumerken, daß die Ertragsplanung unterstützend hinzugezogen werden sollte, da das Unternehmen über selbst generierte Erträge seine Liquiditätslage beeinflussen

---

404 Vgl. die Nachweise in Fn. 390. - Zur Analyse weiterer Bewertungssituationen eingehend *Henselmann*, S. 291ff.

405 So auch *Fenske*, AG 1997, S. 557; *Groth*, S. 105ff. m.w.N. – Statt im Rahmen eines Ertragswertverfahrens auch auf Zahlungsströme abzustellen – so *Burger/Schellberg*, BB 1995, S. 266 -, sollte besser gleich auf die Finanzplanung zurückgegriffen werden. - Weitere Argumente gegen das Ertragswertverfahren unter C II 2 b bb (1). - Zur Finanzplanung bereits I 1 b bb (4) (a).

406 Oben I 1 c bb (3); unverständlich daher *Lutter*, ZIP 1999, S. 643, der meint, der modifiziert zweistufige Überschuldungsbegriff verlange auch bei positiver Prognose nach einem Überschuldungsstatus. Seine Verweise auf *K. Schmidt* tragen diese Auffassung nicht.

kann. Eigenständige Bedeutung ist ihr für die Fortbestehensprognose aber nicht beizumessen. So wird zwar vielfach gefordert, neben einem Zahlungsmittelüberschuß müsse auch stets ein Ertragsüberschuß zur Bejahung der Lebensfähigkeit vorliegen[407]. Dabei aber wird übersehen, daß ein Unternehmen auch über die Außenfinanzierung durch Zufuhr von Fremd- oder Eigenkapital sein Fortbestehen sicherstellen kann. Im übrigen ist es nicht einzusehen, warum nicht auch über mehrere Jahre, insbesondere in der Gründungsphase, mit Verlusten gewirtschaftet werden darf, sofern nur die Gläubiger befriedigt werden[408]. Zutreffend ist hingegen, daß über einen Zeitraum von 5-10 Jahren eine Aussicht auf Gewinnerzielung bestehen sollte, da andernfalls kaum Anreize zur Unternehmensfortführung bestehen dürften. Allerdings wird sich ein Ertragsüberschuß über einen derart langen Zeitraum kaum je mit der für die Eröffnung eines Konkursverfahrens gebotenen Rechtssicherheit feststellen lassen.

(cc) Prognoseunsicherheit

Gegen diese zentrale Stellung der Finanzplanung im Rahmen des Überschuldungstatbestandes ist vorgebracht worden, sie greife auf unsichere Prognosen zurück und eröffne der Unternehmensleitung Möglichkeiten zur Manipulation[409]. Dazu ist zweierlei zu bemerken. Zum einen wird hier offenbar die grundsätzliche Problematik verkannt, daß Prognosen notgedrungen mit Unsicherheit behaftet sind und sich das eingangs dargestellte Spannungsverhältnis von Rechtzeitigkeit und Rechtssicherheit ohne sie nicht lösen läßt. Zum anderen wird der Eindruck erweckt, die Bilanzierung mit Fortführungswerten wirke dieser Unsicherheit in irgendeiner Weise entgegen. Das vermag noch weniger zu überzeugen. Denn sowohl bei der Ermittlung von Substanz- als auch von Ertragswerten ist nicht nur unklar, *welche* der unzähligen Substanz- oder Ertragswertverfahren überhaupt herangezogen werden sollen[410]. Selbst wenn man sich tatsächlich auf einen Ansatz einigen können sollte, ist die Ermittlung der konkreten Werte immer noch mit beträchtlichen Schwierigkeiten verbunden. Zudem ist eine auf den Unternehmenskaufpreis abzielende Ertragsbewertung überhaupt nur dann realistisch durchführbar, wenn eine Veräußerung nach der Marktlage auch wirklich hinreichend gesichert erscheint. Da das bei insolvenzgefährdeten Unternehmen wahrlich

407 *Lüderssen*, A. Kaufmann-GS, S. 682; *Möhlmann*, S. 96; *H. P. Müller* in: Kölner Schrift, S. 103, Rn. 16; *Wolf*, S. 38.

408 *Fenske*, AG 1997, S. 557; ferner *Früh/Wagner*, WPg 1998, S. 911; *Nonnenmacher*, Moxter-FS, S. 1323f.

409 Eingehend *Kuhn/Uhlenbruck*, § 102 KO, Rn. 5g und 5h; *Mertens*, KK, § 92 AktG, Rn. 29ff.; *Meyer-Cording*, BB 1985, S. 1925f.; *ders*. ZIP 1989, S. 485; ferner *IDW*, WPg 1989, S. 176; *H. P. Müller*, WPg 1993, S. 360; *Stürner*, ZIP 1982, S. 766 und jüngst auch *Altmeppen*, ZIP 1997, S. 1175; *Höffner*, BB 1999, S. 254; *Wolf*, S. 23f.

410 Vgl. die Nachweise in Fn. 391.

nicht den Regelfall darstellt, ist dieses Verfahren in der Tat oft nicht weit von bloßer "Kaffeesatzleserei"[411] entfernt.

(dd) Unterschiede zum herkömmlich zweistufigen Überschuldungsbegriff in der Praxis

Zu hinterfragen ist auch die Behauptung, daß das Ertragswertverfahren zwar in theoretischer Hinsicht nicht überzeuge, aber jedenfalls in der Praxis regelmäßig zu gleichen Ergebnissen wie das modifiziert zweistufige Modell gelange. Von dieser These geht offenbar *K. Schmidt* aus. Er meint, wenn die Fortbestehensprognose positiv ausfalle, werde sich dieses Ergebnis auch in der Ertragswertberechnung widerspiegeln. Die Unterschiede des herkömmlich zweistufigen Konzepts zu dem von ihm vorgeschlagenen modifizierten Verfahren will er deshalb nicht überbewertet wissen[412]. Gesichert erscheint diese Vermutung aber keinesfalls. Im Gegenteil: Die Untersuchung von *Groth* kommt jedenfalls zu dem Schluß, daß trotz einer zumeist positiven Prognose eine anhand der Jahresüberschüsse durchgeführte Ertragswertberechnung bei weit mehr als der Hälfte (!) aller deutschen Unternehmen gleichwohl negativ ausfiele[413]. Damit müßte trotz künftiger Zahlungsfähigkeit die Überschuldung bejaht und das Konkursverfahren eröffnet werden. Mit dem Gläubigerschutz kann dieses grotesk anmutende Ergebnis jedenfalls nicht begründet werden.

(5) Zwischenergebnis

Zu folgen ist dem modifiziert zweistufigen Überschuldungsbegriff. Danach liegt Überschuldung nur vor, wenn die auf das laufende und, soweit möglich, auf das kommende Geschäftsjahr erstreckte Finanzplanung den zukünftigen Eintritt einer dauerhaften und wesentlichen Zahlungsunfähigkeit als wahrscheinlich erkennen läßt und sich zudem aus einer Liquidationsbilanz eine rechnerische Überschuldung ergibt. Auch die Rechtsprechung sollte sich in den Grenzen des Möglichen[414] des Finanzplans bedienen und nur ergänzend eine "allgemeine Lageeinschätzung" hinzuziehen.

Damit kommt im Rahmen der Prognose dem Element einer "drohenden" Zahlungsunfähigkeit entscheidende Bedeutung zu. Überschneidungen und Widersprüche mit dem neuen Insolvenzrecht, das neben der Überschuldung auch die drohende Zahlungsunfähigkeit als neuen Eröffnungsgrund eingeführt hat, kündigen sich hier bereits an. Vergleichbare Ungereimtheiten zeichnen sich auch für das Bankrottstrafrecht ab, daß neben der Zahlungsunfähigkeit sowohl die Überschuldung als auch die drohende Zahlungsunfähigkeit als Tatbestandsmerkmal kennt.

411 *Otto*, NJW 1999, S. 555.

412 In: Kölner Schrift, S. 917, Rn. 13; *ders.*, in: K. Schmidt/Uhlenbruck (Hrsg.), Die GmbH in Krise, Sanierung, Insolvenz, S. 321, Rn. 580; ebenso *Schüppen*, DB 1994, S. 199, Fn. 37.

413 S. 113ff.

414 Dazu bereits oben I 1 b (4) (a).

d) Ergebnis

Die Untersuchung der beiden Konkurseröffnungsgründe hat ergeben, daß die Zahlungsunfähigkeit eine dreimonatige Unterdeckung von 25% erfordert. Die Überschuldung wird nach dem modifiziert zweistufigen Verfahren bestimmt.

2) Auslösetatbestände der Konkursantragspflicht[415]

a) Funktion

Als weitere Normen stellen die Konkursantragspflichten des Gesellschaftsrechts auf die Begriffe der Zahlungsunfähigkeit und Überschuldung ab. Wie für die Eröffnungsgründe, so sind auch für diese Vorschriften seit dem 1.1.1999 die neuen Begriffsbestimmungen der Insolvenzordnung anzuwenden. Das gilt jedenfalls für die zivilrechtliche Rechtsfolgenseite dieser Tatbestände. Für die strafrechtliche Haftungsseite dieser Normen ist die Begriffsübernahme dagegen gesondert zu prüfen[416]. Um die Voraussetzungen für diese Prüfung zu schaffen, gilt es daher auch hier, in einem ersten Schritt zunächst die konkursrechtlichen Grundlagen zu klären. Dabei ist wie bei den Eröffnungsgründen nach der Funktion dieser Tatbestandsmerkmale zu fragen. Ergibt sich bei der späteren strafrechtlichen Erörterung dann eine vergleichbare Funktion, so wäre die eingangs aufgestellte Forderung nach funktionaler Übereinstimmung erfüllt. Dann müßte das Strafrecht - vorbehaltlich der Tatbestandsbestimmtheit und der Strafwürdigkeit - den zivilrechtlichen Vorgaben folgen.

Die Funktion der Zahlungsunfähigkeit und Überschuldung als Auslöser der Antragspflicht ist den Eröffnungsgründen vergleichbar. Antragspflichten und Eröffnungsgründe zielen auf den Schutz der Gläubiger durch Erhaltung der Haftungsmasse[417]. Das erreichen die Antragspflichten nach herrschender Meinung dadurch, daß sie den jeweils genannten Vertretern zivil- und strafrechtliche Haftung für den Fall der Unterlassung der Antragsstellung androhen[418]. Dabei geht es hier zunächst nur um die zivilrechtliche Haftung. Diese Haftung setzt nach herrschender Auffassung voraus, daß die Normadressaten vom Vorliegen der Zahlungsunfähigkeit oder Überschuldung positive

---

415 Sie sind wie die Überschuldung auf juristische Personen sowie Personen-gesellschaften ohne natürliche Person als persönlich haftenden Gesellschafter begrenzt, zu den einzelnen Normen oben Fn. 314.

416 Dazu unten C II 1.

417 *Baumbach/Hueck/Schulze-Osterloh*, § 64 GmbHG, Rn. 1; *Hüffer*, § 92 AktG, Rn. 1; *Scholz/K. Schmidt*, § 64 GmbHG, Rn. 1. - Weitergehend *BGHZ* 126, S. 194; *Hachenburg/Ulmer*, § 64 GmbHG, Rn. 1: Fernhaltung konkursreifer GmbH vom Geschäftsverkehr.

418 *Hüffer*, § 92 AktG, Rn. 1; *Roth/Altmeppen*, § 64 GmbHG, Rn. 1.

Kenntnis haben[419]. Für aufschiebende Sanierungsbemühungen gibt der Gesetzgeber einen als Höchstfrist zu verstehenden Zeitraum von drei Wochen vor[420].

Eine etwas abgewandelte Funktionsbestimmung nimmt *K. Schmidt* vor[421]. Er sieht zwar Zahlungsunfähigkeit und Überschuldung ebenso als Auslösetatbestände, aber nicht für die Haftung wegen Unterlassung der Antragstellung, sondern für das Verbot der unveränderten Fortführung des Unternehmens. Dem Verbot soll durch Beseitigung der Konkursreife, durch Stellung eines Eröffnungsantrags oder durch rechtzeitige Amtsniederlegung genügt werden können. Für den Beginn der Dreiwochenfrist hält er bereits das objektive Vorliegen der Zahlungsunfähigkeit sowie "zutage liegende" Fakten der Überschuldung für ausreichend[422].

b) Zahlungsunfähigkeit und Überschuldung

Trotz dieser Unterschiede steht aber nach beiden Auffassungen außer Frage, daß Zahlungsunfähigkeit und Überschuldung in diesen Normen aufgrund einer mit dem Konkurseröffnungsrecht vergleichbaren Funktion auch derselbe Begriffsinhalt zukommen muß. Eine Antragspflicht kann schließlich sinnvollerweise nur dann (sollte aber auch nicht später) bestehen, wenn durch einen entsprechenden Antrag auch tatsächlich das Verfahren eröffnet werden kann. Ebenso soll auch die Fortführung erst dann (aber auch nicht später) verboten werden, wenn das Unternehmen nicht mehr aus eigener Kraft zur Sanierung imstande, d.h. konkursreif ist.

c) Exkurs: Prüfungspflicht der Unternehmensleitung

Besonders hervorgehoben werden soll in diesem Zusammenhang schließlich, daß die Unternehmensleitung zur fortlaufenden Beobachtung der wirtschaftlichen Lage des Unternehmens verpflichtet ist[423]. Diese Sorgfaltspflicht ist etwa für die Aktiengesellschaft aus § 93 AktG Abs. 1 S. 1 ("Sorgfaltspflicht und Verantwortlichkeit der Vorstandsmitglieder") abzuleiten[424]. Der Gesetzgeber hat sie jüngst durch das Gesetz zur

---

419 *BGHZ* 75, S. 110; *Baumbach/Hueck/Schulze-Osterloh*, § 64 GmbHG, Rn. 9; *Mertens*, KK, § 92 AktG, Rn. 33.

420 Zu den umstrittenen Einzelheiten der Dreiwochenfrist *Baumbach/Hueck/Schulze-Osterloh*, § 64 GmbHG, Rn. 9f.

421 *K. Schmidt*, ZIP 1980, S. 329f.; *ders.*, Rebmann-FS, S. 433f.; *Scholz/K. Schmidt*, § 64 GmbHG, Rn. 13, 19ff.

422 *Scholz/K. Schmidt*, § 64 GmbHG, Rn. 18; zustimmend *Lutter/Hommelhoff*, § 64 GmbHG, Rn. 3.

423 *BGH* NJW 1994, S. 2224; *Goette*, DStR 1998, S. 1308ff.; *Hachenburg/Ulmer*, § 64 GmbHG, Rn. 52; *Lutter*, GmbHR 1997, S. 332; *Scholz/K.Schmidt*, § 64 GmbHG, Rn. 28; *Uhlenbruck*, WiB 1996, S. 413f.

424 *OLG Düsseldorf*, ZIP 1997, S. 27ff. - Zu den Pflichten des Aufsichtsrats *BGH* ZIP 1997, S. 883ff. - Zu beiden Entscheidungen *Horn*, ZIP 1997, S. 1129ff.

Kontrolle und Transparenz im Unternehmensbereich zu konkretisieren versucht[425]. So schreibt der neue § 91 Abs. 2 AktG jetzt ausdrücklich vor, daß der Vorstand ein Risikomanagement- und Überwachungssystem einzurichten hat, um Entwicklungen, die den Fortbestand der Gesellschaft gefährden, möglichst früh zu erkennen[426]. Die Neuregelung gilt ausweislich der Regierungsbegründung für andere Rechtsformen wie die GmbH bei entsprechender Größe in gleicher Weise[427].

Spätestens bei Anzeichen einer Krise muß sich das Management durch Aufstellung eines Überschuldungsstatus einen Überblick über den Vermögensstand verschaffen[428]. Das ergibt sich aus der nun explizit formulierten Pflicht zur Einrichtung eines Überwachungssystems, war aber auch schon nach bisheriger Rechtslage anerkannt. Für die Beurteilung, ob sich eine solche Krise abzeichnet, ist der Unternehmensleitung allerdings ein gewisser Bewertungsspielraum einzuräumen, da es einen "einzig wahren" Indikator nicht gibt[429]. Erst recht kann das Management nicht unabhängig von jedem Krisenwarnzeichen verpflichtet werden, etwa täglich einen Überschuldungsstatus und eine Fortführungsprognose zu erstellen.

Ergibt sich aus dem Vermögensstatus eine Überschuldung nach Liquidationswerten, so soll geprüft werden müssen, ob eine Fortbestehensprognose noch positiv ausfällt. Der Unternehmensleitung obliegt es in einem Schadensersatzprozeß, die Fortführung rechtfertigende Umstände darzulegen und mangelndes Verschulden im Hinblick auf die Fortführung zu beweisen[430]. Ihr darüberhinaus zur Vermeidung zivilrechtlicher Haftung auch noch die Beweislast für die Fortbestehensprognose aufzubürden[431], hat der *BGH* dagegen als "zweifelhaft" bezeichnet[432]. Andernfalls bestünde die Gefahr, daß eine *de lege lata* nicht ausdrücklich vorgeschriebene *allgemeine* Finanzplanungspflicht, die gerade bei kleinen und mittelständischen Unternehmen nicht immer problemlos umsetzbar wäre, geradezu durch die Hintertür eingeführt würde.

---

425 Gesetz vom 6.3.1998, BGBl I 1998, S. 786ff. - Überblick zu den einzelnen Regelungen bei *Zimmer*, NJW 1998, S. 3521ff. - Erheiternd kritisch dazu *"Hakelmacher"*, WPg 1999, S. 133ff.

426 Eingehend *Kuhl/Nickel*, DB 1999, S. 133ff.; *Lück*, DB 1998, S. 8ff.; *Scharpf*, DB 1997, S. 737ff.

427 BT-Dr 13/9721, S. 15; *Kuhl/Nickel*, DB 1999, S. 133; *Scharpf*, DB 1997, S. 737f.

428 Vgl. die in Fn. 423 Genannten.

429 Zu einzelnen Indikatoren wie der Kreditunwürdigkeit *Möhlmann*, S. 110f.

430 *OLG Celle* GmbHR 1997, S. 128; *OLG Düsseldorf*, WiB 1995, S. 948; *OLG Stuttgart*, NZG 1998, S. 232.

431 So *Hachenburg/Ulmer*, § 64 GmbHG, Rn. 19; *Scholz/K. Schmidt*, § 63 GmbHG, Rn. 12.

432 *BGH* NJW 1994, S. 2224; vgl. aber auch *BGH* ZIP 1997, S. 1648.

d) Ergebnis

Zahlungsunfähigkeit und Überschuldung sind im Konkursantragspflichtrecht in Übereinstimmung mit dem Konkurseröffnungsrecht zu definieren. Eine allgemeine Finanzplanungspflicht zur Feststellung des Antragszeitpunktes besteht nicht.

3) Tatbestandsmerkmal der Konkursanfechtung

a) Funktion

Eine weitere Vorschrift, die an die materielle Konkursreife anknüpft, ist die Konkursanfechtung (§ 30 KO). Auch dieser Norm könnte für die Frage, ob das Insolvenzstrafrecht die Neuregelungen der Insolvenzordnung zu übernehmen hat, Bedeutung zukommen. So vertritt jedenfalls *Moosmayer* den im Abschnitt (C) näher zu erörternden Ansatz[433], der Insolvenzgesetzgeber habe im Rahmen der Neuregelung der Insolvenzanfechtung Hinweise auf die Definition des Zahlungsunfähigkeitsbegriffs gegeben. Diese Hinweise, so argumentiert er, seien neben dem Insolvenzanfechtungsrecht nicht nur für das Insolvenzeröffnungsrecht, sondern auch für das Insolvenzstrafrecht maßgeblich[434]. Um die Voraussetzungen für die Erörterung dieses Ansatzes zu schaffen, bedarf es daher auch hier zunächst einer Darstellung der bisherigen Rechtslage.

Die Funktion der Konkursanfechtung besteht in der "Vorwegnahme der Gleichbehandlung von Gläubigern"[435]. Die Anfechtungsvorschriften erklären bestimmte Rechtshandlungen und Rechtsgeschäfte für anfechtbar, bei denen der Anfechtungsgegner in Kenntnis der *Zahlungseinstellung*, also mit dem Wissen einer unmittelbar bevorstehenden Einleitung des Konkursverfahrens, gehandelt hat. Der Zahlungseinstellung kommt damit eine den Eröffnungsgründen und Antragspflichtauslösern vergleichbare Funktion zu. Sie markiert einen Zeitpunkt, von dem an der Schutz der Konkursmasse zugunsten der Gläubiger gegenüber den Interessen anderer (hier der der Anfechtungsgegner) in den Vordergrund tritt. Eine mit dem Eröffnungsrecht übereinstimmende Auslegung ist im übrigen auch schon deshalb erforderlich, um widersprüchliche Rechtsfolgen zu vermeiden. Würde man die anfechtungsrechtliche Zahlungsunfähigkeit früher als im Eröffnungsrecht annehmen, so könnte ein Konkursantrag mangels Zahlungsunfähigkeit zurückgewiesen werden, eine dann im Vollstreckungswege erreichte Sicherung aber später als anfechtbar zu betrachten sein[436].

433 Unten C I 3.

434 S. 157ff.

435 *Kilger/K. Schmidt*, § 30 KO, Anm. 1; vgl. auch *Kuhn/Uhlenbruck*, § 30 KO, Rn. 1.

436 *Kuhn/Uhlenbruck*, § 30 KO, Rn. 2.

b) Zahlungseinstellung

Zahlungseinstellung wird als die wichtigste und stärkste Form der Zahlungsunfähigkeit gesehen[437]. Sie liegt vor, wenn *Zahlungsunfähigkeit nach außen* in Erscheinung tritt. Dazu ist nach allgemeiner Ansicht zweierlei erforderlich[438]. Erstens muß Zahlungsunfähigkeit entsprechend der auch im übrigen Konkursrecht gültigen Definition tatsächlich gegeben sein. Zweitens ist deren Kundgabe nötig, für die regelmäßig die Offenkundigkeit in den beteiligten Geschäftskreisen erforderlich, aber auch ausreichend ist.

c) Ergebnis

Zahlungseinstellung ist die nach außen kundgetane Zahlungsunfähigkeit. Diese Zahlungsunfähigkeit wird wie in den übrigen, bereits dargestellten konkursrechtlichen Normen bestimmt.

4) Gesamtergebnis

Die Tatbestandsmerkmale der Zahlungsunfähigkeit und Überschuldung sind in Konkurseröffnungs-, Konkursantragspflicht- und Konkursanfechtungsrecht übereinstimmend zu definieren. *Zahlungsunfähigkeit* erfordert im Regelfall eine dreimonatige Unterdeckung von 25%. *Überschuldung* liegt bei einer mit überwiegender Wahrscheinlichkeit drohenden Zahlungsunfähigkeit und negativer Liquidationsbilanz vor. Der Betrachtungszeitraum dieser drohenden Zahlungsunfähigkeit sollte bis zum Ende des folgenden Geschäftsjahres erstreckt werden. Einbezogen werden sämtliche Verbindlichkeiten, die bis zum Eintritt der Zahlungsunfähigkeit fällig werden. Soweit das bisherige Konkursstrafrecht an diese konkursrechtlichen Begriffe anknüpfte, konnte es damit auf eine *einheitliche* Terminologie zurückgreifen.

---

437 Vgl. entsprechend zu § 102 Abs. 2 KO *Jaeger/Weber*, § 102 KO, Anm. 2; *Kilger/K. Schmidt*, § 102 KO, Anm. 3; *Kuhn/Uhlenbruck*, § 102 KO, Rn. 2f.

438 *Kilger/K. Schmidt*, §§ 30 KO, Anm. 5; 102 KO, Anm. 3 m.w.N.; *Kuhn/Uhlenbruck*, § 30 KO, Rn. 2, 5, 8.

II) Konkursstrafrechtliche Begriffsbildung

Sind damit die konkursrechtlichen Begriffe dargelegt, so soll im nun folgenden zweiten Abschnitt geprüft werden, ob die konkurs*straf*rechtlichen Begriffe diesen Vorgaben zu folgen hatten. Maßgeblich dafür ist das bereits erörterte Kriterium der *funktionalen* Übereinstimmung. Die Untersuchung beginnt mit den Tatbestandsmerkmalen der Konkursverschleppungsdelikte[439] und geht danach auf die Krisensituationen des Bankrottstrafrechts[440] ein.

1) Tatbestandsmerkmale der Konkursverschleppungsdelikte

a) Funktion

Die Konkursverschleppung ist in strafrechtlicher Hinsicht mit bis zu dreijähriger Freiheitsstrafe oder Geldstrafe bewehrt. Sie betrifft dem Gesetz nach denselben[441] Kreis an Pflichtenträgern wie die zivilrechtliche Haftung[442], verfolgt dieselbe Schutzrichtung und hat eine vergleichbare Tatbestandsstruktur. Sie weist damit auch den Tatbestandsmerkmalen der Überschuldung und Zahlungsunfähigkeit eine vergleichbare Funktion zu. Wie im Konkursrecht wird bei Vorliegen dieser Tatbestände die Unterlassung der Stellung eines Eröffnungsantrags verboten bzw., wenn man der Auffassung von *K. Schmidt* folgt, die Fortführung eines Unternehmens im Fall seiner Konkursreife sanktioniert[443]. Die Übernahme der zivilrechtlichen Definitionen liegt im Konkursstrafrecht daher sehr nahe.

Fest steht jedenfalls, daß die strafrechtlichen Merkmale nicht *früher* vorliegen dürfen als die konkursrechtlichen Definitionen. Erhebliche Wertungswidersprüche wären sonst die Folge. Das Strafrecht würde die Antragstellung fordern, obwohl konkursrechtlich ein Antrag noch gar nicht zur Eröffnung führen könnte. Ebensowenig erscheint es aber überzeugend, die Normadressaten strafrechtlich erst *später* als im Zivilrecht haftbar zu machen. Dagegen spricht neben der grundsätzlich wünschenswerten einheitlichen Auslegung gleicher Rechtsbegriffe auch die Übereinstimmung des Schutzzwecks, der Tatbestandsstruktur und damit - vorbehaltlich ihrer Strafwürdigkeit

---

[439] §§ 401 Abs. 1 Nr. 2, Abs. 2; 408 AktG; 84 Abs. 1 Nr. 2, Abs. 2 GmbHG; 148 Abs. 1 Nr. 2, Abs. 2 GenG; 130b; 177a S. 1 HGB.

[440] § 283 StGB. Außerdem sind die Zahlungsunfähigkeit bzw. die drohende Zahlungsunfähigkeit Tatbestandsmerkmale der §§ 283c und 283d StGB.

[441] Eine Ausnahme gilt lediglich für die Vorstandsmitglieder eines Vereins. Für sie sieht § 42 Abs. 2 S. 2 BGB zivilrechtliche Haftung bei Antragsverschleppung vor. Eine strafrechtliche Sanktionsnorm besteht dagegen nicht.

[442] Ob das Strafrecht wie im Zivilrecht zudem auch "faktische" Geschäftsführer einbeziehen soll, ist sehr umstritten. Bejahend etwa: *BGHSt* 3, S. 37f.; 6, 21, S. 103ff.; 31, S. 122f.; *Bruns*, JR 1984, S. 133ff.; mit differenzierter Begründung *K. Schmidt*, Rebmann-FS, S. 419ff. - Verneinend bspw.: *RGSt* 72, S. 192; *Stein*, S. 193ff.; *Tiedemann*, NJW 1986, S. 1846 m.w.N.

[443] Vgl. einerseits *K. Schmidt*, Rebmann-FS, S. 433ff., ihm folgend *Ransiek*, S. 151; andererseits *BGHSt* 14, S. 280f.; *Geilen*, KK, § 401 AktG, Rn. 7; *Harneit*, S. 76; *Schüppen*, DB 1994, S. 204; *Tiedemann*, GmbH-Strafrecht, § 84 GmbHG, Rn. 1f., 13.

- der Begriffsfunktion dieser Merkmale. Eine abweichende strafrechtliche Interpretation kommt daher nach alldem nur in Betracht, sofern andernfalls ein Verstoß gegen die Grundsätze der Strafwürdigkeit oder Gesetzesbestimmtheit drohen würde[444].

b) Zahlungsunfähigkeit

Solche Befürchtungen erscheinen hinsichtlich der Zahlungsunfähigkeit jedoch unbegründet. Soweit die Finanzplanung den sicheren Schluß zulassen sollte, daß mehr als 25% der Verbindlichkeiten in den kommenden drei Monaten ungedeckt bleiben, ist mit einer verbreiteten Auffassung Zahlungsunfähigkeit anzunehmen[445]. Dabei muß zwar berücksichtigt werden, daß aufgrund von Bestimmungsschwierigkeiten im Einzelfall tatsächlich höhere Deckungslücken erforderlich sein mögen, um die 25%-Grenze auch zweifelsfrei zu überschreiten[446]. Daraus aber abzuleiten, die Wesentlichkeitsschwelle sei bei den Konkursverschleppungsdelikten grundsätzlich erst bei 50% erreicht[447], dürfte angesichts des Gleichlaufs mit der zivilrechtlichen Rechtsfolgenseite nicht überzeugen. Vielmehr wird die tatsächliche Unsicherheit bei der Ermittlung einzelner in die Prognose einzubeziehender Positionen des Finanzplans allenfalls wegen des In-dubio-pro-reo-Grundsatzes[448] zu einer späteren strafrechtlichen Haftung führen können. Alternativ zur Finanzplanung bietet sich die sogenannte wirtschaftskriminalistische Betrachtungsweise an, die aus verschiedenen Indizien wie etwa Mahnbescheiden, Wechselprotesten oder erfolglosen Zwangsvollstreckungen eine Zahlungsunfähigkeit schlußfolgert[449].

---

444 Dazu bereits oben A III 3, 4.

445 *Hachenburg/Kohlmann*, § 84 GmbHG, Rn. 40, Fn. 79f.; *Janovsky*, Kriminalistik 1998, S. 334; *Otto*, Aktienstrafrecht, § 401 AktG, Rn. 30f.; *Schäfer*, GmbHR 1993, S. 784; *OLG Düsseldorf*, WM 1997, S. 1867 (zur zivilrechtlichen Haftung wegen Konkursverschleppung); ebenso für die §§ 283ff. StGB etwa *BayObLG* BB 1988, S. 1840; *Franzheim*, NJW 1980, S. 2504 (allein für 3 Monate, nicht für 25%); *Otto*, Bruns-GS, S. 277f.; *Sch/Sch/Stree*, § 283 StGB, Rn. 52; *Tiedemann*, Vor § 283 StGB, Rn. 132. - Keine betragsmäßige Festlegung dagegen bspw. von *BGH* wistra 1982, S. 191; *OLG Düsseldorf*, wistra 1998, S. 360; weitere Nachweise bei *Weyand*, Insolvenzdelikte, S. 54ff.

446 Eingehend zu den Feststellungsproblemen *Hartung*, wistra 1997, S. 1ff.

447 So neben *Doster*, wistra 1998, S. 328 offenbar auch *Tiedemann*, GmbH-Strafrecht, § 84 GmbHG, Rn. 44 unter Verweis auf *Bieneck*, wistra 1992, S. 90 und *Schlüchter*, MDR 1978, S. 268. - Allerdings schlägt *Bieneck* die 50%-Grenze allein für die Zahlungseinstellung vor, für die Zahlungsunfähigkeit nennt er lediglich 25%. Wie *Schlüchter* bezieht er sich zudem nur auf die §§ 283ff. StGB, nicht aber auf die Antragsdelikte.

448 Zu diesem Fundamentalsatz *Ranft*, Rn. 1639ff. - Auf Prognoseentscheidungen selbst findet der Grundsatz keine Anwendung, sie beruhen auf einer Wahrscheinlichkeitsfeststellung. Anwendbar ist er aber für die in die Prognose eingehenden Tatsachen; vgl. *Kleinknecht/Meyer-Goßner*, § 261 StPO, Rn. 27; *Löwe/Rosenberg*, § 261 StPO, Rn. 11.

449 Zur *Finanzplanung* bereits oben I 1 b bb (4) (a) sowie *Tiedemann*, Vor § 283 StGB, Rn. 131ff. - Unzutreffend *Reck*, Betrieb und Wirtschaft 1997, S. 744, der von einer "modifizierten Liquidität 2.Grades" ausgehen will (unter Verweis auf *Hoffmann*, DB 1980, S. 1530). Zur *indiziellen Feststellung BGH* wistra, 1991, S. 26; 1992, S. 146; 1993, S. 184 sowie *Bittmann*, wistra 1999, S. 15; *Bieneck*, in: Müller-Gugenberger (Hrsg.) § 63, Rn. 40ff.; *Hartung*, wistra 1997, S. 11f.; *Janovsky*, Kriminalistik 1998, S. 335.

c) Überschuldung

Problematischer hinsichtlich der Tatbestandsbestimmtheit ist dagegen die Situation bei der Überschuldung. Hier sind die Prognosezeiträume wesentlich länger als bei der Zahlungsunfähigkeit. Zudem sind die einzelnen Bewertungsmethoden sehr umstritten. Wegen dieser Unsicherheiten ist daher im Strafrecht die Frage gestellt worden, ob der Überschuldungstatbestand überhaupt noch mit dem Bestimmtheitsgrundsatz (Art. 103 Abs. 2 GG) vereinbar sei[450].

aa) Überschuldung nach Liquidationswerten

Um Bestimmungsschwierigkeiten zu verringern, könnte man zunächst daran denken, die vor allem von staatsanwaltschaftlicher Seite zu den §§ 283ff. StGB vertretene Auffassung, es sei innerhalb des Überschuldungsbegriffs ausschließlich auf Liquidationswerte abzustellen[451], auf die Konkursverschleppungsdelikte zu übertragen[452]. Da allerdings eine Überschuldung nach Liquidationswerten regelmäßig erheblich früher als bei Fortführungsorientierung eintritt[453], ergäben sich hier die schon angesprochenen Wertungswidersprüche zum Konkurseröffnungsrecht: Das Strafrecht würde die Stellung des Konkursantrags fordern, ohne daß ein solcher Antrag überhaupt konkursrechtlich zur Eröffnung führen könnte. Eine liquidationsorientierte Bewertung bietet daher schon aus diesem Grund für die Konkursverschleppungsdelikte keine Lösung[454].

bb) Überschuldung nach "allen ernsthaft vertretenen" Theorien

Eine von *Tiedemann* angeführte Ansicht setzt dagegen im Antragsstrafrecht nicht Liquidationswerte an, sondern hält das herkömmlich zweistufige Prüfungsmodell für das zutreffende Verfahren[455]. Der Vielfalt an unterschiedlichen Theorien und Berechnungsweisen soll dann allerdings dadurch begegnet werden, daß eine strafrechtlich relevante Überschuldung schon materiellrechtlich wegen Art. 103 Abs. 2 GG erst angenommen wird, wenn *alle* ernsthaft vertretenen Theorien zu diesem Ergebnis füh-

---

450 Bejahend: *Franzheim*, NJW 1980, S. 2502; *Groth*, S. 125; *Hiltenkamp-Wisgalle*, S. 226f.; *Ransiek*, S. 154; *Sch/Sch/Stree*, § 283 StGB, Rn. 51; *Tiedemann*, Vor § 283 StGB, Rn. 148, 158. - *Uhlenbruck* in: Petersohn (Hrsg.), S. 80 erwägt eine Abschaffung im Strafrecht. - *Höfner*, S. 270ff. fordert sie wegen Verstoßes gegen Art. 103 Abs. 2 GG.

451 *Franzheim*, NJW 1980, S. 2501 (anders allerdings *ders.* für die Antragsdelikte: Betriebsfortführungswerte); vgl. zu dieser Auffassung auch unten II 2 c bb, cc.

452 So *Stypmann*, wistra 1985, S. 91ff.

453 *Groth*, S. 29f., 102f.

454 Im Ergebnis ebenso *Ransiek*, S. 155f.; *Roth*, ZGR 1993 S. 171f.

455 *Tiedemann*, GmbH-Strafrecht, § 84 GmbHG, Rn. 47; *ders.*, Schröder-GS, S. 299; ebenso *OLG Düsseldorf* wistra 1997, S. 113f.; *Hachenburg/Kohlmann*, § 84 GmbHG, Rn. 43; *Lüderssen*, A. Kaufmann-GS, S. 678; wohl auch *OLG Düsseldorf*, DB 1998, S. 1856; *Geilen*, KK, § 401 AktG, Rn. 30.

ren. Damit sind offenbar nicht nur die verschiedenen Methoden innerhalb der Fortführungsbewertung, sondern alle überhaupt vertretenen Ansätze gemeint[456].

Angesichts des unsicheren Standes der Schätzmethoden in bezug auf die Fortführungswerte scheint das Erfordernis der Übereinstimmung unterschiedlicher Auffassungen zunächst nicht von der Hand zu weisen. Allerdings dürfte schon bei Anwendung dieser verschiedenen Methoden, um so mehr aber bei Anwendung *sämtlicher* zum Überschuldungsbegriff vertretenen Meinungen, der ohnehin nur schwer operable Überschuldungsbegriff vollständig funktionsuntüchtig werden. Wenn der Wirtschaftsreferent der Staatsanwaltschaft und der vom Gericht herangezogene Sachverständige tatsächlich auch sämtliche "Außenseitermeinungen"[457] anzuwenden hätten, würde ein rechtzeitiger *und* revisionssicherer Schuldspruch wohl kaum je zu erreichen sein[458]. *Ransiek* hat darüber hinaus zutreffend kritisiert, daß es nicht ersichtlich sei, wie eine solche Ansicht *ohne* abschließend bestimmten Inhalt *überhaupt* zur Wahrung des Bestimmtheitsgebots beitragen solle[459].

cc) Modifiziert zweistufiger Überschuldungsbegriff

Die Auffassung *Tiedemanns* setzt mit ihrer grundsätzlichen Befürwortung des herkömmlich zweistufigen Ansatzes im übrigen voraus, daß die Überschuldung auf der Grundlage dieses Verfahrens überhaupt ermittelt werden kann. Das ist nach hier vertretener Ansicht jedoch nicht der Fall. Vielmehr ist gezeigt worden, daß allein das modifiziert zweistufige Modell von *K. Schmidt* zutreffend ist, mit dem maßgeblich auf ein Element drohender Zahlungsunfähigkeit abgestellt wird. Dieses Konzept hat auch in der strafrechtlichen Literatur zum Antragsdeliktsrecht bereits Zustimmung gefunden. So spricht sich etwa *Otto* ausdrücklich für die modifizierte Vorgehensweise aus[460]. Jüngst hat auch das *OLG München* auf dieses in der zivilrechtlichen Rechtsprechung ganz herrschende Konzept Bezug genommen[461].

Sind die übrigen Überschuldungsmodelle mithin als ungeeignet anzusehen, so kann in ihrer strafrechtlichen Nichtbeachtung auch kein Verstoß gegen Art. 103 Abs. 2 GG ge-

---

456 *Tiedemann*, GmbH-Strafrecht, § 84 GmbHG, Rn. 47; *ders.*, Schröder-GS, S. 299; *ders.*, Vor § 283 StGB, Rn. 158; ebenso *OLG Düsseldorf*, DB 1998, S. 1856; *Geilen*, § 401 AktG, Rn. 29; *Haffke*, KritV 1991, S. 173f.; *Regner*, S. 94; *Schüppen*, DB 1994, S. 203; so auch noch *Lackner/Kühl*, 22. A. (1997), § 283 StGB, Rn. 6.

457 *Tiedemann*, Schröder-GS, S. 299.

458 *Lüderssen*, A. Kaufmann-GS, S. 677.

459 *Ransiek*, S. 154; kritisch auch *Höffner*, BB 1999, S. 253; *Schäfer*, GmbHR 1993, S. 785.

460 Aktienstrafrecht, § 401 AktG, Rn. 36; ebenso *Bieneck* in: Müller-Gugenberger (Hrsg.), § 71, Rn. 12 i.V.m. § 63, Rn. 23; *Ransiek*, S. 156ff; *Schäfer*, GmbHR 1993, S. 785f.

461 NJW 1994, S. 3113 (zu § 84 Abs. 1 Nr. 2 GmbHG und § 283 StGB).

sehen werden[462]. Daraus ergibt sich zugleich, daß die strafrechtliche Haftungsseite den konkursrechtlichen Vorgaben wegen der aufgezeigten strukturellen und funktionalen Übereinstimmungen zu folgen hat.

dd) Eindeutigkeit der Überschuldung

Es muß also wie im Konkursrecht auch bei den Konkursverschleppungsdelikten im Rahmen der Überschuldungsprüfung eine *finanzplanerisch* zu erstellende Prognose im Mittelpunkt stehen, deren Zuverlässigkeit allerdings angesichts des langen Betrachtungszeitraums ebenfalls sehr unsicher ist und gleichfalls verschiedene Schätzungen erlaubt. Auch insofern ergeben sich aber keine Probleme im Hinblick auf Art. 103 Abs. 2 GG. Denn es geht, anders als etwa bei den Auseinandersetzungen um die Bestimmung der Fortführungswerte, weniger um ein theoretisches Problem. Von seiner Konstruktion her bietet der Finanzplan sogar alle Voraussetzungen für einen umfassend präventiven Gläubigerschutz. Im Vordergrund steht vielmehr die *praktische* Schwierigkeit der Ungewißheit zukünftiger Zahlungsströme[463]. Und insofern sind durchaus Fälle denkbar, in denen die Prognose zu einem eindeutigen Ergebnis führt. Allerdings dürfte das eine erhebliche künftige Zahlungsunfähigkeit, bei längeren Zeiträumen bisweilen sogar eine sichere und nahezu komplette Zahlungseinstellung voraussetzen. Im Ergebnis wird damit die Überschuldung oft nur anzunehmen sein, und *insofern* ist der herrschenden Auffassung zuzustimmen, wenn sie durch eine solche Eindeutigkeit "qualifiziert" ist[464]. Dieses Erfordernis ist zudem auch aus Gründen der *Strafwürdigkeit* zu fordern. Ein strafwürdiges Verhalten setzt ein erheblich sozialschädliches Verhalten voraus[465]. Das dürfte in Anbetracht der hier gegebenen Bewertungsspielräume erst bei einer deutlich erkennbaren Überschuldung zweifelsfrei vorliegen.

---

462 Ebenso *Groth*, S. 126; vgl. auch *Ransiek*, S. 153ff., der allerdings die Beweis-last für die positive Prognose bei rechnerischer Überschuldung und unsicherer Zukunftserwartung dem Antragspflichtigen zuweisen will, vgl. S. 159f. Das mag zwar im Hinblick auf den In-dubio-pro-reo-Grundsatz in der Tat nicht problematisch erscheinen, da dieser für Prognoseentscheidungen nicht greift. Die Prognose selbst hat aber auf einer Feststellung der überwiegenden Wahrscheinlichkeit zu beruhen - und die muß bei Unsicherheit eben negativ ausfallen.

463 *Plate*, DB 1980, S. 219. - Einschränkend ist aber anzumerken, daß auch in der Finanzplanung verschiedene Schätzmethoden verwendet werden; dazu mit zutreffender Auswahl der richtigen Methode *Möhlmann*, S. 81.

464 So, zum Teil unter Bezugnahme auf die drohende Zahlungsunfähigkeit, die nach hier vertretener Auffassung auch für die Überschuldungsprüfung maßgeblich ist, etwa *Bittmann*, wistra 1998, S. 325; *Schäfer*, GmbHR 1993, S. 785; *Tiedemann*, Vor § 283 StGB, Rn. 158 m.w.N. - Nicht ausreichend dagegen eine "50%ige Ruinwahrscheinlichkeit" (*Bretzke*, S. 224); kritisch dazu auch *Uhlenbruck*, wistra 1996, S. 3; *ders.*, KTS 1986, S. 32. - Verfassungsrechtliche Zweifel wegen Art. 103 Abs. 2 GG bei *Matzen*, S. 54ff.

465 Vgl. oben im 1. Kapitel A III 1.

d) Exkurs: Strafbedürftigkeit der Konkursverschleppungsdelikte

aa) "Symbolische" Strafrechtsnormen?

Sind die Konkursverschleppungsdelikte damit hinsichtlich ihrer Tatbestandsbestimmtheit als unbedenklich zu bezeichnen, so werden verfassungsrechtliche Bedenken bisweilen noch aus einem anderen Blickwinkel geltend gemacht: Da das Fortführungsverbot bereits über zivilrechtliche Schadensersatzpflichten abgesichert werde, sei fragwürdig, so wird argumentiert, ob es überhaupt noch der strafrechtlichen Absicherung bedürfe[466]. Die wahre Bedeutung dieser Strafnormen liege mithin nicht in der Sanktionierung strafbedürftigen Verhaltens, sondern vielmehr allein darin, die Bedeutung der Antragspflichten "symbolisch"[467] hervorzuheben. Das lasse die Grundlage dieser Vergehen zumindest "schwankend"[468] erscheinen.

bb) Strafbedürftigkeit und Effektivität zivilrechtlicher Haftung

Eine ausreichende Absicherung der Gläubiger über das Zivilrecht könnte die strafrechtliche Legitimation der Konkursverschleppungsdelikte in Frage stellen. Denn dem Ultima-ratio-Prinzip folgend könnte die zivilrechtliche Haftung das wohl weniger einschneidende und daher zu bevorzugende Mittel bieten[469]. Allerdings müssen auch die Kritiker der Konkursverschleppungsdelikte zugeben, daß die zivilrechtliche Absicherung jedenfalls bisher keineswegs für den gewünschten Erfolg gesorgt hat. Vielmehr ist anerkannt, daß Konkursverfahren regelmäßig zu spät eingeleitet werden[470].

Damit mag zwar auch die strafrechtliche Bewehrung als nicht besonders effektiv erachtet werden. Von der These der schwierigen Durchsetzbarkeit dieser Strafnormen jedoch auf die mangelnde Strafbedürftigkeit des pönalisierten Verhaltens zu schlußfolgern, erscheint verfehlt. Zunächst einmal ist schon zu bezweifeln, daß die Behauptung der Anwendungsschwierigkeiten und mangelnden Präventivwirkung überhaupt in dem genannten Umfang zutrifft. Zumindest im Vergleich zu den §§ 283ff. StGB wird nämlich die große praktische Bedeutung dieser Normen und ihre Funktion als "Auffangtatbestände" stets hervorgehoben[471]. Selbst wenn man aber die Probleme der Umsetzbarkeit einmal unterstellt, gelangt man jedenfalls im Vorsatzbereich nicht zur Schlußfolgerung fehlender Strafbedürftigkeit. Man wird, im Gegenteil, vielmehr argumentieren müssen, daß die nach geltender Rechtslage unzureichende Wirkung zivilrechtlicher Haftung die Unterstützung durch die Androhung zusätzlicher strafrechtlicher Sanktio-

---

466 *Canaris*, JZ 1993, S. 652; *Haffke*, KritV 1991, S. 170ff.; kritisch auch *Ransiek*, S. 152; *Schlosser* in: Leipold (Hrsg.), S. 19.

467 *Haffke*, KritV 1991, S. 439f.

468 *Ransiek*, S. 152.

469 Dazu bereits oben im 1. Kapitel A III 2.

470 Vgl. dazu die Nachweise in Fn. 317.

471 *Bieneck* in: Müller-Gugenberger (Hrsg.), § 71, Rn. 3; *Schüppen*, DB 1994, S. 203; *Tiedemann*, Vor § 283 StGB, Rn. 29.

nierung geradezu erfordert. Ob darüber hinaus eine zukünftige Verschärfung der Schadensersatzhaftung[472] das Bedürfnis nach strafrechtlicher Reaktion tatsächlich entfallen lassen könnte[473], ist jedenfalls bisher nicht überzeugend dargelegt worden.

e) Ergebnis

Die Straftatbestandsmerkmale der Zahlungsunfähigkeit und Überschuldung sind in den Konkursverschleppungsdelikten in Übereinstimmung mit dem Konkursrecht auszulegen. Materiellrechtliche Zweifel im Hinblick auf den Bestimmtheitsgrundsatz bestehen nicht. Allein beweisrechtlich kann es zu Unterschieden kommen, da die insofern höheren Anforderungen (in dubio pro reo) im Strafrecht das "eindeutige" Vorliegen dieser Merkmale fordern. Auch die Strafbedürftigkeit der Konkursverschleppungsdelikte unterliegt keinen Bedenken.

2) Krisensituationen des § 283 StGB

a) Funktion

In sämtlichen bisher untersuchten Normen des Zivil- und Strafrechts konnte für die frühere Rechtslage eine übereinstimmende Auslegung der Zahlungsunfähigkeit und Überschuldung festgestellt werden. Damit bleibt noch die Frage zu klären, ob diese einheitliche Begriffsauslegung auch für die Krisensituationen des Konkursstrafrechts in § 283 StGB gilt[474]. Krisensituationen in diesem Sinne sind die Zahlungsunfähigkeit, die Überschuldung und die drohende Zahlungsunfähigkeit.

Das Tatbestandsmerkmal der *drohenden Zahlungsunfähigkeit* wird nach früherer Rechtslage allein in § 283 Abs. 1 StGB verwendet. Erst die Insolvenzordnung hat die drohende Zahlungsunfähigkeit auch als Eröffnungsgrund normiert (§ 18 InsO). Die Begriffsübernahme aufgrund einer Funktionsentsprechung scheint damit für diesen Begriff, anders als für die Zahlungsunfähigkeit und die Überschuldung, nach bisheriger Rechtslage auszuscheiden. Dabei darf allerdings nicht unberücksichtigt bleiben, daß das hier favorisierte modifiziert zweistufige Überschuldungsmodell entscheidend auf ein Element drohender Zahlungsunfähigkeit abstellt. Damit ergeben sich aber erhebliche Überschneidungen dieser beiden Begriffe. Es besteht deshalb hinsichtlich der drohenden Zahlungsunfähigkeit Anlaß, den Zusammenhang mit dem Überschul-

472 Vgl. die Vorschläge für eine Culpa-in-contrahendo-Haftung für Individualschäden getäuschter Neugläubiger und für schuldhafte Konkursverursachung von *K. Schmidt*, ZIP 1988, S. 1503ff.; *ders.*, Insolvenzrecht, S. 67f.; zu diesem Problemkreis auch *BGH* NJW 1994, S. 2220ff.; *Altmeppen*, ZIP 1997, S. 1173ff.

473 Erwägend *Ransiek*, S. 152.

474 Die strafrechtliche Krisensituation ist von dem Begriff der "Krise" in § 32a Abs. 1 S. 1 GmbHG n.F. abzugrenzen. Letzterer liegt bereits in dem Zeitpunkt vor, in dem ordentliche Kaufleute Eigenkapital zugeführt hätten. Er umfaßt über die Konkursgründe hinaus damit bspw. auch schon den Zustand der Kreditunwürdigkeit; vgl. *Zimmer*, NJW 1998, S. 3530.

dungsbegriff, näher zu überprüfen. Insbesondere ist zu fragen, ob es *beider* Tatbestandsmerkmale im Bankrottstrafrecht überhaupt noch bedarf.

Ob für die weiteren Krisensituationen der *Zahlungsunfähigkeit* und *Überschuldung* die für das Konkurs- und Konkursverschleppungsrecht erarbeiteten Definitionen zu übernehmen sind, hängt von dem bereits erwähnten Kriterium ab, ob diesen Straftatbestandsmerkmalen eine vergleichbare Funktion zukommt. Auch das soll im folgenden geprüft werden.

aa) Gesetzesbegründung

Um die Funktion der bankrottstrafrechtlichen Krisensituationen zu erarbeiten, ist der Blick zunächst auf das Erste Gesetz zur Bekämpfung der Wirtschaftskriminalität aus dem Jahre 1976 zu richten[475]. Mit diesem Gesetz wurden die Konkursdelikte aus der Konkursordnung in das Strafgesetzbuch rückgeführt und erheblich umgestaltet. Vorrangiges Ziel dieser Reform war es, die Bankrotthandlungen auf wirtschaftlich gefährliche Verhaltensweisen zu beschränken und damit die Bedenken der bisherigen Regelungen hinsichtlich des Schuldgrundsatzes auszuräumen[476]. Diese Bedenken lagen darin begründet, daß vor allem nach § 240 KO a.F. auch unrechtsneutrale und damit nicht mehr strafwürdige Handlungen als Bankrottdelikte erfaßt wurden, sofern nur eine der von Vorsatz und Fahrlässigkeit unabhängigen objektiven Strafbarkeitsbedingungen eingetreten war. Das wurde insbesondere an § 240 Abs. 1 Nr. 1 KO a.F. (Verbrauch übermäßiger Summen durch Aufwand) deutlich, der bei einem wirtschaftlich leistungsfähigen Schuldner kein strafwürdiges Unrecht darstellte.

Um diese Zweifel auszuräumen, wurden insbesondere in § 283 Abs. 1 StGB die *Krisensituationen* der Zahlungsunfähigkeit, Überschuldung und drohenden Zahlungsunfähigkeit als Tatbestandsmerkmale eingeführt. Fortan waren diese Bankrotthandlungen nur noch strafbar, wenn sie *in einer für die Gläubiger gefährlichen Situation* der Krise vorgenommen wurden oder, im Falle des § 283 Abs. 2 StGB, zu einer solchen Krise führten. Auf die Herbeiführung einer konkreten Gläubigergefährdung als tatbestandlicher Erfolg der Bankrotthandlung, wie sie noch frühere Gesetzentwürfe vorgesehen hatten, wurde aus Praktikabilitätsgesichtspunkten in § 283 Abs. 1 StGB zutreffenderweise verzichtet. Vor allem bei den rechnungslegungsbezogenen Tatalternativen wäre sie schwerlich zu beweisen gewesen[477].

---

475 BT-Dr 7/3441.

476 Begr. RegE zu §§ 283 bis 283d StGB, BT-Dr 7/3441, S. 19; *Höfner*, S. 5; *Schlüchter*, MDR 1978, S. 265, 977ff.; *dies.*, Grenzbereich, S. 8; *Tiedemann*, NJW 1977, S. 780. - Grundsätzlich zum Schuldprinzip *BVerfGE* 9, S. 169, 28, S. 391; *Maurach/Zipf*, AT 1, § 7, Rn. 15ff.; *Sch/Sch/Lenckner*, Vorbem. §§ 13ff StGB, Rn. 103f.

477 Begr. RegE zu §§ 283 bis 283d StGB, BT-Dr 7/3441, S. 19; *Tiedemann*, Gutachten, S. C 69f.

Festzuhalten ist damit zunächst, daß mit der Einführung der Krisensituationen von der Pönalisierung einer rein abstrakten Vermögensgefährdung durch die Bankrottdelikte Abstand genommen werden sollte[478]. Wie die funktionalen Anforderungen an die Krisensituation im einzelnen beschaffen sein müssen, ist mit dieser Feststellung noch nicht dargelegt. Bevor das näher untersucht wird, soll zunächst noch auf die Kritik eingegangen werden, die angesichts der Erstreckung des Krisenerfordernisses auf sämtliche Bankrotthandlungen des § 283 Abs. 1 StGB geäußert worden ist.

bb) "Reformerischer Übereifer"?

Die umfassende Einführung des Krisenmerkmals für sämtliche Bankrotthandlungen des § 283 StGB ist in der herrschenden Lehre auf Ablehnung gestoßen. Das Schrifttum hatte nämlich stets zwischen der Strafwürdigkeit der verschiedenen Bankrotthandlungen differenziert und die Krisensituationen nur für die "an sich rechtmäßigen" Handlungen gefordert[479]. Andere Begehungsweisen, wie etwa der Schleuderverkauf kreditierter Waren (§ 283 Abs. 1 Nr. 3 StGB), werden dagegen auch ohne Krise als bereits strafwürdige, rein abstrakte Gefährdungsdelikte eingestuft. Ein solcher Standpunkt war auch bei vorherigen Gesetzesentwürfen und in den Stellungnahmen der Sachverständigenkommission vertreten worden[480]. Aus ihm wurden aber im 1. WiKG 1976 keine Konsequenzen gezogen[481].

Diese Kritik, für die *Schlüchter* den Ausspruch vom "reformerischen Übereifer" des Gesetzgebers geprägt hat[482], begegnet allerdings ihrerseits erheblichen Bedenken. So hat jüngst *Krause* in seiner Dissertation ausführlich herausgearbeitet, daß selbst von einer abstrakten Gefährdung der Gläubigeransprüche durch bestands-bezogene Bankrotthandlungen jedenfalls dann keine Rede sein kann, wenn Schuldner auch unmittelbar nach ihrer Vornahme noch in der Lage bleiben, sämtliche Verpflichtungen zu erfüllen[483]. Und in der Tat ist nicht ersichtlich, wie selbst der Schleuderverkauf kreditierter Waren bei vielen leistungsfähigen Schuldnern auch nur *typischerweise* gefähr-

---

478 Vgl. auch bereits oben im 1. Kapitel C IV 1 b.

479 *Berz*, DB 1976, S. 1439; *Bretzke*, S. 216f.; *Hammerl*, S. 15f.; *Harneit*, S. 6; *Höfner*, S. 38ff.; *Klug*, JZ 1957, S. 463; *Tiedemann*, NJW 1977, S. 780; *ders.*, Vor § 283 StGB, Rn. 41, 87.

480 BT-Dr IV/650, S. 445 (E 1962); BT-Dr VI/3250, S. 245 (E EGStGB); Tagungsberichte III, S. 99ff.

481 In der Regierungsbegründung selbst wird allerdings noch zwischen der Rechtmäßigkeit einzelner Bankrotthandlungen differenziert, vgl. BT-Dr 7/3441, S. 19: "Ein *Teil* der Bankrotthandlungen [...] vorwurfsfrei"; S. 20: "bei den *meisten* Handlungen [...] gebotenes Tatbestandsmerkmal" [Hervorhebungen des Verf.].

482 Grenzbereich, S. 130.

483 S. 232ff., 236, mit der weiteren Begründung auf S.239, daß es auch im Zivilrecht kein Institut gebe, daß den Gläubigern erlaube, ohne jeden Nachweis der Beeinträchtigung ihrer Interessen gegen den Schuldner vorzugehen (vgl. §§ 3 AnfG; 30 KO; 823 Abs. 2; 826 BGB); ebenso *Kindhäuser*, NK, Vor §§ 283-283d StGB, Rn. 92. - Erste Ansätze zu dieser Auffassung bereits bei *Harneit*, S. 102.

lich und daher strafwürdig sein soll. Denn die im einzelnen unterschiedlich begründeten Theorien zu den abstrakten Gefährdungsdelikten dürften jedenfalls insofern übereinstimmen, als sie ein solch typischerweise gefährliches Verhalten fordern und nur auf den Nachweis der konkreten Gefährdung im Einzelfall verzichten[484]. Ein solches Verhalten ist angesichts der großen Zahl erfüllungsfähiger Schuldner aber nicht einmal typischerweise gegeben. Der krisenunabhängige Gefährlichkeitsbegriff der herrschenden Meinung ist mithin zu verwerfen, da er diesen Anforderungen nicht gerecht werden kann. Man mag also *unterhalb (!)* der Strafwürdigkeitsgrenze eine Bankrotthandlung ohne Vorliegen einer Krise zwar für mehr oder weniger mißbilligenswert halten. Die Kriminalstrafe für bloß unvernünftiges, aber nicht sozialschädliches Handeln wäre hier dagegen unangemessen[485]. Daher war die Einführung des Krisenmerkmals für die Begründung der Strafwürdigkeit *sämtlicher* Bankrotthandlungen erforderlich. Der Entscheidung des Gesetzgebers des 1. WiKG 1976 ist damit ausdrücklich zuzustimmen.

Differenziert werden muß diese Betrachtungsweise jedoch für die Buchführungsdelikte. Ihnen ist aufgrund der Bedeutung der Rechnungslegung bereits ein solches Gefährdungspotential zuzurechnen, daß auch ihre krisenunabhängige Verwirklichung schon als strafwürdiges Verhalten eingestuft werden kann[486]. Aufgrund des fehlenden Krisenerfordernisses sieht § 283b StGB allerdings zutreffenderweise einen erheblich verminderten Strafrahmen von nur bis zu zwei Jahren Freiheitsstrafe oder Geldstrafe vor.

cc) Anforderungen an die Krisensituation

Ist damit eine wirtschaftliche Krise zur Begründung der Strafwürdigkeit bestandsbezogener Bankrotthandlungen unabdingbar, so soll nun geklärt werden, welche funktionalen Anforderungen an eine solches Tatbestandsmerkmal im einzelnen zu stellen sind. Soweit im Schrifttum überhaupt versucht wird, die einzelnen Krisensituationen mit einer übergeordneten Definition zu erfassen, können dabei zwei Ansätze unterschieden werden.

---

484 Vgl. dazu die Nachweise in Fn. 196.

485 Ebenso *Krause*, S. 234ff. - Zum Schleuderverkauf vgl. auch bereits *Schlüchter*, MDR 1978, S. 980.

486 Zur Doppelfunktion der Buchführung (Selbstinformation des Unternehmers und Dokumentationsfunktion im Insolvenzverfahren) bereits oben im 1. Kapitel C III 3 b; vgl. auch *Geisler*, S. 482f.; *Krause*, S. 424ff.

(1) Konkrete Gefahr

Eine erste Ansicht lehnt sich in Übereinstimmung mit der Regierungsbegründung zum 1.WiKG 1976[487] im wesentlichen an die konkursrechtlich vorherrschenden Definitionen der Eröffnungsgründe an, hält eine Krise im Ergebnis also erst bei Konkursreife des Unternehmens für gegeben[488]. So sieht *Otto* die Funktion der Krisensituationen darin, daß sie "Situationen *konkreter Gefahr* für die geschützten Rechtsgüter" abbilden, bei denen allein ein unvorhersehbares Ereignis die Rechtsgutsbeeinträchtigung noch vermeiden könne[489]. Er stellt damit auf eine Situation ab, in der der Übergang von der Gefährdung zur Verletzung gläubigerschaftlicher Befriedigungsansprüche unmittelbar bevorsteht. Die Krise stellt demnach einen Zustand dar, in dem sich die Rechtsgutsbeeinträchtigung zu intensivieren droht. Diese Intensivierung manifestiert sich regelmäßig im Eintritt einer objektiven Strafbarkeitsbedingung. Da der Eintritt dieser Bedingungen nun seinerseits die Konkursreife voraussetzt, ergibt sich eine mit dem Konkursrecht *übereinstimmende* Funktion. Die Konsequenz daraus ist die *Übernahme* der erörterten Begriffsbestimmungen des Konkurs- und Konkursverschleppungsdeliktsrechts für die Bankrottstraftatbestände.

(2) Typische Gefährdung

Die auch von staatsanwaltschaftlicher Seite unterstützte Gegenansicht hält diesen Ansatz für zu restriktiv und plädiert für ein *früheres* Eingreifen der Krisensituationen[490]. Entscheidend wird dabei auf den Grundsatz ordnungsgemäßen Wirtschaftens abgestellt. Der Krise komme lediglich die Funktion zu, dem Schuldner bestimmte Sorgfaltsanforderungen für sein Wirtschaften aufzuerlegen. Sie grenze mithin den Bereich vollständig freien Wirtschaftens von dem Zustand ab, in dem der Schuldner bereits gewissen Sorgfaltsregeln gerecht werden müsse. Ein Verstoß gegen diese Regeln sei mit dem Vorliegen einer Krise allein aber noch nicht dargetan. Krisenmerkmal und Strafwürdigkeitsgrenze seien daher nicht identisch[491]. Die Strafwürdigkeit wirtschaftswidriger Verhaltensweisen liege deshalb nicht erst bei Konkursreife vor. Sie müsse wegen ihrer "*typischen Nachteilsgeneigtheit*"[492] für die Gläubiger schon erheblich

---

487 Vgl. oben aa.

488 *Otto*, Bruns-GS, S. 268ff., *ders.*, DT, § 61, Rn. 83ff.; *Groth*, S. 98ff.; mit dem Konkursrecht weitgehend übereinstimmend auch *Bieneck* in: Müller-Gugenberger (Hrsg.), § 63, Rn. 1ff.; *Ransiek*, S. 153; *Tiedemann*, Vor § 283 StGB, Rn. 125ff.; vgl. auch *Harneit*, S. 101f.

489 Bruns-GS, S. 272; vgl. auch *Tiedemann*, NJW 1977, S. 781 mit dem ergänzenden Hinweis, daß anders als bei den konkreten Gefährdungsdelikten bei § 283 Abs. 1 StGB die [scil. Vertiefung der] Gefahr von der *Handlung* des Pflichtigen, nicht aber der Herbeiführung eines konkreten Erfolges ausgeht.

490 Ausführlich *Krause*, S. 217ff., 233ff.; ferner *Franzheim*, NJW 1980, S. 2500f.; *ders.*, wistra 1984, S. 212; *Gallandi*, wistra 1992, S. 12; *Kindhäuser*, NK, Vor §§ 283-283d StGB, Rn. 92ff.; *Sch/Sch/Stree*, § 283 StGB, Rn. 51.

491 *Franzheim*, wistra 1984, S. 212; *Krause*, S. 243; *Sch/Sch/Stree*, § 283 StGB, Rn. 51; vgl. aber auch *Tiedemann*, Wirtschaftsstrafrecht 1, S. 243 sowie *ders.*, Vor § 283 StGB, Rn. 129.

492 *Krause*, S. 243.

früher bejaht werden. Aus diesen Gründen unterliege es keinen Bedenken, wenn die Krisensituationen im Bankrottstrafrecht abweichend vom Konkursverschleppungsdeliktsrecht definiert werden. Denn nur die Konkursverschleppungsdelikte knüpften an die Unterlassung der Antragstellung bei Vorliegen dieser Merkmale bereits die Strafbarkeit. § 283 Abs. 1 StGB setze dagegen zusätzlich noch einen Verstoß gegen den Grundsatz ordnungsgemäßen Wirtschaftens voraus[493]. Eine Funktionsentsprechung mit dem Konkurs- und Konkursverschleppungsrecht ist nach dieser Auffassung daher abzulehnen. Plädiert wird für eine abweichende Auslegung im Bankrottstrafrecht.

Die Forderung nach einem schneller vorliegenden, eigenständigen Krisenbegriff wird allerdings bisweilen nur als ein Postulat *de lege ferenda* gesehen. Für das geltende Recht hält dagegen auch diese zweite Auffassung an den schon bisher vertretenen Begriffsdefinitionen fest. Das klingt etwa bei *Krause* an, wenn er von dem "Krisenmerkmal in seiner geltenden Fassung" spricht[494]. Jedenfalls für den Bereich der Zahlungsunfähigkeit greift auch diese Ansicht daher auf die konkursrechtliche Definition zurück. Auch bei der Überschuldung hält sie sich im Rahmen der bisher vertretenen Theorien, sieht allerdings aufgrund der Meinungsvielfalt mehr Spielraum und stellt folgerichtig auf die (regelmäßig) am frühesten erfüllte Definition ab, nach der es allein auf eine liquidationsorientierte Bewertung ankommen soll[495].

dd) Auseinandersetzung

Ungeachtet dieser sogleich im einzelnen zu diskutierenden Unterschiede sind die Auffassungen von ihrem dogmatischen Ausgangspunkt her wenigstens *de lege lata* nicht so weit voneinander entfernt, wie es auf den ersten Blick scheinen mag. Das gilt zumindest dann, wenn man mit der von *Krause* herausgearbeiteten Prämisse wirklich Ernst macht, daß nämlich eine Krisensituation per definitionem jedenfalls nicht bereits vorliegen darf, wenn bei Vornahme der Bankrotthandlung der Schuldner noch *typischerweise* zur Erfüllung seiner Verpflichtungen vollständig in der Lage ist[496]. Mit dem Merkmal der *Erfüllungsfähigkeit* kann im Ergebnis nämlich nichts anderes gemeint sein als die Fähigkeit, seine Gläubiger mit Geld, also durch Auszahlungen zu befriedigen. Deshalb muß auch nach dieser Ansicht der *Zahlungsfähigkeit* des Schuldners für sämtliche Krisenmerkmale entscheidende Bedeutung beigemessen werden - und ihr Drohen ist schließlich ein auch für das herrschende konkursrechtliche Überschuldungsmodell konstitutives Element.

---

493 *Krause*, S. 219, Fn. 125, S. 245, Fn. 51.

494 S. 243. - *Gallandi*, wistra 1992, S. 13, will *de lege ferenda* schon das Erwirken von Sicherungsrechten pönalisieren, wenn es in der Absicht geschieht, andere Gläubiger zu benachteiligen.

495 *Kindhäuser*, NK, Vor §§ 283-283d StGB, Rn. 92ff. m.w.N., insbesondere Rn. 99; näher unten c bb, cc.

496 S. 232ff., insbesondere S. 236.

Soweit *Krause* aber weitergehend darauf abstellt, auch unmittelbar *nach* Vornahme der Bankrotthandlung dürfe typischerweise noch keine Gefährdung der Gläubiger eingetreten sein[497], dürften sich daraus zwar keine erheblichen Unterschiede ergeben. Gleichwohl greift er damit unzutreffend über den Regelungsbereich des § 283 Abs. 1 StGB hinaus: Die Herbeiführung einer gläubigergefährdenden Situation ist in § 283 Abs. 2 StGB gesondert unter Strafe gestellt.

ee) Zwischenergebnis

Die Funktion der Krisensituation besteht darin, einen Zustand zu beschreiben, in dem die Fähigkeit des Schuldners zur Gläubigerbefriedigung, seine *Erfüllungsfähigkeit typischerweise gefährdet* ist. Da die Gläubiger durch Zahlungen befriedigt werden, setzt eine Krise voraus, daß eine gegenwärtige oder künftige Gefahr für die Zahlungsfähigkeit des Schuldners besteht. Ob diese Gefährdung im Sinne der ersten Auffassung bereits den Grad einer *konkreten* Gefahr erreicht - und sich damit eine dem Konkurs- und Konkursverschleppungsrecht vergleichbare Funktion ergibt -, soll im folgenden im Zusammenhang mit den einzelnen Krisensituationen des Konkursstrafrechts erörtert werden.

b) Zahlungsunfähigkeit

Zunächst ist dazu auf die Krisensituation der Zahlungsunfähigkeit einzugehen. Für sie werden gegenüber dem konkursrechtlichen Ansatz von beiden oben genannten Auffassungen nahezu keine Änderungen vorgeschlagen. So stellen im Hinblick auf die Dauerhaftigkeit beide Ansichten auf ein voraussichtlich dreimonatiges Unvermögen ab[498]. Vergleichbar wird auch beim Kriterium der Wesentlichkeit auf die 25%-Grenze rekurriert[499]. Nur vereinzelt werden hier höhere oder geringere Werte gefordert, so etwa von *Schlüchter*, die 50% für den Richtwert hält[500], oder von *Hoffmann*, der auf nur 15%

497 S. 236.

498 Von den Befürwortern des Ansatzes einer "nur typischen Gefährdung" etwa *Franzheim*, NJW 1980, S. 2504; *Hiltenkamp-Wisgalle*, S. 286 (bei Unterdeckung von weniger als 50%); *Kindhäuser*, NK, Vor §§ 283-283d StGB, Rn. 101; *Sch/Sch/Stree*, § 283 StGB, Rn. 52; vgl. auch *Janovsky*, Kriminalistik 1998, S. 334; *Müller/Wabnitz/Janovsky*, S. 142, Rn. 5. - Ebenso diejenigen, die dem Ansatz der "konkreten Gefahr" zugeordnet werden können, vgl. etwa *BayObLG* BB 1988, S. 1840; *Otto*, Bruns-GS, S. 277f.; *Schlüchter*, MDR 1978, S. 268; *Tiedemann*, Vor § 283 StGB, Rn. 134, die allerdings alle positive Liquiditätsentwicklungen auch noch innerhalb weiterer drei Monate berücksichtigen wollen.

499 Vgl. auch hier einerseits *Franzheim*, NJW 1980, S. 2504; *Kindhäuser*, NK, Vor §§ 283-283d StGB, Rn. 101; *Sch/Sch/Stree*, § 283 StGB, Rn. 52; ähnlich *Hiltenkamp-Wisgalle*, S. 278f. (20%); vgl. auch *Janovsky*, Kriminalistik 1998, S. 334; *Müller/Wabnitz/Janovsky*, S. 142, Rn. 5 - sowie andererseits ebenso *BayObLG* BB 1988, S. 1840; *Otto*, Bruns-GS, S. 278; *Tiedemann*, Vor § 283 StGB, Rn. 132.

500 MDR 1978, S. 268; ebenso *Doster*, wistra 1998, S. 328; *Reck*, Betrieb und Wirtschaft 1997, S. 745, Fn. 15, der das unzutreffend für die *h.M.* hält; differenzierend *Regner*, S. 103ff..

abstellen will[501]. Nach der zur bisherigen Rechtslage herrschenden bankrottstrafrechtlichen Auffassung ist die Krise der Zahlungsunfähigkeit daher eine mindestens *dreimonatige* Unterdeckung von *25%*.

Damit ist festzustellen, daß die Definition der Zahlungsunfähigkeit in § 283 StGB mit der Auslegung im Konkurs- und Konkursverschleppungsrecht übereinstimmt. Die Krisensituation der Zahlungsunfähigkeit kann daher nicht nur entsprechend der zweiten Auffassung als Zustand typischer Gefährdung bezeichnet werden. Ihre Definition geht über die Beschreibung dieses Zustandes noch hinaus. Sie stellt nämlich auch im Sinne der ersten Auffassung bereits eine Situation konkreter Gefahr für die Gläubiger dar. Ihr kommt damit eine mit den übrigen Zahlungsunfähigkeitsbegriffen *vergleichbare Funktion* zu. Daraus ergibt sich für die Zahlungsunfähigkeit nach bisheriger Rechtslage eine *einheitliche* Begriffsanwendung in sämtlichen Bereichen des Konkurs- und Konkursstrafrechts. Erst im insolvenzstrafrechtlichen Teil wird daher zu prüfen sein, inwiefern auch eine erheblich früher eingreifende Zahlungsunfähigkeit wie die gemäß § 17 Abs. 2 InsO mit den beiden genannten bankrottstrafrechtlichen Ansätzen vereinbar ist.

c) Überschuldung

Besteht demnach bei der Bestimmung der Zahlungsunfähigkeit weitgehende Einigkeit in Rechtsprechung und Literatur, so gehen bei der Ermittlung der Überschuldung im Rahmen des § 283 StGB die Auffassungen weit auseinander.

aa) Dynamische Überschuldungsbegriffe

Ein Teil des Schrifttums sowie einige neuere obergerichtliche Entscheidungen plädieren für ein dynamisches Modell. Dabei wird entweder auf die herkömmliche zweistufige Überschuldungstheorie[502] oder auf das modifiziert zweistufige Konzept von *K. Schmidt* abgestellt[503]. Allerdings wird von den Vertretern des herkömmlichen Ansatzes

---

[501] DB 1980, S. 1527 (dazu *Tiedemann*, Vor § 283 StGB, Rn. 129); ebenso *Bieneck* in: Müller-Gugenberger (Hrsg.), § 63, Rn. 38; *Richter*, GmbHR 1984, S. 139. - *Matzen*, S. 50ff., 115, will sogar ganz auf das Wesentlichkeitsmerkmal verzichten. Auf die Widersprüche in seinem Modell, das die Dauerhaftigkeit durch ein an die betriebswirtschaftliche Finanzflußanalyse angelehntes, kennzahlenorientiertes Modell nachweisen soll, hat zutreffend bereits *Moosmayer*, S. 153f., hingewiesen.

[502] *OLG Düsseldorf*, DB 1998, S. 1856; *Lackner/Kühl*, § 283 StGB, Rn. 6; *Richter*, GmbHR 1984, S. 140; *Schlüchter*, wistra 1984, S. 43; wohl auch *Tiedemann*, Vor § 283 StGB, Rn. 157; so früher auch noch *Otto*, Bruns-GS, S. 268ff.

[503] *OLG München* NJW 1994, S. 3114; seit Etablierung des modifiziert zweistufigen Überschuldungsbegriffs im Konkursrecht stellt *Otto* im Bankrottstrafrecht allein auf diesen ab, vgl. *dens.*, BT, § 61, Rn. 83ff.; *dens.*, Jura 1989, S. 33; ebenso *Bieneck* in: Müller-Gugenberger (Hrsg.), § 63, Rn. 23.

zumeist hervorgehoben, daß aufgrund von Art. 103 Abs. 2 GG auch alle anderen "ernsthaft vertretenen Schätzungsmethoden" zu diesem Ergebnis gelangen müßten[504].

Die gegen die herkömmlich zweistufige Prüfung bereits im Konkursrecht vorgebrachten Bedenken hinsichtlich der mangelnden Ausrichtung am Maßstab der Gläubigergefährdung[505] sowie die schon bei den Konkursverschleppungsdelikten vorgenommene Kritik an dem Erfordernis der Berücksichtigung sämtlicher anderen Theorien[506] schlagen allerdings auch im Konkursstrafrecht durch. Wie im Konkursverschleppungsrecht kommt daher auch bei § 283 StGB unter den dynamischen Konzepten allein der modifizierte Überschuldungsbegriff in Frage.

bb) Überschuldung nach Liquidationswerten

Dem steht auch nach dem 1.1.1999 der erwähnte liquidationsorientierte Ansatz gegenüber, nach dem eine Überschuldung im bankrottstrafrechtlichen Sinne schon dann vorliegen soll, wenn bei Ansatz von Liquidationswerten die Verbindlichkeiten die Vermögenswerte übersteigen[507]. Den Vorwurf, mit der Unterstellung einer hypothetischen Liquidation werde zirkelschlußartig eine Rechtsfolge vorweggenommen, über die die Überschuldungsprüfung erst Auskunft geben solle, weisen die Vertreter dieser Ansicht zurück. Im Unterschied zum Zivilrecht gehe es hier nicht um die Frage der Konkursreife. Die strafrechtliche Frage laute vielmehr, "welche Sorgfaltspflichen einen Schuldner treffen, wenn seine Vermögenswerte im Falle einer Liquidation nicht mehr die Verbindlichkeiten decken."[508]

cc) Auseinandersetzung

(1) Funktion der Krise

Sowohl das modifiziert zweistufige Überschuldungsmodell als auch die Überschuldungsprüfung anhand von Liquidationswerten müssen sich daran messen lassen, ob sie der hier für die Krisensituation herausgearbeiteten Funktion gerecht werden. Die Überschuldung muß einen Zustand beschreiben, in dem die Fähigkeit des Schuldners, seine Gläubiger befriedigen zu können, *typischerweise gefährdet* ist.

(2) Abgrenzung zum Konkursgrund

Dem liquidationsorientierten Ansatz ist zunächst darin zuzustimmen, daß mit einer bankrottstrafrechtlich schneller eingreifenden Überschuldung noch keine Konsequen-

504 *Tiedemann*, Vor § 283 StGB, Rn. 158 sowie die in Fn. 456 Genannten.

505 Oben I 1 c bb (4) (a).

506 Oben II 1 c bb.

507 *Franzheim*, NJW 1980, S. 2500f.; *ders.*, wistra 1984, S. 212; *Hiltenkamp-Wisgalle*, S. 239ff.; *Kindhäuser*, NK, Vor §§ 283-283d StGB, Rn. 92ff.; *Müller/Wabnitz/Janovsky*, S. 142; *Sch/Sch/Stree*, § 283 StGB, Rn. 51; *Stypmann*, wistra 1985, S. 91ff.

508 *Kindhäuser*, NK, Vor §§ 283-283d StGB, Rn. 99; ähnlich *Sch/Sch/Stree*, § 283 StGB, Rn. 51.

zen für den Bestand eines Unternehmens verbunden wären. Denn der Konkurseröffnungsgrund der Überschuldung könnte davon abweichend ja weiterhin dynamisch interpretiert werden. Auch erscheint zutreffend, daß die Bedeutung des Sorgfaltspflichtverstoßes hervorgehoben wird. Damit wird dem Mißverständnis entgegengetreten, schon das bloße Vorliegen der Überschuldung führe bankrottstrafrechtlich zu irgendwelchen Konsequenzen[509].

(3) Typische Gefährdung

Gleichwohl kann es nicht überzeugen, daß mit der Überschuldung nach Liquidationswerten zugleich eine typische Gefährdung der schuldnerischen Erfüllungsfähigkeit einhergehen soll. Nach verschiedenen Schätzungen wären bei diesem Maßstab die Hälfte bis drei Viertel aller deutschen Unternehmen überschuldet[510]. Das allein ergibt zwar noch kein zwingendes Gegenargument. Ein solches ergibt sich aber aus der Tatsache, daß der allergrößte Teil dieser Unternehmen *trotz* liquidationsbezogener Überschuldung in der Lage ist, die Forderungen seiner Gläubiger uneingeschränkt zu erfüllen und sogar, wenn man dieser weiteren Anforderung *Krauses* ebenfalls folgen wollte, regelmäßig auch unmittelbar *nach* Vornahme einer Bankrotthandlung dazu noch in der Lage sein wird. Allein auf diese Erfüllungsfähigkeit kommt es jedoch für die Funktionsbestimmung an. Worin sonst sollte auch die typische Gefährdung der Gläubigerinteressen liegen? Es will nicht einleuchten, warum das Strafrecht eingreifen sollte, um bereits den "Wert des leistungsfähigen Unternehmens" durch ordnungsgemäßes Wirtschaften zu sichern[511], sofern eine Auflösung nicht geplant, ein solches Unternehmen im Hinblick auf die hier allein maßgeblichen Gläubigerinteressen vielmehr uneingeschränkt leistungsfähig ist.

(4) Zusammenhang mit der Strafbarkeitsbedingung

Aus dem weiteren Erfordernis des Eintritts einer objektiven Strafbarkeitsbedingung, also der Tatsache, daß das Unternehmen trotz Leistungsfähigkeit bei und sogar (unmittelbar) nach Vornahme der Bankrotthandlung später dennoch zusammengebrochen ist, ergibt sich ebenfalls nichts anderes. Denn nach der Rechtsprechung und einem Teil der Literatur ist bereits ein "tatsächlicher" Zusammenhang zwischen Krisensituation und Bedingungseintritt ausreichend[512]. Kausalität wird ebensowenig wie Verschulden gefordert. Es würde also bereits ausreichen, daß der Zustand rechnerischer Überschuldung auch noch in der möglicherweise um Jahre später eintretenden

---

509 *Krause*, S. 217ff. mit entsprechender Kritik am Konzept von *Harneit*.

510 Die Hälfte der Unternehmen sehen in diesem Sinne als überschuldet an: *Fischer*, S. 53; vgl. auch *Samson*, SK, Vor § 283 StGB, Rn. 4; *Roth*, ZGR 1993, S. 171f. - Drei Viertel sieht als überschuldet an: *Schlüchter*, Grenzbereich, S. 67; *dies.*, MDR 1978, S. 265.

511 So aber *Kindhäuser*, NK, Vor §§ 283-283d StGB, Rn. 99.

512 *Tröndle/Fischer*, Vor § 283 StGB, Rn. 17; näher unten im 4. Kapitel D II 1 b aa (1).

Insolvenz des Unternehmens vorliegt. Da aber den obigen Schätzungen zufolge ein erheblicher Teil der Unternehmen nach Liquidationswerten ohnehin dauerhaft überschuldet ist, kann auch diesem Zusammenhang keine Unterscheidungsfunktion zukommen.

Selbst wenn man der weitergehenden Auffassung folgte, in der Strafbarkeitsbedingung müsse sich die in der Krise liegende Gefahr realisieren[513], wäre schon deshalb nur wenig gewonnen, weil bei einer solchen Überschuldung noch keine, nicht einmal eine abstrakte Gefahr im Sinne einer typischerweisen Gefährdung vorgelegen hat.

(5) Strafrahmen des § 283b StGB

Ein weiteres Gegenargument ergibt sich zudem, wenn man den Blick auf § 283b StGB richtet, mit dem der Gesetzgeber die Verletzung der Buchführungs- und Bilanzierungspflicht sanktioniert hat. Im Unterschied zu § 283 Abs. 1 Nr. 5, 6 und 7 StGB sieht § 283b StGB einen erheblich niedrigeren Strafrahmen von "nur" bis zu zwei Jahren Freiheitsstrafe oder Geldstrafe vor. Alleiniges Unterscheidungskriterium zwischen beiden Normen ist dabei das Vorliegen einer Krisensituation. Daß das Krisenmerkmal angesichts der großen Zahl nach Liquidationswerten überschuldeter Unternehmen bei einer solchen Definition diese Abgrenzungsfunktion aber überhaupt noch erfüllen könnte, erscheint jedenfalls fraglich.

(6) Krisenverursachung im Sinne des § 283 Abs. 2 StGB

Noch deutlicher aber wird die Ungeeignetheit dieses Überschuldungsmodells, wenn man auch § 283 Abs. 2 StGB in die Betrachtung einbezieht. Mit dieser Norm würde sogar die Herbeiführung einer bloß liquidationsbezogenen, für die Gläubiger regelmäßig unerheblichen Überschuldung durch eine als sorgfaltswidrig eingestufte Handlung bei später nicht von Vorsatz oder Fahrlässigkeit umfaßtem Eintritt der Insolvenz pönalisiert. Daß damit der Bereich der Strafwürdigkeit noch weiter als bei § 283 Abs. 1 StGB verlassen würde, liegt zumindest nach dem hier vertretenen Standpunkt auf der Hand.

dd) Zwischenergebnis

(1) "Krisenunabhängigkeit" der Überschuldung nach Liquidationswerten

Im Ergebnis muß daher der Vorwurf *Kindhäusers* hinsichtlich der fehlenden Strafwürdigkeit "krisenunabhängiger" bestandsbezogener Bankrotthandlungen[514] gegen ihn selbst gerichtet werden. Da bei liquidationsorientierter Überschuldung die Erfüllungs-

513 *Otto*, Bruns-GS, S. 281f.; näher unten im 4. Kapitel D II 1 b aa (2).

514 NK, Vor §§ 283-283d StGB, Rn. 92; vgl. auch bereits oben a bb.

fähigkeit des Schuldners gerade nicht "ernsthaft auf dem Spiel steht"[515], kann auch von einer Krise des Unternehmens keine Rede sein. Eine gleichwohl erfolgende Bestrafung wäre daher - bei richtigem Krisenverständnis - ebenfalls dem Verdikt der "Krisenunabhängigkeit" und den daran geknüpften verfassungsrechtlichen Zweifeln ausgesetzt[516]. Soweit die staatsanwaltschaftliche Praxis dessen ungeachtet dennoch von (allerdings sehr "großzügig" bemessenen) Liquidationswerten ausgeht[517], mag das zwar in vielen Fällen zu gleichen Ergebnissen wie der hier vertretene Lösungsansatz führen können. Auf einer dogmatisch vertretbaren Konzeption beruht diese Vorgehensweise jedoch nicht.

(2) Modifiziert zweistufiger Überschuldungsbegriff

Zustimmung verdient daher allein das in der bankrottstrafrechtlichen Literatur von *Otto* vertretene, modifiziert zweistufige Überschuldungsmodell, mit dem maßgeblich auf ein Element drohender Zahlungsunfähigkeit abgestellt wird[518]. Dabei bedarf nochmals der Hervorhebung, daß auch die mit diesem Konzept verbundenen Prognoseunsicherheiten erheblich sind und deshalb nur eine "eindeutige" im Sinne einer eindeutig nachweisbaren Überschuldung ausreicht. Derartige Unsicherheiten sind unumgänglich und bleiben im übrigen auch bei der Schätzung von Liquidationswerten keinesfalls aus[519]. Soll auf die prospektive Gefährdung von Befriedigungsansprüchen abgestellt werden - und darin liegt nun einmal die am Rechtsgut des Bankrottstrafrechts orientierte Funktion des Krisenbegriffs -, so wird man an einer zahlungsstromorientierten Prognose nicht vorbeikommen. Das daran anknüpfende weitere Gegenargument, dadurch ergäben sich Überschneidungen zur drohenden Zahlungsunfähigkeit[520], ist nur ein scheinbares. Maßgeblich ist die an der Vorgabe typischer Gläubigergefährdung ausgerichtete inhaltliche Richtigkeit der Begriffe. Terminologische Unterschiede stehen einer übereinstimmenden Interpretation insofern nicht entgegen[521].

---

515 So das von *Kindhäuser*, NK, Vor §§ 283-283d StGB, Rn. 92 selbst hervorgehobene Unterscheidungskriterium.

516 *Groth*, S. 102f., 140; eingehend zur verfassungsrechtlichen Problematik *Krause*, S. 239ff.; vgl. auch bereits oben a bb.

517 *Franzheim*, NJW 1980, S. 2501f.; *ders.*, wistra 1984, S. 212f.; *Weyand*, S. 44f.; vgl. auch *Tiedemann*, Vor § 283 StGB, Rn. 158.

518 BT, § 61, Rn. 83ff.; *ders.*, Jura 1989, S. 33; ebenso *OLG München* NJW 1994, S. 3114; *Bieneck* in: Müller-Gugenberger (Hrsg.), § 63, Rn. 23.

519 Zu den grundsätzlichen Problemen der Feststellung von Liquidationswerten: *Moxter*, Unternehmensbewertung, S. 103 ("nur unter vielen Vorbehalten und immer nur der Größenordnung nach [zu] ermitteln"); zu den besonderen Ermittlungsschwierigkeiten im Konkursverfahren: *ders.*, WPg 1980, S. 348; ferner *Bellinger/Vahl*, S. 112; vgl. auch *IdW* in WPg 1983, S. 468ff.; weitere Nachweise bei *Höffner*, BB 1999, S. 199f.

520 Eingehend dazu unter d.

521 *Groth*, S. 129, 140f. - Aus insolvenzrechtlicher Sicht ebenso *K. Schmidt*, Insolvenzrecht, S. 55f.

d) Drohende Zahlungsunfähigkeit

Damit ist die bereits eingangs aufgezeigte Problematik wieder aufgeworfen, daß sich mit einem modifiziert zweistufigen Überschuldungsbegriff erhebliche Überschneidungen mit der drohenden Zahlungsunfähigkeit als der dritten in § 283 Abs. 1 StGB genannten Krisensituation ergeben können.

aa) Überwiegende Wahrscheinlichkeit

Solche Überschneidungen sind zumindest dann unvermeidbar, wenn man die drohende Zahlungsunfähigkeit mit der herrschenden Ansicht als überwiegende Wahrscheinlichkeit des Eintritts der Zahlungsunfähigkeit definiert[522]. Diese Definition entspricht der Fortführungsprognose im Rahmen des modifiziert zweistufigen Überschuldungsbegriffs. Als Kriterium zur Unterscheidung bliebe damit allein die Liquidationsbilanzierung übrig. Da deren Ergebnis aber, wie bereits erwähnt worden ist, insbesondere bei negativer Prognose oft ebenfalls negativ ausfallen wird, handelt es sich um einen kaum brauchbaren Abgrenzungsmaßstab. Es stellt sich daher die Frage, ob eine eigenständige Definition dieses Krisenmerkmals möglich ist.

bb) Wahrscheinlichkeit nahen Eintritts

Für eine eigenständige Definition der drohenden Zahlungsunfähigkeit könnte sich eine zweite Auffassung anbieten, die nicht auf die überwiegende Wahrscheinlichkeit der Zahlungsunfähigkeit, sondern auf die *zeitliche Nähe* ihres Eintritts rekurriert. Danach soll drohende Zahlungsunfähigkeit vorliegen, wenn "nach den Umständen des Einzelfalls die Wahrscheinlichkeit ihres *nahen* Eintritts besteht[523]".

Bei diesem Ansatz ergibt sich allerdings das Problem, die Nähe des Eintritts zu ermitteln. Um auch die drohende Zahlungsunfähigkeit als eigenständige konkrete Gefahrensituation zu erfassen, soll auf die "Grundsätze und Entscheidungen zur Abgrenzung von Vorbereitungshandlung und Versuch bei Wirtschaftsstraftaten"[524] abgestellt werden. *Harneit* hat aber herausgearbeitet, daß die Entscheidungen des *BGH* bei der genannten Abgrenzung entscheidend auf die Gefahrnähe abstellen[525] und so doch wieder

---

522 Begr. RegE zu §§ 283 bis 283d StGB, BT-Dr 7/3441, S. 34; *Maurach/Schroeder/Maiwald*, BT 1, § 48, Rn. 13; *Sch/Sch/Stree*, § 283 StGB, Rn. 53; *Samson*, SK, Vor § 283 StGB, Rn. 10; *Tiedemann*, Vor § 283 StGB, Rn. 137f.; *Arzt/Weber*, LH 4, Rn. 337. - Enger *Bieneck* in: Müller-Gugenberger (Hrsg.), § 63, Rn. 44; *Bittmann*, wistra 1998, S. 324f.; *Jäger*, DB 1986, S. 1443, die drohende Zahlungsunfähigkeit annehmen, wenn mit Ausnahme der Dauer und Wesentlichkeit alle Kriterien der (eingetretenen) Zahlungsunfähigkeit vorliegen. - Wieder anders *Reck*, Betrieb und Wirtschaft 1997, S. 746; vgl. auch *Regner*, S. 113ff.

523 So noch *Lackner/Kühl*, 22. A. (1997); § 283 StGB, Rn. 8; ferner *Otto*, Bruns-GS, S. 280f.; *Tröndle/Fischer*, Vor § 283 StGB, Rn. 11.

524 *Otto*, Bruns-GS, S. 281.

525 *BGHSt* 4, S. 334; 7, S. 292; 20, S. 150.

zur Feststellung einer bloß "konkreten Gefahr der konkreten Gefahr" führen, die mit diesem Ansatz gerade vermieden werden soll[526].

Allerdings ist anzumerken, daß in der Feststellung einer solchen "Gefahr einer Gefahr" gar kein Mangel liegt. So ist bei den Eröffnungsgründen des Insolvenzrechts seit langem anerkannt, daß die Gläubigerinteressen bei Vorliegen der Zahlungsunfähigkeit regelmäßig intensiver gefährdet sind als bei der Überschuldung, da bei ersterer die Haftungsmasse zumeist schon erheblich stärker aufgezehrt ist[527]. Entsprechend scheint es ebenso vertretbar, auch im Strafrecht von unterschiedlich intensiven Gefährdungen auszugehen. Setzt man sämtliche Krisensituationen inhaltlich mit den Eröffnungsgründen gleich[528], so steht diese Unterscheidung auch einer Bezeichnung *aller* Krisensituationen als konkrete Gefahr nicht entgegen. Vielmehr müssen nur innerhalb des Begriffs der konkreten Gefahr Abstufungen vorgenommen werden. Auch das erscheint aber keinen grundsätzlichen Bedenken ausgesetzt.

cc) Identität mit der Überschuldung

Nach jetziger Rechtslage dürfte zudem auch kein Bedürfnis mehr für eine solche eigenständige Definition bestehen. Das ergibt sich jedenfalls für den vom *OLG Karlsruhe* im Jahre 1977 entschiedenen Fall[529], an dem diese Auffassung maßgeblich entwickelt worden ist. Hier hatte ein Schuldner Vermögensverfügungen vorgenommen, ohne sich in der Situation einer nach der Definition der herrschenden Meinung drohenden Zahlungsunfähigkeit zu befinden, so daß § 283 Abs. 1 StGB ausschied. Da die auch vom *BGH* bestätigte Entscheidung[530] aber gleichwohl von drohender Zahlungsunfähigkeit ausging, war sie fehlerhaft und die daran allgemein geäußerte Kritik zutreffend[531].

Durch sein Handeln hatte der betroffene Schuldner aber den Zustand einer drohenden Zahlungsunfähigkeit im herkömmlich definierten Sinne herbeigeführt. Diese Herbeiführung scheint mangels Erwähnung der drohenden Zahlungsunfähigkeit in § 283 Abs. 2 StGB zwar straflos zu sein: § 283 Abs. 2 StGB pönalisiert nur die Herbeiführung der Überschuldung und der (eingetretenen) Zahlugsunfähigkeit durch eine Bankrotthandlung. Nach heutiger Rechtsauffassung hätte sich § 283 Abs. 2 StGB aber gleichwohl für eine Bestrafung angeboten. Denn durch den mittlerweile vollzogenen, oben

526 *Harneit*, S. 110; *Matzen*, S. 64f.
527 Vgl. nochmals oben I 1 a cc.
528 Zur Identität von drohender Zahlungsunfähigkeit und Überschuldung sogleich im Text.
529 2 Ws 264/76 vom 3. Januar 1977. - Sachverhalt zusammengefaßt bei *Otto*, Bruns-GS, S. 280.
530 *BGH* JZ 1979, S. 75ff.
531 *Matzen*, S. 63; *Otto*, Bruns-GS, S. 280; *Tiedemann*, NJW 1977, S. 781f.

ausführlich dargestellten Wandel des Überschuldungsbegriffs kommt es auch bei dieser Krisensituation entscheidend auf ein Element drohender Zahlungsunfähigkeit an[532].

Der strafrechtlichen Haftung aufgrund der Herbeiführung einer Überschuldung könnte nun allerdings in einem vergleichbaren Fall noch die (äußerst seltene) Gegebenheit entgegenstehen, daß die Liquidationsbilanz ein positives Ergenbis erbrächte, eine Überschuldung mithin aus diesem Grund abzulehnen wäre. Dann aber sollte, wie *Groth* zutreffend und nur auf den ersten Blick überraschend dargelegt hat[533], auch die drohende Zahlungsunfähigkeit als Krisenmerkmal verneint werden. Denn eine gläubigergefährdende Krise liegt, wie bereits bei dem Konkurseröffnungsgrund der Überschuldung herausgearbeitet worden ist[534], noch nicht vor, wenn der Schuldner in dieser Situation seine Gläubiger noch durch Liquidation seines Vermögens vollständig befriedigen kann. Für die drohende Zahlungsunfähigkeit sollte nun nichts anderers gelten.

dd) Zwischenergebnis

Damit sind aber nicht nur Überschneidungen von Überschuldung und drohender Zahlungsunfähigkeit festgestellt. Vielmehr lautet die konsequente Schlußfolgerung, daß beide Krisenmerkmale *identisch* definiert werden müssen.

e) Ergebnis

Die Funktion der Krisensituationen liegt darin, einen wirtschaftlichen Zustand des Schuldners anzuzeigen, in dem die vollständige Befriedigung seiner Gläubiger typischerweise gefährdet ist. Erst in dieser Lage erreichen Bankrotthandlungen den für die Strafwürdigkeit erforderlichen Gehalt erheblicher Sozialschädlichkeit.

Bei den einzelnen Krisensituationen hat sich für die Zahlungsunfähigkeit und Überschuldung ergeben, daß sie im Bankrottstrafrecht in Übereinstimmung mit den übrigen, bereits dargestellten Normen ausgelegt werden können. Damit erscheint nach bisheriger Rechtslage auch die Bezeichnung beider Merkmale als Situationen *konkreter Gefahr* durchaus sachgerecht. Denn das Ausbleiben der Verletzung gläubigerschaftlicher Befriedigungsinteressen dürfte bei Vorliegen der Krisensituationen im hier definierten, der Konkursreife entsprechenden Sinne in der Tat zufallsbedingt sein. Dabei ist aber zu

532 Vgl. dazu oben I 1 c bb (3), (4) (b) (aa). - Auch die übrigen, bei *Tröndle/Fischer*, Vor § 283 StGB, Rn. 11 aufgezählten Fälle dürften sich mit dem hier vertretenen Krisenverständnis bankrottstrafrechtlich erfassen lassen.

533 S. 122ff., Fn. 416 mit dem Hinweis, daß eine positive Liquidationsbilanz trotz drohender Zahlungsunfähigkeit äußerst selten vorkomme, in der Praxis aber etwa bei dem Borgward-Konkurs durchaus schon einmal aufgetreten sei. - Kritisch dagegen *Fenske*, AG 1997, S. 558.

534 Oben I 1 c bb (4) (b) (aa).

berücksichtigen, daß sich die Gefährdung bei Eintritt der Zahlungsunfähigkeit regelmäßig durch den höchsten Intensitätsgrad auszeichnet.

Dieses - schon aus Gründen einer einheitlichen Rechtsordnung wünschenswerte - Ergebnis hat sich auch als das für die Überschuldung einzig zutreffende gezeigt. Für die Zahlungsunfähigkeit ist die Anlehnung an das Konkursrecht zumindest gut vertretbar[535]. Weiter hat sich erwiesen, daß der Krisensituation der drohenden Zahlungsunfähigkeit keine eigenständige Bedeutung zukommt. Sie ist mit der Überschuldung identisch und damit entbehrlich.

3) Gesamtergebnis

Auch im Konkursverschleppungs- und Bankrottstrafrecht sind in Übereinstimmung mit dem Konkursrecht die Zahlungsunfähigkeit als dreimonatige Unterdeckung von 25% und die Überschuldung als drohende Zahlungsunfähigkeit bei negativer Liquidationsbilanz zu definieren. Die Krisensituation der drohenden Zahlungsunfähigkeit sollte gestrichen werden. Aufgrund der gezeigten funktionalen Übereinstimmmungen ergibt sich damit für die gesamte bisherige Rechtslage ein zu begrüßendes einheitliches Bild.

Auf der Grundlage dieses Ergebnisses ist im folgenden nun zunächst zu untersuchen, in welchem Umfang die Insolvenzordnung die konkursrechtlichen Vorgaben geändert hat. Sodann ist zu fragen, ob das Insolvenzstrafrecht den Bestimmungen der §§ 17-19 InsO Folge leisten muß oder funktionale Unterschiede zum neuen Insolvenrecht vielmehr eine eigenständige strafrechtliche Auslegung erfordern.

---

535 Zur Diskussion um die Vertretbarkeit schärferer Anforderungen sei nochmals auf C II 2 verwiesen.

C) Neue Rechtslage

I) Insolvenzrechtliche Vorgaben

1) Insolvenzeröffnungsgründe

a) Funktion

Nach Darlegung der bisherigen Rechtslage im Konkurs- und Konkursstrafrecht werden in diesem Abschnitt die in den §§ 17-19 InsO neudefinierten Eröffnungsgründe der Insolvenzordnung eingehend untersucht. Es wird geprüft, inwieweit der Gesetzgeber von der Funktionsbestimmung der bisherigen Konkursgründe als Indikatoren tatsächlicher Konkursreife abgewichen ist. Auf dieser Grundlage wird dann unter (C II) geprüft, ob die Neuregelungen auch zu einer veränderten strafrechtlichen Begriffsdeutung führen müssen.

Die Insolvenzrechtsreform ging von der Prämisse aus, daß bei einer im Vergleich zum bisherigen Recht frühzeitigeren Verfahrenseinleitung ein massereicheres und damit auch sanierungsfähigeres Unternehmen vorhanden sei[536]. Daher ist es erklärtes Ziel der neuen Insolvenzordnung, im Interesse der Gläubiger die Eröffnung des Verfahrens durch schnelleres Eingreifen der Eröffnungsgründe *vorzuverlegen*[537]. Dazu wurden zum Teil gravierende Änderungen bei der Zahlungsunfähigkeit und der Überschuldung vorgenommen. Zudem wurde mit der drohenden Zahlungsunfähigkeit ein dritter, allerdings vom Schuldnerantrag abhängiger Auslösetatbestand geschaffen.

Von der Funktion der Insolvenzgründe der *Zahlungsunfähigkeit* (§ 17 InsO) und der *Überschuldung* (§ 19 InsO) wurden in der Regierungsbegründung und dem Ausschußbericht jedoch keine Abstriche gemacht[538]. Daher ist nach wie vor davon auszugehen, daß der Gesetzgeber diese Eröffnungstatbestände als Indikatoren des Zustandes sieht, in dem das schuldnerische Unternehmen zur eigenständigen Gläubigerbefriedigung nicht mehr in der Lage ist und daher in die Leitungsbefugnisse des Managements zumindest vorübergehend eingegriffen werden muß. Diesen Zustand hatten die Konkurseröffnungsgründe nach gesetzgeberischer Auffassung, wie insbesondere die Regierungsbegründung zur Zahlungsunfähigkeit zeigt[539], allerdings erst zu spät angezeigt.

Eine davon grundlegend abweichende Funktion sollte nur der *drohenden Zahlungsunfähigkeit* (§ 18 InsO) zugewiesen werden. Mit diesem neu eingeführten Eröffnungs-

---

536 Allg. Begr. RegE zur InsO, BT-Dr 12/2443, S. 72ff.; vgl. auch die Nachweise in Fn. 317.

537 Allg. Begr. RegE zur InsO, BT-Dr 12/2443, S.80f.; *Burger*, DB 1992, S. 2149. - Zu weiteren Maßnahmen der Masseanreicherung und Verfahrensvorverlegung vgl. im 1. Kapitel D II 2 a, d.

538 Vgl. Allg. Begr. RegE zur InsO, BT-Dr 12/2443, S.80f.; Begr. RegE zu §§ 21ff. EInsO (= §§ 17ff. InsO), BT-Dr 12/2443, S. 114f.

539 Vgl. Begr. RegE zu § 21 EInsO (= § 17 InsO), BT-Dr 12/2443, S. 114.

grund wollte der Gesetzgeber die Möglichkeit schaffen, "bei einer sich deutlich abzeichnenden Insolvenz bereits *vor ihrem Eintritt* verfahrensrechtliche Gegenmaßnahmen" einleiten zu können[540]. Um den Schuldner nicht schon "im Vorfeld" einer Insolvenz unter Druck zu setzen, wurde dieser Auslösetatbestand auf den Fall des Schuldnerantrags beschränkt[541].

b) Zahlungsunfähigkeit (§ 17 InsO)

Die einschneidensten Veränderungen ergeben sich allerdings nicht durch die neu eingeführte drohende Zahlungsunfähigkeit[542]. Größere Bedeutung für die Praxis hat die Modifikation der (eingetretenen) Zahlungsunfähigkeit. Als die wichtigsten Kennzeichen dieses Eröffnungsgrundes wurden im Konkursrecht die *Dauerhaftigkeit* und *Wesentlichkeit* angesehen, auf die sich die folgende Darstellung auch beschränkt[543]. In der neuen Legaldefinition in § 17 Abs. 2 InsO ist nun von beiden Merkmalen keine Rede mehr. Vielmehr heißt es in Abs. 2 S. 1, daß der Schuldner künftig zahlungsunfähig sei, "wenn er nicht in der Lage ist, die fälligen Zahlungspflichten zu erfüllen." Wie weit damit eine Annäherung an den betriebswirtschaftlichen Illiquiditätsbegriff im Sinne eines eintägigen und einprozentualen Zahlungsungleichgewichts[544] vollzogen worden ist, geht aus dem Gesetzestext bedauerlicherweise nicht hervor.

Einerseits könnte man aus der bewußten Nichtberücksichtigung der Dauerhaftigkeit und Wesentlichkeit sogar auf eine vollständige Übernahme der betriebswirtschaftlichen Definition schließen[545]. Andererseits heißt es kurioserweise in der Begründung, daß eben diejenige Definition zugrunde gelegt werden solle, "die sich in *Rechtsprechung und Literatur* für die Zahlungsunfähigkeit durchgesetzt" habe[546]. Diese Definition aber hätte die Merkmale der Dauerhaftigkeit und Wesentlichkeit gerade mit eingeschlossen[547]!

---

540 Begr. RegE zu § 22 EInsO (= § 18 InsO), BT-Dr 12/2443, S. 114 [Hervorhebung des Verf.].

541 Begr. RegE zu § 22 EInsO (= § 18 InsO), BT-Dr 12/2443, S. 114.

542 Dazu unter d.

543 Eingehend dazu oben B I 1 b bb (1)-(3). - Auf weitere modifizierte Merkmale wie etwa die *Fälligkeit* der Zahlungspflichten wird hier nicht näher eingegangen. Ausführlich dazu *Temme*, S. 7ff.; ferner *Kirchhof*, HK, § 17 InsO, Rn. 6ff. - Zur Zahlungseinstellung gemäß § 17 Abs. 2 S. 1 InsO näher unten im 4. Kapitel C II 2.

544 Nachweise dazu oben in Fn. 351.

545 So offenbar *Paulus*, DZWiR 1999, S. 56.

546 Begr. RegE zu § 21 EInsO (= § 17 InsO), BT-Dr 12/2443, S. 114 [Hervorhebung des Verf.].

547 Kritisch deshalb *Burger*, DB 1992, S. 2150; *ders./Schellberg*, KTS 1995, S. 567; *dies.*, BB 1995, S. 263. - Die Ursache für diesen Widerspruch könnte darin liegen, daß der Gesetzesvorschlag im Ersten Kommissionsbericht 1985 noch das Merkmal der Dauerhaftigkeit enthielt und insofern an das frühere Verständnis in der Tat angelehnt war. Während spätere Entwürfe davon Abstand nahmen, wurde die Bezugnahme auf die etablierte Definition in der Begründung vermutlich unbeabsichtigt beibehalten.

Daß weder das eine noch das andere gewollt ist, sondern im Gegenteil der Zahlungsunfähigkeitsbegriff vielmehr gegenüber der bisherigen Definition stark modifiziert, aber weiterhin zumindest von ganz kurzfristigen Zahlungsproblemen unterschieden werden soll, ergibt sich aber aus dem weiteren Text der Begründung.

aa) Dauerhaftigkeit

(1) Gesetzesbegründung

Zur Dauerhaftigkeit wird zunächst klargestellt, daß Zahlungsstockungen auch nach neuem Recht keine Zahlungsunfähigkeit begründen sollen[548]. Gleichwohl ist auf das Erfordernis eines "andauernden" Unvermögens in der gesetzlichen Definition verzichtet worden. Dieses Merkmal hätte nämlich, so heißt es, "als Bestätigung der weit verbreiteten Neigung verstanden werden [können], den Begriff der Zahlungsunfähigkeit stark einzuengen, etwa auch eine *über Wochen oder gar Monate* fortbestehende Illiquidität zur rechtlich unerheblichen Zahlungsunfähigkeit zu erklären."[549] Damit aber würde das Ziel einer rechtzeitigen Verfahrenseröffnung erheblich gefährdet. Zahlungsunfähigkeit im Sinne des § 17 Abs. 2 InsO solle, offenbar in Anlehnung an einen Ansatz von *Meyer-Cording*[550], vielmehr schon dann vorliegen, wenn der Schuldner sich nicht "durch einen Bankkredit neue flüssige Mittel beschaffen" könne[551].

(2) Meinungsstand

Im Schrifttum besteht zunächst weitgehend Übereinstimmung, daß die früher vorherrschende Auslegung der Zahlungsunfähigkeit im Sinne eines mehr als dreimonatigen Zahlungsunvermögens mit Text und Begründung des § 17 Abs. 2 InsO nicht mehr vereinbar ist[552].

548 Begr. RegE zu § 21 EInsO (= § 17 InsO), BT-Dr 12/2443, S. 114

549 Begr. RegE zu § 21 EInsO (= § 17 InsO), BT-Dr 12/2443, S. 114 [Hervorhebung des Verf.].

550 BB 1985, S. 1927; *ders.*, BB 1986, S. 417; *ders.*, ZIP 1989, S. 487.

551 Begr. RegE zu § 21 EInsO (= § 17 InsO), BT-Dr 12/2443, S. 114.

552 *Bork*, Rn. 84ff.; *Breutigam/Blersch/Goetsch/Goetsch*, § 17 InsO, Rn. 11; *Burger*, DB 1992, S. 2150; *ders./Schellberg*, BB 1995, S. 262f.; *dies.*, KTS 1995, S. 567, 569; *Schmerbach*, FK, § 17 InsO, Rn. 17; *Funke*, BFuP 1995, S. 30; *Groß*, WPK-Mitt. 1997, S. 4; *Häsemeyer*, Rn. 7.17ff.; *Hess/Weiss*, InVo 1996, S. 253f.; *IDW*, WPg 1998, S. 515; *Jäger*, BB 1997, S. 1576, Fn. 9; *Jauernig*, S. 254f.; *Kirchhof*, HK, § 17 InsO, Rn. 18; *Kübler/Prütting/Pape*, § 17 InsO, Rn. 11; *Landfermann*, BB 1995, S. 1651; *Lenz/Seit*, INF 1998, S. 337; *Möhlmann*, S. 39f.; *Moosmayer*, S. 159; *Nerlich/Römermann/Mönning*, § 17 InsO, Rn. 14; *Obermüller*, Insolvenzrecht in der Bankpraxis, S. 31, Rn. 1.137; *ders./Hess*, InsO, Rn. 85b; *Reck*, Betrieb und Wirtschaft 1997, S. 745; *Temme*, S. 29ff.; *Wimmer*, NJW 1996, S. 2547.

(a) Mindermeinung: Beibehaltung des Merkmals

Davon weicht allerdings *K. Schmidt* ab, der in der Neuregelung nur "unwesentliche Veränderungen"[553] sieht. Auch *Haarmeyer*, *Wutzke* und *Förster* fordern in ihrem Kommentar mit zwei Monaten für das neue Recht einen längeren Zeitraum[554]. Wo genau die neue Grenze zwischen bloßer Zahlungsstockung und rechtlich erheblicher Zahlungsunfähigkeit verlaufen soll, lassen viele andere Autoren jedoch offen[555]. *Uhlenbruck* etwa gibt zwar die Gesetzesbegründung wieder, äußert sich indes nicht zu einem konkreten Zeitraum. Für die Abgrenzung erwartet er vielmehr "künftig die gleichen Probleme" wie im bisherigen Recht, deren Bewertung in das richterliche Ermessen gestellt sei[556].

(b) Herrschende Auffassung: ein bis zwei Wochen

Aus der Formulierung in der Gesetzesbegründung, daß bei einer "über Woche*n* oder Monate" andauernden Illiquidität keine Zahlungsstockung mehr vorliege, wird in zutreffender Auslegung des Begründungswortlauts vielfach auf eine Frist von maximal zwei Wochen geschlossen. So sehen *Burger* und *Schellberg* "eine oder höchstens zwei Wochen" als den neuen Grenzwert[557]. Zwei Wochen nennen auch *Temme*[558] und *Möhlmann*[559] in ihren Dissertationen zum Insolvenzeröffnungsrecht bzw. zur Insolvenzrechnungslegung. Damit vergleichbar bewegt sich eine Reihe weiterer Stellungnahmen in einem Zeitraum von ein bis drei Wochen[560]. Noch darüber hinaus geht allerdings *Moosmayer*, der die Zahlungsunfähigkeit für die Insolvenzanfechtung be-

---

553 In: Kölner Schrift, S. 915, Rn. 10. Er bezieht diese Aussage bemerkenswerterweise sogar auf sämtliche Eröffnungsgründe; ähnlich *Breuer*, S. 40 ("vereinfachte Legaldefinition"); beschränkt auf die Dauerhaftigkeit offenbar auch *Smid/Smid*, § 17 InsO, Rn. 7.

554 Rn. 1/81, auch unter Hinweis auf die schwierigen wirtschaftlichen Verhältnisse in den neuen Bundesländern. - Für einen Monat: *IDW*, WPg 1998, S. 517.

555 Vgl. etwa *Bork*, Rn. 84ff.; *Funke*, BFuP 1995, S. 30; *Groß*, WPK-Mitt. 1997, S. 4; *Häsemeyer*, Rn. 7.17ff.; *Hess/Weis*, InVo 1996, S. 253f.; *Jauernig*, S. 254f.; *Landfermann*, BB 1995, S. 1651; *Obermüller/Hess*, InsO, Rn. 85b; *Wimmer*, NJW 1996, S. 2547.

556 NZI 1998, S. 6 (unter der Überschrift: "Die 'kleinen' Mängel eines ausgefeilten Insolvenzeröffnungsverfahrens"); *ders.*, wistra 1996, S. 5; *ders.*, KTS 1994, S. 170f; vgl. auch *dens.*, in K. Schmidt/Uhlenbruck (Hrsg.), Die GmbH in Krise, Sanierung und Insolvenz, S. 311f., Rn. 569f.; *Drukarczyk/Schüler* in: Kölner Schrift, S. 68, Rn. 26f.

557 BB 1995, S. 262f.; *dies.*, KTS 1995, S. 567, 569; so bereits auch *Burger*, DB 1992, S. 2150 sowie jüngst *Burger/Buchhart*, WPg 1999, S. 156f..

558 S. 29ff.

559 S. 39f. Zur Begründung führt er auch die §§ 255 Abs. 1, 2; 256 Abs. 2 S. 2 InsO an, die einen solchen Zeitraum als erheblichen zeitlichen Zahlungsrückstand definieren, nach dessen Ablauf in einem Insolvenzplan gestundete oder teilweise erlassene Forderungen wiederaufleben, wenn der Gläubiger den Schuldner zuvor schriftlich gemahnt und ihm eine mindestens zweiwöchige Nachfrist gesetzt hat.

560 *Jäger*, BB 1997, S. 1576 und Fn. 9: 1 Woche; *Obermüller*, Insolvenzrecht in der Bankpraxis, S. 31, Rn. 1.137: 10 Tage; *Kübler/Prütting/Pape*, § 17 InsO, Rn. 11; *Lenz/Seit*, INF 1998, S. 337; *Schmerbach*, FK, § 17 InsO, Rn. 17: 2 Wochen; *Kirchhof*, HK, § 17 InsO, Rn. 18: 2-3 Wochen; *Breutigam/Blersch/Goetsch/Goetsch*, § 17 InsO, Rn. 11: 2-4 Wochen.

reits bei eintägigem Zahlungsungleichgewicht annimmt[561], und diesen Ansatz nicht nur auf das Bankrottstrafrecht, sondern offenbar auch auf das Insolvenzeröffnungsrecht übertragen will[562].

(3) Rechtsprechung

Die Rechtsprechung hat in Urteilen zur konkursrechtlichen Zahlungsunfähigkeit bereits Hinweise für die Auslegung der insolvenzrechtlichen Zahlungsunfähigkeit in § 17 InsO gegeben. So bezeichnet der *BGH* in einer Entscheidung aus dem Jahre 1995, die im Schrifttum insofern weitgehend unbeachtet geblieben ist, eine Überschreitung des letzten Zahlungsziels von "*rund einem Monat*" als nach kaufmännischer Übung "gerade noch erträglich"[563]. Weiter heißt es dort: "Ein wesentlich längeres Zuwarten kann aber Gläubigern gerade in Zeiten knappen Eigenkapitals regelmäßig kaum zugemutet werden. Dementsprechend sieht künftig § 17 Abs. 2 InsO von der ausdrücklichen Voraussetzung ab, daß eine Zahlungsunfähigkeit voraussichtlich andauern müsse[564]." Allerdings beruft sich das Urteil unzutreffenderweise auf eine Entscheidung des *Reichsgerichts*, in der ein fast zweimonatiger Zeitraum in Rede stand[565]. Ebenso unrichtig ist der Verweis auf die Kommentierung zu § 102 KO von *Kuhn* und *Uhlenbruck*, die sogar erst ein "Zuwarten von mehr als drei Monaten" den Gläubigern nicht mehr zumuten wollen[566]. Ob der *BGH* an dieser Einschätzung in künftigen Urteilen festhalten wird, erscheint andererseits nicht zuletzt angesichts der vielen in der Zwischenzeit veröffentlichten Stellungnahmen fraglich, die einen kürzeren Zeitraum veranschlagen. Die derzeit herrschende Meinung in der Literatur sieht die Schwelle in wortlautgetreuer Auslegung der Gesetzesbegründung jedenfalls bei höchstens zwei Wochen erreicht.

---

561 Vgl. S. 159 ("Damit erübrigt sich eine Festlegung [...] der Illiquiditätsdauer"). - Ähnlich offenbar *Reck*, Betrieb und Wirtschaft 1997, S. 745, für den Fall, daß der Kreditrahmen bereits ausgeschöpft ist.

562 Vgl. S. 155ff. - Näher dazu auch unten 3 b. - In diese Richtung aber jüngst auch *Nerlich/Römermann/Mönning*, § 17 InsO, Rn. 14; *Paulus*, DZWiR 1999, S. 56.

563 ZIP 1995, S. 931 [Hervorhebung des Verf.]; dem folgend *BGH* ZIP 1997, S. 1510. - Als erster dürfte *Kirchhof*, HK, § 17 InsO, Rn. 18 auf dieses Urteil hingewiesen haben. Seine Einschätzung dieses Urteil als *h.M.* ist jedoch unzutreffend.

564 ZIP 1995, S. 931.

565 *RG* JW 1912, S. 306: Es ging um den Zeitraum vom 1. August bis zum 27. September 1907. Der Konkurs wurde am 3. Oktober 1907 eröffnet.

566 § 102 KO, Rn. 2e. In der vom *BGH* zitierten Rn. 2b der Kommentierung wird dagegen das Urteil des *RG* lediglich erwähnt, allerdings mit der gleichfalls unrichtigen Deutung, "ein guter Monat" sei der hier maßgebliche Zeitraum gewesen. Offenbar wurde die Entscheidung des *RG* nicht nachgeprüft.

bb) Wesentlichkeit

(1) Gesetzesbegründung

Neben der Dauerhaftigkeit diente nach konkursrechtlich herrschender Meinung auch das Merkmal der Wesentlichkeit zur Abgrenzung von unerheblichen Zahlungsproblemen. Überwiegend wurde dabei eine prozentual festgelegte Unterdeckung der fälligen Verbindlichkeiten durch die im Betrachtungszeitraum zur Verfügung stehenden Zahlungsmittel in Höhe von 25% als wesentlich erachtet[567]. Die Regierungsbegründung lehnt diesen Ansatz ausdrücklich ab. Es erscheine "nicht gerechtfertigt, Zahlungsunfähigkeit erst anzunehmen, wenn der Schuldner einen bestimmten Bruchteil der Gesamtsumme seiner Verbindlichkeiten nicht mehr erfüllen" könne[568]. Wie beim Merkmal der Dauerhaftigkeit müsse auch hier "Tendenzen zu einer übermäßig einschränkenden Auslegung" entgegengewirkt werden[569]. Damit soll allerdings nicht jede Unterdeckung insolvenzrechtlich relevant sein. Vielmehr sei es "selbstverständlich, daß ganz geringfügige Liquiditätslücken außer Betracht bleiben" müßten[570]. Einen quantitativen oder qualitativen Anhaltspunkt dafür, was unter derartigen "Liquiditätslücken" zu verstehen sei, bleibt die Begründung indes schuldig.

(2) Meinungsstand

Im Schrifttum wird ganz überwiegend angenommen, daß mit dem Wegfall des Wesentlichkeitskriteriums jedenfalls eine Verschärfung im Vergleich zum alten Rechtszustand einhergehen soll[571].

(a) Mindermeinung: Beibehaltung des Merkmals

Eine Gegenposition hierzu vertritt *Breuer*, der als "ganz geringfügig" nur solche Liquiditätslücken betrachtet, die wie bisher nicht die Schwelle der Wesentlichkeit erreichen. Zur Konkretisierung dieses Kriteriums verweist er sodann auf die zur Konkursordnung vertretenen Verhältniswerte von 10 bis 25%[572]. In dieselbe Richtung geht auch die Auffassung von *Haarmeyer*, *Wutzke* und *Förster*, die eine Unterdeckung von 20% fordern[573].

---

567 Oben B I 1 b bb.

568 Begr. RegE zu § 21 EInsO (= § 17 InsO), BT-Dr 12/2443, S. 114.

569 Begr. RegE zu § 21 EInsO (= § 17 InsO), BT-Dr 12/2443, S. 114.

570 Begr. RegE zu § 21 EInsO (= § 17 InsO), BT-Dr 12/2443, S. 114.

571 *Breutigam/Blersch/Goetsch/Goetsch*, § 17 InsO, Rn. 16; *Burger*, DB 1992, S. 2151; *ders./Schellberg*, BB 1995, S. 263f.; *dies.*, KTS 1995, S. 569; *Funke*, BFuP 1995, S. 30; *Häsemeyer*, Rn. 7.19; *Hess/Kranemann/Pink*, S. 36, Rn. 151f.; *Hess/Weiss*, InVo 1996, S. 253; *IDW*, WPg 1998, S. 517; *Jäger*, BB 1999, S. 1577; *Jauernig*, S. 254f.; *Kirchhof*, HK, § 17 InsO, Rn. 20; *Kübler/Prütting/Pape*, § 17 InsO, Rn. 12; *Macke/Wegener*, INF 1998, S. 568; *Möhlmann*, S. 43f.; *Moosmayer*, S. 156; *Nerlich/Römermann/Mönning*, § 17 InsO, Rn. 17; *Obermüller/Hess*, InsO, Rn. 85b; *Smid/Smid*, § 17 InsO, Rn. 4; *Temme*, S. 34; *Uhlenbruck*, KTS 1994, S. 171; *Wimmer*, NJW 1996, S. 2547.

572 S. 41; ähnlich offenbar *Bork*, Rn. 84, Fn. 4; vgl. auch *Obermüller*, Insolvenzrecht in der Bankpraxis, S. 31f., Rn. 1.138; *K. Schmidt* in: Kölner Schrift, S. 915, Rn. 10.

573 Rn. 1/81.

(b) Vermittelnde Ansicht: 5-10%

Von denjenigen, die sich für eine Verschärfung aussprechen, wird allerdings teilweise keine nähere Abgrenzung vorgenommen, sondern lediglich die Regierungsbegründung wiedergegeben[574]. Farbe bekennen dagegen *Kirchhof*, der 10% für den neuen Grenzwert hält[575], sowie *Möhlmann*, der für die Zahlungsunfähigkeit schon eine Unterdekkung von 5% genügen lassen will[576].

(c) Strengste Auffassung: jegliche Unterdeckung

Vielfach geht das Schrifttum über den Begründungswortlaut zu § 17 Abs. 2 InsO sogar noch hinaus und will jede noch so geringe Deckungslücke für die Zahlungsunfähigkeit ausreichen lassen. *Temme* begründet das mit der Überlegung, daß bereits die mangelnde Fähigkeit, kleine Finanzierungslücken auszugleichen, auf ernsthafte Liquiditätsprobleme hindeute[577]. Zudem könnten die Gläubiger mangels Einblick in das schuldnerische Rechnungswesen auch im Rahmen einer Gesamtbetrachtung nicht feststellen, ob der Schuldner bereits einen bestimmten Anteil seiner Verbindlichkeiten nicht mehr decken könne, um auf dieser Grundlage einen Eröffnungsantrag zu stellen. Um das Ziel einer rechtzeitigen Verfahrenseinleitung nicht durch einen schwer bestimmbaren Auslösetatbestand zu gefährden, sei daher auch insofern das Abstellen auf die Nichtbegleichung einer einzelnen Forderung ausreichend[578]. Auch *Jäger* kommt diesem Ansatz sehr nahe, wenn er lediglich unter 0,01% der Gesamtverbindlichkeiten liegende ungedeckte Einzelbeträge als ganz geringfügig anerkennen will[579].

cc) Zusammenfassung

Die herrschende Auffassung nimmt Zahlungsunfähigkeit im Sinne von § 17 Abs. 2 InsO schon dann an, wenn der Schuldner über einen Zeitraum von höchstens *zwei Wochen* seine fälligen Verbindlichkeiten nicht zumindest bis auf einige wenige Prozentpunkte befriedigen kann. Damit ist nach dem Wortlaut der Gesetzesbegründung

574 *Breutigam/Blersch/Goetsch/Goetsch*, § 17 InsO, Rn. 16; *Burger*, DB 1992, S. 2151; *ders./Schellberg*, BB 1995, S. 263f.; *dies.*, KTS 1995, S. 569; *Funke*, BFuP 1995, S. 30; *Häsemeyer*, Rn. 7.19; *Hess/Kranemann/Pink*, S. 36, Rn. 151f.; *Hess/Weiss*, InVo 1996, S. 253; *IDW*, WPg 1998, S. 517; *Macke/Wegener*, INF 1998, S. 568, *Obermüller/Hess*, InsO, Rn. 85b; *Schmerbach*, FK, § 17 InsO, Rn. 22; *Smid/Smid*, § 17 InsO, Rn. 4; *Uhlenbruck*, KTS 1994, S. 171.

575 HK, § 17 InsO, Rn. 20.

576 S. 43f; so jetzt auch *Nerlich/Römermann/Mönning*, § 17 InsO, Rn. 17. Zur Begründung verweist *Möhlmann* auf den Wesentlichkeitsbegriff aus dem Zweiten Finanzmarktförderungsgesetz, in dem Beteiligungen ab einem stimmberechtigten Kapital von 5% als wesentlich klassifiziert werden. Diese Übertragung aus einem anderen Rechtsgebiet erscheint aber willkürlich. Man könnte genauso auf § 17 Abs. 1 Nr. 4 EStG zurückgreifen, der eine *wesentliche* Beteiligung im Sinne des Einkommenssteuerrechts erst bei 25% annimmt.

577 S. 34; so auch *Jauernig*, S. 255.

578 S. 35ff.; ebenso *Wimmer*, NJW 1996, S. 2547 und offenbar auch *Moosmayer*, S. 156.

579 BB 1997, S. 1577.

nun zwar keine Befriedigung in Höhe von 100% gemeint, jedoch dürften die genannten Unterdeckungen von *5-10%* künftig wohl den Grenzwert darstellen.

dd) Auseinandersetzung

Diese erhebliche Verschärfung des Zahlungsunfähigkeitsbegriffs durch § 17 Abs. 2 InsO wirft die Frage auf, ob dieser Eröffnungsgrund seiner Funktion als Indikator einer tatsächlichen Insolvenzreife noch gerecht werden kann. Wie oben bereits dargestellt worden ist[580], muß die Zahlungsunfähigkeit mit der Insolvenzreife einen Zustand abbilden, in dem deutlich hervortritt, daß das schuldnerische Unternehmen die Forderungen seiner Gläubiger nicht mehr aus eigener Kraft wird befriedigen können[581]. Erst das gibt die Rechtfertigung für die zwangsweise Einleitung eines Insolvenzverfahrens, das dem Schuldner die Verfügungbefugnis über sein Vermögen entzieht. Diese funktionalen Anforderungen sind bei der folgenden Prüfung der Argumente für und gegen den neuen insolvenzrechtlichen Zahlungsunfähigkeitsbegriff besonders zu berücksichtigen.

(1) Argumente für § 17 Abs. 2 InsO

(a) Frühere Verfahrenseinleitung

Für die verschärften Anforderungen an das Zahlungsvermögen lassen sich zunächst durchaus gute Gründe anführen. So hat etwa das Vorbringen gegen die bisherige Eröffnung der Konkursverfahren zu einem Zeitpunkt, in dem das schuldnerische Vermögen schon weitgehend verwirtschaftet worden ist, seine Berechtigung. Allerdings darf dabei nicht vergessen werden, daß der Hauptgrund der Massearmut nicht in dieser späten Eröffnung, sondern nach altem wie neuem Recht in der weitgehenden Auszehrung durch vor allem den Kreditinstituten zustehende dingliche Sicherungsrechte besteht[582].

(b) Erschöpfung von Kasse, Konto und Kredit

In gleicher Weise ist zu beachten, daß eine Liquiditätslücke überhaupt nur auftreten kann, wenn nicht nur die Kassen- und Kontobestände überfordert, sondern auch alle bestehenden Kreditlinien ausgeschöpft sind. Daß ein Unternehmen sich zu diesem Zeitpunkt noch in einem völlig gesunden Zustand befindet, wird daher nicht mehr ohne weiteres behauptet werden können.

---

580 B I 1 a aa.

581 *K. Schmidt*, Insolvenzrecht, S. 38.

582 Dazu bereits oben im 1. Kapitel C III 2 d bb, D II 2 b.

(c) Warnfunktion kleinerer Zahlungsprobleme

Das Vorbringen gegen das Wesentlichkeitskriterium erscheint ebenfalls nicht unberechtigt. So mag die Nichtbegleichung kleiner Beiträge tatsächlich einen "Erst-recht-Schluß" im Hinblick auf größere Finanzierungsprobleme rechtfertigen.

(d) Glaubhaftmachung durch die Gläubiger

Nach bisheriger Rechtslage wurde zudem durch das Merkmal der Wesentlichkeit auch die Glaubhaftmachung der Zahlungsunfähigkeit für die einen Konkursantrag stellenden Gläubiger erschwert[583]. Mangels Übersicht über die gesamte schuldnerische Vermögenssituation war den Gläubigern die Glaubhaftmachung einer dreimonatigen Unterdeckung von 25% erst zu einem späten Zeitpunkt möglich, wenn beispielsweise ein Vollstreckungsversuch in das schuldnerische Vermögen erfolglos geblieben war.

(e) Umgehungsmöglichkeiten für den Schuldner

Einfache Rechenbeispiele zeigen schließlich, daß der Schuldner einen um so günstigeren Verhältniswert zwischen Verbindlichkeiten und Zahlungsmitteln erzielt, je weniger er die gegen ihn fälligen Forderungen begleicht bzw. um so mehr neue Kredite er aufnimmt[584]. Allerdings kann der Schuldner mit derartigen Finanzmanövern nur den Eröffnungsgrund der Zahlungsunfähigkeit umgehen. Das Eingreifen des vorgelagerten Überschuldungstatbestandes, der *de lege ferenda* für alle Unternehmen einzuführen ist[585], kann er mit solchen kurzfristigen Finanzierungen nicht vermeiden.

(2) Argumente gegen § 17 Abs. 2 InsO

(a) Frühere Rechtslage

Trotz dieser Argumente für die Neuregelung muß es Verwunderung auslösen, daß die erhebliche Verschärfung der Zahlungsunfähigkeit in der Literatur weitgehend kritiklos akzeptiert worden ist. So war zu § 102 KO immer wieder auf die Notwendigkeit einer klaren Abgrenzung zu bloßen Zahlungsstockungen abgehoben worden[586]. Nicht zuletzt deshalb hatte sich die Auffassung herausgebildet, erst eine dreimonatige Unterdeckung von 25% rechtfertige die Annahme der Zahlungsunfähigkeit. Die von § 17 Abs. 2 InsO vorgesehene Abgrenzung geht dagegen deutlich über diesen Ansatz hinaus.

(b) Kritik in der Literatur

Kritische Stimmen finden sich wenige. Besonders kraß ist der Meinungswandel von *K.-H. Jäger*, der in einem früheren Beitrag für einen Zeitraum von zwei bis drei Monaten einer wesentlichen Unterdeckung seine Praxiserfahrungen als Wirtschaftsprüfer

583 Zu dieser Glaubhaftmachung im Sinne des § 294 ZPO vgl. *OLG Köln*, ZIP 1988, S. 664f.

584 *Hartung*, wistra 1997, S. 9f.; *Matzen*, S. 53.

585 Dazu unten 2 b dd (2).

586 Vgl. oben B I 1 a dd (2) sowie B I 1 b bb.

angeführt hatte und bei einer Verschärfung eine "großangelegte Unternehmensvernichtung" befürchtete[587], nun aber mit dem Grenzwert einer einwöchigen Liquiditätslücke von 0,01% sich erstaunlicherweise bei denjeingen einreiht, die die höchsten Anforderungen an das schuldnerische Zahlungsvermögen stellen[588].
Demgegenüber vertritt *Häsemeyer* die Auffassung, die "Stichhaltigkeit" des Abgehens von der früheren Definition müsse "bezweifelt" werden[589], macht aber insofern keine näheren Ausführungen, sondern verweist nur auf die Stellungnahme von *Uhlenbruck*. Dieser äußert bezüglich des von § 17 Abs. 2 InsO vorgegebenen kurzen Zeitraums lediglich, daß der vom Gesetzgeber angesprochene Bankkredit für ein notleidendes Unternehmen "niemals so schnell zu bekommen" sei[590].

(c) Realisierbarkeit schneller Kreditversorgung
Diese Annahme erscheint zutreffend. Wenn bei unerwarteten Ausfällen von Zahlungseingängen nicht ein ausreichender Kreditrahmen besteht, werden die Banken oft erst nach einer längeren Prüfung über eine Ausweitung des bisherigen bzw. Vereinbarung eines neuen Kreditengagements entscheiden[591].

(d) Zerschlagung lebensfähiger Unternehmen
Mit den Schwierigkeiten, in derart kurzer Zeit eine Kreditversorgung sicherzustellen, sind die grundlegenden Bedenken gegen die Neuregelung in § 17 Abs. 2 InsO bereits angedeutet. Es geht bei der Ausgestaltung der Zahlungsunfähigkeit als Eröffnungsgrund nicht allein um die Interessen der Gläubiger, wie es die breite Mehrheit des Schrifttums in regelmäßiger Einseitigkeit hervorhebt. Erforderlich ist vielmehr eine *Abwägung*, in die auch die Interessen des schuldnerischen Unternehmens einbezogen werden müssen. Nur so kann die Zahlungsunfähigkeit ihrer bereits dargestellten Funktion als Indikator der Insolvenzreife auch wirklich gerecht werden. Man mag bei einer solchen Abwägung nun zu dem Ergebnis gelangen, daß Unternehmen mit mehrwöchigen Zahlungsproblemen sich durchaus auf dem Wege zur vollständigen Zahlungseinstellung befinden mögen, so daß eine frühest mögliche Verfahrenseröffnung legitim erschiene. Zwingend ist diese Schlußfolgerung aber nicht. Mit der Neuregelung droht vielmehr *unterschiedslos* auch solchen Unternehmen das Insolvenzverfahren, die nach

587 DB 1986, S. 1445; ähnlich bereits *Papke*, DB 1969, S. 735.
588 BB 1997, S. 1577.
589 S. 118, Rn. 7.17.
590 KTS 1994, S. 171. - *A.A.* ohne nähere Begründung *Burger*, DB 1992, S. 2150.
591 Ein ein- bis zweiwöchiger Zeitraum wird dafür meist nicht ausreichen. Bestätigt wurde das dem *Verfasser* – ohne daß damit der Anspruch auf eine repräsentative Umfrage erhoben wird – durch Anfragen bei verschiedenen Kreditinstituten. - Anschaulich zu dem recht aufwendigen und langwierigen Verfahren der Kredit-würdigkeitsprüfung *Adrian/Heidorn*, S. 380ff. - Die dort aufgelisteten, vom Kunden beizubringenden Unterlagen sowie die von der Bank ihrerseits durchzuführenden Prüfungen dürften einen Zweiwochenzeitraum, zumal bei einem Unternehmen mit Zahlungsschwierigkeiten, regelmäßig überschreiten.

nur vorübergehenden Liquiditätsschwierigkeiten ihre Gläubiger wieder vollständig befriedigen könnten. Die schon zitierte frühere Befürchtung von *K.-H. Jäger*, daß ein zu strenger Zahlungsunfähigkeitstatbestand zu einer "Unternehmensvernichtung" führen könne, erscheint im Hinblick auf § 17 Abs. 2 InsO daher keinesfalls als ein bloßes Horrorszenario, sondern als eine durchaus realistische Möglichkeit. Folgte man noch weitergehenden Ansätzen wie dem von *Moosmayer*, so würde aus dieser Möglichkeit wohl bald Gewißheit.

(e) Vergangenheitsbetrachtung

Die Ablehnung der Neuregelung muß um so deutlicher ausfallen, als auch eine rückwirkende Nichtbegleichung von Verbindlichkeiten die Zahlungsunfähigkeit in gleichem Umfang begründen soll. So heben *Möhlmann* und *Temme* in ihren ausführlichen Darstellungen ausdrücklich hervor, daß bereits bei Vorliegen einer geringen Lücke in den letzten zwei Wochen *vor* Antragstellung ein Insolvenzverfahren eröffnet werden müsse, ohne daß es einer Prognose bedürfe, ob der Schuldner auch nur in *wenigen Tagen* wieder voll zahlungsfähig sei[592]! Hier mag man entgegnen, daß Anträge in der Regel erst gestellt werden, wenn sich eine deutlichere Zahlungsunfähigkeit abzeichnet[593]. Aber wer kann diesen Zustand auch für die Zukunft und für jeden Einzelfall garantieren? Und warum wird dann nicht gleich auf einen klareren Wert abgestellt? Offenbar soll ohne Rücksicht auf die in der Praxis nun einmal oft vorkommenden und eben nicht immer voraussehbaren Zahlungsschwierigkeiten ein Maßstab angelegt werden, an dem in der Zukunft eine Vielzahl an Unternehmen zu zerbrechen drohen.

Ebensowenig wird man damit argumentieren können, daß von der Antragstellung bis zur Entscheidung des Insolvenzgerichts über die Verfahrenseröffnung oft einige Wochen oder gar Monate vergehen und für das Vorliegen des Eröffnungsgrunds erst auf den Zeitpunkt der Gerichtsentscheidung abgestellt wird[594]. Maßgeblich ist vielmehr die Tatsache, daß das Insolvenzrecht zu einem Insolvenzantrag, der das Unternehmen bis in seinen Bestand gefährden und damit erst zu schwerwiegenden Zahlungsproblemen führen kann[595], noch nicht bei einer so geringen Unterdeckung nach nur zwei Wochen verpflichten darf.

(f) Erkennbarkeit kleinster Liquiditätslücken

Die neue Regelung dürfte auch in anderer Hinsicht an der Praxis vorbeigehen. Meist nämlich wird ein Unternehmer eine Zahlungslücke von wenigen Prozentpunkten oder gar von 0,01% überhaupt nicht feststellen können. Anscheinend wird insofern ein

---

592 *Möhlmann*, S. 45ff.; *Temme*, S. 66.
593 *K.-H. Jäger*, BB 1997, S. 1576f; *Schmerbach*, FK, § 17 InsO, Rn. 22f.
594 Zu diesem Zeitpunkt vgl. *Bork*, Rn. 86; *Kirchhof*, HK, § 16 InsO, Rn. 14.
595 Zu dieser "Sogwirkung" bereits oben B I 1 a dd (2), (3).

idealtypisches Modell des betriebsinternen Rechnungswesens und Planungsverhaltens zugrunde gelegt, das mit tatsächlichen Wirtschaftsabläufen nicht übereinstimmt. Gerade bei vielen kleineren Unternehmen ist eine derart exakte Finanzplanung weder finanzierbar noch praktisch durchführbar. Das soll zwar nicht daran hindern, den Unternehmer im übrigen zur ständigen Prüfung anzuhalten[596]. Auch dürfen an Liquiditätsreserve und Kreditfinanzierung durchaus gewisse Anforderungen gestellt werden. Eine *allgemeine* Pflicht zur tag- oder selbst wochengenauen Finanzplanung geht dagegen zu weit und ist *de lege lata* auch nicht vorgeschrieben[597]. Empirische Untersuchungen haben denn auch ergeben, daß bei kleineren Unternehmen die Quote derjenigen, die überhaupt eine Finanzplanung vornehmen, bis auf 32% absinkt. Selbst bei Großunternehmen mit über 500 Beschäftigten führt immerhin noch ein Viertel der Unternehmen keine Planung durch[598]. Wenn hier nun über die Antragspflichten selbst bei fahrlässiger Unterlassung der Antragstellung auch noch zivil- und strafrechtliche *Sanktionen* drohen, wird die Unangemessenheit der Neuregelung geradezu evident.

(g) Mißachtung der Gläubigerinteressen

Dieses Ergebnis kann, wie bereits dargelegt worden ist, auch nicht stets im Gläubigerinteresse sein[599]. Denn die Gläubiger sind keineswegs immer an einer möglichst raschen Verfahrenseröffnung interessiert. Ihre Ansprüche verlieren schon mit dem Insolvenzantrag eines womöglich übervorsichtigen Gläubigers (oder des antrags*pflichtigen* Schuldners!) und der darauf folgenden Einsetzung eines vorläufigen Insolvenzverwalters erheblich an Wert[600]. Der Antrag kann aufgrund seiner negativen Publizitätswirkung nicht nur zu schweren wirtschaftlichen Schäden führen, sondern den endgültigen Unternehmenszusammenbruch sogar erst verursachen. Neben der Forderungsabwertung schlägt dann auch noch der Verlust eines Geschäftspartners zu Buche. Wer hier für die überlebensfähigen Unternehmen und ihre Gläubiger auf die Sanierungsmöglichkeiten des neuen Insolvenzrechts vertraut, verkennt die begrenzten Möglichkeiten eines jeden Insolvenzrechts, übersieht die mit einem Insolvenzantrag stets verbundenen negativen Folgewirkungen und geht damit an der wirtschaftlichen Realität vorbei.

---

596 Dazu bereits oben B I 2 c.

597 *De lege ferenda* aber wäre der Gesetzgeber aufgerufen, in Zusammenarbeit mit der Betriebswirtschaftslehre die Notwendigkeit einer Finanzplanungspflicht für Unternehmen *ab einer bestimmten Größe* (etwa nach Umsatz und/oder Mitarbeiterzahl) näher zu prüfen.

598 *Geiseler*, S. 266 und Tabelle 19 F. - Insgesamt war bei 42% der rund 1.500 untersuchten Unternehmen keine Finanzplanung vorhanden.

599 Oben B I 1 a dd (3).

600 Dazu bereits oben Fn. 349.

(h) Mißbrauchsgefahren

Es sollte auch die Gefahr nicht unterschätzt werden, die durch den Mißbrauch der neuen Regelung droht. Wenn ein Insolvenzverfahren derart schnell eröffnet werden kann, so läge es für ein drittes Unternehmen nicht völlig fern, ganz geringe Forderungen gegen einen Mitkonkurrenten zu erwerben, um ihn bei Zahlungsproblemen über einen Eröffnungsantrag aus dem Markt zu drängen. Nun ist es zwar eine weit verbreitete Ansicht, daß die Verfolgung solch insolvenzfremder Zwecke die Unzulässigkeit eines Eröffnungsantrags zur Folge hat[601]. Aber der Gestaltungs- und Umgehungsmöglichkeiten gibt es viele, zumal wenn der Eröffnungsgrund allein auf die Einzelbetrachtung der Gläubigerforderung und einen derart kurzen Zeitraum abstellt. Auch darin liegt eine wenig willkommene Konsequenz der neuen Rechtslage.

(3) Zwischenergebnis

Im Ergebnis ist damit festzuhalten, daß durch § 17 Abs. 2 InsO auch solche Unternehmen mit einem Insolvenzverfahren überzogen werden können, die sich nur in vorübergehenden Zahlungsschwierigkeiten befinden. Der eingangs beschriebenen Funktion des Insolvenzgrundes der Zahlungsunfähigkeit als Indikator einer tatsächlichen Insolvenzreife wird die Neuregelung damit nicht gerecht. Deshalb ist nicht nur, wie im Schrifttum nur sehr vereinzelt geäußert, kritische Distanz angebracht. Vielmehr ist energischer Widerspruch gegen die Neuregelung gefordert! Es bleibt letztlich nur zu hoffen, daß sich der *BGH* der mittlerweile wohl herrschenden strengen Definition der Literatur nicht anschließt, sondern die Zahlungsunfähigkeit ihrer Funktion gemäß wieder mit den Merkmalen der Dauerhaftigkeit und Wesentlichkeit ausgestaltet.

(4) Überlegungen zur Gesetzesreform

Bei der Erörterung des § 102 KO ist bereits herausgestellt worden, daß sich exakte Werte für eine zeit- und betragsmäßige Abgrenzung sachlich nicht genau begründen lassen[602]. Damit dürfte auch klar geworden sein, daß sich ein Liquiditätsmaßstab, der zwischen insolvenzreifen und überlebensfähigen Unternehmen stets angemessen differenziert, wohl nicht finden läßt.

Sollen aber jedenfalls die mit § 17 Abs. 2 InsO verbundenen Probleme vermieden werden, scheint zumindest ein *zweimonatiger* Betrachtungszeitraum angebracht. Ebenso sollte trotz der nicht zu leugnenden Schwierigkeiten auch eine betragsmäßige Unterscheidung weiterhin vorgenommen werden. Damit wird den Gläubigern die Möglich-

---

601 *OLG Celle*, OLG-Report 1998, S. 178; *OLG Frankfurt* ZIP 1984, S. 195; *Baur*, JZ 1951, S. 210; *Breuer*, S. 31; *Kilger/K. Schmidt*, § 105 KO, Anm. 2; *Kuhn/Uhlenbruck*, § 103 KO, Rn. 32, § 105 KO, Rn. 6a. - Zweifelnd, sofern es sich um tatsächlich bestehende Forderungen handelt, hingegen *Häsemeyer*, Rn. 7.08.

602 Oben B I 1 b bb (3).

keit zur Antragstellung zwar nicht unerheblich erschwert. Das aber muß hingenommen werden. Denn einem Schuldner selbst bei einer zweimonatigen Unterdeckung von 0,01% schon die Fähigkeit zur eigenverantwortlichen Haftungsregelung abzusprechen, geht zu weit. Um nicht jedes in bloßen Zahlungsstockungen befindliche Unternehmen für insolvent zu erklären, erscheint daher auch künftig eine deutlich höhere Grenze erforderlich. Weniger als *20%* sollte aus den oben dargelegten Gründen dabei nicht verlangt werden.

Sofern die Rechtsprechung nicht über den Wortlaut der Gesetzesbegründung hinaus eine vergleichbar deutliche Abgrenzung vornimmt, wäre der Gesetzgeber erneut gefordert. Eine zweimonatige Unterdeckung von 20% sollte als eine Regelfallbestimmung[603] in den *Gesetzestext* aufgenommen werden. Damit würde nicht nur für eine gewisse Rechtssicherheit gesorgt, die die jetzige Regelung ausweislich der unterschiedlichen Stellungnahmen in der Literatur nicht gewährleistet. Auch dürfte mit dem Abrücken von der bisherigen Dreimonatsfrist einerseits und der Abstandnahme von einem bloßen Zweiwochenzeitraum andererseits der schwierige Widerstreit zwischen Schuldner- und Gläubigerinteressen besser als durch § 17 Abs. 2 InsO gelöst werden.

c) Überschuldung (§ 19 InsO)

Bedurften die Veränderungen des Zahlungsunfähigkeitsbegriffs aufgrund der überragenden praktischen Bedeutung dieses Eröffnungstatbestandes einer eingehenden Darstellung, so kann auf das Überschuldungsmodell der Insolvenzordnung in kürzerer Form eingegangen werden. Denn auch für das künftige Recht ist sicher vorauszusehen, daß nahezu kein Verfahren wegen Überschuldung eröffnet wird. Im Gegenteil: Der Gesetzgeber dürfte durch die Rückkehr zum bereits ausführlich dargestellten herkömmlich zweistufigen Prüfungskonzept diesen Auslösetatbestand (endgültig) funktionsuntüchtig gemacht haben[604].

In § 19 Abs. 2 S. 1 InsO wird zunächst auf die altbekannte Definition der Überschuldung zurückgegriffen, nach der es darauf ankommen soll, daß das Vermögen des Schuldners seine Verbindlichkeiten nicht mehr deckt. Für die dabei im einzelnen anzusetzenden Werte wird sodann in dem erst vom Ausschuß zur Klarstellung eingefügten S.2 bestimmt, daß Fortführungswerte zugrunde zu legen seien, wenn die Fortführung

603 Dazu bereits oben B I 1 b bb (3). - Gegen eine gesetzliche Regelung aber *Uhlenbruck* in: Bratschitsch (Hrsg.), S. 193 ("Es kann nur davor gewarnt werden, diese Ermessensspielräume durch Rechtsvorschriften [...] ausfüllen zu wollen").

604 Vgl. oben B I 1 c bb (4) (a).

des Unternehmens "nach den Umständen überwiegend wahrscheinlich ist". Damit wird eindeutig auf das einfach zweistufige Überschuldungsmodell abgestellt[605].

aa) Gesetzesbegründung

Die Regierungsbegründung deutet die Motivation für die Ablehnung des bisher von der Rechtsprechung und der herrschenden Lehre vertretenen modifizierten Überschuldungsbegriffs bereits an. Es ist das Unbehagen des Gesetzgebers vor einer "leicht vorschnell zugrunde gelegt[en]"[606] positiven Fortbestehensprognose. Deutlicher kommt das im Ausschußbericht zum Ausdruck[607]: Hier wird nicht nur wie in der Regierungsbegründung festgestellt, daß auch bei einer positiven Prognose die Überschuldung "nicht von vornherein ausgeschlossen" sei. Vielmehr wird "entschieden" von der Auffassung des *BGH* abgewichen, da sich eine später als falsch erweisende Prognose "erheblich zum Nachteil der Gläubiger" auswirken könne. Schließlich betont der Ausschuß, daß die Rückkehr zu dem herkömmlich zweistufigen Modell "weiter den Vorteil" habe, daß "Überschneidungen" mit der drohenden Zahlungsunfähigkeit vermieden würden.

bb) Meinungsstand

Im Schrifttum wird die Neuregelung vielfach akzeptiert und mit ihr anscheinend tatsächlich die Hoffnung auf eine frühere Verfahrenseröffnung verbunden[608]. Das gesetzgeberische Mißtrauen gegen eine reine Prognoseentscheidung wird auch von *Höffner* in einem ausführlichen Beitrag unterstützt[609]. Seine vernichtende Ablehnung des modifiziert zweistufigen Modells gründet er insbesondere auf die bemerkenswerte Formulierung, daß sich angesichts der Haftungsbeschränkung der Kapitalgesellschaften "im wahrsten Sinne des Wortes kein Mensch dafür interessier[e]", ob einer bilanziell überschuldeten juristischen Person die Fähigkeit künftiger Zahlungsfähigkeit prognostiziert werden könne[610].

---

605 Statt vieler *Nerlich/Römermann/Mönning*, § 19 InsO, Rn. 52; unzutreffend hingegen *Hess/Weiss*, InVo 1996, S. 255, die davon ausgehen, der Gesetzgeber habe auch dieses Modell abgelehnt. - Zweifelhaft auch *Bork*, Rn. 92 und *Kübler/Prütting/Pape*, § 19 InsO, Rn. 9 die meinen, es müsse immer zuerst eine Bilanz mit Liquidationswerten aufgestellt werden.

606 Begr. RegE zu § 23 EInsO (= § 19 InsO), BT-Dr 12/2443, S. 115.

607 Ausschußbericht zu § 23 EInsO (= § 19 InsO), BT-Dr 12/7302, S. 157.

608 Vgl. *Bork*, Rn. 93; *Groß*, WPK-Mitt. 1997, S. 4ff.; *Kallmeyer*, GmbHR 1997, S. 16ff.; *Lenz/Seit*, INF 1998, S. 337; *Macke/Wegener*, INF 1998, S. 568f.; *Nerlich/Römermann/Mönning*, § 19 InsO, Rn. 11ff.; *Obermüller*, Insolvenzrecht in der Bankpraxis, Rn. 1.143ff.; *Wagner* in: Baetge (Hrsg.), S. 47ff.

609 BB 1999, S. 199ff., 252ff.

610 BB 1999, S. 254.

cc) Auseinandersetzung

Wie die Neufassung der Zahlungsunfähigkeit, so kann auch die Entscheidung für den einfach zweistufigen Überschuldungsbegriff und ihre breite Zustimmung in der Literatur nur Erstaunen hervorrufen. Denn die funktionale Ungeeignetheit des vom Gesetzgeber jetzt gewählten Überschuldungskonzepts war schon unter der Geltung der Konkursordnung offenkundig und von vielen Autoren überzeugend dargelegt worden. Auf die diesbezüglichen Ausführungen im konkursrechtlichen Teil dieser Arbeit sei hier verwiesen[611]. Gleichwohl aber erscheint es gerechtfertigt, auf einige Kritikpunkte an § 19 Abs. 2 InsO noch einmal gesondert einzugehen. Dabei kann nicht zuletzt auf die pointierte Darstellung von *Fenske* zurückgegriffen werden, der kritisch zur Neuregelung Stellung bezogen hat[612].

(1) Fortführungswerte

Zunächst einmal ist zu bemängeln, daß die Gesetzesbegründung zwar von "Fortführungswerten" spricht, aber keine Aussage dazu trifft, was denn unter diesen Werten genau verstanden werden soll[613]. Das ist angesichts der seit langem geführten Diskussion um die verschiedenen Arten von Substanz- und Ertragswerten in der Tat ein schweres Versäumnis und wird auch bei der insolvenz*straf*rechtlichen Bewertung noch gesondert gewürdigt werden müssen[614]. Allerdings ist "einschränkend" festzustellen, daß selbst die Festlegung auf einen dieser Ansätze nicht hätte überzeugen können. Denn der Fortführungsbewertung kommt nach hier vertretener Auffassung ohnehin keine Aussagekraft für die zahlungsstromorientierte Frage der Gläubigerbefriedigung zu[615].

(2) Widersprüche bei künftiger Zahlungsfähigkeit

Es erscheint auch wenig plausibel, warum trotz einer im Rahmen der Fortführungsprognose nachgewiesenen zukünftigen Zahlungsfähigkeit, also der Fähigkeit, seine Gläubiger durch Auszahlungen befriedigen zu können, ein Unternehmen dennoch insolvenzantragspflichtig sein sollte, wenn die Fortführungsbewertung zu einem negativen Ergebnis käme. Daß das durchaus möglich sein kann, dürfte die ertragswertbezogene

611 Oben B I 1 c bb (3), (4) (b).

612 AG 1997, S. 554ff.; kritisch auch *Burger/Schellberg*, BB 1995, S. 265f.; *Nonnenmacher*, Moxter-FS, S. 1322; *Schüppen*, DB 1994, S. 200.

613 Das *IDW* nennt § 19 Abs. 2 InsO wohl auch deshalb eine "lediglich rudimentäre gesetzliche Regelung", vgl. WPg 1997, S. 23. – *A.A.* dagegen *Kirchhof*, HK, § 19 InsO, Rn. 14, der meint, der Gesetzgeber habe gerade nicht die Ertragswertmethode gewählt, da er sich "nicht allein auf Zukunftserwartungen verlassen" wollte. In der Gesetzesbegründung findet diese Auffassung jedoch keine Stütze; dort wird lediglich der Überschuldungsbegriff des *BGH* abgelehnt, weil er eine positive Prognose ausreichen lasse und *überhaupt keine* Fortführungsbewertung verlange.

614 Dazu unten II 2 b bb (1).

615 Vgl. bereits oben B I 1 c bb (4) (a). - Zur fehlenden Zweckbezogenheit *Fenske*, AG 1997, S. 558; vgl. auch *Bähner*, KTS 1988, S. 447ff.

Untersuchung von *Groth* aufgezeigt haben[616]. Noch eher könnte dieses widersprüchliche Ergebnis eintreten, wenn man mit der auch in der neueren insolvenzrechtlichen Literatur herrschenden Meinung auf Substanzwerte abstellte[617]. Nicht zu Unrecht sieht *Fenske* durch diese Widersprüche den Gläubigerschutzgedanken "ad absurdum" geführt[618].

(3) Ertragsbewertung einzelner Vermögensgegenstände

Soweit im Schrifttum eine Ertragsbewertung befürwortet wird und im Rahmen dieser Methode die Erträge auch noch auf die einzelnen Vermögenswerte "heruntergerechnet" werden sollen, wie das etwa *Höffner* vorschlägt[619], geht das gänzlich an der Sache vorbei. Nicht nur in Wirtschaftsprüferkreisen ist seit langem anerkannt, daß diese Vorgehensweise eine "blanke Illusion"[620] darstellt, da Erträge nun einmal nicht jedem einzelnen Gegenstand des Anlage- oder Umlaufvermögens anteilsmäßig zugeordnet werden können[621]. Die von *Höffner* mit einer solchen Bilanzierung verbundene "Objektivität" der Bewertung ist daher nur eine scheinbare. Sie macht sich an einer Bilanz fest, deren Fortführungsorientierung ungeeignet und deren Einzelbewertungen willkürlich sind. Man mag ihm daher sein eigenes harsches Urteil zurückgeben, daß sich "im wahrsten Sinne des Wortes kein Mensch" für eine solche Methode interessiert. Wenn er schließlich zum Ende seines Aufsatzes den statischen Charakter der Überschuldung betont und der Fortbestehensprognose offensichtlich jegliche Funktion abspricht, so mißversteht er anscheinend auch noch die Neuregelung in § 19 Abs. 2 InsO, nach der die Wahl der Bilanzierungswerte doch gerade von dem Ausgang einer auch für dieses Modell erforderlichen Prognose abhängt, deren Ergebnis richtigerweise nicht von einer

---

616 Dazu oben B I 1 c bb (4) (b) (dd).

617 Etwa *Kübler/Prütting/Pape*, § 19 InsO, Rn. 9; *Kirchhof*, HK, § 19 InsO, Rn. 14; *Smid/Smid*, § 19 InsO, Rn. 31f.; ähnlich *Wolf*, S. 53ff.; mißverständlich *Nerlich/Römermann/Mönning*, § 19 InsO, Rn. 25f., die "Ertragswertgesichtspunkte" einbeziehen wollen, sich im Ergebnis aber doch für eine Substanzbewertung aussprechen; offen gelassen dagegen von *Schmerbach*, FK, § 19 InsO, Rn. 19; so auch noch WP-Handbuch, Band I, Abschn. T, Rn. 26; *IDW*, WPg 1995, S. 597; vgl. jetzt aber *IDW*, WPg 1997, S. 25 (danach sind die einzelnen Vermögensgegenstände "mit dem Betrag anzusetzen, der ihnen als Bestandteil des Gesamtkaufpreises des Unternehmens bei konzeptgemäßer Fortführung beizulegen wäre"). - Erhebliche praktische Bedenken an der substanzwertorientierten Prüfung bei *Drukarczyk/Schüler* in: Kölner Schrift, S. 88f., Rn. 89.

618 AG 1997, S. 558; ähnlich *Möhlmann*, S. 91; *Nonnenmacher*, Moxter-FS, S. 1321; *A.A.*, allerdings mit unverständlicher Begründung: *Reck*, ZInsO 1999, S. 200.

619 BB 1999, S. 254.

620 So wörtlich *Heni*, WPg 1990, S. 96 mit zahlreichen Nachweisen auf das betriebswirtschaftliche Schrifttum.

621 *Bittmann*, wistra 1999, S. 12 ("Wer will denn ernsthaft und verläßlich bewerten, wieviel Prozent des Unternehmenswerts die letzte Schraube ausmacht?"); *Möhlmann*, S. 105 ("schlicht undurchführbar"); ähnlich bspw. *Kallmeyer*, GmbHR 1997, S. 17; *Niethammer*, WPg 1990, S. 202.

allgemeinen Lageeinschätzung[622], sondern der anhand eines Finanzplans zu prognostizierenden Zahlungsfähigkeit des Unternehmens bestimmt wird[623].

dd) Zwischenergebnis

Überschuldung sollte daher im Sinne von *Moxter* weiterhin als "Unfähigkeit zur Auszahlungsdeckung im Zeitablauf" interpretiert werden[624]. Dabei ist wie nach bisheriger Rechtslage lediglich die Ergänzung vorzunehmen, daß eine negative Zahlungsfähigkeitsprognose dann noch keine Überschuldung herbeiführt, wenn eine Liquidationsbilanz ausnahmsweise positiv ausfällt[625].

ee) Überlegungen zur Gesetzesreform

Da der Rechtsprechung die Fortführung ihrer bisherigen Auffassung aufgrund der Bindung an die neuen Insolvenzgesetze verschlossen ist (Art. 20 Abs. 3, 2. Hs GG)[626], muß zur Wiedereinführung des modifiziert zweistufigen Überschuldungsmodells eine Gesetzesänderung gefordert werden. Darin dürfte eine überzeugendere Lösung liegen als in der von *K. Schmidt* gehegten Erwartung, daß sich die Rechtsprechung "die Formeln des neuen Rechts zueigen macht, ohne sachlich von der bisherigen Praxis abzuweichen"[627].

d) Drohende Zahlungsunfähigkeit (§ 18 InsO)

Als dritten Eröffnungsgrund hat die Insolvenzordnung in § 18 InsO die drohende Zahlungsunfähigkeit neu eingeführt. Sie soll vorliegen, wenn der Schuldner "voraussichtlich nicht in der Lage sein wird, die bestehenden Zahlungspflichten im Zeitpunkt der Fälligkeit zu erfüllen" (§ 18 Abs. 2 InsO). Diesem Auslösetatbestand ist die besondere Funktion zugewiesen worden, bereits "im Vorfeld" der Insolvenz eine Verfahrenseinleitung zu ermöglichen. In diesem Stadium soll es aber allein dem Schuldner vorbehalten sein, einen Eröffnungsantrag zu stellen. Ein Gläubigerantrag kann daher nicht auf drohende Zahlungsunfähigkeit gestützt werden[628].

Der Begriff der drohenden Zahlungsunfähigkeit war bisher nur als konkursstrafrechtliche Krisensituation aus § 283 Abs. 1 StGB bekannt. Dazu ist bereits dargelegt worden,

---

622 So aber *Burger/Schellberg*, BB 1995, S. 266. - Gegen diese *Möhlmann*, S. 94; *ders.*, DStR 1998, S. 1843f.; *Nonnenmacher*, Moxter-FS, S. 1322.

623 Vgl. nur *IDW*, WPg 1997, S. 24 ("der Finanzplan ist daher das maßgebliche Instrument").

624 Finanzwirtschaftliche Risiken, in: Büschgen (Hrsg.), Handwörterbuch der Finanzwirtschaft 1976, Sp. 635.

625 Kritisch dazu aber *Fenske*, AG 1997, S. 558.

626 Die gesetzliche Bindung an den neuen Überschuldungsbegriff hebt auch *Höffner*, BB 1999, S. 253 hervor.

627 In: K. Schmidt/Uhlenbruck (Hrsg.), Die GmbH in Krise, Sanierung und Insolvenz, 1. A. (1997), S. 262, Rn. 498; ähnlich in der 2. A. (1999), S. 321, Rn. 580.

628 Vgl. zum ganzen bereits oben I 1 a.

daß sich nach hier vertretener Auffassung im Strafrecht eine vollständige Identität des Überschuldungsbegriffs mit der drohenden Zahlungsunfähigkeit ergibt, da auch bei drohender Zahlungsunfähigkeit eine positive Liquidationsbilanz der Annahme der typischerweisen Gläubigergefährdung entgegensteht[629]. Zivilrechtlich liegt nun eine jedenfalls sehr weitgehende Übereinstimmung vor. Hier mag man auch ohne das Erfordernis der Liquidationsbilanz auskommen, da es nur um freiwilige Verfahrensauslösung und nicht um Insolvenzverschleppungshaftung oder Bankrottstrafbarkeit geht.

Mit diesen jedenfalls weitreichenden Überschneidungen ist die Notwendigkeit des mit § 18 InsO neu geschaffenen Insolvenzeröffnungsgrundes der "drohenden Zahlungsunfähigkeit" für die auch vom Überschuldungstatbestand erfaßten Unternehmen[630] bereits in Frage gestellt. Auch erscheint die funktionale Unterscheidung zwischen der Überschuldung als Indikator einer tatsächlichen Insolvenzreife und der drohenden Zahlungsunfäigkeit als Eröffnungsgrund "im Vorfeld" der Insolvenz sehr zweifelhaft.

aa) Gesetzesbegründung

(1) Überschneidungen mit dem Überschuldungsbegriff des § 19 Abs. 2 InsO

Selbst wenn man dem hier vertreten modifiziert zweistufigen Überschuldungsbegriff nicht folgt, sondern es bei dem vom Gesetzgeber vorgegebenen, herkömmlich zweistufigen Überschuldungsbegriff für richtig hält, ergeben sich zwischen beiden Eröffnungsgründen erhebliche Überschneidungen, die an der getrennten Existenzberechtigung dieser beiden Auslösetatbestände im Unternehmensinsolvenzrecht zweifeln lassen. Zwar ist der Rechtsausschuß davon ausgegangen, mit dem herkömmlich zweistufigen Modell würden jegliche Abgrenzungsprobleme vermieden[631]. Diese Annahme läßt aber nur den Schluß zu, daß die am Gesetzgebungsverfahren Beteiligten – jedenfalls insofern - ihre eigene Regelung offenbar nicht verstanden haben. Denn auch das herkömmlich zweistufige Überschuldungsmodell macht den Wertansatz in der Bilanz gerade von einer Prognose abhängig, die vernünftigerweise das Element drohender Zahlungsunfähigkeit enthalten muß! Wie hier Überschneidungen ausgeschlossen werden sollen, ist schlicht unerklärlich[632]. Zutreffend ist nur, daß es durch die bilanzielle "Nachmessung" gemäß § 19 Abs. 2 InsO nicht zwingend zur vollständigen Identität

629 Dazu bereits oben B I 1 c bb (3).

630 *De lege ferenda* sollte der Überschuldungstatbestand für alle Unternehmen greifen! Dazu sogleich unter 2 b dd (2).

631 Ausschußbericht zu § 23 EInsO (= § 19 InsO), BT-Dr 12/7302, S. 157.

632 Kritisch auch *Drukarczyk/Schüler* in: Kölner Schrift, S. 90, Rn. 94; vgl. ferner *Kübler/Prütting/Pape*, § 18 InsO, Rn. 5; *Wolf*, S. 37; *Nerlich/Römermann/Mönning*, § 19 InsO, Rn. 49 stellen ebenfalls Überschneidungen fest, wollen aber eine – im Ergebnis nicht überzeugende – Abgrenzung anhand der Prognosezeiträume sowie der Zahlungsverpflichtungen vornehmen; *Schmerbach*, FK, § 18 InsO, Rn. 2a hält die Überschneidungen gar für "akzeptabel und sinnvoll".

der beiden Eröffnungsgründe kommen muß, wie sie bei der modifiziert zweistufigen Prüfung regelmäßig auftreten wird.

(2) Vorverlagerung des Insolvenzverfahrens ?

Aufgrund der Überschneidungen erscheint auch die Hoffnung des Gesetzgebers auf eine Vorverlegung der Verfahrenseinleitung durch die drohende Zahlungsunfähigkeit für den Bereich des Unternehmensinsolvenzrechts fraglich. Schließlich gab es schon bisher und gibt es auch künftig mit der Überschuldung einen der (eingetretenen) Zahlungsunfähigkeit vorgelagerten Auslösetatbestand. Unzutreffend ist daher die weit verbreitete Auffassung[633], daß nach alter Rechtslage das Verfahren nur bei vollständigem Zusammenbruch des Unternehmens ausgelöst werden konnte, die Insolvenzordnung dagegen durch § 18 InsO eine Eröffnung bereits dann ermögliche, wenn das Unternehmen sich "nur" in einer wirtschaftlichen Krise befinde. Richtig ist, daß über den Überschuldungstatbestand *schon bisher* die Verfahrenseröffnung zu einem Zeitpunkt möglich war, in dem die gegenwärtige Zahlungskraft des Unternehmens noch nicht angegriffen zu sein brauchte. Allerdings war die Überschuldung aufgrund ihres starken Prognosecharakters und der Neigung vieler krisenbefangener Unternehmer, bis zum endgültigen Kollaps weiterzuwirtschaften[634], ein weitgehend ineffektiver Auslösetatbestand[635]. Daß die mit der Überschuldung weitgehend gleichlaufende drohende Zahlungsunfähigkeit daran nun wesentliches ändern wird, ist wohl kaum zu erwarten[636]. Nennenswerte tatsächliche Änderungen scheinen daher nicht aufgrund der Überschuldung oder der drohenden Zahlungsunfähigkeit, sondern allein im Hinblick auf die erheblich verschärfte (eingetretene) Zahlungsunfähigkeit möglich[637].

(3) Widersprüche zwischen Text und Begründung

Auf eine unsaubere Arbeit im Gesetzgebungsverfahren weisen im übrigen wie bei § 17 InsO auch bei § 18 InsO die offenen Widersprüche zwischen Gesetzestext und Begründung hin. Wird in der Norm selbst auf die "bestehenden Zahlungspflichten im Zeitpunkt der Fälligkeit" abgestellt (§ 18 Abs. 2 InsO), so will die Regierungsbegründung "auch die zukünftigen, noch nicht begründeten Zahlungspflichten mitberücksich-

633 *Ehlers*, DStR, 1998, S. 1756; *Geisler*, S. 503, Fn. 108; *Hörl*, S. 32f.; *Kirchhof*, HK, § 18 InsO, Rn. 2; *Moosmayer*, S. 183f. ("Relativität der Insolvenz: wirtschaftliche Krise statt endgültigem Zusammenbruch"); *Nehrlich/Römermann/Mönning*, § 18 InsO, Rn. 9ff.; *Pick*, NJW 1995, S. 994; *Uhlenbruck*, NZI 1998, S. 5. - Bedeutung hat das auch für die strafrechtlich relevante Krisenüberwindung. Dazu unten im 4. Kapitel C II 1 a aa, E II 2 b aa.

634 *Richter*, GmbHR 1984, S. 118; *Tiedemann*, Vor § 283 StGB, Rn. 7

635 Vgl. nochmals B I 1 c aa.

636 *Kübler/Prütting/Pape*, § 18 InsO, Rn. 12; *Pape*, NJW 1999, S. 31; *Schmerbach*, FK, § 18 InsO, Rn. 21; vgl. auch *Burger/Buchhart*, WPg 1999, S. 162; *Philipp*, S. 317f.; vgl. auch unten im 4. Kapitel C II 1 a. – Erstaunlich optimistisch dagegen *Burger/Schellberg*, BB 1995, S. 266.

637 Die Vorverlagerung durch die (eingetretene) Zahlungsunfähigkeit hebt auch *Tiedemann*, Vor § 283 StGB, Rn. 10, 88, 126, 176 hervor. Näher dazu unten im 4. Kapitel C II 1 a cc.

tigen"[638]. Nicht eindeutig Stellung bezogen hat der Gesetzgeber auch zum Prognosezeitraum. Offenbar soll auf das letzte Fälligkeitsdatum der bestehenden Verbindlichkeiten abgestellt werden[639]. Die insgesamt von dieser Definition auch für das Strafrecht erhoffte "größere Klarheit", erscheint nach alledem nicht gegeben[640].

bb) Zwischenergebnis und Überlegungen zur Gesetzesreform

Angesichts der weitreichenden Überschneidungen mit dem Überschuldungsbegriff erscheint die abweichende Funktion, die der Gesetzgeber dem Eröffnungstatbestand der drohenden Zahlungsunfähigkeit zuweisen wollte, nicht zu rechtfertigen. Aufgrund der Überschneidungen ist vielmehr zu erwägen, ob nicht der bereits etablierte Überschuldungsbegriff im modifiziert zweistufigen Sinne als vorgelagerter Eröffnungstatbestand ausreicht. Die drohende Zahlungsunfähigkeit könnte dann im Unternehmensinsolvenzrecht[641] *de lege ferenda* entfallen.

e) Ergebnis

Hinsichtlich der Eröffnungsgründe ist gesetzgeberischer Handlungsbedarf gegeben, um sie ihrer Funktion gemäß wieder als Indikatoren tatsächlicher Insolvenzreife auszugestalten. Die Zahlungsunfähigkeit sollte die Elemente einer zweimonatigen Unterdeckung von mindestens 20% als Regelfallbestimmung enthalten. Die Überschuldung muß wieder nach dem modifiziert zweistufigen Prüfungsverfahren bestimmt werden. Für das Unternehmensinsolvenzrecht liegt die Streichung der drohenden Zahlungsunfähigkeit nahe.

2) Auslösetatbestände der Insolvenzantragspflicht

Die soeben dargestellten Neudefinitionen in den §§ 17ff. InsO gelten auch für die zivilrechtlichen Normen des Antragsrechts. Das ergibt sich zum einen aus der bereits im konkursrechtlichen Teil dargestellten Notwendigkeit eines Gleichlaufs von zivilrechtlicher Antragspflicht und Verfahrenseröffnung[642]. Zum anderen kann dies auch

---

638 Darauf weisen auch *Burger/Schellberg*, BB 1995, S. 264 hin.

639 *H.M.*, vgl. *Burger/Schellberg*, BB 1995, S. 264; *Kübler/Prütting/Pape*, § 18 InsO, Rn. 9; *Smid/Smid*, § 18 InsO, Rn. 1, 8; *Uhlenbruck*, wistra 1996, S. 4. – *A.A.* (und wohl realistischer) *Schmerbach*, FK, § 18 InsO, Rn. 8a: "maximal drei Jahre".

640 Kritisch auch *Moosmayer*, S. 169; *Uhlenbruck*, wistra 1996, S. 3 befürchtet sogar, "daß sich die bestehenden Schwierigkeiten vergrößern werden". - *A.A. Hörl*, S. 31, wieder anders aber *ders.*, S. 60. - Eingehend zur drohenden Zahlungsunfähigkeit und ihren Einzelmerkmalen *Bittmann*, wistra 1998, S. 325f.; *Möhlmann*, S. 51ff.

641 Für die *Verbraucher*insolvenz, für die der Überschuldungstatbestand nicht greift, mag die drohende Zahlungsunfähigkeit dagegen als "die Überschuldung des kleinen Mannes" (*Smid/Smid*, § 18 InsO, Rn. 1) beibehalten werden; vgl. zur Verbraucherinsolvenz auch das 5. Kapitel C II.

642 Oben B I 2 a.

der gesetzgeberischen Begründung zu § 19 Abs. 2 InsO entnommen werden, in der ausdrücklich auf diese Tatbestände Bezug genommen wird[643].

a) Zahlungsunfähigkeit

Im Hinblick auf die Zahlungsunfähigkeit greifen damit auch bei der Antragspflicht die bereits zu § 17 Abs. 2 InsO geäußerten Zweifel an der funktionalen Eignung der Neubestimmung. Insofern ist auf die obigen Ausführungen zu verweisen[644]. Die Tatsache, daß eine wenige Prozentpunkte betragende Unterdeckung kaum zu ermitteln ist und insbesondere auch nur in vorübergehenden Zahlungsschwierigkeiten befindliche Unternehmen dem Regime des Insolvenzrechts unterwirft, macht die Unangemessenheit der bei einer Antragsunterlassung drohenden Haftung sogar besonders deutlich. Mag auch die Eröffnung eines Insolvenzverfahrens in der Praxis oft erst bei Finanzierungslücken erfolgen, die größer als die von § 17 Abs. 2 InsO avisierte Unterdeckung sind - die *Haftung* für die Insolvenzverschleppung nach dem Verstreichen der dreiwöchigen Sanierungsfrist ist unabhängig von diesen praktischen Gegebenheiten stets an den strengen Maßstab des § 17 Abs. 2 InsO gebunden. Daher besteht hier sogar *noch dringender* als im Eröffnungsrecht Reformbedarf. Sachgerecht erscheint die genannte zweimonatige Unterdeckung von 20%.

b) Überschuldung

aa) Ungeeignetheit des herkömmlich zweistufigen Überschuldungsbegriffs

Die zum Eröffnungsgrund der Überschuldung (§ 19 Abs. 2 InsO) vorgetragenen Bedenken schlagen im Antragspflichtrecht genauso durch. Es kann deshalb ebenfalls auf die obige Kritik verwiesen werden[645]. Aufgrund der Mängel der Neuregelung ist daher auch für die Antragspflichten die Wiedereinführung des modifiziert zweistufigen Überschuldungsbegriffs zu fordern.

bb) Antragspflicht im Verhältnis zur drohenden Zahlungsunfähigkeit

Über diese auf den gesetzgeberischen Überschuldungsbegriff selbst beschränkten Unzulänglichkeiten hinaus ergeben sich weitere Probleme. Angesichts der oben aufgezeigten Parallelen von Überschuldung und drohender Zahlungsunfähigkeit können die unterschiedlichen Rechtsfolgen hinsichtlich der Antragsverpflichtung (Verpflichtung bei Überschuldung, keine Verpflichtung bei drohender Zahlungsunfähigkeit) nicht begründet werden. Der Gesetzgeber hat das bedauerlicherweise übersehen, obwohl sogar nach dem von ihm favorisierten herkömmlich zweistufigen Überschuldungsbegriff Überschneidungen unvermeidbar sind[646].

---

643 Begr. RegE zu § 23 EInsO (= § 19 InsO), BT-Dr 12/2443, S. 115.

644 Dazu oben 1 b dd (2).

645 Oben 1 c cc sowie bereits B I 1 c bb (4) (a).

646 Oben 1 d aa (1).

(1) Einerseits: Gefahren für gutwillige Schuldner

§ 18 InsO birgt aufgrund dieser Überschneidungen auch für gutwillige Schuldner, die rechtzeitig das Verfahren einleiten wollen, erhebliche Gefahren. Angesichts der jedenfalls weitgehenden Überschneidungen mit der Überschuldung, deren Fortführungsbewertung zudem mangels gesetzgeberischer Vorgaben für den Schuldner nahezu undurchführbar ist, kann bei einer Antragstellung gemäß § 18 InsO durchaus auch schon die Überschuldung vorliegen. Wenn dann die Dreiwochenfrist bereits verstrichen ist, greift bereits bei Fahrlässigkeit die schwere Haftung für Insolvenzverschleppung ein. Dem bei Überschuldung antragspflichtigen Schuldner wird aber durch Gesetzesfassung und Gesetzesbegründung geradezu suggeriert, die drohende Zahlungsunfähigkeit sei der regelmäßig zuerst vorliegende Auslösetatbestand.

(2) Andererseits: Gefahren durch böswillige Schuldner

Auf der anderen Seite muß aber auch davor gewarnt werden, ohne "eine besonders intensive Prüfung des vom Schuldners eingereichten Insolvenzplans" das Verfahren bei einem auf § 18 InsO gestützten Antrag einzuleiten, wie *Temme* es fordert[647]. Zwar ist es sicher zutreffend, daß eine zu frühe Antragstellung des Schuldners, also noch bevor auch nur eine drohende Zahlungsunfähigkeit eintritt, unwahrscheinlich ist. Die Gefahr aber kommt aus der genau entgegengesetzten Richtung. *K. Schmidt* hat zutreffend darauf hingewiesen, daß sich ein Eröffnungsantrag gerade deshalb auf diesen Auslösetatbestand berufen könnte, um das Vorliegen einer bereits eingetretenen Zahlungsunfähigkeit oder Überschuldung zu kaschieren und damit der zivil- und strafrechtlichen Haftung wegen Insolvenzverschleppung zu entgehen[648]. Sofern die jetzige Regelung beibehalten wird, sollten die Insolvenzgerichte deshalb wie bisher bei einem auf drohende Zahlungsunfähigkeit gestützten Antrag auch künftig eine umfassende Prüfung der weiteren Eröffnungsgründe vornehmen[649], um diesem "psychologisch-taktischen Effekt"[650] des neuen § 18 InsO entgegenzusteuern.

cc) Eingreifen der Überschuldung vor der drohenden Zahlungsunfähigkeit

Wenn die Berechnung von *Groth* zutrifft, nach der eine ertragsorientierte Fortführungsberechnung bei vielen Unternehmen selbst bei positiver Fortbestehensprognose negativ ausfiele und damit zur Überschuldung im Sinne des § 19 Abs. 2 S. 2 InsO führte[651], käme man sogar zu einem noch widersprüchlicheren Ergebnis als beim bloßen Gleichlauf beider Tatbestandsmerkmale. Denn die zum Antrag verpflichtende

647 S. 74.

648 In: Kölner Schrift, S. 915, Rn. 11; vgl. auch *Kübler/Prütting/Pape*, § 18 InsO, Rn. 11; *Philipp*, S. 318.

649 *Kuhn/Uhlenbruck*, § 105 KO, Rn. 3d sowie für das neue Recht *Möhlmann*, S. 85ff.

650 *K. Schmidt* in: Kölner Schrift, S. 915, Rn. 11.

651 S. 113f.

Überschuldung träte in diesen Fällen *vor* der den Antrag lediglich ermöglichenden drohenden Zahlungsunfähigkeit ein. Das kann nicht gewollt sein.

dd) Antragspflicht auch *de lege ferenda* ?

Diese Ungereimtheiten unterstützen die bereits oben geäußerte Überlegung, die Tatbestände der Überschuldung und drohenden Zahlungsunfähigkeit *de lege ferenda* in einem *einheitlichen* Tatbestand zusammenzufassen[652]. Da sich nach dem hier vertretenem Begriffsverständnis die Überschuldung von der drohenden Zahlungsunfähigkeit nur durch das zusätzliche Erfordernis einer negativen Liquidationsbilanz unterscheidet, sollte sich der Gesetzgeber fragen, ob es dieses Erfordernisses überhaupt bedarf[653]. Sollte das zu bejahen sein, wäre ein künftiger Einheitstatbestand als Überschuldung zu bezeichnen. Andernfalls wäre der Begriff der drohenden Zahlungsunfähigkeit vorzuziehen.

Für einen solchen Tatbestand stellte sich sodann die weitere Frage, ob sein Vorliegen wie bei der Überschuldung auch mit einer entsprechenden *Antragspflicht* verknüpft werden sollte oder ob dem Schuldner wie bei der drohenden Zahlungsunfähigkeit der Antrag freizustellen wäre.

(1) Gegen eine Antragspflicht

Gegen eine Antragspflicht könnte angeführt werden, daß auch mit der "Innenlösung" des § 18 InsO der Schuldner nicht von außen unter Druck gesetzt werden sollte. Vielmehr zielte die Neuregelung gerade darauf ab, Anreize für den Schuldner schaffen, frei von der Haftung des Insolvenzverschleppungsrechts einen möglichst frühzeitigen Antrag zu stellen[654].

(2) Für eine Antragspflicht

Für eine Antragspflicht kann kann allerdings vorgebracht werden, daß anders als bei der Zahlungsunfähigkeit nach § 17 Abs. 2 InsO[655] der von Dritten befürchtete Druck durch Stellung eines Eröffnungsantrags nicht überbewertet werden sollte. Die Glaubhaftmachung *drohender* Zahlungsunfähigkeit wird für Außenstehende nur in wenigen Fällen möglich sein.

Für eine Antragspflicht spricht zudem insbesondere, daß der Gesetzgeber mit einer andernfalls allein bei Zahlungsunfähigkeit übrig bleibenden Verpflichtung ein gera-

---

652 Oben 1 d bb.

653 Zur schwierigen Berechenbarkeit der Liquidationswerte vgl. nochmals die Nachweise in Fn. 519.

654 Begr. RegE zu § 22 EInsO (= § 18 InsO), BT-Dr 12/2443, S. 114; *Burger/Schellberg*, BB 1995, S. 265; *Fenske*, AG 1997, S. 559; *K. Schmidt* in: Kölner Schrift, S. 915, Rn. 11.

655 Dazu bereits oben 1 b dd (2) (h).

dezu kontraproduktives Signal setzen würde. Denn daß die gesetzliche Pflicht zur Verfahrenseinleitung schon vor Eintritt der Zahlungsunfähigkeit bestehen soll, ist im Hinblick auf die Überschuldung schließlich unbestritten[656]. Daran sind auch *de lege ferenda* keine Änderungen vorzunehmen. Im Gegenteil: Es ist sogar zu fordern, die Antragspflicht bei Vorliegen eines künftig einheitlichen Tatbestandes auch auf sämtliche *Personengesellschaften* zu erstrecken. Wie *K. Schmidt* eindrucksvoll herausgearbeitet hat, ist es nämlich nicht einsichtig, daß diese Gesellschaften von der Antragspflicht bei einem im wesentlichen auf drohende Zahlungsunfähigkeit abstellenden Tatbestand ausgenommen werden sollen[657].

c) Ergebnis

Für die Antragspflichtnormen besteht wie bei den Insolvenzeröffnungsgründen gesetzgeberischer Handlungsbedarf. Die Zahlungsunfähigkeit ist auch im Rahmen des Antragsrechts als *zweimonatige* Unterdeckung von *20%* zu definieren. Ebenso muß die Überschuldung wieder nach dem *modifiziert zweistufigen* Begriff bestimmt werden. Wegen der Überschneidungen der Überschuldung mit der drohenden Zahlungsunfähigkeit ist die Zusammenlegung beider Begriffe in einem einheitlichen Tatbestand zu erwägen. Sollte die Untersuchung des Gesetzgebers ergeben, daß der Prüfung nach Liquidationswerten keine eigenständige Bedeutung zukommt, so wäre dieser einheitliche Tatbestand als drohende Zahlungsunfähigkeit zu bezeichnen. Anderenfalls wäre der Begriff der Überschuldung beizubehalten.

Die Antragspflicht muß *de lege ferenda* zudem auf *beide* Eröffnungsgründe, d.h. die Zahlungsunfähigkeit und den "Einheitstatbestand", sowie auf *sämtliche* Unternehmen erstreckt werden.

Für das *Insolvenzstrafrecht* kann damit schon hier festgestellt werden, daß sich mit den dargestellten schwerwiegenden Funktionsdefiziten des neuen Insolvenzrechts erhebliche Probleme hinsichtlich einer Begriffsübernahme andeuten. Bevor darauf im einzelnen einzugehen ist, soll aber zunächst noch die Zahlungsunfähigkeit als Tatbestandsmerkmal der Insolvenzanfechtung näher dargestellt werden.

---

656 Das übersieht *Fenske*, AG 1997, S. 559, der im übrigen dem hier vertretenen Ansatz vergleichbar auch für eine Zusammenlegung der beiden Tatbestände plädiert.

657 *K. Schmidt*, Insolvenzrecht, S.59ff; *ders.*, ZIP 1985, S. 720; *ders.*, JZ 1982, S. 171; *ders.*, ZIP 1980, S. 237f.; *ders.*, AG 1978, S. 335. Ihm folgend *Smid/Smid*, § 19 InsO, Rn. 8.

3) Tatbestandsmerkmal der Insolvenzanfechtung

a) Gesetzesbegründung

Auf die Zahlungsunfähigkeit im Sinne von § 17 Abs. 2 InsO stellen auch einige Normen des neuen Insolvenzanfechtungsrechts ab[658]. In der Gesetzesbegründung finden sich keine Hinweise dafür, daß der Gesetzgeber diesen anfechtungsrechtlichen Zahlungsunfähigkeitsbegriff mit einer anderen Funktion als im Eröffnungs- oder Antragsrecht belegen wollte. Geändert hat die Insolvenzordnung lediglich, daß für die Insolvenzanfechtung bestimmter Rechtshandlungen jetzt bereits eine Zahlungs*unfähigkeit* ausreicht und nicht mehr, wie unter der Geltung der Konkursordnung, eine Zahlungs*einstellung* erforderlich ist (vgl. § 30 KO)[659]. Insgesamt ist daher für das neue Insolvenzrecht von einer Entsprechung der Begriffe in Eröffnungs-, Antragspflicht- und Anfechtungsrecht auszugehen.

b) Auffassung von *Moosmayer*

Einen anderen Ansatz vertritt, soweit ersichtlich, allein *Moosmayer*[660]. Er greift zur Bestimmung der anfechtungsrechtlichen Zahlungsunfähigkeit in seiner Dissertation auf eine aus dem Regierungsentwurf nicht übernommene Norm (§ 157 EInsO) zurück, die ein Feststellungsverfahren für die Zahlungsunfähigkeit vorsah[661]. Da diese Norm allein zur Vermeidung einer Überlastung der Insolvenzgerichte nicht in die Insolvenzordnung übernommen worden sei, so argumentiert er, müsse das in dieser Bestimmung zum Ausdruck gekommene Verständnis der Zahlungsunfähigkeit auch für das geltende Recht beachtet werden. In dem Regierungsentwurf ist dabei von einer nicht näher erläuterten "*zeitpunktbezogenen*" Zahlungsunfähigkeit die Rede. *Moosmayer* folgert aus dieser Formulierung, daß bereits die nur *eintägige* (!) Unterdeckung der Verbindlichkeiten um jede noch so geringe Lücke künftig als anfechtungsrechtliche Zahlungsunfähigkeit zu verstehen sei. Diese Auslegung überträgt er auch auf das Insolvenzeröffnungs-, das Insolvenzantrags- und das Insolvenzstrafrecht[662].

c) Auseinandersetzung

aa) Wortlautauslegung

Die Ansicht *Moosmayers* begegnet in doppelter Hinsicht Bedenken. Schon die Wortlautauslegung des Regierungsentwurfs führt nicht zu der von ihm vorgeschlagenen Interpretation. Der bloße Gebrauch des Adjektivs "zeitpunktbezogen" berechtigt keineswegs zu der Annahme, jegliches, selbst ein zweiwöchiges Andauern der Zahlungs-

---

658 §§ 130 Abs. 1 Nr. 1; 131 Abs. 1 Nr. 2; 132 Abs. 1 Nr. 1 InsO.

659 Zur Zahlungseinstellung im Sinne des § 30 KO als der nach außen in Erscheinung getretenen Zahlungsunfähigkeit bereits oben B I 3 b.

660 S. 155ff.

661 Begr. RegE zu § 157 EInsO, BT-Dr 12/2443, S. 164.

662 S. 155ff. - Zum Insolvenzstrafrecht sogleich unter II 2 a aa (1).

unfähigkeit im Sinne des § 17 Abs. 2 InsO könne entfallen. Der Begriff der "Zeitpunktlilliquidität" ist vielmehr in Abgrenzung zu der von *Kilger* vorgeschlagenen "*Zeitraumilliquidität*" zu sehen, mit der bereits nach alter Rechtslage Tatbestände erfaßt werden sollten, die nach der Insolvenzordnung in den Bereich der drohenden Zahlungsunfähigkeit fallen[663]. *Kilger* wollte nämlich, anders als die herrschende Meinung[664], schon mit § 102 KO nicht nur die fälligen, sondern auch die "begründeten, aber erst demnächst fällig werdenden Geldschulden" berücksichtigen[665].

Es geht also bei dem Streit um zeitpunkt- oder zeitraumbezogene Zahlungsunfähigkeit um den in die Betrachtung einzubeziehenden Umfang der *Verbindlichkeiten*. Der erste Ansatz stellt ausschließlich auf die zum Zeitpunkt des Eröffnungsantrags begründeten Verbindlichkeiten ab, der zweite bezieht dagegen auch künftige mit ein. Was dagegen die zur Deckung dieser Verbindlichkeiten erforderlichen *Zahlungsmittel* anbetrifft, so gehen beide Auffassungen davon aus, daß diese über einen gewissen Zeit*raum* zu betrachten seien[666]. Selbst die von *Moosmayer* zitierte Ansicht von *Meyer-Cording* stellt auf eine, wenn auch nur dreiwöchige Zeitspanne ab[667]. Die Annahme, es müsse für Zahlungsmittel *und* Verbindlichkeiten auf eine reine zeitpunktorientierte Betrachtung ankommen, geht daher fehl[668].

bb) Teleologische Auslegung

Zu diesem Ergebnis gelangt aber auch die teleologische Auslegung des anfechtungsrechtlichen Zahlungsunfähigkeitsbegriffs. Würde *Moosmayers* Ansatz zutreffen, brächte jeder Unternehmer, der sich nur in den kleinsten Liquiditätsproblemen befände, für seine Vertragspartner bereits das Risiko mit sich, daß etwaige Rechtsgeschäfte einer späteren Insolvenzanfechtung unterlägen. Daß das der Aufrechterhaltung eines reibungslosen Wirtschaftsverkehrs dienlich wäre und mithin vom Gesetzgeber gewollt war, muß ernsthaft bezweifelt werden. Unternehmen mit nur vorübergehenden Liquiditätsschwierigkeiten würden als Vertragspartner stärker gemieden und durch diese Regelung damit geradezu in die Insolvenz gedrängt. Der Funktion der Zahlungs-

---

663 *Kilger* (15.A.), § 102 KO, Anm. 2a; zustimmend *Kuhn/Uhlenbruck*, § 102 KO, Rn. 2.

664 Vgl. die in Fn. 375 Genannten.

665 *Kilger* (15.A.), § 102 KO, Anm. 2a.

666 *Bork*, Rn. 87 ("Eine Prognose findet also nur unter dem Gesichtspunkt der Dauerhaftigkeit statt."); *Kuhn/Uhlenbruck*, § 102 KO, Anm. 2 ("Im übrigen ist Zahlungsunfähigkeit keine Zeitpunktilliquidität, sondern Zeitraumilliquidität. Das ergibt sich schon aus dem Merkmal der Dauer.").

667 BB 1985, S. 1927. - Daher ist die Bezeichnung als "zeitpunktbezogen", die *Meyer-Cording* seinem eigenen Ansatz verleiht, ebenso fragwürdig. - Zuzustimmen ist ihm aber jedenfalls insofern, als er fordert, "das komplizierte Vokabular der zeitpunkt- oder zeitraumbezogenen Liquidität oder Illiquidität" beiseite zu lassen und sich "auf die echten zugrundeliegenden Fakten" zu konzentrieren.

668 Ablehnend auch *Bittmann*, wistra 1998, S. 323f.

unfähigkeit als Indikator einer auch für das Anfechtungsrecht zu fordernden erkennbaren wirtschaftlichen Krise würde diese Begriffsbestimmung nicht gerecht.

d) Ergebnis

Dem Ansatz von *Moosmayer* ist daher auch im Anfechtungsrecht nicht zu folgen. Vielmehr muß die Definition der Zahlungsunfähigkeit *de lege lata* wie im Eröffnungs- und Antragspflichtrecht das Element einer über einen gewissen Zeitraum *andauernden* Unterdeckung enthalten. Nach der Gesetzesbegründung zu § 17 Abs. 2 InsO und der herrschenden Lehre reicht dafür allerdings bereits ein Zweiwochenzeitraum aus[669]. Bei der Erörterung des Insolvenzeröffnungs- und Insolvenzantragspflichtrechts ist aber dargelegt worden, daß auch ein solcher Zweiwochenzeitraum zu kurz bemessen ist. *De lege ferenda* ist deshalb im Insolvenzanfechtungsrecht wie für die anderen insolvenzrechtlichen Normen die Zahlungsunfähigkeit als eine *zweimonatige* Nichtbegleichung von mindestens 20% der Verbindlichkeiten auszugestalten.

4) Gesamtergebnis

Insgesamt ist die Reform der Eröffnungstatbestände durch die Insolvenzordnung ein gesetzgeberischer Fehlgriff. Die Funktion der Insolvenzgründe als Indikatoren tatsächlicher Insolvenzreife wird insbesondere durch den unvertretbar verschärften *Zahlungsunfähigkeitstatbestand* nicht mehr gewährleistet. Das Insolvenzverfahren droht seit dem 1.1.1999 auch solchen Unternehmen, die sich nur in vorübergehenden Zahlungsschwierigkeiten befinden. Besonders gravierend wirkt sich aus, daß nach nur zweiwöchigen Liquiditätsproblemen eine Eröffnung gemäß § 17 Abs. 2 InsO nicht nur *möglich* ist. Vielmehr sind die Adressaten der Antragspflichtnormen nach Verstreichen der Sanierungsfrist zu diesem Zeitpunkt bereits zur Antragstellung *verpflichtet*! Sie müssen daher selbst dann einen Insolvenzantrag stellen, wenn sich ihr Unternehmen nur in einem Zustand befindet, der nach der konkursrechtlich noch ganz herrschenden Auffassung zutreffend als rechtlich lediglich unerhebliche *Zahlungsstockung* zu qualifizieren war. Die Zahlungsunfähigkeit sollte *de lege ferenda* daher als zweimonatige Unterdeckung von 20% ausgestaltet werden.

Die Untersuchung hat weiter ergeben, daß neben der Zahlungsunfähigkeit auch die insolvenzrechtlichen Begriffe der *Überschuldung* und der *drohenden Zahlungsunfähigkeit* reformbedürftig sind. Dieser Reformbedarf besteht sowohl im Eröffnungs-, als auch im Antrags- und im Anfechtungsrecht. Für die Überschuldung ist das modifiziert zweistufige Prüfungsverfahren wiedereinzuführen. Sie sollte im Unternehmensinsolvenzrecht mit dem Tatbestand der drohenden Zahlungsunfähigkeit zusammengelegt werden. Sofern das Erfordernis einer negativen Liquidationsbilanz verzichtbar

---

[669] Oben 1 b aa (2) (b) und bb (2) (b).

erscheint, wäre der künftige Tatbestand als drohende Zahlungsunfähigkeit, andernfalls als Überschuldung zu bezeichnen. Die Antragspflicht ist auf *sämtliche* Unternehmen zu erstrecken und hat bei *allen* Eröffnungsgründen zu greifen.

Für das *Insolvenzstrafrecht* ergeben sich bereits aus diesen funktionalen Mängeln des neuen Insolvenzrechts massive Zweifel an der Sachgerechtigkeit einer Begriffsübernahme der §§ 17-19 InsO. Inwieweit diese Zweifel tatsächlich berechtigt sind und welche Konsequenzen das Insolvenzstrafrecht im Hinblick auf eine eigenständige Auslegung daraus ziehen muß, soll im nun folgenden Abschnitt geprüft werden.

II) Insolvenzstrafrechtliche Begriffsbildung

Die Untersuchung der neuen Eröffnungsgründe hat ergeben, daß der Gesetzgeber erhebliche Änderungen gegenüber dem bisherigen Konkursrecht vorgenommen hat. Damit ist für das Insolvenzstrafrecht zu fragen, ob es den neuen Vorgaben folgen muß.

1) Einleitende Bemerkungen

a) Einheitliche Auslegung

Es ist bereits im konkurs(straf)rechtlichen Teil hervorgehoben worden, daß jedenfalls aus grundsätzlichen Erwägungen heraus eine mit dem Insolvenzrecht übereinstimmende Auslegung als der Einheit der Rechtsordnung dienlich und damit wünschenswert anzusehen ist[670]. In diesem Sinne gelangte man gemäß hier vertretener Ansicht schon nach früherer Rechtslage zu einer einheitlichen Interpretation der Zahlungsunfähigkeit und der Überschuldung in Konkurs- und Konkursstrafrecht[671]. Eine nach neuem Recht eigenständige strafrechtliche Auslegung wäre, wie bereits dargelegt worden ist, mithin nur dann geboten, wenn sich andernfalls funktionale Widersprüche ergäben oder gegen den Grundsatz der Tatbestandsbestimmtheit verstoßen würde[672].

b) Mängel der §§ 17-19 InsO

Die Prüfung der insolvenzrechtlichen Tatbestände hat allerdings auch gezeigt, daß die Neuregelungen der §§ 17-19 InsO mit erheblichen Mängeln behaftet sind und insolvenzrechtlich dringender Reformbedarf besteht, vor allem um nicht durch eine unvertretbar verschärfte Zahlungsunfähigkeit auch leistungsfähige Unternehmen in das Insolvenzverfahren zu zwingen. Angesichts dieser Funktionsdefizite liegt die Vermutung nicht fern, daß die Ausrichtung am neuen Insolvenzrecht auch im Strafrecht zu Problemen führen kann.

c) Gesetzgeberische Andeutungen

Der Gesetzgeber hat sich, wie schon gezeigt worden ist[673], zu diesem Zusammenhang keinesfalls umfassend und eindeutig festgelegt. In seinen wenigen Andeutungen zu den strafrechtlichen Auswirkungen der Insolvenzordnung könnte er aber gleichwohl von einer (nicht näher problematisierten) Übernahme der Neudefinitionen ausgegangen sein. So heißt es in der Regierungsbegründung zur drohenden Zahlungsunfähigkeit, daß die in § 18 Abs. 2 InsO gegebene Definition geeignet sei, "auch für das Strafrecht größere Klarheit zu bringen[674]." In der Begründung zum Überschuldungstatbestand wird jedenfalls mittelbar auf das (Antragspflicht-)Strafrecht verwiesen, indem die Neu-

---

670 Oben A III 2 sowie B II 3.

671 Oben B II 3.

672 Oben A III 3, 4.

673 Oben A III 1.

674 Begr. RegE zu § 22 EInsO (= § 18 InsO), BT-Dr 12/2443, S. 114.

regelung des § 19 Abs. 2 InsO für die Antragspflichten für verbindlich erklärt wird[675], die neben der zivilrechtlichen auch eine strafrechtliche Rechtsfolgenseite aufweisen. Daraus könnte man folgern, daß nach dem Willen des Gesetzgebers die insolvenzrechtlichen Begriffsbestimmungen auch im gesamten Strafrecht gelten sollen[676].

Da es sich andererseits aber nur um gesetzgeberische "Gedankensplitter" handelt, kommt das Strafrecht schon aus diesem Grund an einer eigenständigen Prüfung nicht vorbei. Diese Prüfung wäre im übrigen auch bei einem klar(er) zum Ausdruck gekommenen Willen des Gesetzgebers notwendig. Denn für das Strafrecht muß immer feststehen, daß die Tatbestandsmerkmale seiner Normen den oben aufgezeigten Erfordernissen der Strafwürdigkeit und Gesetzes-bestimmtheit genügen. Wenn das nicht der Fall ist, muß zugunsten des Täters ohnehin eine strafrechtlich eigenständige Auslegung vorgenommen werden - Wille und Wortlaut des Gesetzes spielen dann keine Rolle[677].

d) Stellungnahmen im Schrifttum

Im Schrifttum haben sich bereits einige Autoren mit den Konsequenzen der Insolvenzordnung für das Insolvenzstrafrecht befaßt. Neben der Dissertation von *Moosmayer* sind jüngst auch *Bieneck*[678], *Bittmann*[679], *Höffner*[680], *Hörl*[681], *Otto*[682], *Reck*[683], *Uhlenbruck*[684], *Weyand*[685] und *Wimmer*[686] mehr oder weniger ausführlich auf einzelne Aspekte eingegangen. In der gängigen Kommentarliteratur macht hierzu bisher allein *Tiedemann*[687] nähere Ausführungen. Den meisten Stellungnahmen ist gemein, daß sie keine Unterscheidungen zwischen den Deliktsmerkmalen der Antragspflichten und den Krisensituationen des Bankrottstrafrechts vornehmen. Im folgenden werden dagegen, wie schon bei der Darstellung des Konkursstrafrechts, beide Bereiche getrennt untersucht. Zunächst geht es um die pflichtauslösenden Merkmale des Antragspflichtstrafrechts.

---

675 Begr. RegE zu § 23 EInsO (= § 19 InsO), BT-Dr 12/2443, S. 115
676 Ebenso *Moosmayer*, S. 20ff.
677 Oben A III 3, 4.
678 StV 1999, S. 43ff.
679 Wistra 1998, S. 321ff.; 1999, S. 10ff.
680 BB 1999, S. 252ff. (nur zur Überschuldung).
681 S. 58ff.
682 Aktienstrafrecht, § 401 AktG, Rn. 32, 37; *ders.*, BT, § 61, Rn. 79; 88, Fn. 57.
683 Betrieb und Wirtschaft 1997, S. 745ff; *ders.*, ZInsO 1999, S. 195ff.
684 Wistra 1996, S. 1ff.
685 S. 39ff.
686 NJW 1996, S. 2547.
687 Vor § 283 StGB, Rn. 129, 139, 155.

2) Tatbestandsmerkmale der Insolvenzverschleppungsdelikte

a) Zahlungsunfähigkeit

aa) Meinungsstand

Für die Zahlungsunfähigkeit gehen die Auffassungen bezüglich der Übernahme des neuen insolvenzrechtlichen Begriffs, ohne daß sich bereits feste Lager etabliert hätten, in zwei entgegengesetzte Richtungen. Von einer Seite wird die Meinung vertreten, die Regelung des § 17 Abs. 2 InsO müsse auch im Strafrecht Anwendung finden, ohne daß dazu allerdings die Fragen nach der Funktionsentsprechung und Gesetzesbestimmtheit stets gestellt werden. Nach einer von *Bittmann* und *Otto* vertretenen Gegenansicht sollte das Strafrecht dagegen weiterhin auf den herkömmlichen, durch die Merkmale der Dauerhaftigkeit und Wesentlichkeit gekennzeichneten Zahlungsunfähigkeitsbegriff zurückgreifen.

(1) Übernahme der neuen Definition des § 17 Abs. 2 InsO

Einer mit dem Insolvenzrecht übereinstimmenden Begriffsauslegung scheint zunächst *Uhlenbruck* zuzuneigen. Er beschränkt sich im wesentlichen auf eine Wiedergabe der Gesetzesbegründung, konstatiert aber eine gewisse "Straffung" des Zahlungsunfähigkeitsbegriffs. Allerdings hält er es nicht für gesichert, daß § 17 Abs. 2 InsO tatsächlich zu einer Vorverlegung der Insolvenzantragspflicht führt[688].

Eindeutig für eine Übernahme der Neuregelung sprechen sich *Bieneck* und *Reck* aus. *Bieneck* hält im Ergebnis eine dreiwöchige Unterdeckung kleinster Liquiditätslücken für ausreichend für die Zahlungsunfähigkeit[689]. *Reck* sieht ein Andauern der Liquiditätsschwierigkeiten überhaupt nur für erforderlich an, wenn der Kreditspielraum noch nicht ausgeschöpft worden ist. Quantitativ entscheidet er sich für Werte von deutlich unter 20%[690]. Bei vollständiger Ausnutzung des Kreditrahmens scheint ihm dagegen bereits ein eintägiges Zahlungsungleichgewicht für die Zahlungsunfähigkeit zu genügen. Keiner von beiden problematisiert jedoch die Frage, ob das Strafrecht auch eine eigenständige Auslegung vornehmen könnte. *Bieneck*, der bereits in einem früheren Aufsatz "größtmögliche Klarheit und Eindeutigkeit" für die konkursstrafrechtliche Begriffsbildung gefordert hatte[691], beruft sich im Hinblick auf die Überschuldung auf einen (vermeintlichen) Grundsatz der Akzessorietät des Strafrechts vom Zivilrecht und hält auch für die Zahlungsunfähigkeit eine vorbehaltlose Definitionsübertragung für

688 Wistra 1996, S. 4 ("bleibt abzuwarten"); *Hörl*, S. 63; ferner *Weyand*, S. 60ff.

689 StV 1999, S. 44.

690 Betrieb und Wirtschaft 1997, S. 745 unter Hinweis auf Grundsätze der Pauschalwertberichtigung; ähnlich *ders.*, ZInsO 1999, S. 197.

691 Wistra 1992, S. 89.

"geboten"[692]. *Reck* gibt überhaupt keine Begründung, sondern scheint wie selbstverständlich von der Geltung der Insolvenzrechtsbegriffe im Strafrecht auszugehen.
Noch weiter geht der bereits dargestellte Ansatz von *Moosmayer*, nach dem der insolvenz- und insolvenzstrafrechtliche Zahlungsunfähigkeitsbegriff nicht nur auf einen einzelnen Tag bezogen, sondern offenbar auch schon bei jeder Liquiditätslücke erfüllt sein soll[693]. Auch *Wimmer* hält bereits jegliche Unterdeckung der fälligen Verbindlichkeiten für relevant, läßt aber offen, wie zeitlich von Zahlungsstockungen abgegrenzt werden soll[694].

Distanzierter zum Gesetzestext erscheint dagegen zunächst die Position von *Tiedemann*, der im Zusammenhang mit der drohenden Zahlungsunfähigkeit gegenüber der Bestimmung in § 18 Abs. 2 InsO die strafrechtliche Einschränkung macht, daß sie einen "nicht unerheblichen Teil der Zahlungspflichten" betreffen müsse. Eine nähere Quantifizierung nimmt er allerdings nicht vor[695]. - Sein Erfordernis der "Erheblichkeit" sieht *Moosmayer* von *Tiedemann* auch auf die (eingetretene) Zahlungsunfähigkeit im Sinne von § 17 Abs. 2 InsO übertragen[696]. Allerdings dürfte die Kommentierung an anderer Stelle von einer Definition ausgehen, nach der die Zahlungsunfähigkeit als Straftatbestandsmerkmal sogar noch schneller als nach dem neuen Insolvenzrecht vorliegen soll[697]!

(2) Beibehaltung des konkursstrafrechtlichen Begriffs
Die Übernahme der Neudefinition wird zunächst kritisiert von *Otto*. Er sieht zwar den Wortlaut zu § 17 Abs. 2 InsO nicht zwingend als Hinderungsgrund, auch weiterhin der Zahlungsunfähigkeit das Wesentlichkeitsmerkmal zuzuordnen[698]. Unter Berücksichtigung der Gesetzesbegründung aber erkennt er den gesetzgeberischen Willen an, bewertet jedoch das Abstellen auf ganz geringfügige Liquiditätslücken als "sachwidrig"[699]. Seiner Auffassung nach ist nur diejenige Unterdeckung relevant, "die Ausdruck einer Krise des Unternehmens ist, nicht aber jede Zahlungsschwierigkeit[700]."

---

692 StV 1999, S. 44; ebenso jüngst *Lackner/Kühl*, § 283 StGB, Rn. 7.
693 Vgl. S. 156f., 211f. - Dazu bereits oben I 3 b.
694 NJW 1996, S. 2547.
695 Vor § 283 StGB, Rn. 139.
696 S. 152f.
697 Vor § 283 StGB, Rn. 129 ("Gegen eine im Vergleich zum Konkursrecht (nicht so sehr dagegen im Vergleich zu dem ab 1999 geltenden Insolvenzrecht!) verengte Auslegung des Merkmals der Krise im Strafrecht spricht [...])".
698 Aktienstrafrecht, § 401 AktG, Rn. 32: Unwesentliche Modalitäten müssen vom Wortlaut des § 17 Abs. 2 InsO nicht unbedingt erfaßt sein.
699 BT, § 61, Rn. 90.
700 BT, § 61, Rn. 90.

Die Krise als wichtiges Strafwürdigkeitsmerkmal hatte er bereits in einer früheren Arbeit als eine mindestens dreimonatige Unterdeckung von 25% definiert[701].

In die gleiche Richtung geht die Ansicht von *Bittmann*[702]. Er hält aus Sicht der staatsanwaltschaftlichen Praxis eine zu niedrige Geringfügigkeitsschwelle für ebenso wenig hilfreich wie eine zu kurz bemessene Zeitspanne. Unter Verweis auf das Erfordernis einer ernsthaften Gläubigergefährdung und die Ultima-ratio-Funktion des Strafrechts plädiert er deshalb ebenfalls für die Beibehaltung der bisher konkursstrafrechtlich herrschenden Ansicht.

bb) Auseinandersetzung

Im konkursrechtlichen Teil dieser Arbeit ist bereits hervorgehoben worden, daß gerade im Bereich der Antragspflichten eine übereinstimmende Auslegung von zivil- und strafrechtlicher Haftungsseite aufgrund der Anknüpfung an denselben Tatbestand naheliegend ist[703]. Für die Insolvenzverschleppungsdelikte würde das *de lege lata* allerdings bedeuten, daß sie entsprechend der Auslegung des § 17 Abs. 2 InsO durch die herrschende Lehre bereits bei kleinsten über einen Zweiwochenzeitraum währenden Zahlungsproblemen eingreifen und damit die Strafbarkeit erheblich vorverlagern würden. Im Hinblick auf die Funktion dieser Straftatbestandsmerkmale begegnet das erheblichen Bedenken. Bereits im konkurs- und konkursstrafrechtlichen Teil dieser Untersuchung ist gezeigt worden, daß die Antragspflichten ebenso wie die Eröffnungsgründe erst dann eingreifen dürfen, wenn das Schuldnerunternehmen tatsächlich insolvenzreif ist. Der neue Zahlungsunfähigkeitsbegriff verpflichtet dagegen zu einer Antragstellung bereits in einem Stadium, in dem sich ein Unternehmen bloß in vorübergehenden Zahlungsschwierigkeiten befindet. Das ist schon aus insolvenzrechtlicher Sicht abgelehnt worden.

(1) Strafwürdigkeit

Um so mehr müssen sich Zweifel für eine auch strafrechtliche Ahndung der Antragsunterlassung zu einem derart frühen Zeitpunkt ergeben. Denn als Merkmal eines *Straf*tatbestandes muß sich die Zahlungsunfähigkeit *zusätzlich* an den Anforderungen des Strafwürdigkeitsgrundsatzes messen lassen. Es ist daher zu fragen, ob eine Zahlungsunfähigkeit im Sinne des § 17 Abs. 2 InsO ihrer Funktion als Strafwürdigkeitselement überhaupt noch gerecht werden kann. Die Strafwürdigkeit fordert, wie schon mehrfach hervorgehoben worden ist[704], ein erheblich sozialschädliches Verhalten des

701 Bruns-GS, S. 276f.; vgl. auch *dens.*, BT, § 61, Rn. 87, Fn. 56; *dens.*, Jura 1989, S. 33, Fn. 69.

702 Wistra 1998, S. 321ff.; ebenso *Wessels/Hillenkamp*, BT 2, Rn. 462; vgl. früher auch noch *Bieneck*, wistra 1992, S. 89f.

703 Oben B II 1 a.

704 Vgl. nur im 1. Kapitel A III 1.

Täters, für das neben dem Erfolgsunwert vor allem der Handlungsunwert konstitutiv ist. Der Handlungsunwert umfaßt neben der besonderen Gefährlichkeit des Angriffs auf das Angriffsobjekt der Befriedigungsinteressen auch die Verwerflichkeit der Tätergesinnung[705]. Ein solchermaßen verwerfliches Vehalten ist aber angesichts des schnellen und oft nur schwer feststellbaren Vorliegens der Zahlungsunfähigkeit im Sinne des § 17 Abs. 2 InsO und der dadurch im Antragsrecht früh ausgelösten Dreiwochenfrist nicht ohne weiteres ersichtlich.

Es ließe sich zwar argumentieren, daß die Insolvenzordnung nun einmal eine derart frühe Verfahrenseröffnung vorsehe, der Antragspflichtige durch die Unterlassung der Antragstellung dieser Zielsetzung zuwiderhandle und daher zurecht auch strafrechtlicher Haftung ausgesetzt sei.

(a) Fahrlässigkeitsstrafbarkeit

Dem ist aber auch nach dem 1.1.1999 entgegenzuhalten, daß nicht zuletzt durch die weite Fahrlässigkeitshaftung ein Verhalten als strafwürdig eingestuft würde, daß dem Täter als solches kaum erkennbar ist[706]. Hier ergäbe sich die bereits erwähnte Gefahr, daß dem Antragspflichtigen quasi durch die Hintertür die *allgemeine* Pflicht zur ständigen Liquiditätsplanung auferlegt würde, um dem Vorwurf der Sorgfaltspflichtwidrigkeit zu entgehen, ohne daß eine solche Pflicht klar gesetzlich verankert wäre[707]. Zwar hat *Tiedemann* zutreffend betont, daß das Strafrecht insofern keine weitergehenden Anforderungen als das Zivilrecht stellen kann, welches eine solche Finanzplanung gerade nicht generell vorschreibe[708]. Aber die Grenzen zur allgemeinen Prüfungspflicht eines Unternehmers[709] werden nicht immer einfach zu ziehen sein. Die Nachweisprobleme werden hier angesichts der Unsicherheit von Zahlungseingängen so groß, daß es durchaus angemessen erscheint, von vornherein auf eine vor allem für den Schuldner als Normadressaten (!), aber auch für Staatsanwaltschaften und Gerichte zweifelsfrei feststellbare, erhebliche Zahlungsunfähigkeit abzustellen.

(b) Vorsatzstrafbarkeit

Die Strafwürdigkeit des Täterhandelns erscheint bei einer so streng gefaßten Zahlungsunfähigkeitsdefinition wie der in § 17 Abs. 2 InsO jedoch selbst bei vorsätzli-

---

705 *Otto*, AT, § 1, Rn. 49. - Begrifflich anders *Jescheck/Weigend*, § 7 I 1, die den Gesinnungsunwert als eigenständiges Element sehen. Für die hier in Rede stehenden Sachprobleme hat das aber keine Konsequenzen.

706 Kritisch zur Weite der Fahrlässigkeitshaftung *Tiedemann*, Schröder-GS, S. 292ff. sowie die in Fn. 224 Genannten.

707 Oben B I 2 c; C I 1 b dd (2) (f).

708 Vor § 283 StGB, Rn. 123 gegen *Bretzke*, S. 127ff.; *dies.*, KTS 1985, S. 415ff.; vgl. dazu auch *Uhlenbruck*, wistra 1996, S. 3; *dens.*, KTS 1986, S. 33f.

709 Dazu bereits oben B I 2 c.

chem Verhalten nicht begründbar. Wie bereits dargelegt wurde[710], ist schon aus zivilrechtlicher Sicht nicht einzusehen, daß ein Unternehmer zur Stellung des Insolvenzantrags verpflichtet sein soll, wenn er innerhalb der Sanierungsfrist von drei Wochen eine wenige Prozentpunkte betragende Finanzierungslücke nicht beseitigen kann. Umso weniger kann es überzeugen, dieses Verhalten auch noch als erheblich sozialschädlich im strafrechtlichen Sinne einzustufen und mit Freiheitsstrafe von bis zu drei Jahren oder Geldstrafe zu bedrohen! Ein strafwürdiges Verhalten würde mit einer solchen Regelung *undifferenziert* auch für diejenigen Antragsverpflichteten angenommen, die nach nur vorübergehenden Liquiditätsproblemen wieder sämtliche ihrer Gläubiger vollständig befriedigen könnten. Eine gleichwohl eintretende Strafbarkeit würde darüber hinaus den Strafbedürftigkeitsgrundsatz verletzen, nach dem das scharfe Schwert des Strafrechts grundsätzlich erst als letztes Mittel der Rechtsordnung zum Einsatz kommen darf[711]. - Diejenigen Antragspflichtigen, deren Unternehmen sich ohnehin und für sie erkennbar auf dem Weg zur kompletten Zahlungseinstellung befinden, würden dagegen auch mit einem eindeutigeren Zahlungsunfähigkeitsbegriff im Sinne der hier vorgeschlagenen zweimonatigen Unterdeckung von 20% erfaßt, auf den man daher besser von vornherein abstellen sollte.

(2) Tatbestandsbestimmtheit

Im Hinblick auf die äußerst schwierige Erkennbarkeit einer so geringen Liquiditätslücke werden zudem Bedenken an der Gesetzesbestimmtheit einer gemäß § 17 Abs. 2 InsO definierten Zahlungsunfähigkeit geltend gemacht. Unter Berufung auf Art. 103 Abs. 2 GG hat *Kindhäuser* bereits zur konkursstrafrechtlichen Rechtslage eine dreimonatige Unterdeckung von 25% gefordert[712]. Auch das Insolvenzstrafrecht muß sich an dem Grundsatz der *lex certa* messen lassen. Zwar ist, anders als bei der sogleich zu erörternden Überschuldung, jedenfalls theoretisch in etwa klar, was mit der Zahlungsunfähigkeit im Sinne des § 17 Abs. 2 InsO gemeint ist. Aber man wird dennoch fordern dürfen, daß die vom Bestimmtheitsgebot geforderte Vorausberechenbarkeit des Rechts[713] auch *in praxi* umsetzbar ist. Daran bestehen jedoch bei einer derart kurzen, allenfalls wenige Prozentpunkte betragenden Unterdeckung aufgrund der erwähnten Unsicherheit von Zahlungseingängen und der schon aus diesem Grund oft nur schwer überschaubaren Liquiditätslage nicht unerhebliche Zweifel. Diese dürften zwar noch nicht zur verfassungswidrigen Unbestimmtheit eines so definierten Tatbestandsmerkmals führen, geben aber den schon aus Strafwürdigkeits- und Strafbedürftigkeitsgesichtspunkten geäußerten Bedenken ein besonderes Gewicht.

---

710 Oben I 1 b dd (2).

711 Vgl. oben im 1. Kapitel A III 2.

712 NK, Vor §§ 283-283d StGB, Rn. 101; ebenso bereits *Schlüchter*, MDR 1978, S. 268.

713 Vgl. *BVerfGE* 14, S. 252; 25, S. 285; 26, S. 42; NJW 1987, S. 3175; 93, S. 1458; *Sch/Sch/Eser*, § 1 StGB, Rn. 17.

(3) Schlußfolgerung

Die von *Bittmann* und *Otto* an einer zu früh greifenden Zahlungsunfähigkeit geäußerte Kritik[714] ist zutreffend. Insbesondere der Strafwürdigkeitsgrundsatz fordert eine deutlich erkennbare Zahlungsunfähigkeit. Man wird im Insolvenzstrafrecht deshalb eine eigenständige, vom Insolvenzrecht abweichende Auslegung vornehmen müssen[715]. Selbst die hier *de lege ferenda* für das Insolvenzrecht vorgeschlagene zweimonatige Unterdeckung von 20% erscheint allerdings fast zu gering, um diesen Anforderungen zu entsprechen. Dieser Wert sollte daher jedenfalls als Mindeststandard einer autonom strafrechtlichen Auslegung betrachtet werden.

cc) Konsequenz: Auseinanderfallen von Zivil- und Strafrecht

Eine solch eigenständige strafrechtliche Auslegung hat zur Folge, daß *de lege lata* die Zahlungsunfähigkeitsbegriffe der zivil- und strafrechtlichen Antragsverschleppungshaftung auseinanderfallen. Die zivilrechtliche Haftung setzt nach dem Willen des Gesetzgebers schon dann ein, wenn eine allenfalls wenige Prozentpunkte betragende Liquiditätslücke im Sinne des § 17 Abs. 2 InsO nicht innerhalb der Sanierungsfrist von höchstens drei Wochen beseitigt werden kann. Für die strafrechtliche Sanktionierung muß dagegen in abweichender Auslegung auf eine zweimonatige Unterdeckung von 20% abgestellt werden.

dd) Einheitliche Auslegung *de lege ferenda*

Strafrechtlich ist eine solche funktionsadäquate Interpretation damit nicht nur geboten, sondern aufgrund der Eigenständigkeit strafrechtlicher Auslegung auch möglich. Zivilrechtlich ist eine vergleichbare Begriffsbestimmung zwar ebenfalls erforderlich. Der Rechtsanwendung ist eine solche Deutung aufgrund der Bindung an die Vorgaben des Insolvenzgesetzgebers aber verschlossen.

Bereits im insolvenzrechtlichen Teil ist deshalb herausgestellt worden, daß die zivilrechtliche Antragsverschleppungshaftung der Reform bedarf. *De lege ferenda* ist auch hier eine dauerhafte und wesentliche Zahlungsunfähigkeit wiedereinzuführen. Vorgeschlagen worden ist ebenfalls eine zweimonatige Unterdeckung von 20%.

Mit einer solchen insolvenzrechtlichen Gesetzesänderung würde für das Antragsrecht die logische Konsequenz aus den funktionalen Übereinstimmungen des zivil- und strafrechtlichen Zahlungsunfähigkeitsbegriffs gezogen. Die nach alter Rechtslage

714 *Bittmann*, wistra 1998, S. 323f.; *Otto*, BT, § 61, Rn. 90 (bezogen auf die Krisensituation in den §§ 283ff. StGB).

715 Ähnlich *Bittmann*, wistra 1998, S. 324, der eine teleologische Reduktion fordert. - Vgl. auch *Sch/Sch/Eser*, § 1 StGB, Rn. 13 zur Tatbestandseinengung durch "milde Auslegung".

mögliche einheitliche Auslegung dieser Begriffe wäre damit sinnvollerweise wiederhergestellt.

ee) Ergebnis

Zahlungsunfähigkeit ist bei den Insolvenzverschleppungsdelikten zur Gewährleistung von Strafwürdigkeit, Strafbedürftigkeit und Tatbestandsbestimmtheit abweichend von § 17 Abs. 2 InsO als *zweimonatige* Unterdeckung von mindestens *20%* auszulegen. *De lege ferenda* ist diese Definiton auch für die *zivil*rechtliche Haftung einzuführen.

b) Überschuldung

aa) Meinungsstand

Stärker noch als bei der Zahlungsunfähigkeit überwiegt bei der Überschuldung die Zahl der Befürworter einer Anknüpfung des Strafrechts an die Insolvenzordnung. Gegen die Übernahme des gesetzgeberischen Modells und für die strafrechtliche Anwendung des modifiziert zweistufigen Überschuldungsbegriffs auch nach dem 1.1.1999 spricht sich, soweit ersichtlich, allein *Otto* aus[716].

(1) Übernahme der neuen Definition des § 19 Abs. 2 InsO

Die Phalanx der Fürsprecher wird angeführt von *Höffner*[717], der der künftigen Überschuldungsdefinition in § 19 Abs. 2 InsO ausdrücklich zustimmt[718]. Zur Operationalisierung schlägt er eine bereits als illusorisch abgelehnte[719] Einzelbewertung vor, für die handelsrechtliche Bilanzierungsvorschriften und die dazu ergangene Rechtsprechung des *BFH* geeignete "Anhaltspunkte" zur Wertermittlung geben sollen[720]. Einen ähnlichen Versuch zur Überschuldungsermittlung unternehmen *Bittmann*[721] und *Bieneck*[722], die ebenfalls auf die Handelsbilanz zurückgreifen wollen. *Bittmann* will deren Werte allerdings zuvor noch einer umfassenden Modifikation unterziehen[723].

---

716 BT, § 61, Rn. 83ff.; *ders.*, Aktienstrafrecht, § 401 AktG, Rn. 37..

717 BB 1999, S. 252ff.

718 Unkritisch auch die Ansichten von *Janovsky*, Kriminalistik 1998, S. 334 und *Wimmer*, NJW 1996, S. 2547 sowie *Reck*, Betrieb und Wirtschaft 1997, S. 747; *ders.*, ZInsO 1999, S. 199ff. und *Hörl*, S. 64ff., der allerdings unverständlicherweise der Auffassung ist, der Gesetzgeber sei mit § 19 Abs. 2 InsO dem modifiziert zweistufigen Modell gefolgt. - *Weyand*, S. 44f. kritisiert zwar das gesetzgeberische Modell, erwägt aber keine eigenständig strafrechtliche Begriffsbildung. – Für eine eingeschränkte Übernahme des § 19 Abs. 2 InsO *Lackner/Kühl*, § 283 StGB, Rn. 6; *Tiedemann*, LK, Vor § 283 StGB, Rn. 155; *Wessels/Hillenkamp*, BT 2, Rn. 461.

719 Oben I 1 c cc (3).

720 BB 1999, S. 254.

721 Wistra 1999, S. 12.

722 StV 1999, S. 44.

723 Wistra 1999, S. 10ff. Dabei weist er allerdings zutreffend auf die mit diesem Ansatz verbundenen Bewertungsschwierigkeiten hin.

Keine klare Stellungnahme zu den Bewertungsgrundsätzen kommt von *Moosmayer*, der ohne nähere Ausführungen "Ertragswerte" für zutreffend hält. Stattdessen hinterfragt er die Fortführungsprognose, deren Maßstäbe er für "weiterhin ungeklärt" ansieht[724]. *Tiedemann* erachtet es diesbezüglich für erforderlich, daß das Strafrecht aufgrund des In-dubio-pro-reo-Satzes nicht erst dann von der Fortführung des Unternehmens ausgeht, wenn sie gemäß § 19 Abs. 2 InsO "nach den Umständen wahrscheinlicher ist", sondern bereits, "wenn sie nicht ganz unwahrscheinlich ist[725]".

Überhaupt keine Position zu den anzusetzenden Werten wird von *Uhlenbruck* bezogen. Er zeigt vielmehr das Dilemma des neuen Überschuldungsbegriffs auf: "Offen bleibt [...] auch künftig die Frage, nach welchen Grundsätzen die Bewertung stattzufinden hat[726]."

(2) Beibehaltung des modifiziert zweistufigen Begriffs

Ablehnend gegenüber der Übernahme des neuen Überschuldungsbegriffs in das Strafrecht äußert sich dagegen *Otto*. Er kritisiert insbesondere, daß Fortführungswerte gar nicht zu ermitteln seien, wenn nicht ein Verkauf des gesamten Unternehmens tatsächlich bevorstehe, und will daher auch künftig den modifiziert zweistufigen Überschuldungsbegriff im Strafrecht anwenden[727].

bb) Auseinandersetzung

(1) Tatbestandsbestimmtheit

Bereits im konkursstrafrechtlichen Teil ist aufgezeigt worden, daß der jetzt durch § 19 Abs. 2 InsO vorgegebene, herkömmlich zweistufige Überschuldungstatbetand mit erheblichen Unwägbarkeiten belastet ist[728]. Seine Anwendung im Strafrecht muß daher notwendigerweise Fragen hinsichtlich der Tatbestandsbestimmtheit aufwerfen. Der Gesetzgeber hat bei dieser Norm nicht einmal den Versuch unternommen, das Verfah-

---

724 S. 165; ähnlich *Bittmann*, wistra 1998, S. 14; *Weyand*, S. 45. - Erstaunlicherweise hält *Moosmayer* auf S.166 dem modifiziert zweistufigen Überschuldungsmodell entgegen, es verlagere die Bewertungsunsicherheiten bei der Bestimmung der Fortführungswerte in die Fortführungsprognose. - Zutreffend ist das Gegenteil. Mit *K. Schmidt*, zuerst AG 1978, S. 338f., ist dem herkömmlich zweistufigen Überschuldungsbegriff vorzuwerfen, daß er mit seiner Fortführungsbilanz nur scheinbare Sicherheit bietet, die Prognoseunsicherheiten verschleiert und zudem auch keine überzeugende Begründung der Fortführungswerte liefert. Zum ganzen bereits oben B I 1 c bb (4).

725 Vor § 283 StGB, Rn. 155.

726 Wistra 1996, S. 6.

727 Aktienstrafrecht, § 401 AktG, Rn. 37; *ders.*, BT, § 61, Rn. 83ff.; vgl. auch bereits *dens.*, Jura 1989, S. 33 sowie zum Ertragswertverfahren jüngst *dens.*, NJW 1999, S. 555: Nicht weit von "Kaffeesatzleserei" entfernt.

728 Oben B I 1 c bb (4) (a).

ren der fortführungsorientierten Bilanzierung näher zu erläutern. Zu Recht hält *Uhlenbruck* diese Frage für ungeklärt[729].

Wie mit einer solchen Beliebigkeit dem Bestimmtheitsgrundsatz des Art. 103 Abs. 2 GG genügt werden soll, ist nicht ersichtlich. Dieser Grundsatz fordert die Vorausberechenbarkeit des Rechts für den Normadressaten als unabdingbare Voraussetzung jedes staatlichen Strafens ein. Der Einzelne muß wissen, was strafrechtlich verboten ist, um sein Verhalten danach einrichten zu können[730]. Der Gesetzgeber unterliegt der Pflicht, Tatbestände so zu formulieren, daß sie eine zuverlässige und feste Grundlage der Rechtsprechung bilden können[731]. Zwar darf – so hebt es jedenfalls das *Bundesverfassungsgericht* hervor - das Bestimmtheitsgebot auch nicht übersteigert werden. Denn zu starre Gesetze würden der "Vielgestaltigkeit des Lebens"[732] nicht mehr gerecht. Auch im Strafrecht sollen daher unbestimmte Begriffe nicht von vornherein zu beanstanden sein. Tragweite und Anwendungsbereich der Straftatbestände sollen aber jedenfalls erkennbar sein und sich zumindest durch Auslegung eindeutig ermitteln lassen[733].

Der Überschuldungsbegriff des § 19 Abs. 2 InsO kann diesen Anforderungen nicht standhalten. Normadressat und Rechtsanwender finden nicht einmal in der Gesetzesbegründung Anhaltspunkte für die Auslegung dieses Begriffs. Die Unsicherheit geht auch noch erheblich weiter als bei der Zahlungsunfähigkeit, deren Definition in § 17 Abs. 2 InsO "nur" Zweifel an der praktischen Umsetzbarkeit begründet. Bei der Überschuldung ist nämlich schon das *theoretische Konzept* völlig ungeklärt[734]: Soll der Antragspflichtige ein Ertragswertverfahren anwenden? Welche Fortführungswerte hat er aus der Fülle der betriebswirtschaftlichen Ansätze dann zugrundezulegen? Und wie soll der Kalkulationszinsfuß bestimmt werden? Oder ist die Substanzbewertung die vom Gesetzgeber gewollte Vorgehensweise? Oder gar eine Kombination beider Verfahren? Und wenn ja, welche der unterschiedlichen Kombinationstheorien wäre dann die richtige? Oder muß schließlich gar auf die Handelsbilanz zurückgegriffen werden? Oder auf die Steuerbilanz?

---

729 Wistra 1996, S. 6.

730 Vgl. *BVerfGE* 25, S. 285; 26, S. 42; 37, S. 207; 48, S. 56; NJW 1987, S. 3175; 93, S. 1459; *Sch/Sch/Eser*, § 1 StGB, Rn. 17.

731 Zu diesem Erfordernis im bankrottstrafrechtlichen Kontext ausführlich *Höfner*, S. 237ff. mit zahlreichen Nachweisen; *Regner*, S. 9ff.; ferner *BGHSt* 23, S. 171; *Geerds*, Engisch-FS, S. 409ff.; *Sch/Sch/Eser*, § 1 StGB, Rn. 18.

732 *BVerfGE* 11, S. 237; 26, S. 42; 48, S. 56 (zum Bankrottdelikt des § 240 Abs. 1 Nr. 4 KO a.F.; abgelehnt wurde die Unbestimmtheit einer Verweisung auf bilanzrechtliche Normen des Handelsgesetzbuchs).

733 *BVerfG* NJW 1989, S. 1663; NJW 1992, S. 223. – Wesentlich strengere Anforderungen an den Bestimmtheitsgrundsatz stellt dagegen *Krahl* in seiner ausführlichen Dissertation, passim, zusammenfassend S. 402ff.

734 Eingehend zum herkömmlich zweistufigen Modell bereits oben B I 1 c bb (2).

Schon die Vielzahl dieser unbeantworteten Fragen zeigt, daß der in § 19 Abs. 2 InsO normierte Überschuldungsbegriff als zu unbestimmt bezeichnet werden muß. Auch der Rückgriff auf das Erfordernis der Übereinstimmung "aller ernsthaft vertretenen Theorien" hilft hier nicht weiter. Es ist nicht ersichtlich, um nochmals *Ransiek* zu zitieren[735], wie eine solche Ansicht *ohne* abschließend bestimmten Inhalt *überhaupt* zur Wahrung des Bestimmtheitsgebots beitragen soll.

(2) Konkretisierung durch die Rechtsprechung ?

Der Strafrechtsgesetzgeber kann es nach zutreffender Auffassung bei einem *derart* unklaren Rechtsbegriff auch nicht der Rechtsprechung überlassen, weitere Konkretisierungen vorzunehmen, obgleich ihm diese selbst möglich wären[736]. Die *lex certa* fordert vielmehr, daß der Normadressat schon aufgrund des Gesetzes beurteilen können muß, wann seine strafbewehrte Pflicht zum normgemäßen Handeln, der Stellung eines Insolvenzantrags, überhaupt einsetzt.

Die "Verlagerung" der Begriffsbestimmung auf die Rechtsprechung verbietet sich im übrigen auch im Hinblick auf die wenigen bisher ergangenen konkurs*straf*rechtlichen Gerichtsentscheidungen zum Überschuldungsbegriff. Diese Entscheidungen haben die hier aufgeworfenen Fragen nicht einmal ansatzweise einer Antwort zugeführt. In sämtlichen zum Insolvenzverschleppungsdelikts- oder Bankrottstrafrecht gefällten Urteilen oder Beschlüssen bleibt die genaue Bewertungsmethode ungeklärt[737]. In der obergerichtlichen Rechtsprechung gibt es, soweit ersichtlich, nur zwei neuere Beschlüsse des *OLG Düsseldorf*, die überhaupt der herkömmlich zweistufigen Methode zuneigen. Beide geben aber keinen Hinweis darauf, *wie* eine Fortführungsbewertung vorgenommen werden könnte[738]. Das *OLG München* hat dagegen den modifiziert zweistufigen Überschuldungsbegriff des *BGH in Zivilsachen* ohne nähere Ausführungen angewendet[739].

Eine gefestigte strafrechtliche Rechtsprechung, mit der möglicherweise gesetzgeberische Versäumnisse doch noch kompensiert werden könnten, ist also ebenfalls nicht vorhanden und angesichts der zahlreichen mit § 19 Abs. 2 InsO verbundenen Problemstellungen realistischerweise auch nicht zu erwarten. Der Gesetzgeber hat nahezu alle relevanten Bewertungsfragen offengelassen. Angesichts der Vielzahl der zur Ertrags-

735 S. 154.

736 So die sog. "Schrankentheorie", vgl. *Sch/Sch/Eser*, § 1 StGB, Rn. 18ff; ferner *Löwer*, JZ 1979, S. 625.

737 Vgl. *BGHSt* 15, S. 309ff.; 33, S. 21ff.; *BGH* BB 1958, S. 891; NStZ 1981, S. 353; BB 1984, S. 2041; wistra 1987, S. 28; *BayObLG* BB 1982, S. 1770f.; *OLG Düsseldorf*, wistra 1983, S. 121; *OLG Stuttgart*, NJW 1971, S. 1144f.; BB 1988, S. 107.

738 GmbHR 1997, S. 126f.; DB 1998, S. 1856.

739 NJW 1994, S. 3113.

bewertung vertretenen betriebswirtschaftlichen Ansätze erscheint sogar das Ergebnis vertretbar, daß das herkömmlich zweistufige Überschuldungsmodell als strafrechtlicher Rechtsbegriff *überhaupt nicht konkretisierbar* ist!

(3) Schlußfolgerung

(a) Verfassungswidrigkeit

Da sich der Überschuldungsbegriff aufgrund seiner tatbestandlichen Unbestimmtheit weder mit Hilfe der üblichen Auslegungsmethoden noch aufgrund einer gefestigten Rechtsprechung eindeutig ermitteln läßt, solte es auf die vage Hoffnung einer künftigen richterlichen Begriffsbestimmung nicht ankommen. Vielmehr muß die Schlußfolgerung lauten, daß die Übernahme des gesetzgeberischen Überschuldungsbegriffs in das Insolvenzstrafrecht wegen Verstoßes gegen Art. 103 Abs. 2 GG *verfassungswidrig* wäre. Diese von *Höfner* bereits vor fast zwanzig Jahren in seiner Dissertation vorgenommene Würdigung[740] hat daher für die herkömmlich zweistufige Ermittlungsmethode nach wie vor Gültigkeit. Das Verdikt der Verfassungswidrigkeit wegen fehlender Tatbestandsbestimmtheit schließt dabei selbstverständlich auch die Verneinung der *Strafwürdigkeit* mit ein. Denn dem Antragspflichtigen darf kein Verhalten als erheblich sozialschädlich angelastet werden, wenn ihm diese Sozialschädlichkeit überhaupt nicht erkennbar sein kann.

(b) Verfassungskonforme Auslegung

Um den strafrechtlichen Überschuldungsbegriff nun nicht insgesamt verwerfen zu müssen[741], ist zu fragen, ob eine *verfassungskonforme*, von § 19 Abs. 2 InsO abweichende Auslegung möglich ist. Das setzt voraus, daß ein Überschuldungsbegriff gefunden werden kann, der – anders als § 19 Abs. 2 InsO – den Anforderungen des Bestimmtheitsgrundsatzes gerecht wird. Und hier bietet sich, wie bereits im früheren Konkursstrafrecht, auch nach dem 1.1.1999 das modifiziert zweistufige Verfahren an, das auf dem überzeugenden theoretischen Konzept von *Moxter* und *K. Schmidt* basiert[742]. Dieser Ansatz kann nicht nur auf eine geradezu überwältigende Zahl an neuesten zivilrechtlichen Entscheidungen zurückgreifen[743], sondern wird auch durch die herrschende Lehre im gesellschafts- und konkursrechtlichen Schrifttum breit unter-

740 "Die Überschuldung als Krisenmerkmal des Konkursstrafrechts" (1981), S. 237ff.

741 So aber *Höfner*, S. 237ff.

742 Dazu bereits oben B I 1 c bb (3).

743 Vgl. nochmals *BGH* NJW 1998, S. 3201; *BGHZ* 129, S. 136; 126, S. 199; 125, S. 148; ebenso *HansOLG Bremen*, NZG 1999, S. 74f.; *OLG Celle*, NZG 1999, S. 78; GmbHR 1997, S. 128; *OLG Düsseldorf*, WiB 1997, S. 1088; WM 1995, S. 1026; *OLG Hamm* NJW-RR 1993, S. 1445; *OLG München*, GmbHR 1998, S. 282; *OLG Schleswig*, MDR 1997, S. 1062; *LG Waldshut-Tiengen*, WM 1996, S. 1415; ebenso *OGH Wien*, Recht der Wirtschaft 1987, S. 126.

stützt[744]. Die theoretische Konzeption dieses Verfahrens ist zudem erheblich klarer als bei der herkömmlich zweistufigen Überschuldungsprüfung. Im Vordergrund steht die Prüfung einer auf einen Zeitraum von bis zu zwei Jahren zu beurteilenden drohenden Zahlungsunfähigkeit. Der Vorwurf verfassungswidirger Tatbestandsunbestimmtheit kann dieses Modell daher nicht treffen[745]. Die nicht zu bestreitenden Feststellungsschwierigkeiten sind vielmehr "nur" praktischer Natur. Ihnen ist auch künftig dadurch zu begegnen, daß allein in "eindeutigen" Fällen eine Überschuldung angenommen werden kann[746].

cc) Konsequenz: Auseinanderfallen von Zivil- und Strafrecht

Diese strafrechtlich autonome Auslegung hat zur Konsequenz, daß neben den Zahlungsfähigkeitsbegriffen auch die Überschuldungssbegriffe der zivil- und strafrechtlichen Insolvenzverschleppungshaftung *de lege lata* auseinanderfallen. Die zivilrechtliche Haftung soll eingreifen, wenn ein nicht näher spezifiziertes, herkömmlich zweistufiges Modell zur Annahme der Überschuldung gelangt. Für die strafrechtliche Sanktionierung muß dagegen in abweichender Auslegung auf den modifiziert zweistufigen Überschuldungsbegriff abgestellt werden.

Mit einer solch eigenständigen Auslegung ergeben sich *de lege lata* keine Wertungswidersprüche zur insolvenzrechtlichen Seite des Antragspflichtrechts. Denn soweit insolvenzrechtlich eine Überschuldungsfeststellung nach dem Vorbild des § 19 Abs. 2 Inso überhaupt durchführbar ist, wird sie jedenfalls nicht zu dem untragbaren Ergebnis führen können, daß eine Überschuldung erst später als im Strafrecht anzunehmen ist, mithin strafrechtliche Haftung droht, obwohl zivilrechtlich noch gar keine Verfahrenseröffnung möglich ist. Die Fortführungsprognose ist richtigerweise nämlich in beiden Modellen auf die künftige Zahlungsunfähigkeit zu beziehen, so daß bei positivem Ergebnis eine, wie auch immer geartete, negativ ausfallende Fortführungsbilanzierung nur zivilrechtlich zur Überschuldung führt[747].

dd) Einheitliche Auslegung *de lege ferenda*

De lege ferenda wäre mit dem auch im Insolvenzrecht wieder einzuführenden[748] modifiziert zweistufigen Prüfungsverfahren eine einheitliche Rechtsanwendung auch im Überschuldungsbereich wiederhergestellt. Der übereinstimmenden Funktion des Über-

744 *K. Schmidt* AG 1978, S. 337ff.; *ders.*, JZ 1982, S. 170; *ders.* ZIP 1985, S. 719; sowie bspw. *Baumbach/Hueck/Schulze-Osterloh*, § 63 GmbHG, Rn. 8; *Hachenburg/Ulmer*, § 63 GmbHG, Rn. 35ff.; *Lutter/Hommelhoff*, § 63 GmbHG, Rn. 5; *Rowedder*, § 63 GmbHG, Rn. 10; *Ulmer*, KTS 1981, S. 478.

745 *A.A.* hinsichtlich der drohenden Zahlungsunfähigkeit *Matzen*, S. 54ff., 116.

746 Dazu bereits ausführlich oben B II 1 c dd.

747 Zum ganzen oben I 1 d aa (1).

748 Oben I 1 c ee.

schuldungstatbestandes bei der zivil- und strafrechlichen Verschleppungshaftung wäre damit konsequenterweise Rechnung getragen.

ee) Ergebnis

Überschuldung ist bei den Insolvenzverschleppungsdelikten abweichend von § 19 Abs. 2 InsO auszulegen. Sie liegt vor, wenn bei *drohender Zahlungsunfähigkeit* eine *Liquidationsbilanz negativ* ausfällt. *De lege ferenda* muß auch im Zivilrecht dieses Konzept wieder eingeführt werden.

2) Krisensituationen des 283 StGB

Sind damit die Regelungen der §§ 17ff. InsO für die Insolvenzverschleppungsdelikte abzulehnen, so ist schließlich noch zu fragen, ob eine Begriffsübernahme auch für die Krisensituationen des § 283 StGB zu verwerfen ist. Hinsichtlich der Auseinandersetzung im Schrifttum kann auf das bei den Insolvenzverschleppungsdelikten bereits dargestellte Meinungsspektrum verwiesen werden[749]. Die einzelnen Stellungnahmen unterscheiden nicht zwischen Insolvenzverschleppungs- und Bankrottvergehen.

a) Zahlungsunfähigkeit

aa) Funktion

(1) Indikator der Gläubigergefährdung

Eine Übernahme der Definition des § 17 Abs. 2 InsO in die §§ 283ff. StGB würde voraussetzen, daß die im Insolvenzverschleppungsrecht gegen die Neuregelung erhobenen Bedenken im Bankrottstrafrecht nicht einschlägig sind. Hinsichtlich der Funktion der Zahlungsunfähigkeit als Indikator einer Gläubigergefährdung erscheint eine solche Differenzierung zunächst nicht ausgeschlossen.

So ist bereits im konkursstrafrechtlichen Teil herausgearbeitet worden, daß die Krisensituation einen Zustand anzeigen muß, in dem der Schuldner typischerweise zur vollständigen Erfüllung seiner Verpflichtungen nicht mehr in der Lage ist[750]. Diese Voraussetzung wurde zwar für die von staatsanwaltschaftlicher Seite vorgeschlagene liquidationsorientierte Überschuldungsbewertung abgelehnt[751]. Bei der Zahlungsunfähigkeit im Sinne des § 17 Abs. 2 InsO könnte man aber durchaus zu einem anderen Ergebnis gelangen.

---

749 Oben 2.

750 Oben B I 1 a aa.

751 Vgl. dazu oben B II 1 c aa.

(a) Typische Gefährdung

Eine vom Insolvenzverschleppungsrecht abweichende Zahlungsunfähigkeitsdefinition erscheint insbesondere deshalb möglich, weil auch nur zweiwöchige, wenige Prozentpunkte betragende Liquiditätslücken setzen stets überforderte Bar- und Buchgeldbestände sowie ausgeschöpfte Kreditlinien voraus. Die wirtschaftliche Lage eines Unternehmens ist zu diesem Zeitpunkt nicht mehr völlig unbedenklich. Der Schuldner kann zumindest nicht mehr sämtliche fälligen Verbindlichkeiten befriedigen und es hängt vom jeweiligen Einzelfall ab, ob er dazu künftig wieder in der Lage sein wird. Die Gläubigeransprüche können damit durchaus als typischerweise gefährdet angesehen werden. Zwar ist nach hier vertretener Ansicht die Eröffnung eines Insolvenzverfahrens in diesem Stadium noch verfrüht und eine mit zivil- und strafrechtlicher Haftung bewehrte Insolvenzantragspflicht daher abzulehnen[752]. Aber die §§ 283ff. StGB fordern eine solche Antragstellung auch gar nicht. Sie legen dem Schuldner nur gesteigerte Sorgfaltspflichten auf. Er hat lediglich bestimmte Verhaltensweisen zu unterlassen, die gegen den Grundsatz des ordnungsgemäßen Wirtschaftens verstoßen[753]. Daher scheint die Übernahme der insolvenzrechtlichen Fassung mit der Funktion der Zahlungsunfähigkeit als Krisensituation vereinbar zu sein.

(b) Konkrete Gefahr

Die weitergehende Auffassung von Teilen des Schrifttums, nach der die Krise als konkrete Gefahr für die Gläubigeransprüche definiert werden muß[754], kann mit der neuen Begriffsbestimmung zunächst ebenfalls in Einklang gebracht werden. Denn § 17 Abs. 2 InsO ermöglicht ja gerade eine frühzeitige Insolvenzeröffnung. Da eine solche Eröffnung nun aber aufgrund der negativen Publizitätswirkungen ihrerseits regelmäßig weiteren Schaden für ein Unternehmen mit sich bringt[755], muß auch die Befriedigungsfähigkeit des Schuldners in diesem Zeitpunkt schon als konkret gefährdet angesehen werden: Es ist allein zufallsbedingt, ob ein die Erfüllung weiter gefährdender Insolvenzantrag gestellt und das Verfahren eröffnet wird.

(2) "Allgemeine" Strafwürdigkeitsanforderungen

Die besondere Funktion der Krisensituation scheint daher eine Übernahme der gemäß § 17 Abs. 2 InsO definierten Zahlungsunfähigkeit in das Strafrecht zuzulassen. Dabei bliebe allerdings unberücksichtigt, daß die Krise als Merkmal eines Straftatbestandes auch den im Insolvenzverschleppungsrecht bereits aufgezeigten, "allgemeinen" Strafwürdigkeitsanforderungen genügen muß. So ist wie bei der Insolvenzverschleppung auch im Bankrottstrafrecht zu fordern, daß die Krise für den Normadressaten auch

752 Oben I 1 b dd (2) sowie I 2 a und II 2 a bb.

753 Insofern ist den unter Fn. 490 genannten Auffassungen zuzustimmen.

754 Vgl. die in Fn. 488 Genannten.

755 Oben Fn. 349.

deutlich als solche erkennbar ist. Das ist, wie oben ausführlich dargelegt wurde, bei einer derart geringen Liquiditätslücke nahezu ausgeschlossen. Die Tatsache, daß die Krisensitutation "nur" als Auslöser bestimmter Sorgfaltsanforderungen fungiert, ändert daran nichts. Denn sie bleibt, wie jedes Straftatbestandsmerkmal, auch Strafwürdigkeitselement. Es bedarf daher in gleichem Umfang wie im Insolvenzverschleppungsrecht eines *klaren* Maßstabes, damit alle Beteiligten zwischen strafbaren und nicht strafbaren Verhaltensweisen eindeutig unterscheiden können. Da § 17 Abs. 2 InsO einen solchen Maßstab nicht liefern kann, muß auch im Bankrottstrafrecht von den insolvenzrechtlichen Vorgaben abgewichen werden. Es bietet sich damit auch für die §§ 283ff. StGB der hier vorgeschlagene Wert einer zweimonatigen Unterdeckung von 20% an.

bb) Zwischenergebnis

Zahlungsunfähigkeit ist auch im Bankrottstrafrecht als ein zweimonatiges Unvermögen zur Begleichung von 20% der Verbindlichkeiten auszulegen. Mit diesem Wert wird *de lege lata* immerhin im Strafrecht eine einheitliche Auslegung möglich. *De lege ferenda* würde nach der hier geforderten Änderung der insolvenzrechtlichen Normen die Zahlungsunfähigkeit dann in *sämtlichen* Vorschriften des Insolvenz- und Insolvenzstrafrechts wieder übereinstimmend definiert werden.

b) Überschuldung

Während bei der Zahlungsunfähigkeit noch ein gewisser Diskussionsbedarf bestand, ist die Sachlage bei der Überschuldung eindeutig. Die fehlende Gesetzesbestimmtheit des in § 19 Abs. 2 InsO vorgesehenen Überschuldungsbegriffs schlägt selbstverständlich auch für die §§ 283ff. StGB durch. Die Übernahme dieses Begriffs in das Bankrottstrafrecht ist daher aus denselben verfassungsrechtlichen Gründen wie im Insolvenzverschleppungsrecht abzulehnen. Ein Ansatz von Liquidationswerten scheidet, wie bereits zum alten Konkursstrafrecht dargelegt worden ist[756], ebenfalls aus. Richtigerweise kann daher auch hier nur auf den modifiziert zweistufigen Überschuldungsbegriff abgestellt werden.

c) Drohende Zahlungsunfähigkeit

Für die drohende Zahlungsunfähigkeit gilt das bereits zur alten Rechtslage Gesagte entsprechend[757]. Dieses Tatbestandsmerkmal ist aufgrund der jedenfalls strafrechtlichen Übereinstimmung mit der Überschuldung überflüssig und sollte deshalb *de lege ferenda* gestrichen werden[758].

---

756 Oben B II 2 c cc.

757 Oben B II 2 d.

758 *Moosmayer*, S. 168ff., erkennt in anderer Hinsicht "Dysfunktionalitäten" bei der drohenden Zahlungsunfähigkeit: Insolvenzrechtlich eröffne sie nur die Möglichkeit zum Insolvenzantrag, insolvenzstrafrechlich könne durch diesen Antrag dagegen die Strafbarkeitsbedingung ausgelöst werden. Dazu ist im Anschluß an obige Ausführungen zweierlei zu bemerken: Erstens ist zum Zeitpunkt der drohenden Zahlungsunfähigkeit regelmäßig ohnehin die zum Antrag *verpflichtende*

d) Ergebnis

Die Krisensituationen der Zahlungsunfähigkeit und Überschuldung sind abweichend von den Vorgaben der Insolvenzordnung zu definieren. Zahlungsunfähigkeit erfordert auch nach dem 1.1.1999 eine dauerhafte (zweimonatige) und wesentliche (20%ige) Unterdeckung. Überschuldung setzt drohende Zahlungsunfähigkeit bei negativer Liquidationsbilanz voraus. Wie nach alter Rechtslage können beide Tatbestandsmerkmale damit auch künftig als Situationen *konkreter Gefahr* für die geschützten Vermögensinteressen bezeichnet werden. Die drohende Zahlungsunfähigkeit ist als Krisensituation überflüssig.

4) Gesamtergebnis

Bei den Insolvenzverschleppungsdelikten und im Bankrottstrafrecht muß aus Gründen der Strafwürdigkeit, der Strafbedürftigkeit und der Tatbestandsbestimmtheit von den Vorgaben des neuen Insolvenzrechts mit einer *eigenständigen strafrechtlichen Auslegung* abgewichen werden.

Die Übernahme des *Zahlungsunfähigkeitsbegriffs* des § 17 Abs. 2 InsO würde im Strafrecht zu einer Pönalisierung nicht mehr strafwürdigen Verhaltens führen. Daher ist strafrechtlich eine Zahlungsunfähigkeit erst anzunehmen, wenn über einen Zweimonatszeitraum eine Unterdeckung von 20% besteht.

Die Anwendung des *Überschuldungsbegriffs* des § 19 Abs. 2 InsO wäre wegen fehlender Tatbestandsbestimmtheit mit dem Bestimmtheitsgebot des Art. 103 Abs. 2 GG unvereinbar und daher verfassungswidrig. Im Strafrecht ist eine Überschuldung deshalb nach dem modifiziert zweistufigen Modell zu bestimmen. Danach ist eine Überschuldung gegeben, wenn der Eintritt einer Zahlungsunfähigkeit (2 Monate, 20%) innerhalb eines Zeitraums von bis zu zwei Jahren überwiegend wahrscheinlich ist und zudem eine Bilanz nach Liquidationswerten negativ ausfällt.

Der Begriff der *drohenden Zahlungsunfähigkeit* im Sinne des § 18 Abs. 2 InsO ist für das Bankrottstrafrecht aufgrund der jedenfalls strafrechtlichen Übereinstimmung mit dem Überschuldungstatbestand überflüssig. Er ist daher *de lege ferenda* zu streichen.

Zu dieser strafrechtlich schon *de lege lata* gebotenen Auslegung sollte aus den oben dargelegten funktionalen Übereinstimmungen *de lege ferenda* auch das Insolvenzrecht wieder zurückfinden[759]. Eine entsprechende Gesetzesreform der §§ 17-19 InsO ist dringend erforderlich. Durch sie wäre zudem die zu begrüßende Einheitlichkeit dieser bedeutenden Rechtsbegriffe in sämtlichen Normen des Insolvenz- und Insolvenzstrafrechts wiederhergestellt.

Überschuldung gegeben, so daß die "Dysfunktionalitäten" nicht vornehmlich zwischen Zivil- und Strafrecht, sondern innerhalb des Zivilrechts bestehen. Zweitens setzt die Strafbarkeit wegen einer Bankrottstraftat stets voraus, daß der Schuldner sich auch einer Bankrott*handlung* strafbar gemacht hat. Die bloße Verfahrenseröffnung aufgrund drohender Zahlungsunfähigkeit reicht dagegen für die §§ 283ff. StGB nicht aus.

759 Oben I 4.

4. Kapitel: Objektive Strafbarkeitsbedingungen der §§ 283-283d StGB

A) Einführung

Im Anschluß an die Auswirkungen der Insolvenzordnung auf die Krisensituationen des Bankrottstrafrechts werden in diesem Kapitel die Konsequenzen für die objektiven Strafbarkeitsbedingungen untersucht. Objektive Strafbarkeitsbedingungen der §§ 283ff. StGB sind die Eröffnung des Insolvenzverfahrens, die Ablehnung des Eröffnungsantrags mangels Masse sowie die Zahlungseinstellung[760].

Die Problematik einer Anknüpfung an die insolvenzrechtlichen Vorgaben stellt sich für diese Normmerkmale in anderer Weise als bei den Krisensituationen.

Bei den *Krisensituationen* besteht die Möglichkeit, eine von der Insolvenzordnung abweichende strafrechtliche Auslegung vorzunehmen. Zwar handelt es sich bei ihnen dem Wortlaut nach um identische Begriffe, so daß eine übereinstimmende Deutung durchaus naheliegt. Zwingend ist, wie die obigen Ausführungen gezeigt haben, die inhaltliche Identität jedoch nicht. Aus Gründen der Strafwürdigkeit und Tatbestandsbestimmtheit ist vielmehr eine autonome Begriffsbestimmung im Insolvenzstrafrecht nicht nur möglich, sondern sogar erforderlich.

Mit den *objektiven Strafbarkeitsbedingungen* wird dagegen nicht an unterschiedlich auslegbare Begriffe angeknüpft. Es geht hier um Merkmale, die unmittelbar auf den tatsächlichen insolvenzrechtlichen Verfahrensablauf Bezug nehmen und damit keinen Spielraum für eine abweichende Deutung bieten. Das gilt jedenfalls für die in der Praxis wichtigen Bedingungen der Verfahrenseröffnung und -ablehnung, an deren Rechtskraft das Strafrecht nach allgemeiner Ansicht gebunden ist[761]. Allein im Hinblick auf die Zahlungseinstellung ist eine strafrechtliche Begriffsabweichung nicht von vornherein ausgeschlossen.

Die §§ 283ff. StGB sind mit ihren Strafbarkeitsbedingungen damit weitgehend an das Insolvenzrecht gekoppelt. Soweit die veränderten insolvenzrechtlichen Vorgaben im Insolvenzstrafrecht zu untragbaren Konsequenzen führen, muß damit nach anderen Korrektiven gesucht werden.

---

760 Vgl. §§ 283 Abs. 6; 283b Abs. 3; 283c Abs. 3; 283d Abs. 4 StGB.

761 *RGSt* 26, S. 37f.; *Bieneck* in: Müller-Gugenberger (Hrsg.), § 63, Rn. 51; *Lackner/Kühl*, § 283 StGB, Rn. 28; *Tiedemann*, Vor § 283 StGB, Rn. 162.

Strafrechtlich bedenkliche Veränderungen des bestehenden Konkursrechts durch die Insolvenzordnung werden im Schrifttum vor allem in der Vorverlagerung des Insolvenzverfahrens gesehen, für die insbesondere der neue Tatbestand der "drohenden Zahlungsunfähigkeit" in § 18 InsO verantwortlich zeichnen soll. War nach alter Rechtslage, so wird argumentiert, eine Verfahrenseröffnung erst bei wirtschaftlichem Zusammenbruch des Unternehmens möglich, so führe § 18 InsO nun dazu, daß schon in einem vorgelagerten Zeitraum der Eintritt der Strafbarkeitsbedingung erfolgen könne. Um die dadurch bewirkte Ausweitung des Strafrechts wieder einzuschränken, wird vorgeschlagen, dem Schuldner die Möglichkeit zu geben, durch eine erfolgreiche Sanierung im Rahmen eines Insolvenzplanverfahrens, also *nach* Bedingungseintritt, Straffreiheit zu erlangen[762].

Der Gedanke der Gewährung von Straffreiheit durch Krisenüberwindung ist nicht neu. Schon nach alter Rechtslage hielt die herrschende Ansicht eine Abwendung der Strafbarkeit für möglich[763]. Da aber der Eintritt der Strafbarkeitsbedingung bisher regelmäßig mit dem wirtschaftlichen Zusammenbruch des Schuldners einherging, wurde eine solche Überwindung nur für den Zeitraum im Vorfeld des Konkursverfahrens, also *vor* Bedingungseintritt erwogen. Ausgangspunkt der herrschenden Meinung ist dabei die Überlegung, daß ein Zusammenhang zwischen der Strafbarkeitsbedingung und der Krisensituation bestehen muß. Der Täter soll vor einer Bestrafung bewahrt werden, wenn er nach der Bankrotthandlung die Krise überwindet und unter Umständen erst Jahre später aus anderen Gründen in ein Insolvenzverfahren gerät.

---

762 *Moosmayer*, S. 183ff.; *Uhlenbruck*, ZInsO 1998, S. 250ff.

763 Dazu unter D.

B) Allgemeine dogmatische Einordnung

I) Meinungsstand

Die objektiven Strafbarkeitsbedingungen gehören zu einem der schwierigsten und umstrittensten Felder der Allgemeinen Strafrechtslehre. Die Zahl der Stellungnahmen im Schrifttum ist groß, die Vielfalt der einzelnen Begründungsansätze beträchtlich. Es kann daher in einer Auseinandersetzung mit den strafrechtlichen Konsequenzen der Insolvenzordnung nicht darum gehen, die Vielfalt dieser Auffassungen im Detail nachzuzeichnen[764]. Stattdessen soll hier eine mögliche dogmatische Einordnung nur skizziert werden.

1) Unrechtsneutraliät

Nach herrschender Ansicht ist die Vereinbarkeit objektiver Strafbarkeitsbedingungen mit dem Schuldgrundsatz davon abhängig, daß diesen Deliktsmerkmalen keine Bedeutung für die Unrechtsbewertung zukommt[765]. Strafbarkeitsbedingungen werden daher als von Unrecht und Schuld unabhängige, strafbarkeitsbeschränkende Normelemente definiert, auf die sich Vorsatz oder Fahrlässigkeit nicht beziehen. Sie stehen damit außerhalb der klassischen Verbrechensmerkmale von Tatbestand, Rechtswidrigkeit und Schuld. Sofern einzelnen Bedingungen unrechtsbegründende oder unrechtserhöhende Wirkung zukommt, soll darin ein Verstoß gegen den Schuldgrundsatz liegen. Solche Strafbarkeitsbedingungen seien daher unzulässig.

2) Unrechtsrelevanz

Andere Autoren vertreten demgegenüber die Position, daß auch unrechtsrelevante objektive Strafbarkeitsbedingungen zulässig sein können[766]. Die im einzelnen unterschiedlich begründeten Ansichten stimmen darin überein, daß dem Unrechtsbereich auch ein Merkmal zugewiesen werden könne, das nicht von Vorsatz und Fahrlässigkeit umfaßt sei. Dem Gesetzgeber sei nicht schlechthin untersagt, auch das allgemeine Wissen von der besonderen Gefährlichkeit eines riskanten Verhaltens ausreichen zu lassen. Der Schuldgrundsatz werde mit einer solchen Vorgehensweise daher nicht verletzt.

---

764 Eingehend dazu jüngst die Dissertation von *Geisler*, "Objektive Strafbarkeitsbedingungen und das Schuldprinzip" (1998). - Übersicht über den Streitstand bei *F. Krause*, Jura 1980, S. 449ff. - Ablehnung dieser Rechtsfigur durch *Bemmann*, "Zur Frage der objektiven Bedingungen der Strafbarkeit" (1957).

765 *Lackner/Kühl*, Vor § 13 StGB, Rn. 30; *Rudolphi*, SK, Vorbem. § 19 StGB, Rn. 13; *Sch/Sch/Lenckner*, Vorbem. §§ 13ff. StGB, Rn. 124f.; *Stree*, JuS 1965, S. 466; *Tiedemann*, ZRP 1975, S. 130ff.; *Tröndle/Fischer*, § 16 StGB, Rn. 32.

766 *Jakobs*, 10. Abschn., Rn. 1; *Otto*, Schröder-GS, S. 63ff.; *Schweigert*, ZStW 70 (1958), S. 394ff.

II) Auseinandersetzung

Der letztgenannten Ansicht sollte aus zwei Gründen der Vorzug gegeben werden. Zum ersten erscheint es in der Tat nicht zwingend, daß die strafrechtliche Haftung im subjektiven Bereich auf Vorsatz und Fahrlässigkeit beschränkt sein *muß*. So ist es auch im Strafrecht nicht ausgeschlossen, demjenigen die Realisierung eines Risikos personal zuzurechnen, dessen Verhalten im Hinblick auf einen bestimmten Erfolg als typischerweise gefährlich bekannt ist.

Zum zweiten bietet die herrschende Meinung keine Erklärung, wie die objektiven Strafbarkeitsbedingungen in die klassischen Strukturelemente der Straftat *einzuordnen* sind. Vielmehr läßt sie den Bezug der Strafbarkeitsbedingungen zu Tatbestand, Rechtswidrigkeit und Schuld ungeklärt. Auch das erscheint wenig sachgerecht. Ausgehend vom Standpunkt der Gegenansicht ist indes eine Einordnung in den Unrechtstatbestand möglich. So können objektive Bedingungen der Strafbarkeit als Merkmale eines besonderen Erfolgsunwerts bezeichnet werden, der einen schon durch die Tathandlung begründeten Handlungsunwert ergänzt[767]. Da Erfolgs- und Handlungsunwert nach hier vertretener Ansicht Bestandteile der Strafwürdigkeit eines Verhaltens darstellen[768], können die Strafbarkeitsbedingungen damit - allerdings entgegen der ganz herrschenden Auffassung - als Strafwürdigkeitsmerkmale eingestuft werden[769].

III) Ergebnis

Objektive Strafbarkeitsbedingungen sind von Vorsatz und Fahrlässigkeit nicht umfaßte Merkmale, die zur Begründung der Strafwürdigkeit eines Verhaltens erforderlich sind. Mit dieser Mindermeinung sind indes für die folgende Untersuchung keine Abweichungen zur herrschenden Auffassung vorprogrammiert. Vielmehr wird sich zeigen, daß die Einordnung als Strafwürdigkeitselemente für etliche der zu erörternden Detailprobleme eine überzeugende dogmatische Fundierung von Positionen ermöglicht, die - im Bankrottstrafrecht - auch von der herrschenden Ansicht geteilt werden.

---

767 Ebenso *Otto*, AT, § 7, Rn. 80 sowie vertiefend *ders.*, Schröder-GS, S. 63ff.

768 Oben im 1. Kapitel A III 1.

769 Als Strafbedürftigkeitsmerkmale sieht die Strafbarkeitsbedingungen neben den in Fn. 765 genannten Vertretern des "unrechtsneutralen" Ansatzes bspw. auch *Jakobs*, 10.Abschn., Rn. 5 an.

C) Einzelne objektive Strafbarkeitsbedingungen der §§ 283-283d StGB

I) Alte Rechtslage

1) Konkurseröffnung / Abweisung des Eröffnungsantrags mangels Masse

a) Bedeutung in der strafrechtlichen Praxis

Die Konkurseröffnung bzw. die Ablehnung des Eröffnungsantrags mangels Masse haben als Strafbarkeitsbedingungen im Bankrottstrafrecht überragende Bedeutung. Der Grund dafür besteht darin, daß die Staatsanwaltschaften von den Konkursgerichten über die sog. "Mitteilungen in Zivilsachen" vom Eintritt dieser Bedingungen unterrichtet werden[770]. Vielfach erfolgt gerade auf diese Mitteilung hin die Einleitung von Ermittlungsverfahren[771].

b) "Wirtschaftlicher Zusammenbruch"

Der Eintritt dieser Strafbarkeitsbedingungen war nach bisheriger Rechtslage praktisch mit dem "wirtschaftlichen Zusammenbruch" des Schuldners identisch. So ist bereits dargelegt worden, daß Konkursverfahren wohl nahezu ausschließlich wegen Zahlungsunfähigkeit eröffnet wurden[772]. Oft handelte es sich dabei sogar um Fälle, in denen die schuldnerischen Unternehmen ihren Zahlungsverkehr fast vollständig eingestellt hatten.

Allerdings bedarf im Hinblick auf die sogleich zu erörternde Vorverlagerung der Verfahrenseröffnung durch die Insolvenzordnung nochmals der besonderen Hervorhebung, daß bereits nach *alter* Rechtslage eine frühere Konkurseröffnung möglich war[773]. Die Redeweise, Ausgangspunkt des Konkurs*rechts* sei erst der wirtschaftliche Zusammenbruch des Schuldners[774], ist daher undifferenziert. Denn mit dem Überschuldungstatbestand stand *de iure* schon bisher ein Auslösetatbestand zur Verfügung, der mit dem Element drohenden Zahlungsunvermögens weit vor dem Stadium der eingetretenen Zahlungsunfähigkeit einen Verfahrensbeginn ermöglicht hätte[775]. Aufgrund der starken Prognoseabhängigkeit dieses Eröffnungstatbestandes und der erwähnten Neigung vieler Unternehmer, die Abwendung der Krise in diesem Stadium noch selbst zu versuchen (oder zu vertuschen!), kam der Überschuldung allerdings *de facto* kaum Bedeutung zu[776]. Allein aus der Perspektive der Konkurspraxis, nicht aber aus der Ziel-

---

770 Dazu *Baumgarte*, wistra 1991, S. 171ff.; *Janovsky*, Kriminalistik 1998, S. 270ff.; *Müller/Wabnitz/Janovsky*, S. 144ff., Rn. 9ff.; *Reulecke*, Kriminalistik 1984, S. 82.

771 *Müller/Wabnitz/Janovsky*, S. 143f., Rn. 8f.

772 Oben im 3. Kapitel B I 1 b aa sowie c aa.

773 Oben im 3. Kapitel C I 1 d aa (2).

774 Vgl. die in Fn. 633 Genannten.

775 Eingehend dazu oben im 3. Kapitel C I 1 d aa (2).

776 Oben im 3. Kapitel B I 1 c aa.

setzung des Konkursrechts ist deshalb der behaupteten Anknüpfung an den Unternehmenszusammenbruch zuzustimmen.

2) Zahlungseinstellung

a) Konkursrechtliche Vorgaben

Neben der Verfahrenseröffnung und -ablehnung mangels Masse nennt § 283 Abs. 6 StGB als weitere Strafbarkeitsvoraussetzung die Zahlungseinstellung. Sie wird von der herrschenden Auffassung in Konkurs- und Konkursstrafrecht bisher unterschiedlich definiert. Im Konkursrecht (§§ 30, 102 Abs. 2 KO) wird unter Zahlungseinstellung die nach außen kundgetane Zahlungsunfähigkeit verstanden[777]. Zahlungseinstellung setzt konkursrechtlich demnach Zahlungsunfähigkeit stets voraus.

b) Konkursstrafrechtliche Begriffsbildung

aa) Bedeutung in der strafrechtlichen Praxis

Im Konkursstrafrecht ist der Begriff der Zahlungseinstellung dagegen umstritten. Die Relevanz dieses Streits sollte aber nicht überschätzt werden. Denn die Zahlungseinstellung kann als Strafbarkeitsbedingung eigenständige Bedeutung nur erlangen, wenn weder ein Konkursverfahren eröffnet noch seine Eröffnung mangels Masse abgelehnt worden ist. Denkbar ist das allein für die Bereiche der außergerichtlichen Sanierung und des Vergleichsverfahrens. Da aber die Zahlungseinstellung als ein faktischer Vorgang im Gegensatz zu den vorgenannten Bedingungen nicht aktenkundig wird, haben die Strafverfolgungsbehörden von ihrem Eintritt regelmäßig auch keine unmittelbare Kenntnis. In der strafrechtlichen Praxis ist diese Bedingung daher nur von untergeordnetem Interesse[778].

bb) Meinungsstand

(1) Nichtzahlung

Die herrschende Auffassung will bereits den bloßen Vorgang der Nichtzahlung für die Zahlungseinstellung ausreichen lassen[779]. Auf eine tatsächliche Zahlungsunfähigkeit soll es dagegen nicht ankommen. Als Grund für diese streng formale Deutung wird angeführt, daß der objektive Strafbarkeitsbereich nicht erst von verborgenen und zu ermittelnden Ursachen wie der Zahlungsunfähigkeit abhängig gemacht werden solle. Vom Strafrecht sei vielmehr Eindeutigkeit zu fordern. Die könne aber nur durch das Anknüpfen an den äußeren Vorgang des Nichtzahlens erreicht werden[780].

---

777 Oben im 3. Kapitel B I 3 b.

778 *Moosmayer*, S. 174ff.

779 *RGSt* 41, S. 312; *BGH* bei Herlan, GA 1953, S. 73; *Bieneck*, wistra 1992, S. 89; *Kindhäuser*, Vor §§ 283 bis 283 d StGB, Rn. 108; *Lackner/Kühl*, § 283 StGB, Rn. 27; *Sch/Sch/Stree*, § 283 StGB, Rn. 60; *Tröndle/Fischer*, Vor § 283 StGB, Rn. 13; *Weyand*, S. 64f.

780 *Bieneck*, wistra 1992, S. 89.

(2) Zahlungsunfähigkeit

Eine andere Auffassung lehnt sich demgegenüber an die konkursrechtliche Begriffsbildung an[781]. Entsprechend fordert sie für den Zahlungseinstellungsbegriff des Bankrottstrafrechts, daß der Schuldner tatsächlich zahlungsunfähig ist. Die rein faktische Nichtzahlung reicht demnach nicht aus. Argumentiert wird unter anderem mit der Systematik des § 283 Abs. 6 StGB, der mit seinen beiden weiteren Bedingungen der Konkurseröffnung bzw. der Ablehnung der Eröffnung mangels Masse ebenfalls einen materiellen Konkursgrund fordere.

cc) Auseinandersetzung

(1) Anknüpfung an das Konkursrecht

Der zweiten Ansicht ist zu folgen. Es überzeugt nicht, bereits den bloßen Vorgang des Nichtzahlens als Strafbarkeitsbedingung einzustufen und damit von den konkursrechtlichen Vorgaben abzuweichen. Zwar mag in den meisten Fällen mit der Nichtzahlung auch eine wirkliche Zahlungsunfähigkeit einhergehen. Zwingend ist das aber nicht. Zur Zahlungseinstellung gehören auch die Fälle der irrtümlichen Annahme der Zahlungsunfähigkeit sowie der schlichten Zahlungsunwilligkeit. In den Irrtumsfällen stimmen beide Auffassungen nun ohnehin darin überein, daß nur eine Versuchsstrafbarkeit möglich ist[782]. Und Situationen bloßer Zahlungsunwilligkeit können in nahezu allen Fällen schon deshalb nicht zur Strafbarkeit führen, weil die §§ 283ff. StGB mit ihren Krisensituationen doch wieder eine tatsächliche (drohende oder eingetretene) Zahlungsunfähigkeit fordern[783]. Eine Abweichung vom Konkursrecht würde daher über die ohnehin schon untergeordnete praktische Bedeutung dieser Strafbarkeitsbedingung hinaus auch kaum zu anderen Ergebnissen führen können. Im Hinblick auf eine einheitliche Auslegung identischer Rechtsbegriffe sollte daher besser gleich eine Anknüpfung an die konkursrechtlichen Vorgaben erfolgen.

(2) Zahlungseinstellung als Erfolgsunwert

Dieses Ergebnis wird auch durch die hier vertretene dogmatische Konzeption unterstützt, nach der Strafbarkeitsbedingungen als Strafwürdigkeitselemente die Funktion haben, einen besonderen Erfolgsunwert zum Ausdruck zu bringen[784]. Für die §§ 283ff. StGB liegt dieser Erfolgsunwert darin, daß sich mit dem Eintritt der Strafbarkeitsbedingung regelmäßig die Verletzung der gläubigerschaftlichen Befriedigungsinteressen

---

781 *Hoffmann*, MDR 1979, S. 515f.; zustimmend *Tiedemann*, Vor § 283 StGB, Rn. 143ff.; *Moosmayer*, S. 178ff. - Zum Konkursrecht oben im 3. Kapitel B I 3 b.

782 *Tiedemann*, Vor § 283 StGB, Rn. 144.

783 *Tiedemann*, Vor § 283 StGB, Rn. 144. - Auch die Überschuldung fordert drohende Zahlungsunfähigkeit: dazu nochmals oben im 3. Kapitel B I 1 c bb (4) (b) (aa).

784 Oben B II.

realisiert[785]. Ein solcher Unwert ist aber noch nicht gegeben, solange der Schuldner noch über ausreichende Zahlungsmittel zur Gläubigerbefriedigung verfügt und diese Mittel lediglich nicht zur Befriedigung einsetzt. Auch deshalb ist auf eine tatsächliche Zahlungsunfähigkeit abzustellen.

(3) Unterdeckung von 50%

Sieht man im Eintritt der Strafbarkeitsbedingungen einen besonderen Erfolgsunwert realisiert, der zu dem Handlungsunwert der Bankrotthandlung hinzukommen muß, so gibt das auch eine überzeugende Begründung für die allgemeine Ansicht, nach der für die Zahlungseinstellung eine höhere Nichtzahlungsquote als für die Zahlungsunfähigkeit zu fordern ist. Denn der Handlungsunwert der Bankrotthandlung wird neben dem Verstoß gegen Grundsätze ordnungsgemäßen Wirtschaften auch durch das Vorliegen einer Krisensituation gekennzeichnet[786]. Soll den Strafbarkeitsbedingungen nun ein zusätzlicher Erfolgsunwert zukommen, so kann die Zahlungseinstellung nicht in völliger Übereinstimmung mit der Krisensituation der Zahlungsunfähigkeit definiert werden. Ebenso wie für die weiteren Strafbarkeitsbedingungen, die über das bloße Vorliegen eines Konkursgrundes hinaus noch die Eröffnung bzw. Ablehnung des Verfahrens fordern, ist daher auch für die Zahlungseinstellung auf ein die Krise noch steigerndes Moment abzustellen. Anders als bei der Nichtzahlung erscheint damit *in dieser Hinsicht* eine eigenständige strafrechtliche Auslegung sehr wohl geboten. Mit der ganz herrschenden Ansicht, der Vertreter beider oben genannten Auffassungen angehören, ist deshalb eine Unterdeckung von 50% zu verlangen[787].

dd) Ergebnis

Zahlungseinstellung liegt auch konkursstrafrechtlich nur vor, wenn Zahlungsunfähigkeit gegeben ist. Die Funktion der Zahlungseinstellung als Strafwürdigkeitselement setzt aber eine höhere Unterdeckung voraus, für die ein Wert von 50% angemessen erscheint.

---

785 Zu den Gläubigerinteressen bereits oben im 1. Kapitel B I 2. Zur Strafbarkeitsbedingung als Realisierung der Krisensituation sogleich unter D II 1 b aa (2).

786 Allein § 283b StGB fordert keine Krisensituation, hat dafür aber auch einen Strafrahmen erheblich niedrigeren Strafrahmen.

787 *Bieneck*, wistra 1992, S. 90; *Moosmayer*, S. 175; ebenso *Tiedemann*, Vor § 283 StGB, Rn. 145, allerdings mit der unklaren Begründung, daß sich die Zahlungseinstellung anders als die Zahlungsunfähigkeit auf die Geldschulden "im allgemeinen" beziehen müsse; vgl. auch *Sch/Sch/Stree*, § 283 StGB, Rn. 60, die der 50%-Grenze zustimmen, weitergehend aber auch eine Unterdeckung von erst zwei Dritteln für vertretbar halten.

II) Neue Rechtslage

1) Insolvenzeröffnung / Abweisung des Eröffnungsantrags mangels Masse

a) Insolvenzrechtliche Vorgaben

aa) Vorverlagerung des Verfahrens durch die drohende Zahlungsunfähigkeit (§ 18 InsO)?

(1) Herrschende Auffassung: Vorverlagerung

Bei der Erörterung des Eröffnungsgrundes der drohenden Zahlungsunfähigkeit ist bereits erwähnt worden, daß der Gesetzgeber mit diesem Auslösetatbestand eine Vorverlagerung der Verfahrenseröffnung in das "Vorfeld der Insolvenz" ermöglichen wollte[788]. In dieser Einschätzung wird er von der herrschenden Auffassung im Schrifttum unterstützt[789]. Seine Hoffnung gründet der Gesetzgeber auch darauf, daß die Insolvenzordnung verschiedene Neuregelungen einführt, die dem Unternehmer einen Anreiz zur frühzeitigen Antragsstellung geben sollen. Dazu werden das Inaussichtstellen einer Restschuldbefreiung sowie die Möglichkeit einer Eigenverwaltung gerechnet.

Die *Restschuldbefreiung* (§§ 286ff. InsO) soll einer natürlichen Person ermöglichen, bei Abführung des pfändbaren Teils ihres Arbeitseinkommens über einen Zeitraum von sieben Jahren Befreiung von den gegen sie gerichteten Verbindlichkeiten zu erlangen[790]. Die Befreiung kann auf Antrag der Gläubiger versagt werden, wenn der Schuldner gewisse, in § 290 Abs. 1 InsO festgelegte Redlichkeitsvoraussetzungen nicht erfüllt. Dazu wird in Nr. 4 dieser Vorschrift auch die Verzögerung der Verfahrenseröffnung gezählt.

Die *Eigenverwaltung* (§§ 270ff. InsO) stellt ein von der Regelinsolvenz abweichendes Verfahren dar, bei dem der Schuldner seine Verfügungsbefugnis unter der Aufsicht eines Sachwalters behalten darf. Die Gläubiger können für dieses Verfahren votieren, wenn sie sich von der weiteren Unternehmensfortführung des Schuldners besondere Vorteile versprechen, beispielsweise weil die persönlichen Kenntnisse des Schuldners für den Verfahrensfortgang benötigt werden[791].

(2) Kritik

Es ist bereits mehrfach darauf hingewiesen worden, daß schon nach alter Rechtslage durch den Überschuldungstatbestand eine der drohenden Zahlungsunfähigkeit vergleichbar frühe Verfahrenseröffnung möglich war[792]. Über die Antragsnormen waren

---

788 Vgl. nochmals Begr. RegE zu § 22 EInsO (= § 18 InsO), BT-Dr 12/2443, S. 114.

789 Vgl. die in Fn. 633 Genannten.

790 Ausführlich *Hess/Obermüller*, Insolvenzplan, Restschuldbefreiung und Verbraucherinsolvenz, Rn. 817ff.

791 Begr. RegE vor § 331 EInsO (= vor § 270 InsO), BT-Dr 12/2441, S. 223; *Bork*, Rn. 401f.

792 Vgl. nur im 3. Kapitel C I 1 d aa (2).

die Vertreter juristischer Personen sowie der Personengesellschaften ohne natürliche Person als persönlich haftenden Gesellschafter - anders als bei dem neuen Eröffnungsgrund der drohenden Zahlungsunfähigkeit - zu diesem Zeitpunkt zur Antragsstellung unter Androhung schwerer zivil- und strafrechtlicher Sanktionen sogar bereits *verpflichtet*[793].

Angesichts der Tatsache, daß trotz dieser gesetzlichen Verpflichtung schon bisher fast keine schuldnerischen Eröffnungsanträge auf den Überschuldungstatbestand gestützt wurden, erscheint es wenig überzeugend, von einem weitgehend gleichlaufenden, aber nicht einmal mit einer Antragspflicht verbundenen Auslösetatbestand der drohenden Zahlungsunfähigkeit nun erhebliche Änderungen zu erwarten[794]. So vermochte denn auch, wie *Philipp* treffend beklagt, niemand im Gesetzgebungsverfahren zu erklären, "warum das Prinzip Hoffnung bei einem Unternehmer in der Phase der dämmernden Krise weniger ausgeprägt sein soll als am Ende der Götterdämmerung, wenn es zappenduster ist[795]."

Auch die gesetzgeberischen Anreize dürften insofern zu keinen nennenswerten Änderungen führen. Die erwähnte Versagung der *Restschuldbefreiung* gemäß § 290 Abs. 1 Nr. 4 InsO ist nämlich nicht bereits deshalb möglich, weil der Schuldner bei drohender Zahlungsunfähigkeit noch keinen Eröffnungsantrag gestellt hat. Ausweislich der Gesetzesbegründung ist vielmehr erforderlich, daß der Schuldner "durch eine Täuschung über seine Vermögensverhältnisse oder in ähnlicher Weise" die rechtzeitige Antragstellung verhindert hat[796]. Der Schuldner kann also auch dann noch Restschuldbefreiung erlangen, wenn er nicht bereits bei drohender Zahlungsunfähigkeit das Verfahren eingeleitet hat.

Zur *Eigenverwaltung* ist sodann zu bemerken, daß es sich bei ihr um eine äußerst fragwürdige Neuregelung handelt, die mit erheblichen, auch strafrechtlich relevanten Gefährdungen der Gläubiger einhergehen kann und deshalb hoffentlich ein absoluter Ausnahmefall bleiben wird[797]. Andernfalls würden dem Schuldner Möglichkeiten

---

793 Zum sich daraus ergebenden Widerspruch zwischen einer Antrags*pflicht* bei der Überschuldung und einem bloßen Antrags*recht* bei der drohenden Zahlungsunfähigkeit vgl. bereits oben im 3. Kapitel C I 2 b cc.

794 Kritisch bspw. auch *Pape*, NJW 1999, S. 31.

795 "Die Pleitemeister" (1997), S. 318. Dort heißt es weiter: "Keiner der Konkursverwalter, mit denen ich gesprochen habe, glaubt daran, daß durch das Tor der drohenden Zahlungsunfähigkeit die Massen strömen werden."

796 Begr. RegE zu § 239 EInsO (= § 290 InsO), BT-Dr 12/2443, S. 190.

797 Zu zurückhaltend die Begr. RegE zu § 333 EInsO (= § 272 InsO), BT-Dr 12/2443, S. 224. - Deutlicher dagegen *Grub*, WM 1994, S. 881; *ders./Rinn*, S. 1587; *Haarmeyer/Wutzke/Förster*, Rn. 10/2; vgl. auch *Uhlenbruck*, NZI 1998, S. 7. - Zu den strafrechtlichen Risiken *Grub*, AnwBl. 1993, S. 459f.; *Moosmayer*, S. 186f.

eröffnet, mit seiner fortbestehenden Verfügungsbefugnis weitere masseverkürzende Handlungen vorzunehmen. Vor dem Hintergrund, daß Insolvenzen vielfach auf unternehmerisches Fehlverhalten zurückzuführen sind[798], würde mit einer Unternehmensfortführung durch den Schuldner geradezu der "Bock zum Gärtner" gemacht[799].

(3) Zwischenergebnis

Vom Eröffnungsgrund der drohenden Zahlungsunfähigkeit ist aus den genannten Gründen *keine* allgemeine Vorverlagerung der Eröffnung von Unternehmensinsolvenzverfahren zu erwarten. Damit ist selbstverständlich nicht ausgeschlossen, daß es in Einzelfällen dennoch zu einem früheren Verfahrensbeginn kommen kann[800]. Auf die Möglichkeit einer dann relevant werdenden strafbefreienden Krisenüberwindung innerhalb eines Insolvenzverfahrens wird in Abschnitt (E) gesondert eingegangen.

bb) Vorverlagerung des Verfahrens durch die Überschuldung (§ 19 InsO) ?

Eine schnellere Verfahrenseinleitung wird auch von der Entscheidung des Gesetzgebers für den herkömmlich zweistufigen Überschuldungsbegriff erhofft[801]. Allerdings ist bereits eingehend dargestellt worden, daß dieser Eröffnungsgrund mit erheblichen Mängeln belastet ist, insbesondere weil der Gesetzgeber die anzusetzenden Fortführungswerte völlig ungeklärt gelassen hat[802]. Eine Vorverlagerung durch die Überschuldung darf daher als *noch unwahrscheinlicher* als durch die drohende Zahlungsunfähigkeit bezeichnet werden.

cc) Vorverlagerung des Verfahrens durch die Zahlungsunfähigkeit (§ 17 InsO)

Eine frühere Insolvenzeröffnung erscheint dagegen durch den Auslösetatbestand der Zahlungsunfähigkeit möglich. Wenn bereits bei einer zweiwöchigen Unterdeckung um wenige Prozentpunkte den Gläubigern eine Antragstellung ermöglicht und dem Antragspflichtigen diese sogar vorgeschrieben wird, kann es künftig zu einer schnelleren Verfahrenseinleitung kommen. Davon könnten entsprechend den obigen Ausführungen auch solche Unternehmen betroffen sein, die sich nur in vorübergehenden Zahlungsschwierigkeiten befinden und keineswegs bereits "wirtschaftlich zusammengebrochen" sind[803].

---

798 *Grub/Rinn*, ZIP 1993, S. 1583ff. mit zahlreichen Nachweisen zur empirischen Insolvenzursachenforschung.

799 *Bork*, Rn. 401.

800 Vgl. aber nochmals die mit einem solchen Antrag verbundenen Gefahren für gutwillige und durch böswillige Schuldner, oben im 3. Kapitel C I 2 b bb.

801 Vgl. oben im 3. Kapitel C I 1 c bb m.w.N.

802 Oben im 3. Kapitel C I c cc (1).

803 Oben im 3. Kapitel C I 1 b dd (2) (d).

dd) Ergebnis
Der veränderte Zahlungsunfähigkeitsbegriff könnte zu einem schnelleren Verfahrensbeginn führen. Im Hinblick auf die drohende Zahlungsunfähigkeit sind nur seltene Anträge zu erwarten. Die Überschuldung wird wohl weiterhin ein bedeutungsloser Eröffnungstatbestand bleiben.

b) Insolvenzstrafrechtliche Konsequenzen
Für das Insolvenzstrafrecht ergibt sich aus diesen Veränderungen, daß ein früherer Eintritt der objektiven Strafbarkeitsbedingungen insbesondere aufgrund des neuen Zahlungsunfähigkeitstatbestandes in § 17 Abs. 2 InsO möglich ist. Mit einer eigenständigen Auslegung kann das Strafrecht diese Ausweitung insofern nicht korrigieren, als es an die insolvenzrechtlichen Formalakte der Verfahrenseröffnung und Abweisung des Eröffnungsantrags gebunden ist[804]. Das führt zu der schon eingangs gestellten Frage, ob dem Täter nicht zusätzliche Möglichkeiten der Krisenüberwindung *innerhalb* des Insolvenzverfahrens eröffnet werden müssen.

Die Antwort auf diese Frage hängt entscheidend davon ab, ob man mit der herrschenden Lehre und Rechtsprechung einen *Zusammenhang* zwischen der in der Krisensituation vorgenommenen Bankrotthandlung und der Strafbarkeitsbedingung fordert und zudem den Bedingungseintritt dabei als "*Eskalation der Krise*"[805] bzw. als "*Realisierung*"[806] der in der Krise bereits angelegten Gefahr ansieht. Von einer Krisensituation der Zahlungsunfähigkeit, die nach hier vertretener Auffassung abweichend vom Insolvenzrecht eine zweimonatige Unterdeckung von 20% voraussetzt, kann nämlich nicht behauptet werden, daß sie in einer Insolvenzeröffnung "eskaliert", die bereits aufgrund einer nur wenige Prozentpunkte betragenden zweiwöchigen Liquiditätslücke erfolgt! Eine solche Gefahrrealisierung könnte vielmehr nur angenommen werden, wenn auch bei Eintritt der Strafbarkeitsbedingung mindestens eine zweimonatige Unterdeckung von 20% vorliegt.

2) Zahlungseinstellung

a) Insolvenzrechtliche Vorgaben
Die Zahlungseinstellung wurde nach konkursrechtlich herrschender Auffassung als nach außen kundgetane Zahlungsunfähigkeit definiert[807]. Sie setzte also Zahlungsunfähigkeit voraus. Davon weicht die Insolvenzordnung ab. Nach § 17 Abs. 2 S. 1 InsO ist Zahlungsunfähigkeit "in der Regel anzunehmen, wenn der Schuldner seine Zahlungen eingestellt hat." Der Zahlungseinstellung kommt nach neuer Rechtslage damit nur noch

---

804 Vgl. die in Fn. 761 Genannten.
805 *Tiedemann*, NJW 1977, S. 783; *ders.*, Vor § 283 StGB, Rn. 95.
806 *Otto*, Bruns-GS, S. 282.
807 Oben im 3. Kapitel B I 3 b.

Indizfunktion zu. Bei ihrem Vorliegen wird Zahlungsunfähigkeit widerlegbar vermutet[808]. Zudem wurde die Zahlungseinstellung im Insolvenzanfechtungsrecht durch die Zahlungsunfähigkeit ersetzt[809].

b) Insolvenzstrafrechtliche Konsequenzen

aa) Bedeutung in der strafrechtlichen Praxis

Die schon im Konkursstrafrecht vergleichsweise geringe Bedeutung der Zahlungseinstellung wird durch die Vereinheitlichung von Konkurs- und Vergleichsverfahren weiter reduziert. Nach alter Rechtslage konnten mit der Zahlungseinstellung noch diejenigen Bankrotthandlungen erfaßt werden, bei denen später nicht eine Konkurs-, sondern nur eine Vergleichseröffnung nachfolgte. Mit dem einheitlichen Insolvenzverfahren, auf dessen Eröffnung bzw. Ablehnung mangels Masse die anderen Bedingungen des § 283 Abs. 6 StGB abstellen, ist auch dieser Bereich für die Zahlungseinstellung weggefallen. Es bleiben damit allein die Fälle freier Sanierung, in denen es nicht zu einem Insolvenzverfahren kommt. Allerdings hat die Insolvenzrechtsreform den Stellenwert (auch) der freien Sanierung durch verschiedene Änderungen im Einführungsgesetz zur Insolvenzordnung deutlich erhöht[810].

bb) Insolvenzstrafrechtliche Begriffsbildung

(1) Abweichung vom Insolvenzrecht

Für das Insolvenzstrafrecht stellt sich die Frage, ob es der veränderten insolvenzrechtlichen Auslegung des Zahlungseinstellungsbegriffs entsprechen muß. Dazu hat *Moosmayer* bereits festgestellt, daß aufgrund der bloßen Vermutungsfunktion der insolvenzrechtlichen Zahlungseinstellung im Insolvenzstrafrecht aufgrund des In-dubio-pro-reo-Grundsatzes eine restriktivere Auslegung erforderlich ist[811]. Allein die echte Zahlungsunfähigkeit sei geeignet, als ein Strafsanktionen auslösendes Deliktsmerkmal zu fungieren. Zutreffend weist er außerdem darauf hin, daß dieses Ergebnis sich auch aus einem Vergleich mit den anderen beiden Strafbarkeitsbedingungen ergebe, die ebenfalls einen materiellen Insolvenzgrund voraussetzten. Zudem steht diese eigenständige strafrechtliche Auslegung mit der hier vertretenen Einordnung der Strafbarkeitsbedingungen als Strafwürdigkeitselemente in Einklang[812]. Damit ist festzuhalten, daß Zahlungseinstellung im Insolvenzstrafrecht *abweichend* vom Insolvenzrecht auszulegen ist. Strafrechtlich ist Zahlungseinstellung nur gegeben, wenn auch Zahlungsunfähigkeit vorliegt.

---

808 Begr. RegE zu § 21 EInsO (= § 17 InsO), BT-Dr 12/2443, S. 114; *Bork*, Rn. 85; *Smid/Smid*, § 17 InsO, Rn. 8f.

809 Oben im 3. Kapitel C I 3.

810 Unten D I.

811 S. 181.

812 Dazu bereits oben B II.

(2) Höhe der Unterdeckung

In Übereinstimmung mit der konkursstrafrechtlichen Rechtslage könnte auch die Höhe der Unterdeckung weiterhin bei 50% angesetzt werden. Das hängt allerdings von der bereits bei den anderen Strafbarkeitsbedingungen gestellten Frage ab, ob der Bedingungseintritt tatsächlich als ein mit der Krisensituation zusammenhängendes, ihre Gefahr realisierendes Deliktsmerkmal anzusehen ist. Wird das bejaht, so kann die Grenze auch künftig bei 50% verbleiben. Hält man indes eine solche Realisierung nicht für erforderlich, könnte man sich auch bereits mit einer geringeren Unterdeckung zufriedengeben.

(3) Ergebnis

Zahlungseinstellung setzt im Bankrottstrafrecht auch nach dem 1.1.1999 Zahlungsunfähigkeit voraus. Die Höhe der Unterdeckung kann wie nach alter Rechtslage bei 50% verbleiben, sofern die Strafbarkeitsbedingung in einem Zusammenhang mit der Krisensituation stehen und als Gefahrrealisierung verstanden werden muß.

D) Krisenüberwindung vor Eintritt der Strafbarkeitsbedingung

I) Insolvenzrechtlicher Kontext

Die Krisenüberwindung außerhalb des Insolvenzrechtsregimes kann im Rahmen einer "freien", d.h. einer außergerichtlichen Sanierung erfolgen. Diese wichtige und von der Publizität eines Insolvenzverfahrens unbelastete Sanierungsform[813] wollte der Gesetzgeber mit den *in* der Insolvenzordnung geregelten Verfahren der Sanierung und übertragenden Sanierung nicht einschränken. Im Gegenteil: Im Einführungsgesetz zur Insolvenzordnung wurden verschiedene Änderungen vorgenommen, mit denen auch die freie Sanierung gefördert werden sollte[814]. Insbesondere zu nennen sind die Streichung des § 419 BGB[815], der eine zwingende Haftung des Vermögensübernehmers vorsah, sowie die dem aktienrechtlichen Vorbild angenäherte vereinfachte Kapitalherabsetzung bei der GmbH in den §§ 58a ff. GmbHG[816]. Mit diesen zivilrechtlichen Verbesserungen werden nun auch die Chancen einer strafbefreienden Krisenüberwindung vor Eintritt der Strafbarkeitsbedingung erhöht. Allerdings darf dabei nicht unerwähnt bleiben, daß diese Sanierungsform wegen der fehlenden insolvenzgerichtlichen Kontrolle auch nach dem 1.1.1999 mit nicht unerheblichen zivil- und strafrechtlichen Risiken verbunden ist[817].

II) Insolvenzstrafrechtliche Anforderungen

1) Alte Rechtslage

a) Erfordernis des Zusammenhangs

Die Zulässigkeit einer strafbefreienden Krisenüberwindung durch Maßnahmen einer freien Sanierung ist umstritten. Rechtsprechung und herrschende Lehre halten sie für möglich. Ausgehend vom Erfordernis eines Zusammenhangs zwischen Krisensituation und objektiver Strafbarkeitsbedingung sehen sie bei Unterbrechung dieses Zusammenhangs die Krise als überwunden an. Die herrschende Meinung sieht sich jedoch der heftigen Kritik einer Mindermeinung ausgesetzt, die der Notwendigkeit eines solchen Zusammenhangs widerspricht. Der Meinungsstreit beruht auf der unterschiedlichen Funktion, die den Strafbarkeitsbedingungen des § 283 Abs. 6 StGB von beiden Auffassungen zugewiesen wird.

---

813 Vgl. nur *Wittig*, NZI 1998, S. 50.

814 Dazu *Uhlenbruck*, Insolvenzrecht, S. 38ff.

815 Art. 33 Nr. 16 EGInsO.

816 Art. 48 Nr. 4 EGInsO.

817 Eingehend dazu bereits *Mohr*, S. 95ff.; zur Frage der Einwilligung in riskante Maßnahmen einer freien Sanierung vgl. bereits oben im 1. Kapitel C V.

aa) Meinungsstand

(1) "Hemmschuhfunktion"

Die Mindermeinung weist den Strafbarkeitsbedingungen des Bankrottstrafrechts allein eine "Hemmschuhfunktion"[818] zu[819]. Die Bedingungen sollen nur verhindern, daß ein Strafverfahren bereits im Vorfeld des Unternehmenszusammenbruchs eingeleitet und so vielleicht erst zur wahren Ursache für den wirtschaftlichen Ruin wird[820]. Das Publikwerden des Verdachts von Bankrottstraftaten könnte nämlich wirtschaftlich schwachen Unternehmen erst den "Todesstoß"[821] versetzen und damit die Schädigung der Gläubigerinteressen herbeiführen, deren Schutz die §§ 283ff. StGB gerade bezwecken. Über diese "wirtschaftspolitischen"[822] Erwägungen hinaus sei aber kein Zusammenhang zwischen Krisensituation und Strafbarkeitsbedingung erforderlich. Durch die Forderung nach einem solchen Zusammenhang, so wird argumentiert, schränke die herrschende Meinung nicht nur die Effektivität dieser Normen erheblich ein[823]. Vor allem sei ein solcher Zusammenhang auch strafbegründend und daher mit dem Schuldprinzip unvereinbar[824].

(2) Erfordernis des Zusammenhangs

Die herrschende Meinung hält dagegen einen Zusammenhang zwischen Krisensituation und Eintritt der Strafbarkeitsbedingung für notwendig[825]. Ganz überwiegend wird § 283 Abs. 6 StGB dabei als sogenannte "echte" Strafbarkeitsbedingung eingestuft, die nicht der Strafbegründung diene, sondern allein strafbarkeitseinschränkenden Charakter habe und daher mit dem Schuldprinzip vereinbar sei[826]. Die Strafbarkeitsbedingung wird als Ausdruck eines besonderen Strafbedürfnisses gesehen. Dieses Bedürfnis entfalle, sofern dem Schuldner die Überwindung der Krise gelinge, in gleichem Maße wie bei der Vermeidung des wirtschaftlichen Zusammenbruchs[827].

---

818 Begriff bei *Geisler*, S. 499 et passim.

819 *Bieneck*, wistra 1992, S. 91; *Frister*, S. 61f.; *Geisler*, S. 484ff.; *Schäfer*, wistra 1990, S. 87f.

820 So bereits die Begründung zum 1. WiKG 1976, vgl. Begr. RegE zu §§ 283 bis 283d StGB, BT-Dr 7/3441, S. 33 unter Verweis auf *Stree*, JuS 1965, S. 472. - Diese Deutung wird auch von der herrschenden Meinung anerkannt, allerdings wird § 283 Abs. 6 StGB nicht auf sie beschränkt; vgl. nur *Tiedemann*, Vor § 283 StGB, Rn. 87.

821 *Geisler*, S. 486.

822 *Geisler*, S. 486.

823 *Geisler*, S. 495.

824 *Frister*, S. 62; zustimmend *Geisler*, S. 495; vgl. bereits oben

825 *BGHSt* 28, S. 233f.; *BGH* JZ 1979, S. 77; *OLG Düsseldorf*, NJW 1980, S. 1292f.; *OLG Hamburg*, NJW 1987, S. 1343f.; *Hiltenkamp-Wisgalle*, S. 325ff.; *Lackner/Kühl*, § 283 StGB Rn. 29; *Moosmayer*, S. 188ff.; *Otto*, Bruns-GS, S. 281ff.; *Sch/Sch/Stree*, § 283 StGB, Rn. 59; *Tiedemann*, NJW 1977, S. 783; *ders.*, Vor § 283 StGB, Rn. 86ff.; *Weyand*, S. 66f.

826 *Tiedemann*, Vor § 283 StGB, Rn. 89 m.w.N. in Fn. 63.

827 So bereits die Begr. RegE zu §§ 283 bis 283d StGB, BT-Dr 7/3441, S. 33. - Dogmatisch anders, aber im Ergebnis insofern übereinstimmend ist der hier vertretene Ansatz, nach dem die Strafbarkeitsbedingungen Straf*würdigkeits*elemente sind. Dazu oben B II.

bb) Auseinandersetzung

(1) Gesetzgeberische Konzeption

Das zusammenhanglose Nebeneinanderstehen von Krisensituation und Strafbarkeitsbedingung, das die Mindermeinung fordert, ist mit der gesetzgeberischen Konzeption der §§ 283ff. StGB nicht vereinbar. Die Krisensituationen wurden durch das 1. WiKG 1976 nicht eingeführt, um die bei ihrem Vorliegen begangenen Bankrotthandlungen stets zu bestrafen, wenn nur die Strafbarkeitsbedingung später eintrat. Vielmehr beruhen diese Straftatbestände auf der Grundlage, daß die Krise mit Bedingungseintritt "*offen zutage*" liegen muß[828]. Deshalb hat die Strafbarkeit zu entfallen, sofern dem Schuldner die Abwendung der Krise gelingt.

(2) Strafbarkeitseinschränkung und Schuldgrundsatz

Würde der Eintritt der Bedingung dagegen völlig unabhängig von der Krisensituation über die Strafbarkeit entscheiden, so wäre das nur schwer mit der von der Mindermeinung selbst geforderten strafbarkeitseinschränkenden Funktion des § 283 Abs. 6 StGB in Einklang zu bringen[829]. Auch die von dieser Ansicht gerügte Verletzung des Schuldgrundsatzes kann nicht überzeugen. Das gilt nicht nur, wenn man der hier vertretenen Ansicht folgt, nach der unrechtsrelevante Strafbarkeitsbedingungen durchaus mit dem Schuldprinzip vereinbart werden können[830]. Auch gegen die herrschende Ansicht greift die Kritik nicht, da nach ihrem Konzept die Strafbarkeitsbedingungen der §§ 283ff. StGB als "echte" und damit strafbarkeitseinschränkende Bedingungen einzustufen sind, und nicht etwa einer verkappten Strafbegründung oder Strafschärfung dienen[831].

(3) Legitimation als Vermögensdelikte

Ebensowenig kann das Argument der Mindermeinung durchschlagen, daß bereits die bloße Bankrotthandlung in der Krise materiellrechtlich für die Begründung der Strafbarkeit ausreiche[832]. Das hätte nämlich nicht nur die fragwürdige Konsequenz, daß der Täter auch dann noch wegen eines Bankrottdelikts bestraft werden könnte, wenn er nach der Bankrotthandlung die gläubigergefährdende Krise überwindet und die Strafbarkeitsbedingung erst Jahre später und aus ganz anderen Gründen eintritt.

Ferner bliebe dabei unberücksichtigt, daß die Legitimation der §§ 283ff. StGB als Vermögensdelikte auf der bereits dargelegten[833] besonderen "Verletzungsnähe" dieser Gefährdungsdelikte beruht. Diese Nähe ergibt sich neben dem Erfordernis der Krisen-

828 Begr. RegE zu §§ 283 bis 283d StGB, BT-Dr 7/3441, S. 33.

829 *Tiedemann*, Vor § 283 StGB, Rn. 98; zustimmend und mit weiteren Argumenten *Moosmayer*, S. 190f.

830 Dazu bereits oben B I 2, II.

831 *Tiedemann*, Vor § 283 StGB, Rn. 89 m.w.N.

832 So etwa *Geisler*, S. 475.

833 Oben im 1. Kapitel C IV 1.

situation vor allem durch den Zusammenhang zwischen Tatsituation und Strafbarkeitsbedingung. Eine vollständige Ablehnung dieses Zusammenhangs würde daher die Berechtigung der Bankrottnormen, die schon aufgrund der zivilrechtlichen Massearmut keinesfalls zweifelsfrei ist[834], weiter in Frage stellen. Auch aus diesem Grund muß ein Zusammenhang gefordert werden.

cc) Ergebnis

Zwischen der Bankrotthandlung in der Krise und dem Eintritt der Strafbarkeitsbedingung muß nach zutreffender herrschender Auffassung ein Zusammenhang bestehen.

b) Art des Zusammenhangs

aa) Meinungsstand

(1) "Tatsächlicher" Zusammenhang

Die genaue Ausgestaltung eines solchen Zusammenhangs wird allerdings unterschiedlich vorgenommen. Von der Rechtsprechung wird ein Kausalzusammenhang abgelehnt. Ausreichen soll bereits ein "äußerer Zusammenhang" oder eine "tatsächliche Beziehung". Was sich genau hinter diesem Begriff verbirgt, hat der *BGH* bisher nur in Einzelfällen angedeutet. So wird etwa für ausreichend erachtet, daß *entweder* dieselben Gläubigerforderungen von Krise und Strafbarkeitsbedingung betroffen sind *oder* die zum Krisenzeitpunkt bestehenden Forderungen nicht nur durch das Eingehen neuer Verbindlichkeiten erfüllt werden[835]. Eine übergeordnete Definition hat die Rechtsprechung aber bisher noch nicht vorgenommen.

(2) Gefahrzusammenhang

Eine eigenständige Begriffsbestimmung bietet dagegen eine im Schrifttum verbreitete Ansicht. Erforderlich ist nach dieser Auffassung, daß der Eintritt der Strafbarkeitsbedingung als "Eskalation der Krise"[836] verstanden werden kann. Vergleichbar sind Äußerungen, nach denen der Bedingungseintritt als "Realisierung gerade der Gefahrensituation [...], die in der Krisensituation ihren Ausdruck fand"[837], verstanden werden muß.

---

834 Vgl. im 1. Kapitel D.

835 *BGH* bei Holtz, MDR 1981, S. 454. - In *BGHSt* 1, S. 191 und *BGH* bei Herlan, GA 1971, S. 38 war dagegen nur auf die erste Voraussetzung abgestellt worden. Das führte im Schrifttum zu berechtigter Kritik, da damit geradezu ein Anreiz zu weiteren Bankrotthandlungen geschaffen wurde; vgl. *Otto*, Bruns-GS, S. 283. Der *BGH* hat seine Rechtsprechung daher um die zweite Voraussetzung ergänzt.

836 *Tiedemann*, NJW 1977, S. 783; ähnlich auch die Begr. RegE zu §§ 283 bis 283d StGB, BT-Dr 7/3441, S. 33.

837 *Otto*, Bruns-GS, S. 282; zustimmend *Maurach/Schroeder/Maiwald*, BT 2, § 48, Rn. 17; vgl. auch *Krause*, S. 222ff. mit Strukturparallele zum Fahrlässigkeitsdelikt.

bb) Auseinandersetzung

Der Gegensatz zwischen beiden Auffassungen ist weniger groß, als es auf den ersten Blick vielleicht scheinen mag. Der Unterschied besteht vor allem in der Herangehensweise. Der *BGH* hat den Zusammenhang anhand von Einzelfallwertungen konkretisiert. Ein Teil der Literatur hat dagegen allgemeine Anforderungen an den Zusammenhang aufgestellt. Beide Wege dürften oft zum selben Ziel führen. Die genannten Entscheidungen der Rechtsprechung sind von den im Schrifttum aufgestellten Voraussetzungen jedenfalls nicht allzuweit entfernt. So ist etwa die vom *BGH* genannte Gläubigeridentität ein wichtiges Anzeichen dafür, daß die Krisensituation nicht überwunden worden ist, sondern sich vielmehr im Bedingungseintritt realisiert hat.

Allerdings zeigt das Kriterium der zumindest teilweisen Gläubigeridentität auch, daß beide Auffassungen durchaus zu unterschiedlichen Resultaten gelangen können. So müßte die Rechtsprechung des *BGH* wohl auch dann zur Strafbarkeit führen, wenn der Täter nach der Bankrotthandlung bis auf eine einzelne Gläubigerforderung sämtliche Ansprüche befriedigt hätte, später aus anderen Gründen in die Insolvenz geriete und allein aufgrund der genannten Einzelforderung noch ein "Zusammenhang" zur Tatsituation bestünde. Dieses Ergebnis wäre sachwidrig. Die Tatsache, daß möglicherweise nur eine einzige, betragsmäßig ganz unerhebliche Forderung noch nicht erfüllt worden ist, kann aufgrund ihrer Zufallsabhängigkeit kein adäquates Unterscheidungskriterium sein.

Damit wird ersichtlich, daß die Betrachtung einzelner Gläubigerpositionen nicht zum Ziel zu führen vermag. Ein Zusammenhang zwischen Krisensituation und Eintritt der Strafbarkeitsbedingung kann sinnvollerweise nur dann bestehen, wenn die Krise als ganze noch nicht überwunden worden ist. Abzustellen ist daher nicht auf Einzelforderungen, sondern auf die sich durch die *gesamte* Finanzlage des Schuldners ergebende Krisensituation selbst.

Zu fragen ist, ob sich der Schuldner von der Vornahme der Bankrotthandlung bis zum Bedingungseintritt *ununterbrochen* in der Situation der Krise befunden hat. Der Zustand der Zahlungsunfähigkeit, Überschuldung oder (der nach hier vertretener Ansicht mit der Überschuldung strafrechtlich identischen) drohenden Zahlungsunfähigkeit muß demnach über den gesamten Zeitraum fortbestanden haben. Mit den im Schrifttum geäußerten Forderungen nach einer "Eskalation der Krise" und einer "Realisierung der Gefahr" kann dieser Zusammenhang durchaus zutreffend erfaßt werden[838].

838 Zur Strafbarkeit bei dem Bedingungseintritt nachfolgender Bankrotthandlung sowie zum Bereich des krisenunabhängigen § 283b StGB vgl. *Tiedemann*, Vor § 283 StGB, Rn. 96ff. m.w.N.

cc) Ergebnis

Der Zusammenhang zwischen Krisensituation und Strafbarkeitsbedingung ist dem zwischen einer Gefahr und der Realisierung dieser Gefahr im Erfolg vergleichbar. Er setzt das ununterbrochene Fortbestehen der Krisensituation bis zum Eintritt der Strafbarkeitsbedingung voraus. Daraus ergeben sich im Hinblick auf die oben aufgeworfenen Fragen zur Rechtslage ab dem 1.1.1999[839] grundlegende Konsequenzen. Auf sie soll allerdings erst nach Darstellung der weiteren Voraussetzungen der Krisenüberwindung in dem darauffolgenden Abschnitt D II 2 eingegangen werden.

c) Unterbrechung des Zusammenhangs

Mit der soeben vorgenommenen Konkretisierung des erforderlichen Zusammenhangs ist bereits zu der Frage übergeleitet, welche Anforderungen an die Krisenüberwindung, mithin an die Unterbrechung dieses Zusammenhangs gestellt werden müssen. Dabei ist zunächst zu prüfen, ob bereits eine kurzfristige Überwindung der Krise ausreicht oder vielmehr eine "wirkliche Konsolidierung" gefordert werden muß. Sodann ist zu klären, ob dem Täter Zweifel hinsichtlich der Krisenüberwindung angelastet werden können. Auf Grundlage dieser Ergebnisse ist abschließend zu fragen, ob die Krisenüberwindung dogmatisch als "Gegenbeweis der Ungefährlichkeit" bezeichnet werden sollte.

aa) Anforderungen an die Krisenüberwindung

(1) Meinungsstand

Die Anforderungen an die Krisenüberwindung werden im Schrifttum bisweilen nicht konkretisiert[840]. Die genaueren Stellungnahmen können in zwei Lager aufgeteilt werden.

(a) "Wirkliche" Konsolidierung

Nach dem *BGH* und einem Teil des Schrifttums setzt eine Krisenüberwindung eine "wirkliche Konsolidierung" voraus[841]. Darunter wird verstanden, daß die Gesundung des Schuldners über einen gewissen Zeitraum angedauert hat. Eine nur punktuelle Überwindung der Krise soll dagegen nicht zur Straffreiheit führen können. Andernfalls, so wird argumentiert, würden dem Täter Möglichkeiten eröffnet, durch geschickte Finanzierungsmanöver den Zusammenhang zu unterbrechen, obwohl sich an der wirtschaftlichen Grundsituation nichts geändert habe[842].

---

839 Oben C II 1 b, 2 b bb (2).

840 Vgl. etwa *Arzt/Weber*, LH 4, Rn. 339; offengelassen auch in Begr. RegE zu §§ 283 bis 283d StGB, BT-Dr 7/3441, S. 33.

841 *BGH* JZ 79, S. 76; *Bieneck* in: Müller-Gugenberger (Hrsg.), § 63, Rn. 56; *Hiltenkamp-Wisgalle*, S. 332ff.; vgl. auch *Tröndle/Fischer*, Vor § 283 StGB, Rn. 17.

842 Ausführlich *Hiltenkamp-Wisgalle*, S. 332ff.

(b) Wegfall der Krisensituation

Die von *Tiedemann* angeführte Gegenauffassung läßt dagegen schon die Tatsache ausreichen, daß der Schuldner zu einem bestimmten Zeitpunkt die Krisensituation beseitigt hat[843]. Bei der Überschuldung führe jede solche Überwindung zur Straffreiheit, bei der Zahlungsunfähigkeit reiche "grundsätzlich" die Wiederherstellung der Liquidität aus[844].

(2) Auseinandersetzung

Der Ansatz *Tiedemanns* weist in die richtige Richtung. Wenn man mit dem hier vertretenen Standpunkt einen ununterbrochenen Zusammenhang zwischen Krisensituation und Strafbarkeitsbedingung fordert, so muß auch die kurzfristige Beseitigung der Krise zur Straffreiheit führen. Den befürchteten Manipulationsmöglichkeiten wird durch die zeitliche Staffelung der Krisenmerkmale begegnet. So mag der Schuldner zwar zur Beseitigung der (eingetretenen) Zahlungsunfähigkeit einen kurzfristigen Kredit aufnehmen, mit dem er den Zusammenhang zwischen Zahlungsunfähigkeit und späterem Bedingungseintritt unterbricht. Straffreiheit wird durch eine solche Finanzierung aber noch nicht garantiert. Denn zur Erfassung von Umgehungsversuchen stehen stets die auf einen *Zweijahreszeitraum* ausgerichteten Tatbestände der Überschuldung bzw. drohenden Zahlungsunfähigkeit zur Verfügung. Der Schuldner kann in einem solchen Fall nur dann straffrei ausgehen, wenn er auch diese Krisensituationen überwindet. Gelingt ihm auch das, so ist aber kein Grund mehr ersichtlich, warum darin nicht eine strafbefreiende Krisenbewältigung gesehen werden sollte.

(3) Ergebnis

Die Krisenüberwindung setzt keine "wirkliche Konsolidierung" voraus. Es genügt eine kurzfristige Überwindung. Diese muß sich aber auf *sämtliche* Krisensituationen erstrecken.

bb) Beweislastverteilung bei Zweifeln an der Unterbrechung des Zusammenhangs

(1) Meinungsstand

(a) Strafbarkeit

Nach der Rechtsprechung und einem Teil der Lehre ist eine strafbefreiende Unterbrechung des Zusammenhangs nur möglich, wenn sie eindeutig feststeht[845]. Zweifel sollen dagegen zulasten des Täters gehen. Eine nähere Begründung für diesen Ansatz wird oft

843 *Tiedemann*, Vor § 283 StGB, Rn. 173ff.; jedenfalls für die Überschuldung ebenso *Otto*, Bruns-GS, S. 282, Fn. 59; *Richter*, GmbHR 1984, S. 142; vgl. auch *Kindhäuser*, NK, Vor §§ 283-283d StGB, Rn. 113.

844 Näher *Tiedemann*, Vor § 283 StGB, Rn. 175.

845 *OLG Düsseldorf*, NJW 1980, S. 1292f.; *OLG Hamburg*, NJW 1987, S. 1343f.; *Krause*, S. 227f.; *Schlüchter*, JR 1979, S. 515; *Sch/Sch/Cramer*, § 283 StGB, Rn. 59; *Tiedemann*, NJW 1977, S. 783; *ders.*, Vor § 283 StGB, Rn. 92; *Tröndle/Fischer*, Vor § 283 StGB, Rn. 17.

nicht gegeben. *Tiedemann* behauptet, daß "angesichts der Amtlichen Begründung und der Gesetzesberatungen wohl in der Tat davon ausgegangen werden [muß], daß der Gesetzgeber mit der Beibehaltung der Strafbarkeitsbedingung auch das Erfordernis positiver Kausalfeststellungen ausschließen wollte"[846]. *Cramer* hält eine Beweislastumkehr für unbedenklich, weil es sich bei den objektiven Strafbarkeitsbedingungen um außerhalb des Unrechtstatbestandes stehende Deliktsmerkmale handle, für die der In-dubio-pro-reo-Grundsatz keine Geltung habe[847].

(b) Straffreiheit

Eine im Vordringen befindliche Auffassung will dagegen Zweifel zugunsten des Täters bewerten[848]. Strafbar soll sich demnach nur machen können, wem der Zusammenhang zwischen Krisensituation und Strafbarkeitsbedingung nachgewiesen werden kann. Für diese Beweislastverteilung wird insbesondere der In-dubio-pro-reo Grundsatz angeführt[849]. *Geisler* weist zudem darauf hin, daß der Wortlaut der Bankrottstraftatbestände über eine Umkehr des Beweisrisikos zulasten des Schuldners nichts aussage. Deshalb sei es ohne Bedeutung, daß der (auch von *Tiedemann* mitverfaßte) § 192 Abs. 2 des Alternativentwurfs von 1977 ("Straftaten gegen die Wirtschaft") eine solche Regelung vorsehe[850].

(2) Auseinandersetzung

Dem letztgenannten Ansatz ist zu folgen. Der Gesetzgeber hat sich im 1. WiKG 1976 gerade *nicht* für die Regelung des § 192 Abs. 2 AE entschieden. Auch in der von *Tiedemann* zitierten Stelle der Regierungsbegründung findet sich kein Hinweis auf eine entsprechende Willensäußerung. Vor allem aber ist auch im klaren Wortlaut der §§ 283ff. StGB eine solche Beweislastumkehr nicht verankert. Deshalb muß, selbst wenn man entgegen der hier vertretenen Auffassung die Strafbarkeitsbedingungen nicht dem Unrechtstatbestand zurechnet, das In-dubio-pro-reo-Prinzip Anwendung finden. Denn selbst wenn man mit der herrschenden Auffassung die objektiven Strafbarkeitsbedingungen als außerhalb des Unrechtstatbestandes stehende Deliktsmerkmale ansieht[851], hat zu gelten, daß "aus einem zweifelhaften Strafbedürfnis gar kein Strafbedürfnis folgt[852]."

---

846 NJW 1977, S. 783.

847 *Sch/Sch/Cramer*, Vorbem. §§ 306ff. StGB, Rn. 4; *Tröndle/Fischer*, Vor § 283 StGB, Rn. 17.

848 *Jakobs*, 10. Abschn., Rn. 7, Fn. 9; *Kindhäuser*, NK, Vor §§ 283-283d StGB, Rn. 114; *Lackner/Kühl*, § 283 StGB, Rn. 29; *Otto*, Bruns-GS, S. 282. - Ablehnung der *h.M.* auch von denjenigen, die einen Zusammenhang im übrigen ganz ausschließen; vgl. etwa *Bieneck*, wistra 1992, S. 91; ausführlich *Geisler*, S. 495ff.; *Schäfer*, wistra 1990, S. 86.

849 *Bieneck*, wistra 1992, S. 91; *Jakobs*, 10. Abschn., Rn. 7, Fn. 9; *Kindhäuser*, NK, Vor §§ 283-283d StGB, Rn. 114; *Lackner/Kühl*, § 283 StGB, Rn. 29.

850 S. 496; ebenso *Lackner/Kühl*, § 283 StGB, Rn. 29.

851 Vgl. dazu oben B.

852 Prägnant und mit weiteren Argumenten *Geisler*, S. 496; vgl. auch *Bieneck*, wistra 1992, S. 91.

(3) Ergebnis

Dem Täter muß der Zusammenhang zwischen Krise und Bedingungseintritt zweifelsfrei nachgewiesen werden. Die gegenteilige Auffassung verstößt gegen den In-dubio-pro-reo-Grundsatz. Es ist offensichtlich, daß sich aus dieser Nachweispflicht für die Strafverfolgung erhebliche Probleme ergeben[853]. Diese müssen aus rechtsstaatlichen Gründen aber hingenommen werden.

cc) Dogmatische Einordnung der Krisenüberwindung

(1) Gegenbeweis der Ungefährlichkeit

Im Schrifttum wird im Zusammenhang mit der Krisenüberwindung auf den "Gegenbeweis der Ungefährlichkeit" verwiesen. Mit dieser Rechtsfigur soll den gegen die abstrakte Gefährdungsdelikte vorgebrachten Bedenken begegnet werden, daß auch eine im Einzelfall absolut ungefährliche Handlung strafbar sein könnte[854]. Dem Täter soll die Möglichkeit gegeben werden, bei zweifelsfrei feststehender Ungefährlichkeit der Bestrafung zu entgehen. Auf das Bankrottstrafrecht übertragen bedeutet das, daß den einzelnen Bankrotthandlungen lediglich ein Symptomcharakter hinsichtlich der Rechtsgutsgefährdung zugewiesen wird, der bei eindeutig feststehender Zusammenhangslosigkeit zwischen Krise und Eintritt der Strafbarkeitsbedingung widerlegt ist[855].

(2) Kritik

Die Verlagerung der Beweislast auf den Täter ist abzulehnen. Sie verstößt gegen den In-dubio-pro-reo-Grundsatz, der unabhängig von der genauen dogmatischen Einordnung der Strafbarkeitsbedingungen nach jeder Auffassung zu gelten hat[856]. Eine sachgerechte Einordnung muß sich an den hier aufgestellten Vorgaben orientieren. Es geht um die Unterbrechung eines Zusammenhangs zwischen der Krise als Gefahr und der Strafbarkeitsbedingung als Realisierung dieser Gefahr. Die Krisenüberwindung kann daher treffend als "Unterbrechung des Gefahrzusammenhangs"[857] erfaßt werden.

(3) Ergebnis

Die strafbefreiende Krisenüberwindung ist keine Ausprägung der Rechtsfigur des "Gegenbeweises der Ungefährlichkeit". Es handelt sich vielmehr um eine "Unterbrechung des Gefahrzusammenhangs".

---

853 Kritisch deshalb *Bieneck*, wistra 1991, S. 91; *Geisler*, S. 495.

854 Wegweisend *Schröder*, ZStW 81 (1969), S. 16f. - Überblick bei *Sch/Sch/Cramer*, Vorbem. §§ 306ff. StGB, Rn. 4.

855 *Schlüchter*, JR 1979, S. 514f.; *Sch/Sch/Cramer*, Vorbem. §§ 306ff. StGB, Rn. 4; *Tiedemann*, Vor § 283 StGB, Rn. 94; wohl auch *Moosmayer*, S. 189f.

856 Auf Bedenken im Hinblick auf die Vereinbarkeit des "Gegenbeweises der Ungefährlichkeit" mit dem von Teilen der Lehre angenommenen Sozialrechtsgutsschutz der Bankrottdelikte macht *Bieneck*, wistra 1992, S. 91 aufmerksam.

857 Vgl. *Otto*, Bruns-GS, S. 281ff.; *Kindhäuser*, NK, Vor §§ 283 bis 283d StGB, Rn. 114.

d) Gesamtergebnis

Die Untersuchung der vorstehenden Einzelprobleme hat ergeben, daß der Eintritt der objektiven Strafbarkeitsbedingung die Realisierung der in der Krise bereits angelegten Gefahr darstellt. Zwischen beiden muß ein ununterbrochener Zusammenhang bestehen. Zweifel am Bestehen dieses Zusammenhangs gehen zugunsten des Täters.

2) Neue Rechtslage

Auf Grundlage der erzielten Ergebnisse sind nun die Konsequenzen der Insolvenzordnung für § 283 Abs. 6 StGB zu ziehen. Dabei geht es zunächst um die Frage einer Krisenüberwindung *vor* Bedingungseintritt, die sich vor allem im Hinblick auf den verschärften Begriff der *eingetretenen* Zahlungsunfähigkeit stellt. Ob bei einer Verfahrensauslösung wegen *drohender* Zahlungsunfähigkeit auch Straffreiheit *nach* Bedingungseintritt, also erst innerhalb des Insolvenzverfahrens gewährt werden muß, wie das im Schrittum bereits gefordert worden ist, wird im darauffolgenden Abschnitt (E) zu prüfen sein.

a) Insolvenz- und insolvenzstrafrechtliche Zahlungsunfähigkeit

Vorab ist noch einmal festzuhalten, daß sich der insolvenzrechtliche Zahlungsunfähigkeitsbegriff in § 17 Abs. 2 InsO und der insolvenzstrafrechtliche Zahlungsunfähigkeitsbegriff in § 283 Abs. 1 StGB unterscheiden. Insolvenzrechtlich ist lediglich eine höchstens zweiwöchige Liquiditätslücke von 5-10% erforderlich[858]. Insolvenzstrafrechtlich muß dagegen eine zweimonatige Unterdeckung von 20% vorliegen[859].

b) Realisierung der insolvenz*straf*rechlichen Zahlungsunfähigkeit

Weiter ist erarbeitet worden, daß der Eintritt der Strafbarkeitsbedingung die Realisierung der bereits in der Krise angelegten Gefahr darstellen muß. Der Bedingungseintritt kann als ein die Krise steigerndes Ereignis verstanden werden. Von einer Krisensituation der Zahlungsunfähigkeit, die ein zwei Monate währendes, zwanzigprozentiges Unvermögen voraussetzt, kann nun aber nicht behauptet werden, daß sie in einer Insolvenzeröffnung "eskaliert", die bereits aufgrund einer nur wenige Prozentpunkte betragenden zweiwöchigen Liquiditätslücke erfolgt. Eine solche Gefahrrealisierung kann vielmehr nur angenommen werden, wenn auch die Verfahrenseröffnung bzw. Abweisung wegen einer mindestens zweimonatigen Unterdeckung von 20% (oder jedenfalls einer in dieser Größenordnung mit überwiegender Wahrscheinlichkeit *drohenden*) Zahlungsunfähigkeit erfolgt. Für den Fall der Zahlungseinstellung, bei der keine insol-

858 Oben im 3. Kapitel C I 1 b cc.
859 Oben im 3. Kapitel C II 2 a ee.

venzrechtlichen Formalakte hinzutreten, kann die Steigerung in der schon nach alter Rechtslage vertretenen höheren Unterdeckung von 50% gesehen werden[860].

c) Krisenüberwindung bei nur insolvenzrechtlicher Zahlungsunfähigkeit

Daraus ergibt sich folgendes: Bei einer Verfahrenseröffnung oder Abweisung, die aufgrund einer *nur* insolvenzrechtlich relevanten, also nur wenige Prozentpunkte betragenden, einige Wochen andauernden Zahlungsunfähigkeit erfolgt, besteht kein Gefahrzusammenhang mehr zu einer zuvor bestehenden, auch insolvenz*straf*rechtlich erheblichen Zahlungsunfähigkeit. Vielmehr ist es in der Zwischenzeit gelungen, die (strafrechtliche) Krise zu überwinden. Ein ununterbrochenes Fortbestehen der Krise bis zum Bedingungseintritt ist zu verneinen. Der Täter muß auf Grundlage der oben gesetzten Prämissen daher straffrei ausgehen.

Dieser Lösung kann nicht entgegengehalten werden, daß mit einer nur ganz kurzfristigen Überwindung der Zahlungsunfähigkeit die Strafbarkeit wegen einer Bankrotthandlung geradezu umgangen werden könnte. Denn eine solche Betrachtungsweise ließe die weiteren Krisensituationen außer acht[861]. So wird eine derartige Beseitigung der eingetretenen Zahlungsunfähigkeit gerade nicht eine vorgelagerte Überschuldung oder drohende Zahlungsunfähigkeit überwinden können. Gelingt dem Täter aber auch die Überwindung dieser auf einen Zweijahreszeitraum abstellenden strafrechtlichen Krisensituationen, kann ihm nicht mehr vorgeworfen werden, nur durch kurzfrisitge Finanzierungsmanöver Straffreiheit erreicht haben zu wollen.

d) Ergebnis

Die Vorverlagerung des Insolvenzverfahrens durch die Neuregelung der Zahlungsunfähigkeit in § 17 Abs. 2 InsO führt *nicht* zu einer entsprechenden Vorverlagerung der Bankrottstrafbarkeit. Zwar kann die Strafbarkeitsbedingung der Verfahrenseröffnung oder Ablehnung des Eröffnungsantrags mangels Masse früher als bisher eintreten. Für die §§ 283ff. StGB ist dieser Bedingungseintritt aber nur dann von Bedeutung, wenn auch eine nach insolvenz*straf*rechtlichen Gesichtspunkten definierte Zahlungsunfähigkeit (2 Monate, 20%) ununterbrochen fortbestanden hat. Einer strafbefreienden Krisenüberwindung *innerhalb* des Insolvenzverfahrens bedarf es daher jedenfalls im Hinblick auf eine vorverlagerte Verfahrenseröffnung aufgrund eingetretener Zahlungsunfähigkeit nicht.

---

860 Oben C I 2 b cc (3).

861 Oben im 3. Kapitel C I 1 b dd (1) (e).

E) Krisenüberwindung im Insolvenzverfahren?

Im letzten Abschnitt dieses Kapitels ist dem bereits eingangs dargestellten Problem nachzugehen, ob dem Täter wegen der Vorverlagerung des Insolvenzverfahrens durch den neuen Eröffnungsgrund der *drohenden* Zahlungsunfähigkeit und der damit früher eintretenden Strafbarkeitsbedingung im Gegenzug auch die Möglichkeit zur strafbefreienden Krisenüberwindung *innerhalb* des Insolvenzverfahrens gegeben werden sollte.

I) Insolvenzrechtlicher Kontext

Im Schrifttum ist der Vorschlag zu einer solchen verfahrensmäßigen Krisenüberwindung auch im Hinblick auf die sanierungsfreundlichere Ausrichtung der Insolvenzordnung unterbreitet worden. Diese Ausrichtung wird an einer Vielzahl von Neuregelungen deutlich, mit denen die Erhaltung von Unternehmen innerhalb des Verfahrens erleichtert werden soll. Auf etliche dieser Regelungen ist im Laufe der Arbeit bereits eingegangen worden. Nochmals genannt seien der Insolvenzplan[862], die Absenkung des Kündigungsschutzes[863], die Hemmung der Herauslösung dinglicher besicherter Produktionsmittel[864] sowie die Versuche der Masseanreicherung[865], darunter insbesondere die frühere Verfahrenseinleitung[866].

II) Insolvenzstrafrechtliche Krisenüberwindung durch Plansanierung ?

1) Meinungsstand

a) Ansatz von *Moosmayer* und *Uhlenbruck*

Moosmayer hat unter Bezugnahme auf die verbesserten Sanierungschancen des neuen Insolvenzrechts als erster die Forderung aufgestellt, der Täter müsse bei einem aufgrund *drohender Zahlungsunfähigkeit* eröffneten Insolvenzverfahren Straffreiheit für vorher begangene Bankrotthandlungen erlangen können[867]. Er begründet das mit der bereits dargestellten Überlegung, durch den Auslösetatbestand der drohenden Zahlungsunfähigkeit sei - anders als bei der Überschuldung und der eingetretenen Zahlungsunfähigkeit - *erstmals* eine Insolvenzeröffnung in einem Stadium vor dem "wirtschaftlichen Zusammenbruch" des Unternehmens möglich[868]. Mit dieser Vorverlagerung der Eröffnung, so argumentiert er, trete auch die Strafbarkeitsbedingung

---

862 Oben im 1. Kapitel B II 1 b bb.

863 Dadurch können nicht mehr sinnvoll einsetzbare Arbeitnehmer leichter gekündigt und so unter Umständen eine Sanierung oder übertragende Sanierung erst ermöglicht werden; vgl. oben im 1. Kapitel C III 1.

864 Oben im 1. Kapitel C III 2 d cc.

865 Oben im 1. Kapitel D II 2 a, b.

866 Oben im 3. Kapitel C I 1.

867 S. 183ff., 191ff.

868 Oben im 3. Kapitel C I 1 d aa (2).

will er eine solche Krisenüberwindung allein für den Fall einer *Sanierung* aufgrund eines Insolvenzplanverfahrens[869] zulassen. Dagegen soll eine Liquidation ebensowenig zur Straffreiheit führen können wie eine übertragende Sanierung, da in beiden Fällen der Unternehmensträger nicht fortbestehe. Weitere Voraussetzung sei, daß der Zusammenbruch des Unternehmens nicht bis zur Planbestätigung durch das Insolvenzgericht nachfolge. Sofern die Gläubiger sich allerdings durch ein optionales Überwachungsverfahren weiterhin Kontrollbefugnisse vorbehielten, sei erst die Aufhebung der Überwachung der maßgebliche Zeitpunkt.

Diesem Ansatz hat sich mittlerweile auch *Uhlenbruck* angeschlossen[870]. Er betont ebenfalls, daß ein Strafbedürfnis bei einer Eröffnung wegen drohender Zahlungsunfähigkeit noch nicht gegeben sei. Bei Überschuldung oder eingetretener Zahlungsunfähigkeit liege dagegen der staatliche Strafanspruch zweifelsfrei vor und stehe nicht mehr zur Disposition der Gläubiger. Ohne eine Straffreistellung bei drohender Zahlungsunfähigkeit befürchtet *Uhlenbruck*, daß antragspflichtige organschaftliche Vertreter von einer Antragstellung Abstand nehmen könnten, weil sie eine Bestrafung wegen eines Bankrottdelikts befürchteten. Auch aus diesem Grund erachtet er die Möglichkeit einer strafbefreienden Insolvenzplansanierung für notwendig[871].

b) Gegenansicht von *Tiedemann*

Ablehnend steht einer derartigen Krisenüberwindung *Tiedemann* gegenüber[872]. Zwar sei die Abhängigkeit einer solchen Straffreistellung vom Willen der Gläubiger, sich für ein Sanierungsverfahren zu entscheiden, noch kein entscheidendes Argument gegen diese Lösung. Denn die Gläubiger hätten auch schon nach bisheriger Rechtslage über eine strafbefreiende Krisenüberwindung *vor* Eintritt der Strafbarkeitsbedingung entscheiden können, indem sie beispielsweise einen Forderungsverzicht erklärten oder neue Kredite ausreichten. Als Problem sieht er aber die *Aussetzung des Strafverfahrens* an, die sich daraus ergibt, daß die Straffreiheit von der erfolgreichen Sanierung oder dem Ablauf des Überwachungszeitraums abhängen soll. Dieser Zeitraum kann gemäß § 268 Abs. 1 Nr. 2 InsO bis zu *drei Jahre* dauern.

Ein weiteres Argument gegen die straflimitierende Plansanierung erblickt *Tiedemann* darin, daß durch Art. 60 EGInsO die §§ 283ff. StGB mit ihren objektiven Strafbarkeitsbedingungen gemäß § 283 Abs. 6 StGB *formell* unverändert geblieben seien. Damit habe sich der Gesetzgeber dafür entschieden, daß auch künftig mit dem Eintritt der Strafbarkeitsbedingung zwingend die Strafbarkeit des Täters verbunden sei.

869 Zum Ablauf dieses Verfahrens bereits oben im 1. Kapitel B II 1 b bb.

870 ZInsO 1998, S. 250ff.

871 ZInsO 1998, S. 252; vgl. auch *Moosmayer*, S. 192.

872 Vor § 283 StGB, Rn. 180.

Materiell rechtfertige sich die Versagung strafbefreiender Plansanierung dadurch, daß der Gesetzgeber mit der Vorverlagerung des Insolvenzverfahrens auch eine Vorverlagerung der Strafbarkeit vorgenommen habe[873].

2) Auseinandersetzung

Bevor auf die Argumente für und gegen die Krisenüberwindung durch Insolvenzplansanierung eingegangen wird, muß zunächst betont werden, daß die praktische Bedeutung dieser Problematik nicht überbewertet werden darf. So ist schon dargestellt worden, daß aufgrund der bisher weitgehenden Erfolglosigkeit des Überschuldungstatbestandes von einem ebenfalls prognostischen und nicht einmal antragspflichbewehrten Eröffnungsgrund der drohenden Zahlungsunfähigkeit künftig *keine* großen Veränderungen zu erwarten sind[874]. Insbesondere im Vergleich zu der bereits erörterten Krisenüberwindung *vor* Eintritt der Strafbarkeitsbedingung, die bei *jeder* Bankrottstraftat geprüft werden muß, ist die Auseinandersetzung von eher untergeordneter Relevanz.

a) Argumente für die strafbefreiende Krisenüberwindung durch Plansanierung

aa) Motivation zur rechtzeitigen Antragstellung

Für die Straffreistellung bei Insolvenzplansanierung könnte zunächst der von *Uhlenbruck* genannte insolvenzrechtliche Aspekt vorgebracht werden, daß Antragsbefugte andernfalls von der Stellung eines rechtzeitigen Antrags absehen könnten, "*nur* weil eine Bestrafung wegen Bankrottdelikts droht[875]." Angesichts der weithin beklagten verspäteten Einleitung von Insolvenzverfahren[876] liegt darin ein nicht von der Hand zu weisendes Argument.

bb) Zusammenbruch durch Strafverfolgung

Die in der Regierungsbegründung zum 1. WiKG 1976 vorgenommene Funktionsbestimmung der objektiven Strafbarkeitsbedingungen könnte ebenfalls für die Strafbefreiung angeführt werden. Danach sollen diese Deliktsmerkmale verhindern, daß ein Strafverfahren schon im Vorfeld des Unternehmenszusammenbruchs eingeleitet und so unter Umständen erst zur wahren Ursache des wirtschaftlichen Ruins wird[877]. Wenn man ein Unternehmen im Zeitpunkt der drohenden Zahlungsunfähigkeit noch nicht als "zusammengebrochen" ansähe, so würde eine gleichwohl einsetzende Strafverfolgung

---

873 So offenbar auch *Geisler*, S. 493, Fn. 80.

874 Vgl. nur im 3. Kapitel C I 1 d aa (2).

875 *Uhlenbruck*, ZInsO 1998, S. 252 [Hervorhebung des Verf.]. - Das Wort "nur" zeigt die von *Uhlenbruck* geforderte Unterordnung des staatlichen Strafanspruchs unter zivilrechtliche Interessen besonders deutlich.

876 Vgl. die in Fn. 316 Genannten.

877 BT-Dr 7/3441, S. 33.

in der Tat eben jenen Effekt haben können, der nach den gesetzgeberischen Vorstellungen gerade vermieden werden sollte.

cc) Fehlendes Strafbedürfnis

Die Forderung nach einer Krisenüberwindung erscheint schließlich auch aus strafrechtlicher Sicht folgerichtig, sofern man davon ausgeht, daß die Strafbarkeit nach bisheriger Rechtslage mit dem Eintritt der objektiven Strafbarkeitsbedingung den vollständigen Zusammenbruch voraussetzte, der strafbarkeitsauslösende Bedingungseintritt seit dem 1.1.1999 jedoch auch vor diesem Zusammenbruch erfolgen kann.

b) Argumente gegen die strafbefreiende Krisenüberwindung durch Plansanierung

Der Vorschlag einer strafbefreienden Krisenüberwindung durch ein Insolvenzverfahren sieht sich allerdings auch einer Reihe erheblicher Einwände ausgesetzt. Diese ergeben sich aus den folgenden insolvenzrechtlichen, insolvenzstrafrechtlichen und strafprozessualen Gründen.

aa) Überschneidungen von drohender Zahlungsunfähigkeit und Überschuldung

(1) Alte Rechtslage

(a) Konkursrecht

Zuerst ist erneut auf das bereits beklagte Mißverständnis hinzuweisen, erst durch den neuen Auslösetatbestand der drohenden Zahlungsunfähigkeit sei eine Eröffnung vor dem "wirtschaftlichen Zusammenbruch" des Unternehmens möglich. Schon nach alter Rechtslage gab es mit der *Überschuldung* einen Auslösetatbestand, der nach Rechtsprechung und herrschender Lehre ganz entscheidend auf ein Element drohender Zahlungsunfähigkeit abstellte[878]. Es kann daher, das sei hier nochmals hervorgehoben, nur verwundern, daß die insolvenz- und insolvenzstrafrechtliche Literatur dieses Datum bei der Erörterung des "neuen" § 18 InsO weitgehend nicht zur Kenntnis nehmen will. Schon das Konkursrecht knüpfte nicht ausschließlich an einen "wirtschaftlichen Zusammenbruch" im Sinne einer wesentlichen und dauerhaften (eingetretenen) Zahlungsunfähigkeit an!

(b) Konkursstrafrecht

Für das Strafrecht ist daraus abzuleiten, daß bereits nach der *früheren* gesetzlichen Konzeption die Strafbarkeit eindeutig feststand, wenn ein Verfahren "nur" wegen Überschuldung eröffnet wurde. Dem pflichten für die alte wie die neue Rechtslage auch *Moosmayer* und *Uhlenbruck* ausdrücklich bei[879]. Der Eintritt der Strafbarkeitsbe-

---

[878] Oben im 3. Kapitel B I 1 c bb (4) (b) (aa).

[879] *Moosmayer*, S. 194; *Uhlenbruck*, ZInsO 1998, S. 252.

dingung war also *schon bisher* nicht davon abhängig, ob das Verfahren wegen einer Zahlungsunfähigkeit oder wegen einer regelmäßig vorgelagerten, der drohenden Zahlungsunfähigkeit weitgehend entsprechenden Überschuldung eingeleitet wurde. Damit hatte auch das Konkursstrafrecht nicht allein auf den "wirtschaftlichen Zusammenbruch" durch eingetretene Zahlungsunfähigkeit abgestellt. Schon nach alter Rechtslage reichte eine schwere wirtschaftliche Krise des Unternehmens zur Begründung der Strafbarkeit aus. Ähnliches gilt übrigens für die Insolvenzverschleppungsdelikte. Auch sie stellen nicht ausschließlich auf die eingetretene Zahlungsunfähigkeit ab, sondern lassen ebenfalls bereits die Überschuldung ausreichen.

(2) Neue Rechtslage

(a) Insolvenzrecht

Für die neue Rechtslage ergibt sich zivil- wie strafrechtlich nichts anderes. Denn auch der Überschuldungsbegriff des § 19 Abs. 2 InsO muß im Rahmen seiner Prognose sinnvollerweise auf die drohende Zahlungsunfähigkeit des Unternehmens abstellen[880]. Es ist bereits herausgearbeitet worden, daß die Einführung eines eigenständigen Eröffnungsgrundes der drohenden Zahlungsunfähigkeit in § 18 InsO angesichts dieses weitgehenden Gleichlaufs jedenfalls im Unternehmensinsolvenzrecht äußerst zweifelhaft erscheint[881]. Zu besonderen Ungereimtheiten führt dabei die Freiwilligkeit der Antragstellung bei § 18 InsO, die in erheblichem Gegensatz zur verpflichtenden Antragstellung bei Vorliegen der Überschuldung steht. Aus insolvenzrechtlicher Sicht ist hier daher die Forderung aufgestellt worden, beide Eröffnungsgründe *de lege ferenda* in einem einheitlichen, antragspflichtigen Tatbestand zusammenzufassen[882].

(b) Insolvenzstrafrecht

Die aufgezeigten Widersprüche der insolvenzrechtlichen Neuregelung würden mit dem von *Moosmayer* vorgeschlagenen Modell nun vollumfänglich auf das Insolvenzstrafrecht übertragen. Denn einerseits ist bei Überschuldung ein Strafanspruch eingetreten und eine Krisenüberwindung damit nach einhelliger Ansicht ausgeschlossen. Andererseits aber soll bei drohender Zahlungsunfähigkeit noch kein Strafbedürfnis angenommen werden können, so daß eine Strafbefreiung in Betracht kommt. Damit würden auch im Insolvenzstrafrecht an weitgehend gleiche Sachverhalte völlig unterschiedliche Rechtsfolgen geknüpft. Die Sachwidrigkeit dieses Ergebnisses liegt auf der Hand. Dem Konzept von *Moosmayer* ist daher nicht zu folgen. Eine Krisenüberwindung im Insolvenzplanverfahren ist auch dann ausgeschlossen, wenn das Verfahren wegen drohender Zahlungsunfähigkeit eröffnet worden ist.

---

880 Oben im 3. Kapitel C I 1 d aa (1).

881 Oben im 3. Kapitel C I 1 d aa (2).

882 Oben im 3. Kapitel C I 2 b dd (2).

bb) Beschränkung auf das Plansanierungsverfahren

Die Ablehnung einer strafbefreienden Plansanierung ergibt sich bereits aus den bisherigen Ausführungen. Der Vorschlag ist aber auch einer Reihe weiterer Gegenargumente ausgesetzt, die nicht unerwähnt bleiben sollen. Zunächst ist nicht recht einsichtig, warum *Moosmayer*, wenn er schon eine Strafbefreiung im Insolvenzverfahren fordert, sich nur auf das Plansanierungsverfahren beschränkt. Die angeführte Begründung, nur bei dieser Verfahrensalternative bestehe der Unternehmensträger fort, überzeugt nicht. Wenn man die Strafbarkeit nicht - wie hier vertreten - bereits mit dem Eintritt der Strafbarkeitsbedingung als gegeben sieht, dann kann es für eine spätere Haftungsfreistellung wegen einer Bankrottstraftat nicht auf die technische Frage ankommen, ob Unternehmen und Unternehmensträger getrennt werden. Entscheidend müßte vielmehr sein, ob durch das Verfahren die Gläubiger befriedigt werden. Sie sind die Rechtsgutsträger des Bankrottstrafrechts, um ihren Schutz geht es. Deshalb müßte *Moosmayer* auf der Grundlage seines Konzepts konsequenterweise auch bei einer Liquidation oder einer übertragenden Sanierung zur Straffreistellung gelangen, wenn diese im jeweiligen Einzelfall zu einer höheren Befriedigung als eine Sanierung gelangen.

Gegen eine Beschränkung auf eine Plansanierung spricht im übrigen auch, daß die drei genannten Verwertungsalternativen in der insolvenzrechtlichen Praxis keineswegs stets in Reinform angewendet werden. So mögen Teile eines Unternehmens liquidiert, Teile übertragen und wieder andere saniert werden. Eine überzeugende Abgrenzung dürfte auch in dieser Hinsicht kaum gelingen.

cc) Quotenhöhe

Mit der Erwähnung der Befriedigungshöhe ist bereits zu einem weiteren Problem übergeleitet, auf das weder *Moosmayer* noch *Uhlenbruck* näher eingehen. Soll nach ihrem Konzept, so ist zu fragen, erst diejenige Insolvenzplansanierung strafbefreiend wirken, bei der eine Quote von 100% erzielt wird? Oder reicht die bloße Durchführung des Verfahrens selbst dann, wenn die Gläubiger vielleicht auch nur mit 10% befriedigt werden?

Wenn man sich auf eine vollständige Befriedigung beschränkte, so wäre die Möglichkeit, durch ein Insolvenzverfahren Straflosigkeit zu erreichen, ohnehin zu vernachlässigen. Solche Quoten sind zwar nicht völlig undenkbar, wie das bekannte Beispiel der F. W. Borgward GmbH gezeigt hat[883]. In der Praxis aber wäre die Chance der Straflimitierung nahezu stets ausgeschlossen. Nach der Erhebung von *Gessner, Rhode, Strate*

883 Dazu *Brandhuber*, "Die Insolvenz eines Familienkonzernes" (1988).

und *Ziegert* endeten gerade einmal 2% der untersuchten Konkursverfahren mit einer vollständigen Gläubigerbefriedigung[884].

Wenn man dagegen bereits die bloße Durchführung eines Planverfahrens ausreichen ließe, so müßte man ernsthaft fragen, worin denn bei einer Quote von beispielsweise nur 10, 20 oder 30% die strafbefreiende Überwindung der Krise liegen soll. Aus *Moosmayers* Perspektive könnte man antworten, der Unternehmensträger bestehe fort, er habe damit die Krise überwunden. Nur hätte das mit einer rechtsgutsorientierten Betrachtung (Gläubigerschutz, Vermögensinteressen!) nicht viel zu tun.

dd) Realisierung des Gefahrzusammenhangs

Beim Regelfall der nicht vollständigen Gläubigerbefriedigung ergibt sich damit die grundsätzliche Frage, wie eine Plansanierung überhaupt noch als strafbefreiend angesehen werden könnte. Der Gefahrzusammenhang zwischen Krisensituation und Strafbarkeitsbedingung hat sich, und darin liegt der entscheidende Unterschied zur Krisenüberwindung *vor* Bedingungseintritt, mit der Verfahrenseröffnung schließlich realisiert[885]. Zwar muß es für die Strafbarkeit gemäß den §§ 283ff. StGB nicht zu einer Verletzung der gläubigerschaftlichen Befriedigungsinteressen gekommen sein, so daß im übrigen auch die ganz seltenen Fälle einer vollständigen Befriedigung nicht zur Straffreiheit führen sollten. Denn es handelt sich bei den Bankrottdelikten, wie bereits gezeigt worden ist, nur um "besonders verletzungsnahe" Gefährdungsdelikte[886]. Der besondere Erfolgsunwert dieser Delikte liegt bereits dann vor, wenn die gläubigergefährdende Situation der Krise bis zur Verfahrenseröffnung ununterbrochen fortbesteht. Aber die Tatsache, daß es im Verfahren selbst fast ausnahmslos auch zu einer unvollständigen Befriedigung der Gläubigerforderungen, im Ergebnis also zu einem Verletzungsstadium kommt, läßt es besonders zweifelhaft erscheinen, warum der Täter dennoch straffrei ausgehen können soll.

ee) Effektive Strafverfolgung

Neben diesen gewichtigen materiellrechtlichen Argumenten ist eine Straflimitierung durch Plansanierung auch noch den von *Tiedemann* angedeuteten prozessualen Bedenken ausgesetzt, mit denen sich *Moosmayer* und *Uhlenbruck* nicht auseinandersetzen. Wenn nämlich die Strafbarkeit davon abhängen soll, daß die Sanierung abgeschlossen oder bei Planüberwachung sogar erst der Dreijahreszeitraum des § 268 Abs. 1 Nr. 2

884 S. 165. Da die Untersuchung aus dem Jahre 1978 stammt und die Befriedigungsquoten jedenfalls der ungesicherten Gläubiger innerhalb der letzten 20 Jahre weiter gesunken sind, dürfte der Anteil der Verfahren mit "Traumquote" sogar noch kleiner geworden sein.

885 Dieser Zusammenhang wird von *Moosmayer*, S. 195 und *Tiedemann*, Vor § 283 StGB, Rn. 180 nicht in ausreichendem Maße gewürdigt.

886 Oben im 1. Kapitel C IV 1.

InsO verstrichen ist, dann führt das auch für die Strafverfolgungspraxis zu einem kaum befriedigenden Ergebnis. Entweder man verpflichtet die Verfolgungsorgane, ihre Ermittlungen unter Umständen erst dann einzuleiten, wenn nach zwei Jahren und elf Monaten das überwachte Unternehmen doch noch zusammenbricht. Oder man läßt die Strafverfolgung sofort bei Verfahrenseröffnung zu, setzt dann aber das Verfahren für den entsprechenden Zeitraum aus. Es liegt auf der Hand, daß keiner der beiden Wege für eine ohnehin schon komplizierte bankrottstrafrechtliche Kriminalitätsbekämpfung besonders praktikabel ist. Auch aus diesem Grund muß die Belastung des Insolvenzverfahrens hingenommen werden, die mit der Einleitung eines parallelen Strafverfahrens unstreitig einhergeht.

c) Ergebnis

Die strafbefreiende Krisenüberwindung durch ein Plansanierungsverfahren ist abzulehnen. Der Täter hat nur die Möglichkeit, die Krise *vor* Eintritt der Strafbarkeitsbedingung zu bewältigen. Gelingt ihm das nicht, so steht mit dem (zusammenhängenden) Bedingungseintritt seine Strafbarkeit wegen eines zuvor begangenen Bankrottdelikts fest[887].

---

[887] Hinsichtlich der Bankrottstraftaten *nach* Bestätigung des Insolvenzplans ist wie nach bisheriger Rechtslage die Aufhebung des Verfahrens der mögliche Endzeitpunkt. So auch *Moosmayer*, S. 195ff.

5. Kapitel: Verbraucherinsolvenz und § 283 StGB

A) Einführung

So wie das neue Insolvenzrecht verfahrensmäßig erstmals von der Unternehmensinsolvenz die Insolvenz von Privatpersonen trennt, soll in diesem letzten Kapitel auch für das Strafrecht auf den Problemkreis der Verbraucherinsolvenz gesondert eingegangen werden. Nach geltender Rechtslage hat dieser Bereich in der Praxis nahezu keine Rolle gespielt. Denn die fast ausschließliche Abwicklung von Verbraucherinsolvenzen über die *Einzelzwangsvollstreckung* hat dazu geführt, daß mangels Eintritt der objektiven Strafbarkeitsbedingungen der Verfahrenseröffnung oder Verfahrensabweisung auch das Konkursstrafrecht kaum zur Anwendung gekommen ist.

Die Insolvenzordnung holt dagegen die Verbraucher durch das neu eingeführte *Verbraucherinsolvenzverfahren* wieder in den Geltungsbereich des Insolvenzrechts zurück. Sie kann daher über die künftig häufiger vorliegende Strafbarkeitsbedingung der Eröffnung dieses Verfahrens auch zu einer verstärkten Anwendbarkeit des § 283 StGB führen[888]. Inwieweit die Bankrottdelikte aber auf den Bereich der Verbraucherstrafbarkeit überhaupt zugeschnitten sind, ist im Gesetzgebungsverfahren wohl nicht zuletzt aufgrund der bisher weitgehenden Nichtanwendung dieser Straftatbestände auf Verbraucher unerörtert geblieben. *Moosmayer* hat in seiner Dissertation eingehend auf diesen Zusammenhang aufmerksam gemacht und zugleich Reformvorschläge von hoher Überzeugungskraft unterbreitet[889].

Um die genannten Problemfelder angemessen darstellen zu können, ist in insolvenzrechtlicher Hinsicht zunächst ein Überblick über den Ablauf des neuen Verbraucherinsolvenzverfahrens erforderlich (B). Im darauffolgenden Abschnitt wird dann der Frage nachgegegangen, inwieweit § 283 StGB für die Erfassung der Verbraucherstrafbarkeit geeignet ist. Dazu wird auf das Deliktsmerkmal des ordnungsgemäßen Wirtschaftens, den Überschuldungstatbestand sowie die objektiven Strafbarkeitsbedingungen zurückgegriffen (C). Aus den Ergebnissen dieser Prüfung werden dann in einem letzten Abschnitt die Konsequenzen gezogen (D).

---

[888] § 283b StGB setzt die Buchführungspflicht voraus und ist daher für die Zielgruppe des Verbraucherinsolvenzverfahrens nicht von Bedeutung. Auf die §§ 283c und 283d StGB wird im weiteren nicht gesondert eingegangen.

[889] S. 57ff.; 70ff.; 112ff.; 165f.; 172f.

B) Insolvenzrechtlicher Kontext: Das Verbraucherinsolvenzverfahren

I) Grundgedanke

Der Gesetzgeber hat mit der erst vom Rechtsaussschuß des Deutschen Bundestages geschaffenen Regelung eines eigenen Insolvenzverfahrens für Verbraucher und geringfügig wirtschaftlich Tätige vor allem zwei Ziele verfolgt[890]. Zum einen will er der betroffenen Personengruppe ein auf ihre Bedürfnisse zugeschnittenes und die Justiz zugleich nicht überlastendes Insolvenzverfahren anbieten. Dazu weist das Verfahren gegenüber dem an Unternehmensinsolvenzen ausgerichteten Regelverfahren zahlreiche Vereinfachungen auf. Zum anderen soll angesichts der großen Zahl verschuldeter Privathaushalte[891] in Verbindung mit diesem Verfahren eine Restschuldbefreiung ermöglicht werden. Dadurch wird das bisher freie Nachforderungsrecht der Gläubiger (§ 164 Abs. 1 KO) beschränkt und dem Schuldner ein wirtschaftlicher Neuanfang ermöglicht. Ob die geschaffenen Regelungen diese Zielsetzungen tatsächlich erreichen können, erscheint in vielfacher Hinsicht fraglich, kann hier aber nicht weiter vertieft werden[892].

II) Ablauf des Verbraucherinsolvenzverfahrens[893]

1) Anwendungsbereich

Als Zielgruppe des neuen Verfahrens bestimmt § 304 Abs. 1 InsO natürliche Personen, die keine oder nur eine geringfügige selbständige wirtschaftliche Tätigkeit ausüben. Als geringfügig definiert Abs. 2 dieser Vorschrift insbesondere eine Tätigkeit, die nach Art oder Umfang einen in kaufmännischer Weise eingerichteten Geschäftsbetrieb nicht erfordert. Damit wird an ein Kriterium angeknüpft, mit dem in § 4 HGB a.F. die Abgrenzung zwischen Vollkaufmann und Minderkaufmann vorgenommen wurde[894]. Der Zeitpunkt der Beurteilung dieser Anwendungsvoraussetzung ist im Hinblick auf Schuldner, die ihr Unternehmen stillgelegt haben, heftig umstritten. Die wohl herrschende Meinung stellt auf den Zeitpunkt der Antragstellung ab[895]. Ebenso uneinheitlich ist derzeit noch die Einschätzung, ob dem Schuldner im Verbraucherinsolvenzverfahren Prozeßkostenhilfe gemäß den §§ 114ff. ZPO gewährt werden kann[896] und ob ein

---

890 Vgl. BT-Dr 17/7302, S. 189ff.; ferner *Balz* in: Kölner Schrift, S. 19, Rn. 56ff.; *Bork*, Rn. 410ff.

891 Ihre Zahl wird auf bis zu 2 Millionen geschätzt, vgl. *Döbereiner*, JA 1996, S. 603.

892 Vgl. aus den zahlreichen kritischen Stellungnahmen etwa *Döbereiner*, JA 1996, S. 603ff., 724ff.; *Grub/Smid*, DZWiR 1999, S. 2ff.; *Schulte-Kaubrügge*, DZWiR 1999, S. 95ff.

893 Vgl. dazu *Hess/Obermüller* "Insolvenzplan, Restschuldbefreiung, Verbraucherinsolvenz" (1999).

894 Der Wegfall des Minderkaufmanns durch das Handelsrechtsreformgesetz vom 22.6.1998 (BGBl. I S. 1474) ist für den Fortbestand dieser Definition unerheblich. Eine gewisse Auswirkung kommt dieser Änderung allerdings im Zusammenhang mit dem Täterkreis der §§ 283ff. StGB zu. Dazu bereits oben im 2. Kapitel D III 3.

895 Zum Streitstand jüngst *Bork*, ZIP 1999, S. 301ff.

896 Dafür: *AG Dortmund*, ZInsO 1999, S. 118f.; so bereits für § 18 Abs. 2 S. 3 GesO: *LG Dresden*, ZIP 1996, S. 1671f.; vgl. auch *AG Köln*, ZIP 1999, S. 147ff.; *AG München*, NJW 1999, S. 432ff.

sogenannter "Null-Plan" zulässig ist, bei dem die Gläubiger keine oder nur eine minimale Befriedigungsquote erhalten[897].

2) Erste Stufe: Außergerichtliches Schuldenbereinigungsverfahren

Der Schuldnerantrag auf Eröffnung des vereinfachten Insolvenzverfahrens setzt zunächst voraus, daß ein außergerichtlicher Schuldenbereinigungsversuch mit den Gläubigern gescheitert ist[898]. Der Schuldner hat mit seinem Eröffnungsantrag die Bescheinigung "einer geeigneten Person oder Stelle"[899] vorzuweisen, aus der sich das Scheitern eines solchen Versuchs ergibt[900].

3) Zweite Stufe: Gerichtlicher Schuldenbereinigungsplan

Bevor dann das Verbraucherinsolvenzverfahren selbst eingeleitet wird, kommt es noch zu einem gerichtlichen Vermittlungsversuch. Dazu muß der Schuldner einen Schuldenbereinigungsplan vorlegen, mit dem eine angemessene Regelung seiner Verbindlichkeiten erreicht werden soll[901]. Widersprechen einzelne Gläubiger dem Plan, so kann die fehlende Gläubigerzustimmung bei Erreichen bestimmter Zustimmungsmehrheiten - dem oben dargestellten Insolvenzplanverfahren[902] vergleichbar - durch das Insolvenzgericht ersetzt werden[903]. Wird der Plan angenommen, so hat er die Wirkung eines Vergleichs im Sinne des § 794 Abs. 1 ZPO[904]. Das Verfahren ist dann beendet. Kommt ein Schuldenbereinigungsplan dagegen nicht zustande, so beginnt das eigentliche Verbraucherinsolvenzverfahren.

4) Dritte Stufe: Verbraucherinsolvenzverfahren

Dieses Verfahren ist gegenüber dem Regelinsolvenzverfahren in mehrfacher Hinsicht vereinfacht. So sind beispielsweise einzelne Verfahrensteile schriftlich durchführbar, auf verschiedene Termine wird verzichtet und statt des Insolvenzverwalters wird ein Treuhänder bestellt[905]. Nach Abschluß dieses Verfahrens kann auf einen zuvor vom Schuldner gestellten Antrag hin das Restschuldbefreiungsverfahren gemäß den §§ 286ff. InsO durchgeführt werden.

("für jeden Verfahrensabschnitt getrennt zu beantworten"). - Dagegen: *AG Köln*, NZI 1999, S. 83ff. - Zum Streitstand in der Literatur *Vallender*, ZIP 1999, S. 126f. m.w.N.

[897] Dafür: *AG Dortmund*, ZInsO 1999, S. 118f; *AG München*, NJW 1999, S. 432ff.; vgl. auch *AG Köln*, ZIP 1999, S. 147ff. - Dagegen *AG Würzburg*, ZInsO 1999, S. 119. - Zum Streitstand in der Literatur *Vallender*, ZIP 1999, S. 128 m.w.N.

[898] Beim Gläubigerantrag wird sofort mit die dritten Verfahrensstufe, dem vereinfachten Insolvenzverfahren begonnen, arg. § 306 Abs. 3 InsO.

[899] Näher dazu *Vallender*, ZIP 1999, S. 127.

[900] Zu den Einzelheiten vgl. § 305 Abs. 1 Nr. 1 InsO.

[901] § 305 Abs. 1 Nr. 4 InsO.

[902] Oben im 1. Kapitel B II 1 b bb (1).

[903] Vgl. § 309 InsO.

[904] § 308 Abs. 1 Nr. 1 InsO.

[905] § 313 i.V.m. § 292 InsO.

5) Vierte Stufe: Restschuldbefreiungsverfahren

Mit diesem letzten Verfahrensabschnitt soll einer natürlichen Person ermöglicht werden[906], bei Abführung des pfändbaren Teils ihres Arbeitseinkommens über einen Zeitraum von sieben Jahren Befreiung von den gegen sie gerichteten Verbindlichkeiten zu erlangen. Die Gläubiger können bei bestimmten Redlichkeitsverstößen des Schuldners die Versagung der Befreiung beantragen. Neben der oben bereits erwähnten[907] Verfahrensverzögerung gehört beispielsweise auch die Verurteilung wegen einer Insolvenzstraftat gemäß den §§ 283-283c StGB dazu[908].

---

906 Das Restschuldbefreiungsverfahren ist nicht auf Verbraucher beschränkt, sondern steht jeder natürlichen Person offen.

907 Oben im 4. Kapitel C II 1 a aa (1).

908 §§ 290 Abs. 1 Nr. 1, 297 InsO.

C) Anwendbarkeit des § 283 StGB auf den Verbraucher

Nach Darlegung der Grundstrukturen des neuen Verbraucherinsolvenzrechts werden in diesem Abschnitt einzelne Deliktsmerkmale des § 283 StGB im Hinblick auf ihre Eignung zur Erfassung der Verbraucherstrafbarkeit geprüft. Begonnen wird mit dem Tatbestandsmerkmal der "Anforderungen einer ordnungsgemäßen Wirtschaft", das in dieser Norm mehrfach erwähnt wird[909].

I) Anforderungen einer ordnungsgemäßen Wirtschaft

Mit diesem Erfordernis wird zwischen unternehmerisch riskanten, aber noch erlaubten Verhaltensweisen einerseits und bereits wirtschaftswidrigem und damit tatbestandsmäßigem Unternehmerhandeln andererseits unterschieden. Die Einzelheiten der Abgrenzung sind umstritten[910].

1) Meinungsstand

a) Ansatz von *Krause* und *Kindhäuser*

Nach einem ersten Ansatz, den *Kindhäuser* und *Krause* vertreten, sind die "Anforderungen ordnungsgemäßen Wirtschaftens" auf Unternehmer und Verbraucher gleichermaßen anwendbar[911]. Beide wollen die Abgrenzung zwischen tatbestandslosen und tatbestandsmäßigen Verhaltensweisen auf der Grundlage der Lehre vom erlaubten Risiko vornehmen. Eine Handlung verstößt nach ihrem Konzept nicht gegen den Grundsatz ordnungsgemäßen Wirtschaftens, wenn sie eine wirtschaftlich vernünftige Zielsetzung verfolgt, keine unverhältnismäßigen Risiken setzt (also geeignet, erforderlich und angemessen ist) und auf einer hinreichenden Informationsgrundlage beruht[912].

b) Ansatz von *Tiedemann*

Nach einer zweiten, von *Tiedemann* entwickelten Auffassung handelt es sich bei den "Anforderungen ordnungsgemäßen Wirtschaftens" dagegen allein um "Grundregeln ordnungsgemäßer Unternehmensführung"[913]. Diese sollen sich aus der handelsrechtlichen Verkehrssitte und weiteren Spezialnormen des Handelsrechts ergeben und in ihrer konkreten Ausprägung von der Situation des jeweiligen Unternehmens im Einzelfall abhängen. Es geht demnach um Maßstäbe, die bereits durch ein außerstrafrechtliches Pflichtenprogramm konstituiert werden. Für den Verbraucher sei ein solches Wirtschaftsverhalten demgegenüber nicht vorgeschrieben. Der Begriff des ordnungsgemä-

---

909 Vgl. §§ 283 Abs. 1 Nr. 1-3, 8 sowie 283d Abs. 1 StGB.

910 Eingehend die Dissertation von *Krause* "Ordnungsgemäßes Wirtschaften und Erlaubtes Risiko" (1995); ferner *Kindhäuser*, NK, Vor §§ 283-283d StGB, Rn. 61ff.; *Tiedemann*, Vor § 283 StGB, Rn. 101ff., mit kritischen Ausführungen zur Arbeit von *Krause* unter Rn. 113.

911 *Kindhäuser*, Vor §§ 283-283d StGB, Rn. 70; *Krause*, S. 84ff.

912 *Kindhäuser*, Vor §§ 283-283d StGB, Rn. 75ff.; *Krause*, S. 363ff.

913 Vor § 283 StGB, Rn. 111.

ßen Wirtschaftens könne für ihn daher auch nicht aus vergleichbaren zivilrechtlichen Vorgaben abgeleitet werden. Einen Anhaltspunkt bildeten insofern aber die im Rahmen von *Kreditverträgen* festgelegten Handlungs- und Unterlassungspflichten[914].

c) Ansatz von *Moosmayer*

Einen dritten Ansatz hat neuerdings *Moosmayer* vorgestellt[915]. Er hat zum einen - gegen *Kindhäuser* und *Krause* - herausgearbeitet, daß die Lehre vom erlaubten Risiko allein auf unternehmerisches Handeln zugeschnitten sei, den Verbraucher indes keine vergleichbaren sonderrechtlichen Pflichten träfen. Zum anderen tritt *Moosmayer* aber auch dem Versuch *Tiedemanns* entgegen, das Merkmal ordnungsgemäßen Wirtschaftens für den Verbraucher eigenständig zu definieren. Er weist vielmehr darauf hin, daß es sich hierbei um einen nicht verallgemeinerungsfähigen Maßstab handle. Für eine etwaige Umdeutung des Begriffs in "Anforderungen an eine rationale Haushaltsführung" sieht er mangels gesetzlicher Leitbilder keine Konkretisierungsmöglichkeit.

2) Auseinandersetzung

Die Auffassung *Moosmayers* überzeugt. Das Eingehen unternehmerischer Risiken ist für den Verbraucher atypisch, so daß der Rückgriff auf die Lehre vom erlaubten Risiko für diese Normadressaten in der Tat nicht überzeugen kann. Bezeichnenderweise hebt auch *Kindhäuser* nur zu Beginn seiner Ausführungen die von ihm behauptete allgemeine Geltung der "Anforderungen ordnungsgemäßen Wirtschaftens" hervor[916]. Seine vertiefende Erörterung leitet er sodann aber allein unter Bezugnahme auf das *unternehmerische* Risiko ein[917]. Ebenso zutreffend erscheint die Kritik *Moosmayers* am Ansatz von *Tiedemann*, der zwar zwischen Unternehmern und Verbrauchern differenziert, für letztere jedoch keine generalisierbaren Maßstäbe aufzeigt.

3) Zwischenergebnis

Der Verbraucher geht keine unternehmerischen Risiken ein. Es bedarf für ihn daher auch nicht des Deliktsmerkmals des ordnungsgemäßen Wirtschaftens, um zu riskanten, aber noch erlaubten Verhaltensweisen abzugrenzen.

---

914 Vor § 283 StGB, Rn. 111.

915 S. 70ff., insbesondere S. 79f.; vgl. auch bereits *Höfner*, S. 44.

916 Vor §§ 283-283d StGB, Rn. 71.

917 Vor §§ 283-283d StGB, Rn. 72 ("Das Tatbestandsmerkmal des ordnungsgemäßen Wirtschaftens hat folgende Bedeutung: Unternehmerisches Handeln ist riskant, und zwar grundsätzlich in einem ökonomisch positiven Sinne [...]").

II) Überschuldungstatbestand

Fraglich erscheint die Eignung des § 283 StGB zur Erfassung der Verbraucherstrafbarkeit auch hinsichtlich des Überschuldungstatbestandes. Dieser gilt anders als im Insolvenzantragsrecht nicht nur für juristische Personen oder Personengesellschaften ohne natürliche Person als persönlich haftenden Gesellschafter. Vielmehr greift er nach Wortlaut und Wille des Gesetzes für jeden Schuldner und damit auch für den Verbraucher ein[918].

1) Herkömmlich zweistufiger Überschuldungsbegriff

Aus dieser allgemeinen Geltung des Überschuldungstatbestands ergeben sich erhebliche Probleme. Das gilt insbesondere, wenn man dem herkömmlich zweistufigen Überschuldungsbegriff des § 19 Abs. 2 InsO folgt. Es ist bereits gezeigt worden, daß schon die diesem Überschuldungsbegriff zugrundeliegende Konzeption nicht überzeugen kann[919]. Die fortführungsorientierte Vermögensbewertung ist bei Verbrauchern zudem als geradezu undurchführbar zu bezeichnen[920]. Darüber hinaus ist dargelegt worden, daß der Gesetzgeber für seine Konzeption auch gar keine näheren Vorgaben gemacht hat, so daß aufgrund der Vielfalt der Berechnungsmodelle auch die genaue Bedeutung dieses Begriffs sehr unsicher ist[921]. Für den Verbraucher wirken sich diese Defizite besonders gravierend aus. Er bedarf aufgrund seiner im Regelfall fehlenden wirtschaftlichen Erfahrung noch stärker als ein Unternehmer eines klar verständlichen und einfach handhabbaren Maßstabs, um seine strafrechtlichen Risiken einschätzen zu können. § 19 Abs. 2 InsO ist für diese Zwecke gänzlich ungeeignet.

2) Modifiziert zweistufiger Überschuldungsbegriff

Geringeren Zweifeln erscheint der hier für den Unternehmensbereich favorisierte modifiziert zweistufige Überschuldungsbegriff ausgesetzt, der entscheidend auf ein Element drohender Zahlungsunfähigkeit abstellt[922]. Diese kann im Rahmen der indizienorientierten Ermittlungsweise[923] anhand von auch für den Verbraucher gut erkennbaren Anzeichen wie Mahnbescheiden, Kreditkündigungen oder erfolglosen Zwangsvollstreckungen festgestellt werden.

Allerdings wird dem Verbraucher bei einer so ermittelten drohenden Zahlungsunfähigkeit in einem zweiten Schritt dann eine unter Umständen recht schwierige liquidationsorientierte Vermögensbewertung auferlegt. Diese mag zwar, sofern der

918 Vgl. auch Begr.RegE zu §§ 283 bis 283d StGB, BT-Dr 7/3441, S. 20.
919 Oben im 3. Kapitel B I 1 c bb (4) (a) sowie C I 1 c cc.
920 Dazu bereits *Otto*, Bruns-GS, S. 273ff.; zustimmend *Moosmayer*, S. 165f.
921 Oben im 3. Kapitel B I 1 c bb (2).
922 Oben im 3. Kapitel B I 1 c bb (4) (b) (aa).
923 Oben im 3. Kapitel B I 1 b bb (4) (b).

Verbraucher nicht über besonders werthaltige Vermögensgegenstände wie etwa eine noch nicht voll belastete Immobilie verfügt, oft negativ ausfallen. Denn den typischen Haushaltsgegenständen wird regelmäßig nur ein sehr niedriger Liquidationswert zukommen, so daß eine negative Prognose nicht mehr durch eine positive Liquidationsbilanz kompensiert werden kann. In Einzelfällen können sich hier aber gleichwohl nicht unerhebliche Bewertungsprobleme ergeben, die für die notwendige Klarheit des an den Verbraucher gerichteten strafrechtlichen Verbots kaum wünschenswert sind. Sinnvoller erscheint es daher, für die Verbraucherstrafbarkeit von vornherein auf eine deutliche Krisensituation abzustellen.

3) Zwischenergebnis

Der Überschuldungsbegriff ist als Tatbestandsmerkmal einer an Verbraucher gerichteten Strafnorm selbst in seiner modifiziert zweistufigen Form wenig geeignet.

III) Objektive Strafbarkeitsbedingungen

Neben den Tatbestandsmerkmalen des ordnungsgemäßen Wirtschaftens und der Überschuldung führen auch die objektiven Strafbarkeitsbedingungen des § 283 Abs. 6 StGB zu Zweifeln an der Anwendbarkeit dieser Norm auf den Verbraucher. So setzt der Eintritt der Strafbarkeitsbedingung der Eröffnung oder Abweisung des Verfahrens voraus, daß es über die oben dargestellte zweite Stufe des gerichtlichen Schuldenbereinigungsplans hinaus auch tatsächlich zur Eröffnung bzw. Abweisung des eigentlichen Verbraucherinsolvenzverfahrens kommt. Führt dagegen der gerichtliche Vermittlungsversuch bereits zum Erfolg, so bleibt der Eintritt der Strafbarkeitsbedingung aus. Bereits *Moosmayer* hat treffend darauf hingewiesen, daß das Eingreifen des Strafrechts nicht von der Zufallsabhängigkeit der Annahme eines solchen Schuldenbereinigungsplans abhängig gemacht werden sollte[924]. Daher ist auch auf dieses Deliktsmerkmal im Rahmen der Verbraucherstrafbarkeit zu verzichten.

IV) Ergebnis

§ 283 StGB ist für die Erfassung der insolvenzstrafrechtlichen Verantwortlichkeit des Verbrauchers nicht geeignet. Die Merkmale des ordnungsgemäßen Wirtschaftens, der Überschuldung und der Strafbarkeitsbedingungen haben allein bei gläubigerschädigenden Verhaltensweisen im Unternehmensbereich ihre Berechtigung. § 283 StGB sollte auf diesen Bereich beschränkt werden.

---

[924] S. 64f., 118. - Dieser Einwand trifft allerdings in vergleichbarer Weise auch auf die von ihm befürwortete Straffreistellung durch Insolvenzplansanierung zu; vgl. dazu bereits oben im 4. Kapitel E II 2.

V) Konsequenz: Beschränkung des § 283 StGB auf den Unternehmensbereich

Zur gesetzestechnischen Umsetzung dieser Beschränkung hat *Moosmayer* vorgeschlagen, zunächst in § 283 Abs. 6 StGB das Wort "Täter" durch "Schuldner" zu ersetzen[925] und sodann in einem neuen Abs. 7 als "Schuldner" im Sinne des Abs. 6 nur "Betriebe und Unternehmen unabhängig von ihrem Gegenstand" einzustufen. Damit wären die Verbraucher aus dem Anwendungsbereich der Bankrottdelikte ausgenommen. Die Kleingewerbetreibenden im Sinne des § 304 Abs. 1 2. Alt. InsO blieben allerdings weiterhin dem Regime der §§ 283ff. StGB unterstellt.

Diesem Vorschlag ist hinsichtlich der Verbraucher aus den genannten Gründen zuzustimmen. Weniger sachgerecht erscheint es hingegen, die Kleingewerbetreibenden weiterhin im Anwendungsbereich der Bankrottdelikte zu belassen. Dagegen spricht nicht nur, daß diese insolvenzrechtlich den Verbrauchern gleichgestellt worden sind und daher auch strafrechtlich eine Gleichbehandlung zumindest naheliegt. Vor allem würde die oben dargestellte und auch von *Moosmayer* selbst kritisierte Zufallsabhängigkeit des Eintritts der Strafbarkeitsbedingung von der Annahme oder Ablehnung des gerichtlichen Schuldenbereinigungsversuchs für die Kleingewerbetreibenden fortbestehen. Im Ergebnis sollten daher beide Gruppen von der Anwendbarkeit der Bankrottdelikte ausgenommen werden. Ein neugeschaffener § 283 Abs. 7 StGB könnte daher lauten:

"Schuldner im Sinne des Abs. 6 sind Betriebe und Unternehmen, soweit sie nicht dem Anwendungsbereich der §§ 304ff. InsO unterfallen."

Mit diesem Änderungsvorschlag ist zugleich die Frage aufgeworfen, ob und wie die Strafbarkeit von Verbrauchern und Kleingewerbetreibenden *de lege ferenda* in einem eigenständigen Tatbestand geregelt werden sollte.

---

925 Dazu bereits oben im 2. Kapitel A.

D) Gesonderte Regelung der Verbraucherstrafbarkeit[926] *de lege ferenda*

Ein Bedürfnis für eine gesonderte Regelung der Verbraucherstrafbarkeit *de lege ferenda* setzt zunächst voraus, daß die zu pönalisierenden Verhaltensweisen als strafwürdig und strafbedürftig einzustufen sind. Auf die grundlegende Bedeutung der Strafwürdigkeit und Strafbedürftigkeit ist im Rahmen dieser Arbeit bereits mehrfach eingegangen worden[927].

I) Strafwürdigkeit

Als strafwürdig ist ein Verhalten definiert worden, das geeignet ist, in besonders gravierendem Maße das Sozialgefüge der Rechtsgesellschaft zu beeinträchtigen[928]. Eine solche Sozialgefährlichkeit besteht nicht nur im Unternehmensbereich. Auch Verbraucher können die Befriedigungsansprüche ihrer Gläubiger, etwa durch das Beiseiteschaffen von Vermögensgegenständen im Hinblick auf ein bevorstehendes Insolvenzverfahren, erheblich gefährden. § 288 StGB (Vereiteln der Zwangsvollstreckung) zeigt, daß der Gesetzgeber ein solches gläubigergefährdendes Verhalten im Hinblick auf die *Einzel*zwangsvollstreckung auch unter Strafe gestellt hat. Es sind keine Gründe ersichtlich, warum ein grundsätzlich vergleichbares Verhalten bezüglich einer bevorstehenden *Gesamt*zwangsvollstreckung durch ein Insolvenzverfahren als nicht strafwürdig beurteilt werden sollte[929].

II) Strafbedürftigkeit

Neben der Strafwürdigkeit setzt die Strafbarkeit gläubigerschädigenden Verbraucherverhaltens auch die Strafbedürftigkeit voraus. Strafbedürftig ist ein Verhalten insbesondere dann, wenn keine anderen Mittel zum Schutz der Rechtsordnung zur Verfügung stehen[930]. Solche Mittel könnten mit den klassischen Vermögensstraftatbeständen wie der Untreue (§ 266 StGB) oder dem Betrug (§ 263 StGB) bereits vorhanden sein. Jedoch scheiden diese Straftatbestände bei der typischen Bankrotthandlung des Beiseiteschaffens von Vermögensgegenständen mangels Vermögensbetreuungspflicht oder Täuschungshandlung aus. Damit bedarf es einer eigenständigen Strafnorm zur Ahndung massegefährdender Handlungen von Verbrauchern[931].

---

926 Soweit im folgenden der Einfachheit halber nur auf die Verbraucher und die Verbraucherstrafbarkeit abgestellt wird, sind damit auch die Kleingewerbetreibenden gemeint.

927 Vgl. insbesondere im 1. Kapitel A III.

928 Oben im 1. Kapitel A III 1.

929 Ebenso *Moosmayer*, S. 113ff.

930 Oben im 1. Kapitel A III 2.

931 *Moosmayer*, S. 114f.

III) Vorschlag von *Moosmayer*: § 288 Abs. 1 StGB n.F.

Um den aufgezeigten Besonderheiten der insolvenzstrafrechtlichen Verantwortlichkeit von Verbrauchern gerecht zu werden, hat *Moosmayer* vorgeschlagen, § 288 StGB um die Alternative des "drohenden Insolvenzverfahrens" zu ergänzen. Sein Vorschlag eines § 288 Abs. 1 StGB n.F. lautet[932]:

"Wer bei einer ihm drohenden Zwangsvollstreckung oder einem ihm drohenden Insolvenzverfahren in der Absicht, die Befriedigung eines oder mehrerer Gläubiger zu vereiteln, Bestandteile seines Vermögens veräußert, verheimlicht oder beiseite schafft, wird mit Freiheitsstrafe bis zu zwei Jahren oder mit Geldstrafe [bestraft[933]]."

Dieser Vorschlag hat aus mehreren Gründen eine hohe Überzeugungskraft. Zunächst ist die Beschränkung auf *direkt vorsätzliches* Verhalten sinnvoll[934]. Schon im Bereich der Unternehmensinsolvenzen ist die Haftung für Fahrlässigkeit nach verbreiteter Ansicht zu weitgehend[935]. Noch weniger kann es für die Verbraucherstrafbarkeit angehen, auch bei fahrlässigen Handlungen mit dem Strafrecht einzugreifen. Selbst der bedingte Vorsatz erscheint insofern nicht ausreichend.

Ebenso sachgerecht ist die Absenkung des *Strafrahmens* auf bis zu zwei Jahre Freiheitsstrafe oder Geldstrafe (§ 283 StGB: bis zu fünf Jahre Freiheitsstrafe oder Geldstrafe). Dafür spricht insbesondere die im Regelfall wesentlich geringere betragsmäßige Gefährdung, die von der masseverkürzenden Handlung eines Verbrauchers ausgeht, und die daraus abzuleitende deutlich niedrigere Strafwürdigkeit.

Schließlich sollte auch der Beschränkung auf die *Tathandlungen* des Veräußerns, Verheimlichens und Beiseiteschaffens gefolgt werden. Bei ihnen handelt es sich um die typischen Verhaltensweisen, mit denen ein Schuldner die Beeinträchtigung seiner Gläubiger gefährden kann. Als Ergebnis dieser Beschränkung ergibt sich zugleich ein klar strukturierter und einfach verständlicher Tatbestand.

Eine Modifikation des ansonsten begrüßenswerten Vorschlags scheint nur in zweierlei Hinsicht geboten. Zum einen sollte man dem auch von *Moosmayer* anerkannten[936] unterschiedlichen *Strafzweck* - hier der Schutz des Einzelgläubigers, dort der Schutz der Gesamtgläubigerschaft - zumindest durch zwei eigenständige Absätze innerhalb

[932] S. 117.

[933] Statt "bestraft" verwendet *Moosmayer* das Wort "bedroht". Dabei dürfte es sich indes nur um eine Verwechslung handeln.

[934] Für die "Absicht" im Sinne des § 288 StGB reicht direkter Vorsatz nach herrschender Ansicht aus, vgl. *Tröndle/Fischer*, § 288 StGB, Rn. 12; dazu auch *Moosmayer*, S. 117.

[935] Vgl. die in Fn. 224 Genannten.

[936] Vgl. S. 116.

eines § 288 StGB n.F. Rechnung tragen[937]. Die Vereitelung der Gläubigerbefriedigung bei einem drohenden Insolvenzverfahren könnte als § 288 Abs. 2 StGB n.F. gefaßt werden. Das Antragserfordernis, das aus Gleichbehandlungsgründen auf den gesamten § 288 StGB erstreckt werden müßte[938], wäre in einen neu zu schaffenden dritten Absatz aufzunehmen.

Zum anderen sollte statt auf ein "drohendes Insolvenzverfahren" unmittelbarer auf die finanzielle Situation des Schuldners bezug genommen werden. Schließlich wird auch das Verbraucherinsolvenzverfahren nur eröffnet, wenn ein von dieser Situation abhängiger *Eröffnungsgrund* gegeben ist[939]. Eröffnungsgründe für den Verbraucher sind die Zahlungsunfähigkeit und die drohende Zahlungsunfähigkeit. Aufgrund der mit der Ermittlung einer drohenden Zahlungsunfähigkeit verbundenen Probleme ist zu erwägen, für den Verbraucher strafrechtlich allein auf die eingetretene Zahlungs-unfähigkeit abzustellen. Die genannten Indizien (Mahnbescheide, Kreditkündigungen, erfolglose Zwangsvollstreckungsversuche etc.) sind ein für ihn deutlich erkennbares Warnzeichen, gläubigergefährdende Handlungen zu unterlassen[940]. Eine eingetretene Zahlungsunfähigkeit wird der Verbraucher rechnerisch aufgrund seiner zumeist leichter überschaubaren Finanzlage besser feststellen können.

IV) Ergebnis

Gläubigergefährdende Handlungen von Verbrauchern sind aus dem Anwendungsbereich der §§ 283ff. StGB herauszunehmen. Aufgrund ihrer Strafwürdigkeit und Strafbedürftigkeit sind diese Verhaltensweisen aber auch künftig zu pönalisieren. Es bietet sich die Einfügung eines neuen Abs. 2 in § 288 StGB an, der folgenden Wortlaut haben könnte:

"Wer bei Zahlungsunfähigkeit in der Absicht, die Befriedigung seiner Gläubiger zu vereiteln, Bestandteile seines Vermögens veräußert, verheimlicht oder beiseite schafft, wird mit Freiheitsstrafe bis zu zwei Jahren oder mit Geldstrafe bestraft."

---

937 Weitergehend ließe sich auch an eine eigenständige Norm denken. Diese könnte als § 288a StGB numeriert werden, um die Parallele zu § 288 StGB hervorzuheben. Alternativ wäre auch ein neuer § 283e StGB denkbar, mit dem wie durch die §§ 283-283d StGB der Zusammenhang von Gläubigerschutz und Insolvenzverfahren betont würde.

938 So auch *Moosmayer*, S. 118.

939 Insofern unzutreffend *Moosmayer*, S. 117, Fn. 106.

940 Damit übereinstimmend *Moosmayer*, S. 172.

Ergebnisse der Arbeit

1. Die Straftatbestände der §§ 283ff. StGB schützen auf der Individualrechtsgutsebene die Vermögensinteressen *sämtlicher Gläubiger*. Dazu gehören auch solche Interessen, die keinen Bezug zum "Kredit" oder zur "Kreditwirtschaft" aufweisen.

2. Die schon bisher bestehenden, durch die Insolvenzordnung nur erweiterten *Gestaltungsrechte* der Gläubiger stehen ebenfalls unter dem Schutz der Bankrottstraftatbestände. Sie sind auf der Grundlage des personalen Vermögensbegriffs den Vermögensinteressen zuzuordnen. Eines eigenständigen Rechtsguts zur Erfassung der erweiterten Gestaltungsrechte bedarf es nicht.

3. Die §§ 283ff. StGB dienen nicht dem Schutz eines *Sozialrechtsguts*. Insbesondere ist ein Rechtsgut der "Kreditwirtschaft" abzulehnen. Eine strafrechtliche Privilegierung "kreditwirtschaftlicher" Interessen ist nicht begründbar. Die Banken als Kern der "Kreditwirtschaft" sind zudem schon zivilrechtlich weitgehend abgesichert. Ihre Vorzugstellung wird auch durch die Insolvenzordnung nicht grundlegend verändert.

4. Die Bankrottnormen sind *Vermögensdelikte*. Ihre Legitimation erhalten sie durch ihre besondere Verletzungsnähe. Diese ergibt sich aus den Krisensituationen sowie den objektiven Strafbarkeitsbedingungen.

5. Zweifel an der Berechtigung der §§ 283ff. StGB rufen aber die Fälle der *Massearmut* hervor. Mangels zivilrechtlichen Schutzobjekts droht dem Bankrottstrafrecht hier das Absinken zu Ordnungswidrigkeitstatbeständen. Die Insolvenzordnung wird zu keinen wesentlich höheren Massen führen. Das Insolvenzstrafrecht wird sich deshalb weiterhin im Grenzbereich zwischen Straf- und Ordnungswidrigkeitenrecht bewegen. Die gesetzgeberische Entscheidung für die Strafbarkeit ist jedoch eindeutig und verstößt nicht gegen die Verfassung.

6. Die insolvenzstrafrechtliche Verantwortlichkeit von Personenhandelsgesellschaftern ergibt sich schon nach alter Rechtslage nur über § 14 StGB. Neu ist hingegen die Situation bei *BGB-Gesellschaften*. Sie werden durch die Insolvenzordnung erstmals zu Gemeinschuldnern erklärt. Damit bedarf es einer Zurechnung der von § 283 Abs. 6 StGB geforderten Gemeinschuldnerrolle an die einzelnen Gesellschafter. In § 14 Abs. 1 Nr. 2 StGB sind die BGB-Gesellschafter aber nicht erwähnt. Allein über § 14 Abs. 2 StGB könnte eine Zurechnung erfolgen. Andernfalls drohen Strafbarkeitslücken. Der Gesetzgeber sollte *de lege ferenda* für Klarheit sorgen. Sämtliche Gesellschafter von

Personenhandelsgesellschaften und bloßen Personengesellschaften sollten der insolvenzstrafrechtlichen Haftung unterliegen. Die Änderung ist in § 14 StGB oder § 283 StGB vorzunehmen.

7. Für die Übernahme der insolvenzrechtlich neu definierten Eröffnungsgründe der Überschuldung, Zahlungsunfähigkeit und drohenden Zahlungsunfähigkeit in das Strafrecht ist entscheidend, ob diesen Begriffen in Zivil- und Strafrecht eine vergleichbare *Funktion* zukommt. Im Strafrecht sind bei der Funktionsbestimmung die Grundsätze der Strafwürdigkeit, Strafbedürftigkeit und Gesetzesbestimmtheit besonders zu beachten.

8. *Konkursrechtlich* war Zahlungsunfähigkeit als eine voraussichtlich dreimonatige Unterdeckung von 25% zu definieren. Überschuldung lag nach dem herrschenden modifiziert zweistufigen Modell bei drohender Zahlungsunfähigkeit und negativer Liquidationsbilanz vor.

9. Das *Konkursstrafrecht* war nach zutreffender Auffassung diesen konkursrechtlichen Vorgaben im Bankrott- und Konkursverschleppungsrecht gefolgt.

10. Die *Insolvenzordnung* hat Eröffnungstatbestände und Antragspflichten erheblich verändert. Die Reform ist als Fehlgriff zu bewerten. Die Insolvenzgründe und Antragspflichtauslöser werden ihrer Funktion als Indikatoren tatsächlicher Insolvenzreife nicht mehr gerecht.
a) Insbesondere die *Zahlungsunfähigkeit* ist unvertretbar verschärft worden (zweiwöchige Unterdeckung von 5-10%). Das Insolvenzverfahren droht damit seit dem 1.1.1999 auch solchen Unternehmen, die sich nur in vorübergehenden Zahlungsschwierigkeiten befinden. *De lege ferenda* sollte die Zahlungsunfähigkeit wieder klar von der Zahlungsstockung abgegrenzt werden. Vorgeschlagen wird hier eine zweimonatige Nichtbegleichung von 20% der Verbindlichkeiten.
b) Der in der Praxis weitgehend bedeutungslose Eröffnungsgrund der *Überschuldung* ist durch die Wahl des herkömmlich zweistufigen Überschuldungsbegriffs in § 19 Abs. 2 InsO endgültig funktionsuntüchtig geworden. Die fortführungsorientierte Bewertung ist konzeptionell verfehlt. Ihre konkrete Umsetzbarkeit ist mangels näherer Vorgaben des Gesetzgebers äußerst fraglich. *De lege ferenda* sollte die Überschuldung wieder nach dem modifiziert zweistufigen Verfahren bestimmt werden.
c) Aufgrund der Überschneidungen der Überschuldung mit dem neuen Eröffnungsgrund der *drohenden Zahlungsunfähigkeit* (§ 18 InsO) ist *de lege ferenda* eine Zusammenfassung beider Tatbestände in einem einheitlichen, antragspflichtigen Eröffnungsgrund zu erwägen.

d) Die *Antragspflicht* ist *de lege ferenda* auf sämtliche Unternehmen zu erstrecken und sollte durch alle Eröffnungsgründe ausgelöst werden.

11. Bereits aus den funktionalen Mängeln des neuen Insolvenzrechts ergeben sich massive Zweifel an der Sachgerechtigkeit der Übernahme der §§ 17-19 InsO in das *Insolvenzstrafrecht*. Vor allem aber muß das Strafrecht von den Vorgaben des neuen Insolvenzrechts abweichen, um den Grundsätzen der Strafwürdigkeit, Strafbedürftigkeit und Tatbestandsbestimmtheit auch künftig gerecht zu werden. Geboten ist daher eine *eigenständig strafrechtliche Auslegung*:
a) Die Übernahme des *Zahlungsunfähigkeitsbegriffs* des § 17 Abs. 2 InsO würde zu einer Pönalisierung nicht mehr strafwürdigen Verhaltens führen. Strafrechtlich ist eine Zahlungsunfähigkeit daher erst bei einer zweimonatigen Unterdeckung von 20% anzunehmen.
b) Die Anwendung des *Überschuldungsbegriffs* des § 19 Abs. 2 InsO ist wegen fehlender Tatbestandsbestimmtheit mit Art. 103 Abs. 2 GG unvereinbar und deshalb verfassungswidrig. Strafrechlich ist die Überschuldung daher nur anzunehmen, wenn innerhalb eines Zeitraums von bis zu zwei Jahren der Eintritt einer Zahlungsunfähigkeit überwiegend wahrscheinlich ist und eine Bilanz nach Liquidationswerten negativ ausfällt (modifiziert zweistufiger Überschuldungsbegriff).
c) Die *drohende Zahlungsunfähigkeit* im Sinne des § 18 Abs. 2 InsO ist wegen der jedenfalls strafrechtlichen Übereinstimmung mit dem Überschuldungsbegriff überflüssig. Sie sollte *de lege ferenda* gestrichen werden.

12. Zu der strafrechtlich schon *de lege lata* gebotenen Auslegung der Zahlungsunfähigkeit, Überschuldung und drohenden Zahlungsunfähigkeit sollte *de lege ferenda* auch das Insolvenzrecht wieder zurückfinden. Durch eine Gesetzesreform wäre zudem die zu befürwortende *Einheitlichkeit* dieser bedeutenden Rechtsbegriffe in sämtlichen Normen des Insolvenz- und Insolvenzstrafrechts wiederhergestellt.

13. Eine *Vorverlagerung* der Verfahrenseröffnung aufgrund der *drohenden Zahlungsunfähigkeit* und ein dadurch früherer Eintritt der objektiven Strafbarkeitsbedingung ist kaum zu erwarten. Schon nach alter Rechtslage bestand mit der Überschuldung ein dem "wirtschaftlichen Zusammenbruch" vorgelagerter und sogar antragspflichtiger Eröffnungsgrund, der in der Praxis keine Rolle spielte.

14. Daher erscheint auch das Bedürfnis gering, im Gegenzug zur (vermeintlichen) Vorverlagerung der Verfahrenseröffnung durch die drohende Zahlungsunfähigkeit die Möglichkeit einer *strafbefreienden Krisenüberwindung* auf die Sanierung *innerhalb* eines Insolvenzverfahrens auszuweiten. Gegen die Erlangung von Straffreiheit durch ein Insolvenzverfahren spricht zudem, daß sich mit der Verfahrenseröffnung regelmä-

ßig der Gefahrzusammenhang zwischen Krise und Strafbarkeitsbedingung realisiert. Auch aus prozessualer Sicht ergeben sich im Hinblick auf eine bis zu dreijährige Aussetzung des Strafverfahrens während der Insolvenzplanüberwachung gewichtige Bedenken.

15. Eine *Vorverlagerung* der Verfahrenseröffnung ist dagegen im Hinblick auf den erheblich verschärften neuen Begriff der *Zahlungsunfähigkeit* in § 17 Abs. 2 InsO möglich.

16. Diese führt jedoch *nicht* zu einer entsprechenden Vorverlagerung der Bankrottstrafbarkeit. Denn der frühere Eintritt der objektiven Strafbarkeitsbedingung ist für die §§ 283ff. StGB unerheblich, wenn sich in ihm nicht auch eine nach insolvenz*straf*rechtlichen Gesichtspunkten definierte Zahlungsunfähigkeit (2 Monate, 20%) realisiert. Andernfalls liegt eine Unterbrechung des Gefahrzusammenhangs vor. Daher bedarf es auch hinsichtlich der eingetretenen Zahlungsunfähigkeit keiner strafbefreienden Krisenüberwindung innerhalb eines Insolvenzverfahrens.

17. Die Eröffnung des neuen Verbraucherinsolvenzverfahrens löst die Strafbarkeitsbedingung des § 283 Abs. 6 StGB aus. Damit sind *Verbraucher* künftig verstärkt dem Regime des Bankrottstrafrechts unterstellt. § 283 StGB ist für die Erfassung der Verbraucherstrafbarkeit jedoch nicht geeignet. Die Deliktsmerkmale des ordnungsgemäßen Wirtschaftens, der Überschuldung und der objektiven Strafbarkeitsbedingungen haben allein im Unternehmensbereich ihre Berechtigung. § 283 StGB ist daher durch einen neuen Abs. 7 allein auf Unternehmen zu beschränken.

18. Die Verbraucherstrafbarkeit sollte *de lege ferenda* in einem *eigenständigen* Tatbestand normiert werden. Vorgeschlagen wird die Einfügung eines neuen Abs. 2 in § 288 StGB. Alternativ wäre die Einführung eines neuen § 283e StGB denkbar. Die Strafbarkeit sollte auf direkt vorsätzliches Handeln bei eingetretener Zahlungsunfähigkeit begrenzt werden. Der Strafrahmen ist - vergleichbar § 288 Abs. 1 StGB - auf bis zu zwei Jahre Freiheitsstrafe oder Geldstrafe abzusenken.

Literaturverzeichnis

Adrian, Reinhold; Heidorn, Thomas
Der Bankbetrieb - Lehrbuch und Aufgaben, hrsg. von Karl-Friedrich Hagenmüller, 14. Auflage, Wiesbaden 1996

Altmeppen, Holger
Probleme der Konkursverschleppungshaftung, ZIP 1997, S. 1173-1185

Altpeter, Frank
Strafwürdigkeit und Straftatsystem, Frankfurt a.M. 1990

Amelung, Knut
Rechtsgüterschutz und Schutz der Gesellschaft, Frankfurt a.M. 1972

Appel, Ivo
Verfassung und Strafe, Berlin 1998

Arloth, Frank
Zur Abgrenzung von Untreue und Bankrott bei der GmbH, NStZ 1990, S. 570-575

Armbruster, Ekkehard A.
Die Stellung des haftenden Gesellschafters in der Insolvenz der Personenhandelsgesellschaft nach geltendem und künftigem Recht, Berlin 1996

Arnhold, Peter
Auslegungshilfen zur Bestimmung einer Geschäftslagetäuschung im Rahmen der §§ 331 Nr. 1 HGB, 400 Abs. 1 Nr. 1 AktG, 82 Abs. 2 Nr. 2 GmbHG, München 1993

Arzt, Gunter; Weber, Ulrich
Strafrecht, Besonderer Teil,
Teil 3: Vermögensdelikte (Kernbereich), 2. Auflage, Bielefeld 1986,
Teil 4: Wirtschaftsstraftaten, Vermögensdelikte (Randbereich), Fälschungsdelikte, 2. Auflage, Bielefeld 1989

Assmann, Heinz-Dieter
Das künftige deutsche Insiderrecht, AG 1994, Teil 1: S. 196-206, Teil 2: S. 237-258

Auler, Wolf-D.
Der Überschuldungsstatus als Bewertungsproblem, DB 1976, S. 2169-2173

Baetge, Jörg
Beiträge zum neuen Insolvenzrecht, Düsseldorf 1998

Bähner, Eberhard
Die Fortbestehensprognose im Rahmen der zweistufigen Überschuldungsmessung, KTS 1988,
S. 443-453

Balz, Manfred
Die Ziele der Insolvenzordnung, in: Kölner Schrift zur Insolvenzordnung, hrsg. vom Arbeitskreis für Insolvenz- und Schiedsgerichtswesen e.V. Köln; Herne [u.a.] 1997, S. 3-21

ders.
Sanierung von Unternehmen oder von Unternehmensträgern? Zur Stellung der Eigentümer in einem künftigen Reorganisationsverfahren, Köln 1986

ders.
Der Verbraucher im Insolvenzrecht - rechtspolitische Überlegungen, in: Verbraucherkredit und Verbraucherinsolvenz, hrsg. von Günter Hörmann, Bremen 1986, S. 250-278

ders.; Landfermann, Hans-Georg
Die neuen Insolvenzgesetze, Düsseldorf 1995

Baudrexel, Robert
Grundzüge des Insolvenzrechts, JuS 1996, S. 691-702

Baumann, Jürgen
Konkurs und Vergleich, 2. Auflage, Bielefeld 1981

ders.
Buchbesprechung: Michels, Strafbare Handlung und Zuwiderhandlung, GA 1965, S. 219-221

ders.; Weber, Ulrich; Mitsch, Wolfgang
Strafrecht, Allgemeiner Teil, 10. Auflage, Bielefeld 1995

Baumbach, Adolf; Duden, Konrad; Hopt, Klaus J.
Handelsgesetzbuch, 29. Auflage, München 1995
(Baumbach/Duden/Hopt/Bearbeiter, § , Rn.)

Baumbach, Adolf; Hueck, Alfred
GmbH-Gesetz. Gesetz betreffend die Gesellschaften mit beschränkter Haftung, 16. Auflage, München 1996
(Baumbach/Hueck/Bearbeiter, § , Rn.)

Baumgarte, Christian
Die Mitteilung in Zivilsachen (MiZi) als Erkenntnisquelle für die Strafverfolgungsbehörden in Wirtschaftsstrafverfahren, wistra 1991, S. 171-174

Baur, Fritz
Zur gegenwärtigen Lage des Insolvenzrechts, JZ 1951, S. 209-211

Beck'sches Handbuch der Rechnungslegung
hrsg. von Edgar Castan [u.a.], Loseblatt, München, Stand: 1998
(Bearbeiter in: Beck'sches Handbuch der Rechnungslegung, Abschnitt, Rn.)

Bellinger, Bernhard; Vahl, Günter
Unternehmensbewertung in Theorie und Praxis, 2. Auflage, Wiesbaden 1992

Bemmann, Günter
Zur Frage der objektiven Bedingungen der Strafbarkeit, Göttingen 1957

Berges, A.M.
Die Vergleichsordnung in der Erprobung und Bewährung, KTS 1955, S. 2-6

Berndt, Joachim; Boin, Kai
Zur Rechtsnatur der Gesellschaft bürgerlichen Rechts, NJW 1998, S. 2854-2861

Berz, Ulrich
Das Erste Gesetz zur Bekämpfung der Wirtschaftskriminalität, BB 1976, S. 1435-1441

Bieneck, Klaus
Strafrechtliche Relevanz der Insolvenzordnung und aktueller Änderungen des Eigenkapitalersatzrechts, StV 1999, S. 43-47

ders.
Die Zahlungseinstellung aus strafrechtlicher Sicht, wistra 1992, S. 89-91

Biermann, Manfred
Die Überschuldungsbilanz, Berlin 1963

Bittmann, Folker
Zahlungsunfähigkeit und Überschuldung nach der Insolvenzordnung, Teil 1: wistra 1998, S. 321-326, Teil 2: wistra 1999, S. 10-18

Blauth, Peter
"Handeln für einen anderen" nach geltendem und kommendem Strafrecht, Heidelberg 1968

Bley, Erich; Mohrbutter, Jürgen
Vergleichsordnung - Großkommentar, 4. Auflage, Berlin [u.a.] Band 1: 1979, Band 2: 1981

Blumers, Wolfgang
Überschuldung als Konkursgrund bei der GmbH & Co. KG, BB 1976, S. 1441-1443

Bockelmann, Paul
Der Unrechtsgehalt des Betruges, in: Festschrift für Eduard Kohlrausch, hrsg. von Paul Bockelmann [u.a.], Berlin 1944, S. 226-252

ders.; Volk, Klaus
Strafrecht, Allgemeiner Teil, 4. Auflage, München 1987

dies.
Strafrecht, Besonderer Teil, Band 1: Vermögensdelikte, 2. Auflage, München 1982

Bohnert, Joachim
Die Abstraktheit der abstrakten Gefährdungsdelikte - BGH NJW 1982, 2329, in: JuS 1984, S. 182-187

Bork, Reinhard
Ex-Unternehmer als Verbraucher?, ZIP 1999, S. 301-304

ders.
Einführung in das neue Insolvenzrecht, 2. Auflage, Tübingen 1998

Borup, Peter
Die eingetretene Zahlungsunfähigkeit aus der Sicht der Betriebswirtschaftslehre und das Problem ihrer Meßbarkeit, BB 1986, S. 1883-1887

Bottke, Wilfried
Das Wirtschaftsstrafrecht in der Bundesrepublik Deutschland - Lösungen und Defizite, wistra 1991, Teil 1: S. 1-10, Teil 2: S. 52-56

Brammsen, Joerg
Strafbare Untreue des Geschäftsführers bei einverständlicher Schädigung des GmbH-Vermögens?, DB 1989, S. 1609-1615

Brandhuber, Klaus
Die Insolvenz eines Familienkonzernes, Köln 1988

Braun, Eberhard; Uhlenbruck, Wilhelm
Unternehmensinsolvenz, Düsseldorf 1997

Bretzke, Ulrike
Begriff und Umfang der kaufmännischen Sorgfaltspflicht nach § 283 StGB, KTS 1985, S. 413-424

dies.
Der Begriff der "drohenden Zahlungsunfähigkeit" im Konkursstrafrecht, München [u.a.] 1984

Breuer, Wolfgang
Das neue Insolvenzrecht, München 1998

Breutigam, Axel; Blersch, Jürgen; Goetsch, Hans-W.
Insolvenzrecht. Kommentierung der Insolvenzordnung mit Antragsmustern für die Rechtspraxis, 2 Bände, Berlin, Stand September 1998
(Breutigam/Blersch/Goetsch/Bearbeiter, § , Rn.)

von Brunegg, L. Segesser
Die Konkursverbrechen des deutschen Rechts, GS 82 (1914), S. 218-288

Bruns, Hans-Jürgen
Die sogenannte "tatsächliche" Betrachtungsweise im Strafrecht, JR 1984, S. 133-141

Bundesministerium der Justiz
Erster Bericht der Kommission für Insolvenzrecht, Köln 1985

dass.
Tagungsberichte der Sachverständigenkommission zur Bekämpfung der Wirtschaftskriminalität, Band II und III, Bonn 1973

Burger, Anton
Zahlungsunfähigkeit und drohende Zahlungsunfähigkeit nach der geplanten Insolvenzordnung (InsO), DB 1992, S. 2149-2152

ders.; Buchhart, Anton
Zur Notwendigkeit des neuen Insolvenzeröffnungsgrundes "drohende Zahlungsunfähigkeit", WPg 1999, S. 155-162

ders.; Schellberg, Bernhard
Zur Vorverlagerung der Insolvenzauslösung durch das neue Insolvenzrecht, KTS 1995, S. 563-577

dies.
Die Auslösetatbestände im neuen Insolvenzrecht, BB 1995, S. 261-266

Canaris, Wilhelm,
Die Haftung für fahrlässige Verletzungen der Konkursantragspflicht nach § 64 GmbHG, JZ 1993, S. 649-652

Caspari, Karl-Burkhard
Das geplante Insiderrecht in der Praxis, ZGR 1994, S. 530-546

Caspers, Georg
Personalabbau und Betriebsänderung im Insolvenzverfahren, Köln 1998

Cobet, Hans
Fehlerhafte Rechnungslegung, Pfaffenweiler 1991

Cordes, Albrecht
Die Gesellschaft bürgerlichen Rechts auf dem Weg zur juristischen Person?, JZ 1998, S. 545-552

Dannecker, Gerhard
Bilanzstrafrecht, in: Betriebsprüfungshandbuch, hrsg. von Wolfgang Blumers [u.a.], Abschnitt K, Rn. 600-739, München, Stand Juni 1997
(Dannecker, Bilanzstrafrecht, Rn.)

ders.
Das intertemporale Strafrecht, Tübingen 1993

ders.
Steuerhinterziehung im internationalen Wirtschaftsverkehr, Köln 1984

Däubler, Wolfgang
Sinn und Unsinn der Insolvenzdelikte, in: Studien zum Wirtschaftsstrafrecht, hrsg. von Jürgen Baumann [u.a.], Tübingen 1972, S. 1-16

Deutler, Karl F.,
Änderungen handelsrechtlicher und konkursrechtlicher Vorschriften durch das Erste Gesetz zur Bekämpfung der Wirtschaftskriminalität, GmbHR 1977, S. 36-41

Döbereiner, Stephan
Das Schuldenbereinigungsverfahren nach der neuen Insolvenzordnung, JA 1996, S. 603-607

ders.
Die Restschuldbefreiung nach der neuen Insolvenzordnung, JA 1996, S. 724-729

Dörner, Wolfgang
Grundsätze zur Durchführung von Unternehmensbewertungen, WPg 1983, S. 549-554

Doster, Werner
Verspätete beziehungsweise unterlassene Bilanzierung im Insolvenzstrafrecht, wistra 1998, S. 326-328

Dreher, Eduard
Zur Problematik des § 283b Abs. 2 StGB, MDR 1978, S. 724-725

ders.
Das Strafrecht hat seine eigene Methode, GA 1969, S. 56-61

Drukarczyk, Jochen
Kapitalerhaltungsrecht, Überschuldung und Konsistenz, WM 1994, S. 1737-1746

ders.; Schüler, Andreas
Zahlungsunfähigkeit, drohende Zahlungsunfähigkeit, Überschuldung, in: Kölner Schrift zur Insolvenzordnung, hrsg. vom Arbeitskreis für Insolvenz- und Schiedsgerichtswesen e.V. Köln; Herne [u.a.] 1997, S. 57-95

Ebbing, Frank
Gläubigerbanken in der Unternehmenskrise - Handlungsoptionen unter Berücksichtigung der neuen Insolvenzordnung, KTS 1996, S. 327-358

Egner, Henning; Wolff, Gerhardt
Zur Unbrauchbarkeit des Überschuldungstatbestandes als gläubigerschützendes Instrument, AG 1978, S. 99-106

Ehlers, Harald
Die Überschuldungssituation einer GmbH, ihre Rechtsfolgen und deren Abwendung, DStR 1998, S. 1756-1761

Engberding, Antonius
Was leistet der Insolvenzplan im neuen Insolvenzrecht?, DZWir 1998, S. 94-98

Engisch, Karl
Einführung in das juristische Denken, bearbeitet von Thomas Würtenberger, 9. Auflage, Stuttgart 1997

ders.
Die Einheit der Rechtsordnung, Heidelberg 1935

Felix, Dagmar
Einheit der Rechtsordnung, Tübingen 1998

Fenske, Ralf
Zur Unbrauchbarkeit des Überschuldungstatbestandes, AG 1997, S. 554-559

Fischer, Werner
Die Überschuldungsbilanz, Köln 1980

Flume, Werner
Gesellschaft und Gesamthand, ZHR 136 (1972), S. 177-207

Frankfurter Kommentar zur Insolvenzordnung
hrsg. von Klaus Wimmer, Neuwied [u.a.] 1999
(Bearbeiter, FK, § , Rn.)

Franzheim, Horst
Der strafrechtliche Überschuldungsbegriff, wistra 1984, S. 212-213

ders.
Das Tatbestandsmerkmal der Krise im Bankrottstrafrecht, NJW 1980, S. 2500-2504

Frister, Helmut
Schuldprinzip, Verbot der Verdachtsstrafe und Unschuldsvermutung als materielle Grundprinzipien des Strafrechts, Berlin 1988

Früh, Hans-Joachim; Wagner, Wolfgang
Überschuldungsprüfung bei Unternehmen, WPg 1998, S. 907-913

Funke, Rainer
Die bestmögliche Befriedigung der Gläubiger als Hauptziel des Insolvenzverfahrens, BFuP 1995, S. 26-39

Gabler-Wirtschaftslexikon
hrsg. von Ute Arentzen, 14. Auflage, Wiesbaden 1997

Gallandi, Volker
Straftaten im Bankrott - Normprogramm und komplexe Vorgänge, wistra 1992, S. 10-13

Gallas, Wilhelm
Abstrakte und konkrete Gefährdung, in: Festschrift für Ernst Heinitz, hrsg. von Hans Lüttger [u.a.], Berlin 1972, S. 171-184

Gast-de Haan, Brigitte
Steuerstrafrecht mit Steuerordnungswidrigkeiten und Verfahrensrecht, bearbeitet von Brigitte Gast-de Hahn [u.a.], 4. Auflage, München 1996
(Gast-de Haan, § , Rn.)

Geerds, Detlev
Wirtschaftsstrafrecht und Vermögensschutz, Lübeck 1990

Geerds, Friedrich
Zur Problematik der strafrechtlichen Deliktstypen, in: Festschrift für Karl Engisch, hrsg. von Paul Bockelmann [u.a.], Frankfurt a.M. 1969, S.406-432

Geilen, Gerd
Aktienstrafrecht, Kommentar (Sonderausgabe des Kölner Kommentars zum Aktiengesetz), Köln [u.a.] 1984
(Geilen, KK, § , Rn.)

Geiseler, Christoph
Das Finanzierungsverhalten kleiner und mittlerer Unternehemen - eine empirische Untersuchung, Dissertation Universität Bayreuth, in Veröffentlichung, 1999

Geisler, Claudius
Zur Vereinbarkeit objektiver Bedingungen der Strafbarkeit mit dem Schuldprinzip, Berlin 1998

Gerhardt, Walter
Die Haftung des Konkursverwalters, ZIP 1987, S. 760-764

Gessner, Volkmar; Rhode, Barbara; Strate, Gerhard; Ziegert, Klaus A.
Die Praxis der Konkursabwicklung in der Bundesrepublik Deutschland, hrsg. vom Bundesministerium der Justiz, Köln 1978

Giebeler, Norbert
Die Feststellung der Überschuldung einer Unternehmung unter besonderer Berücksichtigung der Beziehung zur Zahlungsunfähigkeit, Frankfurt a.M. 1982

Göckeler, Stephan
Die Stellung der Gesellschaft des bürgerlichen Rechts im Erkenntnis-, Vollstreckungs- und Konkursverfahren, Berlin 1992

Goette, Wulf
Die Haftung des GmbH-Geschäftsführers in der Rechtsprechung des BGH, DStR 1998, S. 1308-1314

Göggerle, Werner
Zur Frage des geschützten Rechtsguts im Tatbestand der Steuerhinterziehung, BB 1982, S. 1851-1856

Göhler, Erich
Gesetz über Ordnungswidrigkeiten, unter Mitarbeit von Hans Buddendiek, 12. Auflage, München 1998

Gottwald, Peter; Adolphsen, Jens
Die Rechtsstellung dinglich gesicherter Gläubiger in der Insolvenzordnung, in: Kölner Schrift zur Insolvenzordnung, hrsg. vom Arbeitskreis für Insolvenz- und Schiedsgerichtswesen e.V. Köln; Herne [u.a.] 1997, S. 805-835

Götz, Alexander; Hegerl, Hans-Jörg
Die Sanierungsfeindlichkeit des Eigenkapitalersatzrechts und die Sanierungsobjektgesellschaft als Ausweg, DB 1997, S. 2365-2370

Gramich, Paul-Guido
Die Strafvorschriften des Bilanzrichtliniengesetzes, wistra 1987, S. 157-161

Gravenbrucher Kreis
Appell gegen die Verabschiedung der Insolvenzrechtsreform, ZIP 1994, S. 585-587

ders.
Alternativentwurf des Gravenbrucher Kreises zum Regierungsentwurf einer Insolvenzordnung, ZIP 1993, S. 625-632

ders.
"Große" oder "kleine" Insolvenzrechtsreform, ZIP 1992, S. 657-661

ders.
Große Insolvenzrechtsreform gescheitert, ZIP 1990, S. 476-479

Graul, Eva
Abstrakte Gefährdungsdelikte und Präsumtionen im Strafrecht, Berlin 1991

Groß, Paul J.
Schwerpunkte der neuen Insolvenzordnung, WPK-Mitt. 1997, S. 2-14

ders.
Sanierung durch Fortführungsgesellschaften, 2. Auflage, Köln 1988

Groth, Matthias
Überschuldung und eigenkapitalersetzende Gesellschafterdarlehen, Baden-Baden 1995

Grub, Maximilian
Die insolvenzstrafrechtliche Verantwortlichkeit der Gesellschafter von Personenhandelsgesellschaften, Pfaffenweiler 1995

Grub, Volker
Überjustizialisierung und die Eigenverwaltung des Pleitiers, WM 1994, S. 880-881

ders.
Der Regierungsentwurf der Insolvenzordnung ist sanierungsfeindlich ! - Das Eröffnungsverfahren und die Insolvenzverwalterstellung als Beispiele, ZIP 1993, S. 393-398

ders.
Neuerungen der künftigen Insolvenzordnung, AnwBl 1993, S. 458-460

Grub, Volker; Rinn, Katja
Die neue Insolvenzordnung - ein Freifahrtschein für Bankrotteure?, ZIP 1993, S. 1583-1586

Grub, Volker; Smid, Stefan
Verbraucherinsolvenz als Ruin des Schuldners - Strukturprobleme des neuen Insolvenzrechts, DZWiR 1999, S. 2-8

Günther, Hans-Ludwig
Strafrechtswidrigkeit und Strafrechtsausschluß, Köln [u.a.] 1983

Haack, Michael
Bewertungsproblem bei der Überschuldungsfeststellung, BB 1981, S. 883-888

ders.
Überschuldung - Ein deskriptives Tatbestandsmerkmal?, NJW 1981, S. 1353

ders.
Der Konkursgrund der Überschuldung bei Kapital- und Personengesellschaften, Frankfurt a.M. 1980

Haarmeyer, Hans; Wutzke, Wolfgang; Förster, Karsten
Handbuch zur Insolvenzordnung, 1. Auflage, München 1997; 2. Auflage, München 1998

Hachenburg
Gesetz betreffend die Gesellschaften mit beschränkter Haftung, hrsg. von Peter Ulmer, 8. Auflage, Berlin [u.a.] ab 1992

Haffke, Bernhard
Symbolische Gesetzgebung? Das Wirtschaftsstrafrecht in der Bundesrepublik Deutschland, KritV 1991, Teil 1: S. 165-176, Teil 2: S. 439-440

Hahn, Carl
Die gesamten Materialien zu den Reichs-Justizgesetzen, Band IV: Materialien zu der Konkursordnung und dem Einführungsgesetz vom 10.2.1877, hrsg. von Carl Hahn, fortgesetzt von Benno Mugdan, Berlin 1898

"Hakelmacher, Sebastian"
KonTraGproduktive Wirtschaftsprüfung, WPg 1999, S. 133-140

Hammerl, Horst
Die Bankrottdelikte, Frankfurt 1970

Hardtke, Frank
Steuerhinterziehung durch verdeckte Gewinnausschüttung, Berlin 1995

Hardwig, Werner
Beiträge zur Lehre vom Betruge, GA 1956, S. 6-21

Harneit, Paul
Überschuldung und erlaubtes Risiko, Köln 1984

Hartung, Wolfgang
Probleme bei der Feststellung der Zahlungsunfähigkeit - Kritische Bemerkungen eines Wirtschaftsstaatsanwalts, wistra 1997, S. 1-12

Häsemeyer, Ludwig
Insolvenzrecht, 2. Auflage, Köln [u.a.] 1998

ders.
Die Gleichbehandlung der Konkursgläubiger, KTS 1982, S. 507-575

Hassemer, Winfried
Theorie und Soziologie des Verbrechens, Frankfurt a. M. 1973

Hauck, Anton G.
Rechnungslegung und Strafrecht, Tübingen 1987

Heidelberger Kommentar zur Insolvenzordnung
hrsg. von Dieter Eickmann [u.a.], Heidelberg 1999
(Bearbeiter, HK, § , Rn.)

Heinze, Meinhard
Die arbeitsrechtlichen Aspekte der Insolvenzordnung, in: Neuordnung des Insolvenzrechts, hrsg. von Bruno M. Kübler, Köln 1989, S. 97-118

Heni, Bernhard
Rechnungslegung im Insolvenzverfahren, WPg 1990, S. 93-97

Henselmann, Klaus
Unternehmensrechnungen und Unternehmenswert: Ein situativer Ansatz, Aachen 1999

Hess, Harald
Kommentar zur Konkursordnung, 6. Auflage, Neuwied [u.a.] 1998

ders.; Fechner, Dietrich; Freund, Konrad; Körner, Friederike
Sanierungshandbuch, 3. Auflage, Neuwied [u.a.] 1998

Hess, Harald; Kranemann, Robert; Pink, Andreas
InsO '99. Das neue Insolvenzrecht, Köln 1998

Hess, Harald; Obermüller, Manfred
Insolvenzplan, Restschuldbefreiung und Verbraucherinsolvenz, 2. Auflage, Heidelberg 1999

Hess, Harald; Weiss, Michaela
Die Insolvenzeröffnungsgründe nach der Insolvenzordnung, InVo 1996, S. 253-255

Heymann
Handelsgesetzbuch-Kommentar, hrsg. von Volker Emmerich u.a, Berlin [u.a.] 1989
(Heymann/Bearbeiter, § , Rn.)

Hiltenkamp-Wisgalle, Ursula
Die Bankrottdelikte, Bochum 1987

Hirsch, Joachim
Zur Rechtsnatur der falschen Verdächtigung, in: Gedächtnisschrift für Horst Schröder, hrsg. von Walter Stree [u.a.], München 1978, S. 307-329

Hoffmann, Günther
Drohende und eingetretene Zahlungsunfähigkeit im neuen Konkursstrafrecht, DB 1980, S. 1527-1530

ders.
Zahlungsunfähigkeit und Zahlungseinstellung, MDR 1979, S. 713-717

Höffner, Dietmar
Überschuldung: Ein Tatbestandsmerkmal im Schnittpunkt von Bilanz-, Insolvenz- und Strafrecht, BB 1999, Teil 1: S. 198-205, Teil 2: S. 252-254

Höfner, Klaus-Dieter
Die Überschuldung als Krisenmerkmal des Konkursstrafrechts, Frankfurt a.M. 1981

Holzscheck, Kurt
Verbraucherüberschuldung und Konsumentenkreditaufnahme in der Bundesrepublik Deutschland, in: Verbraucherkredit und Verbraucherinsolvenz, hrsg. von Günter Hörmann, Bremen 1986, S. 66-85

Hörl, Ulrich
Das strafrechtlich geschützte Vermögen im Konkurs des Gemeinschuldners, Bonn 1998

Horn, Norbert
Die Haftung des Vorstandes der AG nach § 93 AktG und die Pflichten des Aufsichtsrats, ZIP 1997, S. 1129-1139

Hüffer, Uwe
Aktiengesetz, 3. Auflage, München 1997

Institut der Wirtschaftsprüfer in Deutschland e. V.
Fachausschuß Recht, Entwurf einer Stellungnahme: Empfehlungen zur Prüfung eingetretener oder drohender Zahlungsunfähigkeit bei Unternehmen, WPg 1998, S. 515-518

dass.
Stellungnahme des Fachausschuß Recht FAR 1/1996: Empfehlungen zur Überschuldungsprüfung bei Unternehmen, WPg 1997, S. 22-25

dass.
Wirtschaftsprüfer-Handbuch 1996/1998, Handbuch für Rechnungslegung, Prüfung und Beratung, Band II, 11. Auflage, Düsseldorf 1996

dass.
Aus der Facharbeit des IdW. Entwurf einer Verlautbarung: Empfehlungen zur Überschuldungsprüfung bei Unternehmen, WPg 1995, S. 596-599

dass.
Aus der Facharbeit des IdW. Stellungnahme zum Diskussionsentwurf eines Gesetzes zur Reform des Insolvenzrechts, WPg 1989, S. 175-182

dass.
Beiträge zur Reform des Insolvenzrechts, Düsseldorf 1987

dass.
Aus der Facharbeit des IdW - Stellungnahme HFA 2/1983: Grundsätze zur Durchführung von Unternehmensbewertungen, WPg 1983, S. 468-480

Jaeger, Ernst
Konkursordnung - Großkommentar, bearbeitet von Wolfram Henckel [u.a.], Berlin, 8. Auflage, ab 1958, 9. Auflage, 1997
(Jaeger/Bearbeiter, § , Rn.)

Jäger, Karl-Heinz
Die Zahlungsunfähigkeit im neuen Insolvenzrecht, BB 1997, S. 1575-1577

ders.
Die Zahlungsunfähigkeit nach geltendem und geplantem Insolvenzrecht, DB 1986, S. 1441-1447

Jakobs, Günther
Strafrecht, Allgemeiner Teil, 2. Auflage, Berlin [u.a.] 1991

Janovsky, Thomas
Ermittlungen in Wirtschaftsstrafsachen, Kriminalistik 1998, Teil 1: S. 269-277, Teil 2: S. 331-341

Jauernig, Othmar
Zwangsvollstreckungs- und Insolvenzrecht, 21. Auflage, München 1999

Jescheck, Hans-Heinrich; Weigend, Thomas
Lehrbuch des Strafrechts, Allgemeiner Teil, 5. Auflage, Berlin 1996

Kallmeyer, Harald
Good will und Überschuldung nach neuem Insolvenzrecht, GmbHR 1997, S. 16-18

Kilger, Joachim
Konkursordnung, 15. Auflage, München 1987

ders.; Schmidt, Karsten
Insolvenzgesetze - KO, VglO, GesO, 17. Auflage, München 1997

Kindhäuser, Urs
Zur Legitimation der abstrakten Gefährdungsdelikte im Wirtschaftsstrafrecht, in: Bausteine eines europäischen Wirtschaftsstrafrechts. Madrid-Symposuim für Klaus Tiedemann, hrsg. von Bernd Schünemann [u.a.], Köln [u.a.] 1994, S. 125-134

ders.
Gefährdung als Straftat, Frankfurt a.M. 1989

ders.
Entscheidungsanmerkung (zu BGH v. 21.2.1989), JR 1990, S. 520-523

Klar, Michael
Änderungen in der Auslegung des Überschuldungstatbestandes, DB 1990, S. 2077-2081

ders.
Überschuldung und Überschuldungsbilanz, Köln [u.a.] 1987

Klasmeyer, Bernd; Elsner, Ben P.
Ausgewählte Probleme bei der Verwertung von Mobiliarsicherheiten, in: Kölner Schrift zur Insolvenzordnung, hrsg. vom Arbeitskreis für Insolvenz- und Schiedsgerichtswesen e.V. Köln; Herne [u.a.] 1997, S. 837-850

Kleinknecht, Theodor; Meyer-Goßner, Lutz
Strafprozeßordnung, 44. Auflage, München 1999

Klug, Ulrich
Konkurs-Strafrecht, Berlin [u.a.] 1973

ders.
Der Eigentumsvorbehalt bei der Waren- und Wertpapierverschleuderung im Konkursstrafrecht, JZ 1957, S. 462-465

Kölner Kommentar zum Aktiengesetz
hrsg. von Wolfgang Zöllner, 1. und 2. Auflage, Köln [u.a.] ab 1984
(Bearbeiter, KK, § , Rn.)

Krahl, Matthias
Die Rechtsprechung des Bundesverfassungsgerichts und des Bundesgerichtshofs zum Bestimmtheitsgrundsatz im Strafrecht (Art. 103 Abs. 2 GG), Frankfurt a.M. [u.a.], 1986

Kratzsch, Dietrich
Verhaltenssteuerung und Organisation im Strafrecht, Berlin 1984

Krause, Daniel-Marcus
Ordnungsgemäßes Wirtschaften und erlaubtes Risiko, Berlin 1995

Krause, Friedrich-W.
Die objektiven Bedingungen der Strafbarkeit, Jura 1980, S. 449-455

Kribs-Drees, Jutta
Die Bedeutung von Zahlungseinstellung und Konkurseröffnung für Entwicklung und Reform des Konkursstrafrechts, Köln 1978

Kübler, Bruno M.; Prütting, Hanns
InsO. Kommentar zur Insolvenzordnung, 2 Bände, Köln, Stand Juni 1999
(Kübler/Prütting/Bearbeiter, § , Rn.)

Kuhl, Karin; Nickel, Johann-Peter
Risikomanagement in Unternehmen - Stellt das KonTraG neue Anforderungen an Unternehmen?, DB 1999, S. 133-135

Kuhn, Georg; Uhlenbruck, Wilhelm
Konkursordnung: Kommentar, von Georg Kuhn, fortgeführt seit der 9. Auflage von Wilhelm Uhlenbruck, 10. und 11. Auflage, München 1986 und 1994

Kümpel, Siegfried
Wertpapierhandelsgesetz, Berlin 1996
ders.
Bank- und Kapitalmarktrecht, Köln 1995

Künne, Karl
Der Herstatt-Vergleich, KTS 1975, S. 178-191

Kupsch, Peter
Zur Problematik der Überschuldungsmessung, BB 1984, S. 159-165

Küting, Karlheinz Weber, Weber, Claus P.
Handbuch der Rechnungslegung, 4. Auflage, Stuttgart 1998
(Bearbeiter in: Küting/Weber, § , Rn.)

Labsch, Karl Heinz
Die Strafbarkeit des GmbH-Geschäftsführers im Konkurs der GmbH, wistra 1985, Teil 1: S. 1-19, Teil 2: S. 59-63

Lackner, Karl; Kühl, Kristian
Strafgesetzbuch mit Erläuterungen, 22. Auflage, München 1997; 23. Auflage, München 1999

Lampe, Ernst-Joachim
Art. "Wirtschaftsstrafrecht", in: Handwörterbuch der Wirtschaftswissenschaft, 9. Band, hrsg. von Albers [u.a.], Tübingen [u.a.] 1981, Sp. 310-326
ders.
Der Kreditbetrug (§§ 263, 265b StGB), Berlin 1980

ders.; Lenckner, Theodor; Stree, Walter; Tiedemann, Klaus; Weber, Ulrich,
Alternativ-Entwurf eines Strafgesetzbuchs, Besonderer Teil: Straftaten gegen die Wirtschaft, Tübingen 1977

Landfermann, Hans-Georg
Der Ablauf eines künftigen Insolvenzverfahrens, BB 1995, S. 1649-1657

ders.
Wesentliche Abweichungen des neuen Insolvenzrechts vom geltenden Recht, in: Beiträge zum neuen Insolvenzrecht, hrsg. von Jörg Baetge, Düsseldorf 1998, S. 1-16

Larenz, Karl
Methodenlehre der Rechtswissenschaft, 6. Auflage, Berlin [u.a.] 1991

Leipziger Kommentar
Großkommentar zum Strafgesetzbuch
10. Auflage, hrsg. von Hans-Heinrich Jescheck [u.a.], Berlin [u.a.] ab 1985;
11. Auflage, hrsg. von Burkhard Jähnke [u.a.], Berlin [u.a.] ab 1992
(Bearbeiter, LK, § , Rn.)

Lenz, Tobias; Seit, Holger
Neuerungen im Insolvenzrecht: Insolvenzeröffnung, Verbraucherinsolvenz und Restschuldbefreiung, INF 1998, S. 335-339

Liebl, Karlhans
Geplante Konkurse?, 2. Auflage, Pfaffenweiler 1988

Löwe-Rosenberg
StPO-Großkommentar, hrsg. von Peter Rieß, 25. Auflage, Berlin 1997

Löwer, Wolfgang,
Rechtspolitische und verfassungsrechtliche Bedenken gegenüber dem Ersten Wirtschaftskriminalitätsgesetz, JZ 1979, S. 621-631

Lück, Wolfgang
Elemente eines Risikomanagementsystems - Die Notwendigkeit eines Risiko-Managementsystems durch den Entwurf eines Gesetzes zur Kontrolle und Transparenz im Unternehmensbereich (KonTraG), DB 1998, S. 8-14

Lüderssen, Klaus
Der Begriff der Überschuldung in § 84 GmbHG; in: Gedächtnisschrift für Armin Kaufmann, hrsg. von Gerhard Dornseifer [u.a.], Köln [u.a.] 1989, S. 675-689

Lütkemeyer, Jörg
Die Überschuldung der GmbH, Münster 1983

Lutter, Marcus
Zahlungsunfähigkeit und Überschuldung nach der neuen Insolvenzordnung, ZIP 1999, S. 641-647

ders.
Haftungsrisiken des Geschäftsführers einer GmbH, GmbHR 1997, S. 329-335

ders.; Hommelhoff, Peter,
GmbH-Gesetz, 14. Auflage, Köln 1995

Lutz, Gesa
Verbraucherüberschuldung, München 1992

Lwowski, Hans-Jürgen; Heyn, Benedict
Die Rechtsstellung der absonderungsberechtigten Gläubiger nach der Insolvenzordnung, WM 1998, S. 473-483

Macke, Heinrich; Wegener, Wolfgang
Neudefinition der Insolvenztatbestände durch die Insolvenzrechtsreform, INF 1998, S. 567-570

Maiwald, Manfred
Zum fragmentarischen Charakter des Strafrechts, in: Festschrift für Reinhart Maurach, hrsg. von Friedrich-Christian Schroeder [u.a.], Karlsruhe 1972, S. 9-23

Marx, Michael
Zur Definition des Begriffs "Rechtsgut", Köln 1972

Matzen, Klaus
Der Begriff der drohenden und eingetretenen Zahlungsunfähigkeit im Konkursstrafrecht, Baden-Baden 1993

Maul, Karl-Heinz
Die §§ 283ff. StGB als Grundlage für die Ableitung von Grundsätzen ordnungsgemäßer Buchführung, DB 1979, S. 1757-1762

Maurach, Reinhart; Zipf, Heinz
Strafrecht, Allgemeiner Teil, Teilband 1, 8. Auflage, Heidelberg 1992

Maurach, Reinhart; Schroeder, Friedrich-Christian; Maiwald, Manfred
Strafrecht, Besonderer Teil, Teilband 1: Straftaten gegen Persönlichkeits- und Vermögenswerte, 8. Auflage, Heidelberg 1995

Maus, Karl Heinz
Der Insolvenzplan, in: Kölner Schrift zur Insolvenzordnung, hrsg. vom Arbeitskreis für Insolvenz- und Schiedsgerichtswesen e.V. Köln; Herne [u.a.] 1997, S. 707-733

Mayer, Dieter
Die Pflichten des GmbH-Gesellschafters/Geschäftsführers im Vorfeld der Insolvenz - haftungsrechtliche Konsequenzen, WPg 1994, Teil 1: S. 129-136, Teil 2: S. 163-169

Mennicke, Petra R.
Sanktionen gegen Insiderhandel, Berlin 1996

Meyer-Cording, Ulrich
Die Bedeutung der Eröffnungstatbestände für die Funktion des Konkurses, ZIP 1989, S. 485-487

ders.
Wann wirken die Insolvenztatbestände?, BB 1986, S. 415-417

ders.
Mehr Klarheit für die Insolvenztatbestände !, BB 1985, S. 1925-1927

ders.
Konkursverzögerung durch erfolglose Sanierungsversuche, NJW 1981, S. 1242-1245

Möhlmann, Thomas
Die Berichterstattung im neuen Insolvenzverfahren, Köln 1999
ders.
Die Überschuldungsprüfung nach der neuen Insolvenzordnung, DStR 1998, S. 1843-1848

Mohr, Randolf
Bankrottdelikte und übertragende Sanierung, Köln 1993

Moosmayer, Klaus
Einfluß der Insolvenzordnung 1999 auf das Insolvenzstrafrecht, Pfaffenweiler 1997

Moxter, Adolf
Grundsätze ordnungsgemäßer Unternehmensbewertung, 2. Auflage, Wiesbaden 1983
ders.
Ist bei drohendem Unternehmenszusammenbruch das bilanzrechtliche Prinzip der Unternehmensfortführung aufzugeben?, WPg 1980, S. 345
ders.
Artikel "Finanzwirtschaftliche Risiken", in: Handwörterbuch Finanzwirtschaft, Stuttgart 1976, Sp. 630ff.

Müller, Hans-Peter
Bilanzierungsprobleme bei der Aufstellung eines Vermögensstatus, in: Kölner Schrift zur Insolvenzordnung, hrsg. vom Arbeitskreis für Insolvenz- und Schiedsgerichtswesen e.V. Köln; Herne [u.a.] 1997, S. 97-114
ders.
Buchbesprechung von Ulmer, Peter (Hrsg.), Hachenburg, GmbHG, Großkommentar, 8. Auflage, WPg 1993, S. 359-360

Müller, Rudolf; Wabnitz, Heinz-Bernd; Janovsky, Thomas
Wirtschaftskriminalität, 4. Auflage, München 1997

Müller-Gugenberger, Christian
Wirtschaftsstrafrecht, 2. Auflage, Münster 1992

Nerlich, Jörg; Römermann, Volker
Insolvenzordnung. Kommentar, München, Stand Januar 1999
(Nerlich/Römermann/Bearbeiter, § , Rn.)

Neumann, Dieter
Der Konkurs der BGB-Gesellschaft, Bielefeld 1986

Niethammer, Dieter
Rechnungslegung im Insolvenzverfahren, WPg 1990, S. 202

Noack, Ulrich
Geselllschaftsrecht, Sonderband 1 des Kommentars zur Insolvenzordnung, hrsg. von Bruno M. Kübler u.a, Köln 1999

Nomos-Kommentar zum Strafgesetzbuch
hrsg. von Ulfrid Neumann [u.a.], 1. Auflage, Baden-Baden 1995
(Bearbeiter, NK, § , Rn.)

Nonnenmacher, Rolf
Sanierung, Insolvenz und Bilanz, in: Festschrift für Adolf Moxter, hrsg. von Wolfgang Ballwieser [u.a.], Düsseldorf 1994, S. 1313-1332

Obermüller, Manfred
Eingriffe in die Kreditsicherheiten durch den Insolvenzplan und das Verbraucherinsolvenzverfahren, WM 1998, S. 483-494

ders.
Insolvenzrecht in der Bankpraxis, 5. Auflage, Köln 1997

ders.
Konkursanmeldung bei Zahlungsunfähigkeit und Überschuldung, DB 1973, S. 267-270

Obermüller, Manfred; Hess, Harald
InsO, 3. Auflage, Heidelberg 1999

Otto, Harro
Einfluß der Insolvenzordnung 1999 auf das Insolvenzstrafrecht. Von Klaus Moosmayer. (Buchbesprechung), NJW 1999, S. 554-555

ders.
Grundkurs Strafrecht BT, 5. Auflage, Berlin [u.a.] 1998

ders.
Aktienstrafrecht, Berlin [u.a.] 1997

ders.
Grundkurs Strafrecht AT, 5. Auflage, Berlin [u.a.] 1996

ders.
Einverständnis, Einwilligung und eigenverantwortliche Selbstgefährdung, in: Festschrift für Friedrich Geerds, hrsg. von Ellen Schlüchter, Lübeck 1995, S. 603-622

ders.
Der Mißbrauch von Insider-Informationen als abstraktes Gefährdungsdelikt, in: Bausteine des europäischen Wirtschaftsstrafrechts, Madrid-Symposium für Klaus Tiedemann, hrsg. von Bernd Schünemann [u.a.], Köln [u.a.] 1994, S. 447-462

ders.
Die sog. tatsächliche oder wirtschaftliche Betrachtungsweise - eine spezifisch strafrechtliche Auslegungsmethode?, Jura 1989, S. 328-330

ders.
Die Tatbestände gegen Wirtschaftskriminalität im Strafgesetzbuch, Jura 1989, S. 24-35

ders.
Konzeption und Grundsätze des Wirtschaftsstrafrechts (einschließlich Verbraucherschutz), ZStW 96 (1984), S. 339-375

ders.
Der Zusammenhang zwischen Krise, Bankrotthandlung und Bankrott im Konkursstrafrecht; in: Gedächtnisschrift für Rudolf Bruns, hrsg. von Johannes Baltzer, [u.a.], München 1980, S. 265-283

ders.
Strafwürdigkeit und Strafbedürftigkeit als eigenständige Deliktskategorien? - Überlegungen im Deliktsaufbau, in: Gedächtnisschrift für Horst Schröder, hrsg. von Walter Stree [u.a.], München 1978, S. 53-71

ders.
Rechtsgutsbegriff und Deliktstatbestand, in: Strafrechtsdogmatik und Kriminalpolitik, hrsg. von Heinz Müller-Dietz, Köln [u.a.] 1971, S. 1-20

ders.
Die Struktur des strafrechtlichen Vermögensschutzes, Berlin 1970

Pape, Gerhard
Die Insolvenzordnung ist in Kraft getreten..., NJW 1999, S. 29-32

Papke, Horst
Zum Begriff der Zahlungsunfähigkeit, DB 1969, S. 735-736

ders.
Die Liquiditätsbilanz im Konkursantragsverfahren, KTS 1968, S. 129-143

Paulus, Christoph G.
Die Rolle der Gläubiger im neuen Insolvenzrecht, DZWiR 1999, S. 53-60

Penzlin, Dietmar
Klaus Moosmayer. Einfluß der Insolvenzordnung 1999 auf das Insolvenzstrafrecht (Buchbesprechung), WM 1999, S. 983f.

Perridon, Louis; Steiner, Manfred
Finanzwirtschaft der Unternehmung, 9. Auflage, München 1997

Petersen, Harald
Der Schutz des Kapitalmarkts und des Börsenwesens durch die Tatbestände des Kapitanlagebetruges (§ 264a StGB) und des Kursbetruges (§ 88 BörsG), in: Wirtschaftskriminalität und Wirtschaftsstrafrecht, hrsg. von Walter Gropp, Leipzig 1998, S. 115-130

ders.
Buchbesprechung: Tiedemann, Klaus, Insolvenz-Strafrecht, WM 1997, S. 895-896

Philipp, Udo
Die Pleitemeister - das Geschäft mit dem Konkurs, Berlin 1997

Pick, Erhard
Die (neue) Insolvenzordnung - ein Überblick, NJW 1995, S. 992-997

Plate, Georg
Eignung von Zahlungsunfähigkeit und Überschuldung als Indikatoren für die Insolvenzreife einer Unternehmung, DB 1980, S. 217-222

Preisendanz, Holger
Strafgesetzbuch, Lehrkommentar, 30. Auflage, Berlin 1978
(Preisendanz/Bearbeiter, § , Rn.)

Prütting, Hans
Ist die Gesellschaft bürgerlichen Rechts insolvenzfähig?, ZIP 1997, S. 1725-1734

Ranft, Otfried
Strafprozeßrecht, 2. Auflage, Stuttgart 1995

Ransiek, Andreas
Unternehmensstrafrecht, Heidelberg 1996

Rebmann, Kurt; Roth, Werner; Herrmann, Siegfried
Gesetz über Ordnungswidrigkeiten, 3. Auflage, Loseblatt, Stuttgart 1998

Reck, Reinhard
Auswirkungen der Insolvenzordnung auf die Insolvenzverschleppung, Bankrottstraftaten, Betrug und Untreue, ZInsO 1999, S. 195-201

ders.
Das Insolvenzgesetz, eine strafrechtliche Betrachtung aus betriebswirtschaftlicher Sicht, Betrieb und Wirtschaft 1997, S. 743-748

Regner, Reinhard
Fahrlässigkeit bei Konkursdelikten, Hamburg 1998

Reiß, Wolfram
Verdeckte Gewinnausschüttungen und verdeckte Entnahmen als strafbare Untreue des Geschäftsführers?, wistra 1989, S. 82-86

Reulecke, Gunther
Die Feststellung der Zahlungsunfähigkeit in der wirtschaftsstrafrechtlichen Praxis, Kriminalistik 1984, S. 80-84

Richter, Hans
Der Konkurs der GmbH aus der Sicht der Strafrechtspraxis, GmbHR 1984, Teil 1: S. 113-121, Teil 2: 137-150

Riering, Berthold
Die Betriebsfortführung durch den Konkursverwalter, Berlin 1987

Rohrbeck, Axel
Die Gesellschaft bürgerlichen Rechts nach dem Inkrafttreten des Handelsrechtsreformgesetzes, NZG 1999, S. 104-106

Roth, Günter H
Unterkapitalisierung und persönliche Haftung, ZGR 1993, S. 170-209

ders., Altmeppen, Holger
Gesetz betreffend die Gesellschaften mit beschränkter Haftung, 3. Auflage, München 1997

Rowedder, Heinz
Gesetz betreffend die Gesellschaften mit beschränkter Haftung, 3. Auflage, München 1997

Roxin, Claus
Strafrecht, Allgemeiner Teil, 3. Auflage, München 1997

Rudolphi, Hans-Joachim
Die verschiedenen Aspekte des Rechtsgutsbegriffs, in: Festschrift für Richard M. Honig, hrsg. von der Juristischen Fakultät der Georg-August-Universität Göttingen, Göttingen 1970, S. 151-167

Schäfer, Carsten
Zur strafrechtlichen Verantwortlichkeit des GmbH-Geschäftsführers, GmbHR 1993, Teil 1: S. 717-728, Teil 2: S. 780-798

Schäfer, Helmut
Die Entwicklung der Rechtsprechung zum Konkursstrafrecht, wistra 1990, S. 81-89

Scharpf, Paul
Die Sorgfaltspflichten des Geschäftsführers einer GmbH, DB 1997, S. 737-743

Schaub, Bernhard
Die GmbH in der Krise - Kriterien für die Feststellung von Zahlungsunfähigkeit, Überschuldung und Kreditunwürdigkeit, DStR 1993, S. 1483-1489

Schiessler, Wolfram
Der Insolvenzplan, Bielefeld 1997

Schlosser, Peter
Die Eröffnung des Insolvenzverfahrens, in: Insolvenzrecht im Umbruch, hrsg. von Dieter Leipold, Köln [u.a.] 1991, S. 9-20

Schlüchter, Ellen
Zur Bewertung der Aktiva für die Frage der Überschuldung, wistra 1984, S. 41-46

dies.
Zu Fragen des Konkursstrafrechts, JR 1979, S. 513-515

dies.
Tatbestandsmerkmal der Krise - überflüssige Reform oder Versöhnung des Bankrottstrafrechts mit dem Schuldprinzip?, MDR 1978, S. 977-985

dies.
Die Krise im Sinne des Bankrottstrafrechts, MDR 1978, S. 265-269

dies.
Der Grenzbereich zwischen Bankrottdelikten und unternehmerischen Fehlentscheidungen, Tübingen 1977

Schmidhäuser, Eberhard
Strafrecht, Allgemeiner Teil, 2. Auflage, Tübingen 1984

Schmidt, Karsten
Gesellschaftsrecht, 3. Auflage, Köln [u.a.] 1997

ders.
Insolvenzordnung und Unternehmensrecht - Was bringt die Reform?, in: Kölner Schrift zur Insolvenzordnung, hrsg. vom Arbeitskreis für Insolvenz- und Schiedsgerichtswesen e.V. Köln; Herne [u.a.] 1997

ders.
Labyrinthus creditorum, ZGR 1996, S. 209-224

ders.
in: Meinungen zum Thema: Insolvenzrechtsreform - mehr Effizienz bei Insolvenz, BFuP 1995, S. 64-66, 71, 77, 81-82

ders.
Die übertragende Sanierung - Bestandsaufnahmen und Ausblicke an der Schwelle der Insolvenzrechtsreform, in: Insolvenzrecht im Umbruch, hrsg. von Dieter Leipold, Köln [u.a.] 1991, S. 67-89

ders.
Wege zum Insolvenzrecht der Unternehmen, Köln 1990
(Insolvenzrecht)

ders.
Die Strafbarkeit "faktischer Geschäftsführer" wegen Konkursverschleppung als Methodenproblem, in: Festschrift für Kurt Rebmann, hrsg. von Heinz Eyrich [u.a.], München 1989, S. 419-441

ders.
Konkursverschleppungshaftung und Konkursverursachungshaftung, ZIP 1988, S. 1497-1508

ders.
Die Konkursverwalterhaftung aus unzulässiger Unternehmensfortführung und ihre Grenzen, NJW 1987, S. 812-815

ders.
Institutionen eines künftigen Insolvenzrechts der Unternehmen, ZIP 1985, S. 713-724

ders.
Sinnwandel und Funktion des Überschuldungstatbestandes, JZ 1982, S. 165-174

ders.
Möglichkeiten der Sanierung von Unternehmen durch Maßnahmen im Unternehmens-, Arbeits-, Sozial- und Insolvenzrecht - Unternehmens- und insolvenzrechtlicher Teil Gutachten D für den 54. Deutschen Juristentag, München 1982

ders.
Organverantwortlichkeit und Sanierung im Insolvenzrecht der Unternehmen, ZIP 1980, S. 328-337

ders.
Konkursgründe und präventiver Gläubigerschutz, AG 1978, S. 334-340

ders.
Unternehmenskonkurs - Unternehmensträgerkonkurs - Gesellschafterkonkurs, in: Festschrift Einhundert Jahre Konkursordnung, hrsg. von Wilhelm Uhlenbruck [u.a.], Köln [u.a.] 1977, S. 247-270

ders./Uhlenbruck
Die GmbH in Krise, Sanierung und Insolvenz, 1. Auflage, Köln 1997; 2. Auflage, Köln 1999

Schmidt-Räntsch, Ruth
Das neue Verbraucherinsolvenzverfahren, MDR 1994, S. 321-326

Scholz
Kommentar zum GmbH-Gesetz, Band II (§§ 45-85), 8. Auflage, Köln 1995
(Scholz/Bearbeiter, § , Rn.)

ders.
Verbraucherinsolvenz und Restschuldbefreiung nach der Insolvenzordnung (InsO), FLF 1995, Teil 1: S. 88-93, Teil 2: S. 145-149

Schönke, Adolf; Schröder, Horst
Strafgesetzbuch, Kommentar, bearbeitet von Theodor Lenckner [u.a.], 25. Auflage, München 1997
(Sch/Sch/Bearbeiter, § , Rn.)

Schröder, Horst
Die Gefährdungsdelikte im Strafrecht, ZStW 81 (1969), S. 7-28

ders.
Abstrakt-konkrete Gefährdungsdelikte?, JZ 1967, S. 522-525

Stein, Ursula
Das faktische Organ, Köln [u.a.], 1980

Schubarth, Martin
Das Verhältnis von Strafrechtswissenschaft und Gesetzgebung im Wirtschaftsstrafrecht, ZStW (92) 1980, S. 80-106

Schulte-Kaubrügge, Christoph
Das Verbraucherinsolvenzverfahren aus der Sicht der Gläubiger, DZWiR 1999, S. 95-99

Schünemann, Bernd
Moderne Tendenzen in der Dogmatik der Fahrlässigkeits- und Gefährdungsdelikte, JA 1975, S. 787-803

Schüppen, Matthias
Aktuelle Fragen der Konkursverschleppung durch den GmbH-Geschäftsführer, DB 1994, S. 197-204

ders.
Systematik und Auslegung des Bilanzstrafrechts, Köln 1993

Schweikert, Heinrich
Strafrechtliche Haftung für riskantes Verhalten?, ZStW 70 (1958), S. 394-411

Schwerdtner, Peter
Der Sozialplan im Eröffnungsverfahren und nach der Verfahrenseröffnung in: Kölner Schrift zur Insolvenzordnung, hrsg. vom Arbeitskreis für Insolvenz- und Schiedsgerichtswesen e.V. Köln; Herne [u.a.] 1997; S. 1127-1153

Seibert, Ulrich
Die rechtsfähige Personengesellschaft, JZ 1996, S. 785

Sina, Peter
Die Dogmengeschichte des strafrechtlichen Begriffs "Rechtsgut", Basel 1962

Smid, Stefan
Insolvenzordnung, Kommentar, Stuttgart 1999

ders.
Das neue Insolvenzrecht - Probleme, Widersprüche, Chancen, BB 1999, S. 1-6

Stratenwerth, Günter
Schweizerisches Strafrecht, Allgemeiner Teil, Teil 1, Bern 1982

ders.
Schweizerisches Strafrecht, Besonderer Teil, Straftaten gegen Individualinteressen, 5. Auflage, Bern 1995

ders.
Schweizerisches Strafrecht, Besonderer Teil, Straftaten gegen Gemeininteressen, 4. Auflage, Bern 1995

Stree, Walter
Objektive Bedingungen der Strafbarkeit, JuS 1965, S. 465-474

Stüdemann, Klaus
Der Konkursverwalter als Unternehmer, in: Festschrift zum einhundertjährigen Bestehen der Konkursordnung, hrsg. von Wilhelm Uhlenbruck [u.a.], Köln [u.a.] 1977, S. 401-458

Stürner, Rolf
Einfachheit und Funktionsfähigkeit des einheitlichen Insolvenzverfahrens, in: Neuordnung des Insolvenzrechts, hrsg. von Bruno M. Kübler, Köln 1989, S. 41-60

ders.
Möglichkeiten der Sanierung von Unternehmen durch Maßnahmen im Unternehmens- und Insolvenzrecht, ZIP 1982, S. 761-772

ders.
Aktuelle Probleme des Konkursrechts, ZZP 94 (1981), S. 263-310

Stypmann, Rolf
Statische oder dynamische Überschuldungskonzeption?, wistra 1985, S. 89-94

Suhr, Christian
Zur Begriffsbestimmung von Rechtsgut und Tatobjekt im Strafrecht, JA 1990, S. 303-308

ders.
Rechtsgut der Steuerhinterziehung und Steuerverkürzung im Festsetzungsverfahren, Frankfurt a.M. [u.a.] 1989

Systematischer Kommentar zum Strafgesetzbuch
hrsg. von Hans-Joachim Rudolphi [u.a.], Allgemeiner Teil, 6. Auflage, Stand: August 1995; Besonderer Teil, 5. Auflage, Stand: Juni 1996, Neuwied [u.a.] (Bearbeiter, SK, §, Rn.)

Temme, Ulrich
Die Eröffnungsgründe der Insolvenzordnung, Münster 1997

Teufel, Manfred
Insolvenzkriminalität, Lübeck 1981

Tiedemann, Klaus
Insolvenzstrafrecht, 2. Auflage, Berlin [u.a.] 1996 (Sonderausgabe der Kommentierung der §§ 283-283d StGB in der 11. Auflage des Leipziger Kommentars zum Strafgesetzbuch)

ders.
Kommentar zum GmbH-Strafrecht (§§ 82-85 GmbHG und ergänzende Vorschriften), 3. Auflage, Köln 1995 (Sonderausgabe aus Scholz, Kommentar zum GmbH-Gesetz, 8. Auflage)

ders.
Das Parteienfinanzierungsgesetz als strafrechtliche lex mitior, NJW 1986, S. 2475-2479

ders.
Die strafrechtliche Vertreter- und Unternehmenshaftung, NJW 1986, S. 1842-1846

ders.
Die Bekämpfung der Wirtschaftskriminalität durch den Gesetzgeber, JZ 1986, S. 865-874

ders.
Insolvenzstraftaten aus der Sicht der Kreditwirtschaft, ZIP 1983, S. 513-522

ders.
Zur Unterlassung der Konkursantragsstellung im GmbH-Recht, ZIP 1982, S. 653-655

ders.
Strafrechtliche Grundprobleme im Kartellrecht, NJW 1979, S. 1849-1856

ders.
Der BGH zum neuen Konkursstrafrecht, NJW 1979, S. 254-255

ders.
Wirtschaftskriminalität und Wirtschaftsstrafrecht in den USA und in der Bundesrepublik Deutschland, Tübingen 1978

ders.
Die Überschuldung als Tatbestandsmerkmal des Bankrotts, in: Gedächtnisschrift für Horst Schröder, hrsg. von Walter Stree [u.a.], München 1978, S. 289-305

ders.
Grundfragen bei der Anwendung des neuen Konkursstrafrechts, NJW 1977, S. 777-783

ders.
Wirtschaftsstrafrecht und Wirtschaftskriminalität, Band 1: Allgemeiner Teil, Band 2: Besonderer Teil, Reinbek 1976

ders.
Objektive Strafbarkeitsbedingungen und die Reform des deutschen Konkursstrafrechts, ZRP 1975, S. 129-135

ders.
Welche strafrechtlichen Mittel empfehlen sich für eine wirksamere Bekämpfung der Wirtschaftskriminalität?, Gutachten C für den 49. Deutschen Juristentag, München 1972

ders.
Tatbestandsfunktionen im Nebenstrafrecht, Tübingen 1969

ders.
Entwicklung und Begriff des Wirtschaftsstrafrechts, GA 1969, S. 71-90

Timm, Wolfram
Einige Zweifelsfragen zum neuen Umwandlungsrecht, ZGR 1996, S. 247-271

Tippach, Stefan
Marktdaten im künftigen Insiderrecht, WM 1993, S. 1269-1274

Tröndle, Herbert; Fischer, Thomas
Strafgesetzbuch und Nebengesetze, 49. Auflage, München 1999

Uhlenbruck, Wilhelm
Strafbefreiende Wirkung des Insolvenzplans, ZInsO 1998, S. 250-252

ders.
Mit der Insolvenzordnung 1999 in das neue Jahrtausend - Kritisches und Unkritisches zu einem "Jahrhundertgesetz", NZI 1998, S. 1-9

ders.
Einfluß der Insolvenzordnung 1999 auf das Insolvenzstrafrecht. Von Klaus Moosmayer. (Buchbesprechung), NZI 1998, S. 33

ders.
Rechte und Pflichten des GmbH-Geschäftsführers in der Unternehmenskrise unter besonderer Berücksichtigung der Insolvenzrechtsreform, WiB 1996, Teil 1: S. 409-414, Teil 2: S. 466-473

ders.
Die Durchsetzung von Gläubigeransprüchen gegen eine vermögenslose GmbH und deren Organe nach geltendem und neuem Insolvenzrecht, ZIP 1996, S. 1641-1651

ders.
Strafrechtliche Aspekte der Insolvenzrechtsreform 1994, wistra 1996, S. 1-8

ders.
Die neue Insolvenzordnung - Auswirkungen auf das Recht der GmbH und GmbH und Co. KG, GmbHR 1995, Teil 1: S. 81-87, Teil 2: S. 195-211

ders.
Das neue Insolvenzrecht, Herne [u.a.] 1994
(Insolvenzrecht)

ders.
Probleme des Eröffnungsverfahrens nach dem Insolvenzrechts-Reformgesetz, KTS 1994, S. 169-183

ders.
Die GmbH & Co. KG in Krise, Konkurs und Vergleich, 2. Auflage, Köln 1988

ders.
Strafrechtliche Aspekte der neuen Insolvenzgründe in einem künftigen Insolvenzrechts-Reformgesetz, in: Sozialkontrolle über Insolvenzen und Konkursdelikte, hrsg. von Franz Petersohn [u.a.], Heidelberg 1986, S. 67-80

ders.
Zahlungsunfähigkeit und Überschuldung nach den Vorstellungen der Kommission für Insolvenzrecht, KTS 1986, S. 27-47

ders.
Krise, Konkurs, Vergleich und Sanierung als neue Aufgabe der Betriebswirtschaft, in: Unternehmenskrisen, Ursachen, Frühwarnung, Bewältigung, hrsg. von Rudolf Bratschitsch [u.a.], Stuttgart 1981, S. 173-214

ders.
Zur Krise des Insolvenzrechts, NJW 1975, S. 897-903

Ulmer, Peter
Konkursantragspflicht bei der Überschuldung der GmbH und Haftungsrisiken bei der Konkursverschleppung, KTS 1981, S. 469-482

Vallender, Heinz
Erste gerichtliche Erfahrungen mit dem Verbraucherinsolvenzverfahren, ZIP 1999, S. 125-130
ders.
Die bevorzugte Behandlung von "Altfall-Schuldnern" bei der Restschuldbefreiung, ZIP 1996, S. 2058-2062

Veit, Klaus-Rüdiger
Die Definition der Zahlungsunfähigkeit als Konkursgrund, ZIP 1982, S. 273-279
ders.
Die Konkursrechnungslegung, Köln [u.a.] 1982

Vonnemann, Wolfgang
Die Feststellung der Überschuldung, BB 1991, S. 867-872
ders.
Die Feststellung der Überschuldung, Köln 1989

Vormbaum, Herbert; Baumanns, Joseph
Die rechtzeitige Auslösung von Insolvenzverfahren, DB 1984, S. 1971-1975

Wagner, Wolfgang
Ansatz und Bewertung im Status - Rechnungslegung im Insolvenzverfahren, in: Beiträge zum neuen Insolvenzrecht, hrsg. von Jörg Baetge, Düsseldorf 1998, S. 43-70

Walz, Hartmut; Gramlich, Dieter
Investitions- und Finanzplanung, 5. Auflage, Heidelberg 1997

Warrikoff, Alexander
Die Möglichkeiten zum Unternehmenserhalt nach dem neuen Insolvenzrecht, KTS 1996, S. 489-504

Weber, Ulrich
Anmerkung zu BGH, Urteil vom 6.11.1986 - 1 StR 327/86 (LG Hof), StV 1988, S. 16-18

de Weerth, Jan
Die Bilanzordnungswidrigkeiten nach § 334 HGB unter besonderer Berücksichtigung der europarechtlichen Bezüge, Pfaffenweiler 1994

Wehleit, Burkhard
Die Abgrenzung von Bankrott und Untreue, Kiel 1985

Wellensiek, Jobst
Stichtag 1.1.1999: Die neue Insolvenzordnung ist da, BB 1999, S. I

Welzel, Hans
Das deutsche Strafrecht, 11. Auflage, Berlin 1969

Wessels, Johannes; Hillenkamp, Thomas
Strafrecht, Besonderer Teil, Teil 2: Straftaten gegen Vermögenswerte, 21. Auflage, Heidelberg 1999

Weyand, Raimund
Insolvenzdelikte, 4. Auflage, Bielefeld 1998
ders.
Beitragsvorenthaltung und Insolvenz, ZInsO 1998, S. 195-199

Wimmer, Richard
Die Haftung des GmbH-Geschäftsführers, NJW 1996, S. 2546-2551

Windel, Peter
Die Insolvenzordnung: Reform im Banner von Masseanreicherung, Unternehmenssanierung und Schuldbefreiung, Jura 1999, S. 1-10

Winkelbauer, Wolfgang
Strafrechtlicher Gläubigerschutz im Konkurs der KG und der GmbH & Co. KG, wistra 1986, S. 17-20

Witte, Eberhard
Finanzplanung der Unternehmnung, 3. Auflage, Opladen 1983

Wittig, Arne
Beseitigung der Insolvenzgründe mit Bankenbeiträgen als Voraussetzung der freien Unternehmenssanierung, NZI 1998, S. 49-57

Wöhe, Günter; Bilstein, Jürgen
Grundzüge der Unternehmensfinanzierung, 8. Auflage, München 1998

Zielinski, Diethart
Handlungs- und Erfolgsunwert im Unrechtsbegriff, Berlin 1973

Zimmer, Daniel
Das Gesetz zur Kontrolle und Transparenz im Unternehmensbereich, NJW 1998, S. 3521-3534

Zimmermann, Steffen
Rechtsposition, Handlungsalternativen und Kostenbeiträge der absonderungsberechtigten Bank im Rahmen der InsO, NZI 1998, S. 57-64

Zirpins, Walter; Terstegen, Otto
Wirtschaftskriminalität, Lübeck 1963

Zöllner, Wolfgang
Rechtssubjektivität von Personengesellschaften, in: Festschrift für Joachim Gernhuber, hrsg. von Hermann Lange [u.a.], Tübingen 1993, S 563-578

STUDIEN ZUM WIRTSCHAFTSSTRAFRECHT

Cobet, Hans
Fehlerhafte Rechnungslegung
Eigene strafrechtliche Untersuchung zum neuen Bilanzrecht am Beispiel von § 331, Abs. 1, Nr. 1 des HGB
Band 1, 1991, 128 + XII S., br., ISBN 978-3-89085-544-8, 38,00 DM

Hamann, Hartmut
Das Unternehmen als Täter im europäischen Wettbewerbsrecht
Band 2, 1992, 260 S., br., ISBN 978-3-89085-619-3, 64,00 DM

Stöckel, Joachim
Der strafrechtliche Schutz der Arbeitskraft
Band 3, 1993, 230 S., br., ISBN 978-3-89085-778-7, 48,00 DM

Weerth, Jan de
Die Bilanzordnungswidrigkeiten nach § 334 HGB unter besonderer Berücksichtigung der europäischen Bezüge
Band 4, 1993, 218 + XVIII S., br., ISBN 978-3-89085-881-4, 78,00 DM

Grub, Maximilian
Die insolvenzstrafrechtliche Verantwortlichkeit der Gesellschafter von Personenhandelsgesellschaften
Band 5, 1995, 204 S., br., ISBN 978-3-8255-0006-1, 78,00 DM

FSC
www.fsc.org
MIX
Papier | Fördert gute Waldnutzung
FSC® C083411

Kolibri 360 GmbH
Ferdinand-Jühlke-Straße 7
99095 Erfurt, Deutschland
produktsicherheit@kolibri360.de